U0836308

世界名著阅读经典文库

影响青少年的50部名著

（新课标）

卢月 吴文智 主编

苏州大学出版社

图书在版编目(CIP)数据

影响青少年的50部名著:新课标/卢月,吴文智主编. 一苏州:苏州大学出版社,2010.4
(世界名著阅读经典文库)
ISBN 978-7-81137-413-1

Ⅰ.①影… Ⅱ.①卢…②吴… Ⅲ.①著作-简介-世界-青少年读物 Ⅳ.①Z835-49

中国版本图书馆CIP数据核字(2010)第058610号

书　　名	**影响青少年的50部名著(新课标)**
主　　编	卢　月　吴文智
责任编辑	张　凝
出版发行	苏州大学出版社
	(苏州市干将东路200号　215021)
印　　刷	丹阳市教育印刷厂
开　　本	787 mm×1 092 mm　1/16
印　　张	21.75
字　　数	400千
版　　次	2010年4月第1版
	2010年4月第1次印刷
书　　号	ISBN 978-7-81137-413-1
定　　价	35.00元

苏州大学版图书若有印装错误,本社负责调换
苏州大学出版社营销部　电话:0512-67258835
苏州大学出版社网址　http://www.sudapress.com

前　言

当今社会，物质世界发展之快是人们有目共睹的，就常识而言，无论社会如何发展，精神世界仍是主导物质世界的力量所在，从这个角度看，书籍，特别是那些优秀的文学名著，才是我们这个社会所共有的最大财富。

无疑，书籍是人类最好的朋友，读书能让我们变得聪慧、善良、谦逊……很多优良品质我们都是从书本上得到的，而名著更是给我们留下巨大财富的良师益友。要想成为一个高尚的人，就必须让自己学会阅读。阅读升华人格情操，触及心灵自省，是最有效的教育之一。阅读名著，可以培养我们健康向上的情趣，增长知识，促进智力，可以提高人的综合素质。在阅读的过程中，书中的智慧能使我们的人生得到启迪，书中顽强拼搏的精神能让我们自强不息。阅读名著，就是与伟大心灵的对话。

人，只有通过阅读，才能够发现自己思想的卑微，才能使心灵和灵魂得到净化。名著如同沙漠里的绿洲与甘露，可以使自己的心灵获得重生。从这个意义上说，阅读名著是一种快乐，是很有意义的事情。阅读名著可以让人在精神上得到最大的满足和享受。特别是对于青少年而言，阅读是头等大事，它是青少年增长知识、开拓眼界和陶冶情操的有效途径。

古今中外的名著历来是人类共同的精神财富，对人们生活的各个方面有着巨大的影响。不可否认，世界文明的发展给我们留下了许多优秀的文化作品，但相对于海量的一般普通作品而言，我们所能接触到的优秀作品充其量也不过如沙中珠玉。在这座世界文化宝库面前，存在的一个显要的问题就是:精华与糟粕共存。这里就有一个如何引导的问题。引导阅读,已被发达国家上升到了人才竞争、国力竞争的层面上来认识。正确引导读者步入有益阅读是思想界与学术界的神圣职责。对于大多数一般读者而言,要从浩如烟海的一般图书中去甄别那些有特别阅读价值的名著,虽不是什么登天难事,但也绝非易事。所以,我们的多数读者,想要多读一些优秀作品的愿望还是很难实现的。不仅有不少人限于财力不能购买那么多书,也因现代人生活节奏太快,不能拥有大块时间去一本本地细细阅读、慢慢体味。因此,无论是对研究者还是对普通读者,如果能拥有一套可以概括世界主要名著的工具书,无疑是一大美事。这就是我们编写这套"世界名著阅读经典文库"丛书的初衷。

丛书以独特的视角切入,对世界文化发展脉络予以深刻洞察和梳理,在占有大量信息的基础上,以那些塑造和改变了我们这个世界的人、事乃至理念为线索,勾画了一部生动而清晰的世界文化发展史。在选择评介对象时,以学术性或艺术性并重的原则,兼顾作品的实际影响;在广泛调查、大量翻阅工具书的基础上确定书目。在写作时,语言上注重可读性,追求一种介于学术性和文学性之间的风格。内容上,大致包括三个方面:作者生平及著述与学术或艺术成长历程、作品内容提要及简析、作品的主要影响。

读者可以在短时间内通过对丛书的轻松阅读系统地感受世界哲学、文学、历史、政治、艺术、科学等各个领域的发展与成就。希望这套荟萃世界名著的丛书会被大众所接受,所喜欢。

contents

目录

contents

目录

[春秋] 孔子

《论语通译》

作者简介

孔子(前 551—前 479),名丘,字仲尼,春秋末期鲁国陬邑(今山东曲阜市东南)人。孔子的父亲叔梁纥是当时鲁国有名的武士。孔子对天下大事非常关注,对治理国家的诸种问题经常进行思考,也常发表一些见解,到 30 岁时,已有些名气。但是,孔子在鲁国并没有得到重用,在不得已的情况下离开鲁国,到他国去寻找出路,开始了周游列国的旅程。孔子带弟子先到了卫国,卫灵公开始很尊重孔子,但并没给他什么官职,没让他参与政事。孔子路过匡城时,因误会,被人围困了 5 日,逃离匡城,到了蒲地,又碰上卫国贵族公叔氏发动叛乱,再次被围。逃脱后,孔子又返回了卫国。卫灵公听说孔子师徒从蒲地返回,非常高兴,亲自出城迎接。此后孔子几次离开卫国,又几次回到卫国。鲁哀公二年,孔子离开卫国经曹、宋、郑至陈国,在陈国住了三年,吴攻陈,兵荒马乱,孔子便带弟子离开,楚国人听说孔子到了陈、蔡交界处,便派人去迎接孔子。陈国、蔡国的大夫们知道孔子对他们的所作所为有意见,怕孔子到了楚国被重用,对自己不利,于是派服劳役的人将孔子师徒围困在半道,前不靠村,后不靠店,所带粮食吃完,绝粮 7 日,最后还是子贡找到楚国人,楚派兵迎孔子,孔子师徒才免于一死。孔子 64 岁时又回到卫国,68 岁时在其弟子冉求的努力下,被迎回鲁国,但仍是被敬而不用。鲁哀公十六年,孔子 73 岁,患病,不愈而卒。

作品提要

《论语》是记载孔子及其再传弟子言行的书,也是影响中国人言行思想最重要的一部书。现在通行的《论语》20 篇,内容以伦理、教育为主。孔子面对春秋末期急剧变革的社会现实,汲取夏商的文化营养,继承周代的文化传统,创造了以“礼”“仁”“中庸”“教”与“学”为主要内容,包括哲学、政治、伦理、道德、教育等思想在内的完整学说。孔子的学说内涵丰富,自成系统,在中国历史上产生了深远的影响。他的思想和学说主要被记录和保存在《论语》中。下面我们来了解一下孔子的主要思想。

1. 孔子的天道观

在这个问题上，由于当时社会历史条件的限制，一方面孔子对于鬼神之说保持沉默，另一方面却经常以天命自诩，表现出了两面性。就前者来说，孔子有个著名的主张：子不语怪力乱神。意思是孔子从来不谈论怪异荒诞、暴力征掠、犯上作乱、鬼神之说等事情。孔子为什么没有迷信思想，这和他治学态度严谨很有关系。他说过，“多闻阙疑”，“多见阙殆”；还说：“学而不思则罔，思而不学则殆”。足见他主张多闻、多见和学思结合。“思”什么呢？其中至少包括思考某事某物的道理。虽然当时绝大多数人相信卜筮，相信鬼神，孔子却想不出它们存在的道理。所以，他不讲“怪、力、乱、神”。“力”和“乱”，或者是孔子不愿谈，“怪”和“神”很大可能是孔子根本采取“阙疑”“存而不论”的态度。臧文仲相信占卜，畜养着一个大乌龟，并且给它极为华丽的地方住，孔子便批评他不聪明，或者说是愚蠢。一个乌龟壳怎能预先知道一切事情呢？这是孔子所想不通的。由于持这种治学态度，所以孔子能够超出当时一般人，包括宋、鲁二国国人之上。“知之为知之，不知为不知”，不但于“六合之外”存而不论，即六合之内，也有存而不论的。所以当弟子问孔子有关死后的事情时，他才会回答说：“不知生，焉知死。”就后者来说，孔子却宁愿相信真的有所谓“天”“天道”“天命”的存在。比如，当他路过匡城被围困的时候，弟子们担心焦虑，孔子说：自从周文王以来，继承传递教育文化事业的重任就落在我的身上，除非上天想要断绝人类文化，那么我才会死去，否则的话，天命在我的身上，我怎么可能死呢？（“天之将丧斯文也，后死者不得与斯文也；天之未丧斯文也，匡人其如予何？”）孔子处于困境或险境中，如在匡被围或者桓魋想谋害他的时候，他无以自慰，只好听天。因为孔子很自负，不但自认有“德”，而且自认有“文”，所以把自己的生死都归之于天。当然，孔子也有被人误解的时候，这时候的孔子情急之下也就拿天来赌咒发誓，比如他的弟子有次怀疑孔子做了不名誉的事情，孔子就高喊：“予所否者，天厌之！天厌之！”（如果我说的不是真话，那么就让上天来惩罚我吧！）

孔子的民间画像

从整部《论语》来看，孔子对于天的存在是抱有敬而远之的态度的。他既不认为上天确实存在，又不认为上天不存在，而是认为“六合之外”（人类所生活和认识的范围之外）的事情不是人力能解决的，所以只能够以怀疑的眼光来看了。人世间的事，有必然，有偶然。越是文化落后的社会，偶然性越大越多，在不少人看来，不合“理”的事就越多。古人自然不懂得偶然性和必然性以及两者之间的关系，在一般有知识者看来，上天似乎有意志，又似乎没有意志，这是个谜，且是个不可解的谜，后来继承了孔子衣钵的孟子也说“莫之为而为者，天也；莫之致而至者，命也”。这就是把一切偶然性，甚至某些必然性，都归之于“天”和“命”。这就是孔、孟的天命观。

孔子在给弟子讲学

2. 孔子的教育观

孔子是中国教育史上最伟大的代表，主要体现在以下几个方面：

首先，孔子兴办私塾，“有教无类”，使得过去贵族化的教育能够普及到社会各个阶层，从而创造了中国教育史上光辉的篇章。孔子以前，学在官府。《左传》载郑国有乡校，那时只有大夫以上的人及他们的子弟才能入学。私人设立学校，开门招生，学费又非常低廉，只是十条干肉，自古以至春秋，孔子是第一人。孔子兴办私塾，把教育对象扩展到了整个社会，他门下的弟子数量非常多，根据《史记》记载，“盖三千人”，而其中出身于贵族的不过二三人而已。这样的做法在整体上推动了历史的发展。比如，后来和儒学并称为“显学”的墨家学派就得益于孔子的教育思想。《韩非子》说：“今之显学，儒、墨也。”由儒家、墨家而后有诸子百家，所以说，中国文化的流传和发达与孔子的整理古代文献和设立私塾是分不开的。

其次，孔子的教育思想润泽后世，开创了教育理论的先河。孔子在教育中提倡的因材施教、学思并重、理论联系实际等观念是教育学的宝贵财富。孔子虽认为“生而知之者上也”，但谈到自己却说：“我非生而知之者，好古，敏以求之者也。”似乎孔子并不真正承认有“生而知之者”。孔子到了周公庙，事事都向人请教，有人讥笑他不知礼。孔子的答复是，不懂就得问，正是礼。孔子还说：“三人行，必有我师焉；择其善者而从之，其不善者而改之。”就是说，在交往的人中总有我的正面老师，也有我的反面教员。子贡说，孔子没有一定的老师，哪里都去学习。我们现在常说“活到老，学到老”，依孔子自述的话，“发愤忘食，乐以忘忧，不知老之将至”，就是说学习不晓得老。不管时代怎么不同，如何发展，这种学习精神是值得敬佩而效法的。“学而不思则罔，思而不学则殆”，只埋头吸收老师传授的知识却不知道动用自己的头脑思考，或者只是自己坐在那里胡思乱想却不去和别人探讨，吸收别人已获得的成果，都是不正确的做法。孔子自己说“诲人不倦”，而且毫无隐瞒。过去不少工艺和拳术教师，对学生总留一手，不愿意把全部本领尤其是最紧要处最关键处传授下来。孔子则对学生无所隐瞒，因而赢得了学生对他的无限尊敬和景仰。

再次，孔子整理和重新编定了大量文化典籍并作为教材使用，树立了后世的学术规范和教育规范。由《论语》一书来考察，他整理过《诗经》的《雅》和《颂》，命令儿子学《诗》学《礼》。自己又说："五十以学《易》。"《易》本来是用来占筮的书，孔子不用来占筮，却当作人生哲理书读，因此才说："五十以学《易》，可以无大过矣。"他引用《易》"不恒其德，或承之羞"二句，得出的结论是"不占而已矣"。他征引过《尚书》。他还从许多早已亡佚的古书中学习很多东西。举一例子，他的思想核心是"仁"，他曾为"仁"作一定义："克己复礼。"然而，这不是孔子自己创造的，根据《左传·昭公十二年所言孔子自己》，在古代的一种"志"书中，早有"克己复礼，仁也"的话。那么，孔子答对颜回"克己复礼为仁"，不过是孔子的"古为今用"罢了。孔子与《春秋》的关系在历史上有争论，但是可以断定的是：如果没有孔子，就不会有《春秋》，也就没有了后来的包括《左传》在内的《春秋三传》。这些典籍不管是在内容上还是在思想上，又或者在行文的笔触上，都有着浓厚的孔子印记，所以，《春秋》是否为孔子亲笔撰写也就不用过于深究了。

3. 孔子的政治观

孔子一生并没有多少真正参政的时间，他活了 73 岁，真正掌握权力实现自己政治理念的时间只是在鲁国的三年而已，但是仅仅三年的时间，却已经展现了孔子杰出的政治能力：国内大治，各国纷纷派人前来学习孔子的施政方针；对外以弱鲁抗强齐，鲁定公十年和齐景公在郏谷相会，在外交上取得重大胜利；富国强民，广大人民的生活水平得到了切实的提高；统一政令，加强君主权威，抑制强权在握的臣下的行为；等等。后来孔子周游列国，虽然遭到了各国君主大臣的嫉妒与提防，始终没能真正掌握权力，但是各国君主大臣也无不以礼相待，求教于孔子。而在后来的漫长历史中，孔子的政治观念也始终影响着各个朝代的君主大臣，润泽苍生。孔子说："天下有道，丘不与易也。"石门司门者则评孔子为"知其不可而为之"。"知其不可而为之"，可以说是"不识时务"，但也可以说是坚韧不拔。孔子的热心救世，当时未见成效，有客观原因，也有主观原因，这里不谈，但这种"席不暇暖"的精神，不能不说是极难得的，也是可敬佩的。

光明日报出版社 2008 年版封面

4. 孔子的人格修养

孔子在后世被尊称为"圣人"，这与他高尚的道德情操和人

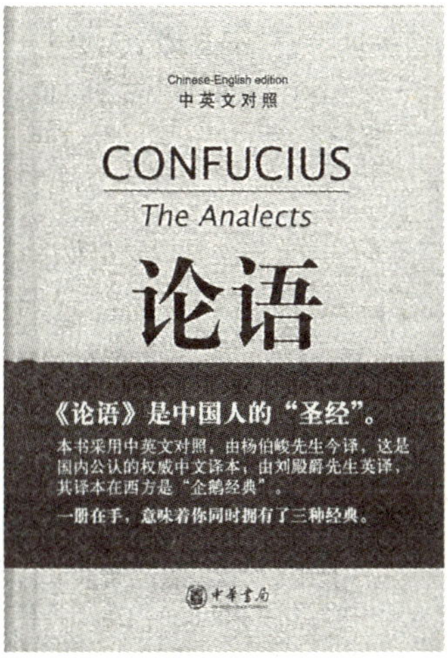

中华书局 2008 年版封面

格魅力是分不开的。孔子称颂仁义、提倡君子之风，自己更是身体力行。孔子说："发愤忘食，乐以忘忧，不知老之将至。"他以追求学问上的进展和健全自身的人格为目标，修身养性，所以才认为："士志于道，而耻恶衣恶食者，未足与议也。"他能够过穷苦生活，而对于不义的富贵，视同浮云。他称赞自己的弟子："贤哉，回也！一箪食，一瓢饮，在陋巷，人不堪其忧。回也不改其乐。贤哉，回也！"认为弟子颜回的道德很高尚，其实这又何尝不是对他自己的描述呢？孔子一生周游列国，不以贫乏的物质待遇为苦，一心要实现救国救民的愿望，他在陈、蔡之间被围困，弟子们都已经承受不了，而孔子依然能保持平和心态，这与他注重平时的修养是分不开的。而孔子在人格修养方面的观念已经成为中国传统文化宝库里一笔珍贵的财富。比如，孔子谈论平日的修养问题："吾日三省吾身：为人谋而不忠乎？与朋友交而不信乎？传不习乎？"（我每天都要自己审查反思：我答应了人家的事情做到了吗？我在和朋友交往的时候做到守信了吗？我今天有没有认真学习呢？）这种严以待己的态度是我们要认真学习的。孔子在谈论人格情操时说："三军可夺帅也，匹夫不可夺志也。"慷慨激昂之气，至今仍有余响。孔子在对待别人的态度上值得我们深思："不迁怒，不二过。"孔子主张不应该把自己的怒火发泄到不相干者的身上，不因为别人的一次过错而两次责备他（也有的解释为：不犯两次同样的错误），这些主张对于当今社会依然有重要的指导意义。有人曾经把孔子的主张总结为五个字：温、良、恭、俭、让。对于现在市场经济的社会背景，对于处处以竞争为目的的年代，许多人的生活陷于浮躁焦虑之中，也许，孔子在两千年前的观念，正是解决这些问题的良方。

重点提示

《论语》共 20 篇，每篇标题取自首章首句中的两个字，各篇之间没有时间的先后顺序，每篇又分若干章，各章之间也没有共同的主题。语录体是《论语》文体的基本特征，它或是记录孔子的只言片语，或是记录孔子与弟子及时人的对话，都比较短小简约，还没有构成单篇的、形式完整的篇章。《论语》这种在对话中说理的形式，直接影响了先秦说理文的体制。但语录体并不是《论语》文学价值的主要方面，它的文学色彩在于表现了孔子及其弟子的形象、性格以及深刻平实、含蓄隽永的语言。

《论语》只记录了孔子言行的一些片段，而非其一生的完整表现，但《论语》在对孔子言行举止、生活习惯的记载中，刻画了一位亲切感人的文化巨人的形象。此外，孔子弟子的形象也有所反映，如耿直鲁莽的子路、安贫乐道的颜回、聪明机智的子贡等。但辑录者本意并非塑造人物形象，表现人物性格，语录体毕竟有很多局限。

《论语》的文学性还体现在以形象的语言来表达深刻的道理。如“子曰：‘岁寒，然后知松柏之后凋也’”（《子罕》）；“子曰：‘饭蔬食，饮水，曲肱而枕之，乐亦在其中矣。不义而富且贵，于我如浮云’（《述而》）。这些都形象简约地表达了深刻的哲理，令人回味无穷。

《论语》中充沛的感情和丰富的语气词，使其语言更为委婉。如“子曰：‘贤哉，回也！一箪食，一瓢饮，在陋巷，人不堪其忧。回也不改其乐。贤哉，回也！’”（《雍也》）简短几句话就包孕了真挚的感情，以及对颜回安贫乐道的欣赏。又如“子曰：‘甚矣，吾衰也！久矣，吾不复梦见周公。’”（《述而》）“矣”“也”等语气词的使用，把对自身的无限感慨和对周公的无限思慕，表现得意味深长。

《论语》言简义丰，含蓄凝练，语言形象隽永，是语录体散文的典范，并且比较全面地反映了孔子的哲学、政治、文化和教育思想，是关于儒家思想的最重要著作。其中有不少精辟的语句和言论既形象又富于启发性和哲理性，常被后人引用，已成为人们习用的格言和成语，如克己复礼、文质彬彬、过犹不及、举一反三、三十而立、见义勇为等，对后来的文学语言有很大影响。

[战国] 孟子

《孟子选注》

作者简介

孟子，名轲，邹（今山东邹县）人，战国时期儒家的代表人物。孟子被后人称为“亚圣公”，地位仅次于孔子。其思想与孔子思想合称为“孔孟之道”。

孟子的详细生平年月已不可考，一般认为其大约生于公元前 372 年，卒于公元前 289 年。相传孟子是鲁国贵族孟孙氏的后裔，幼年丧父，家庭贫困，为子思(孔子之孙)的弟子(一说是再传弟子)。孟子曾经去游说梁（魏）国、齐国、宋国、滕国、鲁国，但是当时的君主醉心于能富国强兵的法家、兵家、纵横家等学说，希望通过暴力手段统一天下，把孟子的学说看作是“迂远而阔于事情”(迂腐而不切实际)，虽然对孟子非常尊敬，却不愿意去实践其学说，孟子游说 30 余年都没有成功。孟子晚年回家和他的弟子万章等著《孟子》7 篇，记录他的思想和政治言论。另有篇章记载了孟子的母亲对孟子的教育。据说孟子的母亲对孟子要求严格，曾经为了孟子专心学习而三次搬家，最终选择在教育气息浓厚的读书人附近居住，从而留下了“孟母三迁”的故事。孟母还曾经割断自己正在机杼上编织的纺织物，以此告诫少年时期的孟子求学贵在恒久坚持。在母亲的教导下，孟子终于立心向学，为其后来取得的伟大成就打下了良好基础。《孟子》一书被公认为中国传统思想的集中体现，与《论语》《大学》《中庸》并称为“四书”，是理解中国传统文化不可或缺的经典。

作品提要

《孟子》一书以记载孟子的言行为线索，主要是通过孟子和别人的辩论对答来揭示孟子的思想，而在篇章的命名上，一般是取该篇文字的第一句话作为题目，如《王立于沼上章》《庄暴见孟子章》等。从全书的结构上看，主要是以孟子的人生经历为线安排篇章的前后位置，其间夹杂孟子对于某个命题的集中论述。按照现在的分类法，一般可以从以下几个方面来理解《孟子》的正道大义。

1."性本善"的人性先验论

在《告子上》一章中，孟子曾和告子辩论人性的善恶。告子认为人性不分善恶，就好像水流本来没有一定的方向，东边有出口水就向东流，西边有出口水就向西流，人性也是这样。对此孟子回答说："水信无分于东西，无分于上下乎？人性之善也，犹水之就下也。人无有不善，水无有不下。"孟子认为，人性的善恶就像水流的上下之分，水没有不向下流的，人性也没有不是本善的。孟子强调人性本善，是为了说服那些当权者能够注意自己的本性，从而选取善道仁政，所以在《齐桓晋文之事章》中，孟子通过举齐宣王在祭祀的时候以羊易牛的事情为例，劝说齐宣王施行仁政。在揭示了齐宣王自己具有仁慈之心后，再辅之以"不能"和"不为"的辩论，说明齐宣王如果不实行仁政，不是因为没有"性本善"才不能做的，而是有了本善之性却"不为"。

告子曰："生之谓性。"孟子曰："生之谓性也，犹白之谓白与？"曰："然。""白羽之白也，犹白雪之白；白雪之白，犹白玉之白与？"曰："然。""然则犬之性，犹牛之性；牛之性，犹人之性与？"(《告子上》)，在这里，孟子通过机智的问答，在假设对方理论成立的前提下，按照对方的逻辑，推导出"牛之性，犹人之性"的疑问，从而否定了对方的理论。值得注意的是：上述推论还证明了孟子认为"性本善"不仅是人生而有之的，更是人与动物的区别之处。

坚持"性本善"所不可避免的一个问题就是现实世界中所存在的"恶"从哪里来？如果不是人性中固有的，那么究竟来自何方？孟子用种麦为例说明了这个问题：麦的种子在本性上没有什么差别，种到田里，经过雨水滋润，到明年夏至，都会成熟。但是收获到的麦子的质量却有差别，这并不是因为麦的种子有优劣，而是麦的种子在成长的过程中遭受各种不同的外部条件，如旱涝、虫病等，必然会影响它的果实。人就像麦子一样，人生来都是善性的，但后来有的成为圣贤，有的则成为平常人，甚至败类。这是因为环境的影响。从这一点出发，也为孟子的政治主张"民有恒产方有恒心"奠定了理论基础。

孟子雕像

恶的存在既然不能抹杀性善的本质，接下来孟子进一步说明和解决了善恶并持而善能战胜恶的问题，其理论基础是四端说，其方法是教育。在孟子看来，"恻隐之心，羞恶之心，恭敬之心，是非之心"，是人心的四端，固而有之，而不是外界强加的。表现出来就是仁、义、礼、智的四端，这固而有之的四端即是人性的善端，但是，善端仅仅只是善的开始、基础，并不是善的完成，所以还需要进一步的修养进步，才能达到内圣外王、人人皆尧舜的境界。

“性本善”学说是孟子思想体系的哲学基础,他提出的“性本善”和“四端说”,大力宣扬“人皆可以为尧舜”的观念,就其根本而言,是为了缓解和消弭当时尖锐的阶级矛盾和国家之间的战争,具有历史性的进步意义。当然必须要指出的是,孟子的“性本善”观念依然是一种主观唯心主义的观点,这是我们在学习时需要认真鉴别的。

2. 仁者无敌

孟子说:“人之有道也,饱食暖衣,逸居而无教,则近于禽兽。圣人有忧之,使契为司徒,教以人伦:父子有亲,君臣有义,夫妇有别,长幼有序,朋友有信。”(《孟子·滕文公上》)这段话集中表明了孟子在对待国家起源问题上的观点:国家之所以存在是因为它“应该存在”。只有在国家存在的条件下才能做到“亲义别序信”等人伦规范的存在,而人伦规范正是人与禽兽的区别之处。由此而推论出的观点就顺理成章了:只有能提供给人民这种人伦规范的国家才是人民想要的乐土,这种国家的君主才是人民真正拥戴的君主,所以,“仁者无敌”。

在用“性本善”说解决了君主要推行仁政的起源问题后,“仁者无敌”的政治思想道出了君主为什么要推行仁政的原因。当各国征战烽烟四起的时候,几乎所有的君主都把自己的视线集中在了看上去能立刻带来显著效益的法家、兵家、墨家等学说上去,整军经武、暴力统一成为公认的途径。针对这种情况,孟子认为这样做的后果是不妙的,必然会遭到人民的反抗和其他国家的反对而无法达到目的,更重要的是不符合天道,唯一正确的做法应该是推行“王道”而不是“霸道”,即通过推行“仁政”,使得天下民心所向发生有利于自己的对比,这样才能真正地做到“天下为一”,也就是实现统一。

人民文学出版社2003年版封面

“仁政学说”是孟子政治思想的主体,不仅有完整的体系,而且在当时还有实践的可能。孟子“仁政学说”体系的完整不光是表现在它的哲学理论基础,孟子至少还谈到过它的经济和政治(现实)基础。前者即井田制,《滕文公上》对此有详细记载。滕文公使毕战问孟子关于“井田”之事,孟子回答说:“子之君将行仁政,夫仁政,必处经界始,经界既正,分田制禄,可坐而定也,请野九一而助,国中什一使自赋,卿以下必有圭田,圭田五十亩,余夫二十五亩,方里而井,井九百亩,其中为公田,八家皆私百亩”,此其大略。具体细节还有“五亩之宅,树墙下以桑,匹妇蚕之,则老者足以衣帛矣,五母鸡,二母彘,无失其时,老者足以无失肉矣,百亩之田,匹夫耕之,八口之家足以无饥矣”,如此“则仁人以为已归矣”,百姓依之如水之就下。“不

中华书局2006年版封面

违农时”乃“王道之始”，“五亩之宅，树之以桑，五十者可以衣帛矣，鸡豚狗彘之畜，无失其时，七十者可以食肉矣，百亩之田，勿夺其时，数口之家可以无饥矣”，这样“七十者衣帛食肉，黎民不饥不寒，然而不王者，未之有矣”。井田制的实行，可以得民众，可以招仁人，从而可以实现王政（仁政）。这种恒产恒心的观念如前所述，是以“性本善”的观念为理论基础的，在政治上反映出了孟子的治国观念。特别需要指出的是，孟子的这种观念已经开始从经济基础决定上层建筑的角度来看待经济和政治之间的关系了，虽然他使用的词语不一样，而且是放在了“性本善”这样的唯心主义的基础上去论述，但是其进步意义依然是不能抹杀的。

3. 民贵君轻的民本思想

在现在的社会和时代里，人民的国家应该由人民当家作主是基本的常识，但是在孟子所生活的时代，限于当时的条件，政治观念依然停留在从奴隶制向封建制转化的阶段，君主的统治权利是不容许有任何质疑的，即使是作为孟子所隶属的学术阵营——儒家，也有“君命臣死，臣不得不死；父命子亡，子不得不亡”的观念。但是孟子超越了他所处时代的限制，喊出了数千年后犹有余响的惊世骇俗的口号：民贵君轻！孟子公然站在人民立场上，认为“民为贵，社稷次之，君为轻”（《孟子·尽心下》）。这一句正是孟子民本思想最为典型、最为直接的说法，“民贵君轻”成为后世广泛流传的名言，一直为人们所引用。“民贵君轻”说是孟子王道主义的核心，也正是孟子君臣关系的基石。

孟子当时遍游诸国，合则留，不合则去。孟子面对君王，锋芒直指，如此大胆，鲜有其人！除了齐宣王，孟子还曾对梁惠王、邹穆公等直言相犯来进行教育。这种颠覆了当时政治观念的崭新说法对整个时代都造成了巨大的冲击，从上文所引用的文字就可以看出，“王勃然变乎色”，并不是身为文人的孟子对君主拔刀相向，如同此前的曹沫等武将，而是凭借思想的强大冲击力震撼了当时国力冠盖诸侯的齐国君主。齐宣王曾经一举击败过同为大国的燕国，即所谓“以万乘之国对万乘之国”，而且三个月就战胜了，可以说是久经战阵，不管是见识还是勇略都有傲人之处，但是面对孟子淡淡几句话，依然是勃然变色，足以反证孟子思想的穿透力了。

孔孟都盛称“汤武革命”，齐宣王认为“武王伐纣是以臣弑君”，孟子就反驳说：“贼仁者叫做贼，贼义者叫做残，残贼之人叫做独夫。只听说武王是诛独夫纣，没听说是弑君。”特别值得指出的是，孟子由于思想不合齐宣王的口味而被迫改投他国，而齐宣王依仗武力四处征战不休，最后先败于诸侯联军，再被楚国诈取，擢脚筋悬挂梁上，死状极其悲惨。不知当时的齐宣王可曾想起了孟子的言论呢？

4. 我善养吾浩然之气

孟子的“持志养气”说充满着蓬勃之气，阳刚之美。他说：“夫志，气之帅也；气，体之充也。夫志至焉，气次焉；故曰：‘持其志，无暴其气。’”又说：“志壹则气动，气壹则动志也”，“我善养吾浩然之气”。当公孙丑问他“何谓浩然之气”？孟子答道：“其为气也，至大至刚，以直养而无害，则塞于天地之间。其为气也，配义与道；无是，馁也。是集义所生者，非义袭而取之也。”（《公孙丑上》）在孟子看来，一个人树立了远大的志向，就像三军有了主帅一样，就能使“浩然之气”充满全身，浑身充满力量，行动就有了内驱动力。他认为“浩然之气”是“至大至刚”的正义之气，只要用正确的方法修养培育它，又一点也不损害它，那么它就会充满整个天地之间。一个人能够做到这样，浩然之气就会自然而然地产生。丝毫的勉强也会坏事。就像孟子说的：“无若宋人然。宋人有闵其苗之不长而揠之者。芒芒然归，谓其人曰：‘今日病矣，予助苗长矣。’其子趋而往视之，苗则槁矣。”也就是拔苗助长了。

长江文艺出版社2006年版封面

孟子“持志养气”说，激励人们张扬自我，穷且益坚，不畏艰苦，勇于进取，树立自强不息的坚定信念。这对人们修养德行，淬砺功夫，立志成材大有裨益。孟子认为，“人皆可以为尧舜”（《告子下》），其意为：人们只要有明确的奋斗目标和坚定的意志，从平凡生活中做起，一言一行，勤于修养，善于学习，“诵尧之言，行尧之行”，就会使自己逐渐成为“尧舜”一样的人。人们只要“苦其心志，劳其筋骨，饿其体肤，空乏其身，行拂乱其所为”（《告子下》），不断磨砺自己，就能战胜困难，获得成功。

孟子“持志养气”之说，充满了廉正清明之气。他推崇圣贤道义，鄙薄权势利欲。他说：“士穷不失义，达不离道”，“得志，泽加于民；不得志，修身见于世。穷则独善其身，达则兼济天下”（《尽心上》）。这种浩然正气一直是我们中华民族的精神瑰宝。需要特别指出的是孟子在谈到人的修养问题时，论述了“大丈夫”和“小丈夫”的区别。“富贵不能淫，贫贱不能移，威武不能屈，此之谓大丈夫”（《滕文公下》）。作为对比，“予岂若是小丈夫然哉——谏于其君而不受则怒，悻悻然见于其面，去则穷日之力而后宿哉？”（《孟子去齐尹士语人章》）同样是有一定的“脾气”，两者的差别却异常鲜明。并不是说一怒拔刀的行为就是阳刚之道，所谓半点气也不能受、一言不合就摆出一副难看嘴脸的人，最多算个小丈夫而已，离孟子的境界相差了十万八千里。明晓这一点对当今社会很具有启发意义，特别是受了西方暴力影视作品影响的年轻人，往往推崇一种不管什么情况下，动不动就一怒出手的匹夫之勇，结果违法乱纪，害人害己。现代人应该好好领会孟子的微言大义。

重点提示

孟子一方面继承了孔子的政治思想和教育思想等，另一方面又有所发展，形成了自己的政治和学术思想。在与墨家、道家、法家等学派的激烈交锋中，孟子维护了儒家学派的理论，也确立了自己在儒学中的重要地位。

孟子生活的时代正处于战国中期，战乱已经持续了数百年，而且还看不到终止的一天。虽然整体趋势正在由奴隶制向封建制转变，由大分裂转向大一统，但身处其间的人们并不总是能看清楚自己的未来，而孟子的抱负无法实现，也正说明了这一点。从春秋时期无数小国分裂，到战国时期七雄争霸，“争地以战，杀人盈野；争城以战，杀人盈城”，“当是之时，秦用商鞅，楚魏用吴起，齐用孙子、田忌。天下方务于合纵连衡，以攻伐为贤”，而孟子的“仁政”思想对于只顾眼前利益的君主来说，不能不被认为是一种“迂远而阔于事情”的空谈，更不可能付诸实施。而对于当时身处社会底层的广大人民来说，战乱所带来的灾难往往被上层直接转嫁为他们的痛苦，对于未来的渴望是如此的强烈，但是究竟该如何才能摆脱这种悲惨的命运却是一道难解的谜题，孟子“民为贵”的理论以其深刻与新颖震撼了当时的整个政治伦理体系。另外，由于各种学派的兴盛和彼此争鸣，也推动了学术的发展，孟子的“性本善”说、“养气”说，力图达到“内圣而外王”之境，在学术上达到了当时社会条件下的顶峰。同时，《孟子》文字优美洗练，雄辩处如长河巨澜，浩浩而无可御，精细处似明烛洞幽，在在皆明见识，抑扬处奇思妙想目不暇接，顿挫处危崖兀立叹峰心息，达到了极高的造诣，成为后世求学者谋篇构文的典范。

[战国] 庄子

《庄子选译》

作者简介

庄子(约前 369—前 286),名周,字子休,宋国蒙(今河南省商丘县东北)人,是继老子之后,战国时期道家学派的代表人物,同时也是中国传统文化中古典浪漫主义的开山祖师。其生平事迹已不可考,现在只能从《史记》和《庄子》中找到一些零星的记载,从中管窥庄子的洒脱飘逸的神姿。据说他稍晚于孟子,基本上可以认为是战国中期人物。庄子自幼聪明好学,与惠施为同学、挚友,曾南游楚越,探访古风,一生率性任真,崇尚自然,非毁礼法,傲视王侯。虽然才识过人,名动诸国,但是他不追逐名利,不肯为名利而折腰。楚威王曾以厚礼聘他为相,被他拒绝,从此终身不仕,退隐江湖,以编草鞋和钓鱼为生,寓言传道,著书十余万言。战国之后的历朝历代对庄子的解读都不尽一致,就其大要来说可以分成如下几个形象:

首先是把庄子当做宗教神话人物来对待。道家学说在其发展过程中诞生了我们本土的宗教——道教,而老子和庄子则被描绘成了神仙,我们所熟悉的"太上老君"这一形象就是指老子,而庄子则被称为所谓"南华真人"。

周公梦蝶

其次是把庄子当做思想者来研究。道家是战国时期影响比较大的学派之一,而自秦汉之后,道家和儒家、佛学三足鼎立,成为我国传统文化的中坚力量。一般说来,庄子被视为中国自由主义思想的启蒙宗师和代表人物,他对绝对自由的追寻以及对人生命题的感悟影响了整个中华民族。《庄子》自古以来就是文人学士感兴趣的一本书,它不但涉及哲学、人伦、政治,而且谈论美学、艺术、语言、生物、养生等方面,"包罗万象"四个字,仿佛就是为了形容《庄子》而被特别创造出来的一样。甚至包括中国独特的气功学说也可从该书中寻找到源泉和营养,

庄子鼓盆而歌

在气功师眼里，气功中的踵息法、“缘督以为经”皆源于《庄子》。

再次是把庄子作为文学大师看待。在《庄子》一书中，浪漫雄奇的想象、气势磅礴的轩昂、幽默机智的语言、贴切俏皮的寓言等等，都达到了当时环境下语言等所能达到的顶峰，成为中国文学史上的一座丰碑。《庄子》语言之丰富生动，在先秦诸子著作中是无与伦比的，他第一次提出了寓言、小说的概念，创造了近200个寓言故事，开创了以虚构的手法反映现实和表现理想艺术表现形式，被称为开创“诙谐小说之祖”。

作品提要

《逍遥游》是《庄子》的首篇，也是最为人称道和传诵的名篇。一般来说可以分三个层次来欣赏：在文中庄子首先描绘了北海有条巨大的鱼，名字叫鲲，这种鱼有数千里长，可以变化成一种叫鹏的鸟类。当鹏飞翔的时候，翅膀就像遮盖天际的云一样巨大。鹏要从北海迁徙到遥远的南海，当它起飞的时候，随之涌动的波涛有三千里，一举就飞上了九万里的高空，当鹏已经离开六个月之后，当初它所激起的水波才渐渐平息。随后庄子通过“决起而飞”的蓬间小雀对大鹏的嘲笑、“不知晦朔”的短命朝菌对于“年”的理解和“以八千岁为春，八千岁为秋”的长寿大椿与“年”的对比、能够不被外界虚名所干扰的宋荣子和能乘风行走的列子的对比等精妙的比喻说明了大与小的区别。在说明了大小有别、长短不同之后，庄子又通过叙述尧和许由对于担当治理天下君主一事的讨论、肩吾和连叔对于接舆描述的“藐姑射山”上居住的神人的讨论，说明了由于各种人见识不同，理解中的大小不同，从而会对同一件事情有不同的看法。对于见识狭隘的人来说，治理天下就是最为重大的任务和职责了，可是对于真正的神人来说，却根本不会把治理天下这种事情当做重大事情来对待，甚至连思考一下这种事情的时间都认为不值得浪费。最后庄子借惠施之口提了一个应该如何处理一个大葫芦和一棵名叫樗的大树的问题。葫芦虽然很大，但是既不能用来盛水又不能做瓢，樗树虽然很大，但是不能被木匠所用，惠施认为这两个一点用都没有的东西只能被抛弃。庄子回答说这是因为惠施不懂得小用和大用的区别，惠施所认为的和所希望的只是小用而已。因为首先事物的用处并不仅仅是小用而已，比如同样是制作不皲手的药物，只懂得小用的人拿来为别人在冬天洗衣服，而懂得大用的人则把药物用在冬季作战来获得胜利；其次可以被大用的事物不一定能够被小用，比如体态庞大的牦牛可以干重活却不可以捕捉老鼠，所以，对于只懂得小用的人来说，是不可能知道如何正确对待那些有大用的事物的。

人民文学出版社 2008 年版封面

《逍遥游》一文无论在文采上还是在思想上都是冠绝一时的名篇。就前者而言，庄子展现了他浪漫雄奇的想象力，比如他所描述的“扶摇而上”的大鹏，既有正面描写，“其翼若垂天之云”，“水击三千里，抟扶摇而上九万里”，又有侧面描写，“去以六月息者”，使得读者不能不为之神往。再如他描写的“以八千岁为春，以八千岁为秋”的上古大椿树、御风而行的列子、“肌肤若冰雪，绰约若处子，不食五谷，吸风饮露”的藐姑射山的神人等形象，无不显示了庄子想象力的丰富。而且，庄子的这种想象不仅不会给人以一种夸张得近乎荒诞的感觉，相反会让人觉得如同真实存在一样，这也与庄子的语言技巧有关。《逍遥游》的文学美还体现在庄子对论证手法的运用上，他在行文之中喜欢运用对比的方法，比如大鹏和小鸟、大用和小用、大年与小年等，通过对比突出强调了两者高下不可以道里计的区别。这种通过对比论证来凸显问题的写作手法是值得关注和学习的。中国传统文学一向注重烘云托月的写作技巧，即不是直接描述事物本身，而是通过对另一事物的描述来凸显其特征，庄子无疑对这种手法是极具心得的。

《逍遥游》的思想也为后世所称道。特别是庄子塑造的扶摇而上的大鹏这一形象，代表了对绝对自由理想的追寻，寄托了对绝对自由的赞颂。由于人是现实中的人，难免会有遇到不如意的时候，尤其在过去的社会中，知识分子往往因社会历史条件的限制而难以稍抒胸怀，转而追求一种精神上的超越。大鹏的形象正符合了这一需求，所以文章为后世传诵也就可以理解了。

《齐物论》是《庄子》的另一著名篇章，主要论述了庄子的哲学思想，即相对主义思想。庄子认为，世界上矛盾对立的双方，比如生与死、贵与贱、荣与辱、长寿与夭折等，都是“齐一”而没有差别的，更进一步，庄子提出了“天地与我并生，万物与我为一”的命题，主张应该看到天地万物与我自己的共通性，甚至用“梦中蝴蝶”的寓言消解了自己的存在，这就走向了彻底的相对论而否认了事物绝对性的一面。在庄子之前或与庄子同时的哲学家，大都有独断论倾向，如墨子持经验论的独断论，孟子持唯理论的独断论。庄子对任何形式的独断论都表示反对。他说，人爱吃牛羊肉，鹿爱吃草，蜈蚣爱吃蛇，乌鸦爱吃老鼠，可见“味”的“正”与“邪”是依认识主体的感觉经验而定的。但感觉经验是千差万别的，因而关于“正”“邪”并无客观标准。感觉经验是相对的，理性思维更是如此。《齐物论》说：我和你意见有分歧，谁是谁非不仅不能由我们两人自己来判明，而且也不能由第三者来判明。因为第三者或是与你观点相同，或是与我观点相同，或是与你我观点都不同，或是与你我观点都相同。所以，你、我、他都不能判明是非。这是用相对主义否定了真理的客观标准。庄子用相对主义反对独断论，走向了一个极端，认为诸子百家“彼亦一是非，此亦一是非”，原因在于是非产生于主观片面性。主观是受自己存在的条件限制的，即所谓“囿于物”。他说：“井蛙不可以语于海者，拘于虚也；夏虫不可以语于冰者，笃于时也；曲士不可以语于道者，束于教也。”诸子百家受到空间（虚）、时间（时）条件的限制和所受教育的束缚，成为认识上有主观片面性的“曲士”，因此，他们都以自己为是，以别人为非。这就叫“以物观之，自贵而相贱”。而这种是非争辩，都是对“道”的全面性的歪曲，所以，是非是无法辩明的。他还认为，真正打破一切限制和束缚，从“道”的观点来看，是非、彼此、物我都是一样的“以道观之，物无贵贱”。这是片面强调了“万物一齐”的思想，但也包含要求克服主观片面性的合理因素。

《齐物论》是通过虚构的南郭子綦和颜成子游师徒两人的对话形式完成的，其中颜成子游的提问起了引起下文的作用，主要内容是南郭子綦的回答。首先是关于天籁、地籁、人籁的辨别，人籁是人弹奏乐器发出的声音，地籁是风吹万物发出的声音，而天籁则已经超越了声音的范围，是使得一切声音成为声音的原因，也就是使事物以现在这种面貌出现的原因。通过这样的比喻，庄子说明了事物之所以会表现出各种面貌的原因，然后从声音谈到了人的行为思想。庄子认为声音是一种事物表现出来的形式，而人的行为思想也是人表现出来的一种形式，就好像一般的人只能听到地籁、人籁而听不到天籁一样，他们也很难知道自己的忧愁与欢乐、痛苦与愉悦等情感思想背后的原因是什么，但是，对人来说，必须、而且也能够听到隐藏在地籁、人籁背后的天籁，同样的，也必须认识到自己的各种思想情感背后的原因是什么。当认识了原因究竟是什么之后，才可以真正理解地籁、人籁。由此出发，庄子推论到人的言论和观点。庄子认为，人的言论和观点往往是不一样的，就好像风吹万物所发出的地籁有多种多样，但是这都是因为他们还停留在对地籁、人籁的理解层次上，没有能够认识到天籁的存在，所以才会出现了是非之争、彼此之争、物我之争、名实之争等，这都是因为仅仅看到地籁有许多种，却没有意识到它们都是由于天籁这同一个原因而造成的。说到这里，庄子用一个精妙的寓言“朝三暮四”来加以解释：一位老人养了一群猴子，开始的时候对它们说早上喂猴子三颗橡子晚上喂四颗，猴子非常生

上海辞书出版社 2008 年版封面

气，于是老人说早上喂四颗晚上喂三颗，于是猴子兴高采烈。朝三暮四与朝四暮三，看上去不一样，这就像风吹到山谷里与吹在旷野之中所发出的声音不一样，但是其实背后都有隐藏不变的东西，前者总数依然是七，果子依然是橡子，后者因为都是天籁而发出，所以，只看到地籁的不同而不理解天籁同一的人，就像猴子一样愚蠢啊！那么，这种隐藏不变的东西到底是什么呢？庄子认为应该是“道”，有时也称为“大道”。理解了这层意思之后，庄子的名言“天地与我并生，万物与我为一”的含义也就可以理解了，所谓天地、万物与我，都只不过是地籁这个层次上的表现形式而已。随后庄子作了进一步的发挥，论述了自己对辩论或者独断论的意见，强调相对主义。需要注意的是，庄子的论述在起点上是对的，但是他把相对主义推到了一个极端，从而否认了绝对性的存在，这是不正确的。比如他在《齐物论》的最后谈到了自己做梦变成蝴蝶的经历，提出了“究竟自己本身是人，仅仅是做梦变成了蝴蝶，还是自己的本身其实是蝴蝶，仅仅是做梦变成了人”的疑问，甚至连自己的存在都要予以否定，这就是错误的观点了。《齐物论》一文在思想和文才两方面都为后世称颂不已，比如唐朝著名诗人李商隐在《无题》诗里就感慨道：“庄生晓梦迷蝴蝶，望帝春心托杜鹃”，就是直接从《齐物论》中演化而来的。

光明日报出版社 2008 年版封面

《养生主》一文很简短，主要反映庄子“缘督以为经”的主张，但对后世的影响却非常大，正如前文所说的那样，甚至连中国独特的气功学说也是以此为理论源泉的。文中首先论述人生寿命短暂与宇宙奥秘无穷之间的矛盾，提出了“缘督以为经”的主张，随后通过“庖丁解牛”的寓言提出了“以无厚入有间”的主张，也就是无所欲无所求以养生的意思。然后通过“泽雉”（水泽中的野鸟）的寓言说明了精神的刚强、行动的劳作并不符合真正的养生之术，就好比水泽中的野鸟辛苦寻食，虽然比养在樊笼里的家鸟显得更加有精神，其实依然是“不善”的。不过，即使是按照庄子的主张去做，也不可能长生不死，那么又该如何认识呢？所以庄子最后讲述了老聃死后一个名叫秦失的人去吊丧的寓言，借秦失之口说出了“薪尽火传”的道理。

《秋水》是《庄子》中的又一长篇，用篇首的两个字作为篇名，中心是讨论人应该怎样去认识外物。全篇由两大部分组成。前一部分写北海海神跟河神的谈话，一问一答一气呵成，构成本篇的主体。这个长长的对话根据所问所答的内容，又可分成七个片断，至“不似尔向之自多于水乎”是第一个片断，写河神的小却自以为大，对比海神的大却自以为小，说明了认识事物的相对性观点。至“又何以知天地之足以穷至大之域”是第二个片断，以确知事物和判定其大小极其不易，说明认知常受事物自身的不定性和事物总体的无穷性所影响。至“约分之至也”是第三个片断，紧承前一对话，进一步说明认知事物之不易，常常是“言”不能“论”，“意”不能“察”。至“小大之家”是第四个片断，从事物的相对性出发，更深一步地指出大小贵贱都不是绝对的，因而最终是不应加以辨知的。至“夫固将自化”是第五个片断，从“万物一齐”“道无终始”的观点出发，指出人们认知外物必将无所作为，只能等待它们的“自化”。至“反要而语极”是第六个片断，透过为什么要看重“道”的谈话，指出懂得了“道”就能通晓事理，就能认识事物的变化规律。至“是谓反其真”是第七个片断，即河神与海神谈话的最后一部分，提出了返归本真的主张，即不以人为毁灭天然，把“自化”的观点又推进了一步。后一部分分别写了六个寓言故事，每个寓言故事自成一体，各不关联，跟前一部分海神与河神的对话也没有任何结构关系上的联系，对全篇主题的表达帮助也不甚大，似有游离之嫌。

本篇强调了认识事物的复杂性，即事物本身的相对性和认知过程的变异性，指出了认知之不易和准确判断的困难。但篇文过分强调了事物变化的不定因素，未能揭示出认知过程中相对与绝对间的辩证关系，很容易导向不可知论，因而最终仍只能顺物自化，返归无为，这当然又是消极的了。

重点提示

庄子的思想包含着深刻的智慧，对后世有深远的影响。他认为“道”是宇宙的根本，认为道存在于一切事物之中，是万物存在、变化的根本和依据。庄子对当时的社会现实不满，所以他厌恶世俗生活，追求摆脱世俗羁绊的精神自由。他追求一种超凡脱俗，能使人的天性自由发展的境界。

在战国诸子中，《庄子》给后世文学的影响是最大的。它多以寓言托意，意蕴深邃，奇巧有趣，因而深受人们喜爱，常被后人引用；善用各种修辞方式，语言的运用达炉火纯青之境，尤其善于夸张描写；议论犀利明快又恰到好处；词汇流传至今，如变化无常、不近人情、沉鱼落雁、踌躇满志、大而无当、鬼斧神工、害群之马、失之交臂、庖丁解牛、鹏程万里、善始善终、螳臂当车、跳梁小丑、吐故纳新、望洋兴叹、呆若木鸡等。

[元] 王实甫

《西厢记》

作者简介

王实甫,生卒年不详,后人推测他的生卒年大约是1260—1336年。名德信,字实甫,大都人。早年做过官,但仕途坎坷。他常在演出杂剧及歌舞的游艺场所出入,是个不为封建礼法所拘之人。他与当时的倡优有密切的交往。晚年弃官归隐。他创作的杂剧计14种,《录鬼簿》著录12种:《西厢记》《丽春堂》《芙蓉亭》《贩茶船》《双蕖怨》《多月亭》《明达卖子》《陆绩怀桔》《七步成章》《丽春园》《进梅谏》《于公高步》;明初朱权《太和正音谱》又增加《破窑记》一种。其中完整保存下来的有《崔莺莺待月西厢记》《四丞相歌舞丽春堂》《吕蒙正风雪破窑记》;仅存一折曲文,有《苏小卿月夜贩茶船》《韩彩云丝竹芙蓉亭》;他也作散曲,但流传下来的极少。王实甫的杂剧多写反封建礼教的爱情题材,在历史上起过一定的进步作用。他善于提炼文句,长于细腻多致的描绘,所写曲文典雅清丽,有诗一般的意境,故能在杂剧中自成一家,与关汉卿分别开创了中国戏曲史上文采和本色两个流派。

崔张故事的原创是唐代诗人元稹,也就是他创作的传奇小说《莺莺传》。但小说的情节与《西厢记》有较大差别。宋代董解元创作的诸宫调《西厢记》,扩展和丰富了故事情节,改变了崔张二人的结局,而且从肯定青年男女合理爱情婚姻的观念出发赋予了几个主要人物基本的性格内涵,形成了作品中基本的矛盾冲突。王实甫的杂剧《西厢记》是在《董西厢》基础上创作的,但无论是在思想观念上,还是在艺术性方面,都实现了新的超越。它使崔张故事得到了文学的升华,成为一部具有文化、审美穿透力的文学精品。

作品提要

唐德元年,崔相国死后,其夫人郑夫人携女儿崔莺莺和丫环红娘、小厮欢郎一起护送崔相国的灵柩回家乡安葬。崔莺莺年方19岁,针黹女工,诗词书算,无所不能。崔相国活着的时候曾经答应把她嫁给郑夫人的侄子——郑恒。到了河中府的时候,因为道路受阻,只好暂住普救寺的西厢房内。

张君瑞赴京师求取功名，听店小二说这里的普救寺香火很旺，就也到普救寺拜佛去了。在寺里，张生随法聪和尚走到佛殿时见到了美丽的莺莺，顿生爱慕之情。他再次来到普救寺里求法本长老租给他一间房来温习经史。正谈着，红娘奉郑夫人之命来问寺里何时给崔相国做道场。张生要求与法本长老一起同红娘去看佛殿的布置。路上他打听得郑夫人治家严谨，内外无一个男子出入。看过佛殿，张生又同红娘搭话。结果被红娘当做孟浪之徒训斥了一番，警告他以后能问的问，不能问的不要瞎说。张生听后呆立半天。但是，他还是坚持在寺中住了下来，所住之处和西厢房只一墙之隔。他还请求顺便也给他的父母做一下法事。

红娘回去和老夫人说了做道场的事后，就来找崔莺莺。她对崔莺莺讲了刚才发生的事，还告诉她张生是如何被她抢白了一顿。崔莺莺笑着让她不要告诉老夫人。然后让红娘准备好香案到花园烧香。这时张生已从和尚那儿打听到小姐每天都到花园烧香，所以早在那儿等着了。他等小姐烧香完毕，便高吟一绝，来试探小姐的反应。果然，小姐听到后，很快地按韵做了一首。他听后，高兴得想迎上去，可是这时虽然小姐一再回顾，但还是被红娘给拉走了。

到了2月25日，寺内大做法场。法本对老夫人说张生是他的一个亲戚，想央及一份斋来追荐父母，老夫人同意了。道场之上，张崔二人眉来眼去，都颇有情意，互为倾慕。

崔莺莺因为张生而茶饭渐减，可是苦于红娘奉老夫人之命看得很紧，无法与张生相见。就在这时，叛军头目孙飞虎听得崔莺莺的美貌，就用重兵包围了普救寺，扬言要夺莺莺为妻，以三日为限，否则烧寺杀人，一个不留。崔莺莺向郑夫人献计，郑夫人便许下诺言谁若能解普救寺之围，就将莺莺许配给谁为妻。张生自告奋勇，说他有退兵良策。崔莺莺很希望他能够退兵，红娘也逐渐改变了对张生的看法。

昆曲《西厢记》

张生和法本和尚商议，让法本先去稳定孙飞虎，就说老夫人已经同意了，只是等小姐脱了孝服就与他成亲。张生随后修书一封，请白马将军杜确来解围。只要法本派个能送信的人就行。法本想到了本寺喜欢吃酒厮打的惠明，用言语激他去送信。惠明答应后果然将信送到。不过三日，杜确发兵来救，解了兵困之围。张杜二人相见，叙了别情，张生告诉杜确郑夫人以莺莺相许之事。杜确很是为他高兴，便拔营回寨了。郑夫人请张君瑞到她家去住，张生很高兴地答应了。

这一天，郑夫人设宴，派红娘务必把张生请来。红娘告诉他老夫人是单请张生的，还告诉他就等着和小姐结婚吧。张生窘于自己无财礼，红娘说凭着他的功劳，不用任何财礼。张生欢天喜地地来赴宴了，老夫人派红娘去请小姐出来谢恩。红娘去请小姐，发现小姐并不是很高兴。原来老夫人是让莺莺认张生做哥哥。这下二人均觉无法接受。这时张生质问老夫人为何言而无信。老夫人对张生说出她的打算：即使张生有活命之恩，但因相国在日，已把女儿许给她的侄子郑恒了；而且她也有书去唤郑恒来接母女二人了，所以现在可以多给张生一些金帛当作酬谢。张生拒绝了。张生痛苦得想要自尽，但是红娘告诉张生在晚间趁小姐烧香之时听到咳嗽声就开始弹琴，然后看小姐有什么话说再定。

张生、崔莺莺和红娘（戴敦邦绘）

到了晚上，张生急不可耐地在后花园等候。不久，红娘陪小姐来到后花园。红娘用咳嗽声示意张生，张生开始弹琴。琴声的壮、幽、高、低，深深地打动着莺莺，红娘借机离开，张生知道小姐在听琴，心生一计弹起了《凤求凰》，通过歌声表达着自己对莺莺的一片痴情。听着听着莺莺不禁流下泪来。张生埋怨莺莺即使夫人忘恩，她也不应该撒谎。莺莺向他解释说并不是她说谎，而是她母亲变卦了，她也向张生表示了思念之情。正说着，红娘跑来让她速回，因为老夫人在找小姐。莺莺让红娘捎信说让张生再在这儿住一阵。

自从听琴那天夜晚后，张生回去就病了。莺莺知道了，急忙派红娘去探望。红娘念着张生的救命之恩去看望张生。到了书院，她偷偷地看到张生生病也无人照顾，面黄肌瘦，气息微弱。张生看见红娘来了，请她带一封信给莺莺。红娘怕小姐看到后会跟她翻脸，不肯接。张生再三恳求并允之金帛。红娘同意了，但只是因为同情二人而已。张生写完，将信笺折成同心彩结交给红娘，红娘答应保证让莺莺来看望他一回。

红娘回去后把信放在小姐的化妆盒上。莺莺看到信后惺惺作态，喝骂红娘，问是从哪来的，还说要告诉老夫人去。随后又问起张生的情况。红娘如实说了。莺莺让红娘去对张生说，她让红娘去探望只是顾念着兄妹之情，并无他意。然后派红娘送回一封信。

红娘拿了这封书信去找张生。张生正一心等候佳音。路上红娘想着小姐人前只肯认是兄妹，背人处苦思着张生的情状。红娘见到张生，埋怨他让自己受累。张生得此回信，苦苦哀求红娘帮他想办法，请她救命。红娘把莺莺的信给他看后，张生欣喜若狂，接过一看更是高兴。他告诉红娘，小姐所骂之话都是假的，她是用诗通知张生今晚到花园见面。张生高兴是高兴，但他不禁忧愁自己是个读书人，无法按小姐所说的跳墙而入，而且还担心见到莺莺后，她仍然不会表示什么。红娘嘴上劝他说这次不会，心里想着当面瞒着我，背后约别人，晚上去约小姐烧香，看她如何。晚上两人到了花园，红娘去开寺里角门。看是否有人偷听，结果被等得着急的张生抱个满怀。红娘斥责了他一番，告诉他小姐在湖山下。莺莺见到张生后，对他又是一番抢白。然后告诉红娘说有贼，还要把他扯到夫人那里。红娘劝住了。小姐走后，张生又求红娘带信，红娘不肯，他只好罢了。

郑夫人也听说张生病了，也打发红娘去看。这时莺莺又写了一封信让红娘当作药方带去。到了书院，红娘劝慰了张生一番，把莺莺的信拿出。张生看后手舞足蹈，告诉红娘这次小姐必来，又拿出纹银十两买铺盖。

红娘劝小姐不要每次都戏耍张生。催她到张生处去。张生正在患得患失地苦苦等候。小姐终于到了，红娘叫门把小姐推了进去。张生激动地跪下来，诉说着自己的思念之情。春宵过后，二人海誓山盟，后来莺莺怕老夫人发觉便同红娘回去了。

没多久，这事儿就被老夫人发现了，她派人把红娘叫来着实一番拷问。红娘先是承认了崔张二人的情投意合，然后指出这苟合之错全由老夫人一手造成。本来当日答应退敌之人便是小姐之夫，既然后来翻悔，就不该留张生在书院住下，致使怨女旷夫日夜窥视。如今事已至此，若传出去对谁都不好，不如就此答应此事。郑夫人无法，只得同意。着红娘去叫莺莺出来责骂了一番。然后又让红娘将张生叫出，告诉他，虽然不送他见官，但是要他考取功名后方可把女儿嫁给他。张生一口应承，说明天便走。

十里长亭，设下筵席。一行人来送张生赶考，此番生离让崔张二人难受万分。吃过酒，夫人等先走，莺莺和张生告别。莺莺请他不论是否得官都马上回来，不要忘记她。张生一再保证后才上马离开。只不过晚间睡着梦里全是莺莺。

张生得了头名状元，等候圣旨时怕小姐着急，便修书一封派琴童速回送信。家里的莺莺因相思憔悴不堪，现在终于等到了音信。看信后她准备了一些东西让琴童带去并让他转告张生一定要尽快回来。

自琴童走后，张生坐卧不宁，茶饭不思，又病了起来。终于，琴童回来了。他见到莺莺所寄的几件东西，猜到了用意，告诉琴童小心收起这几样东西。

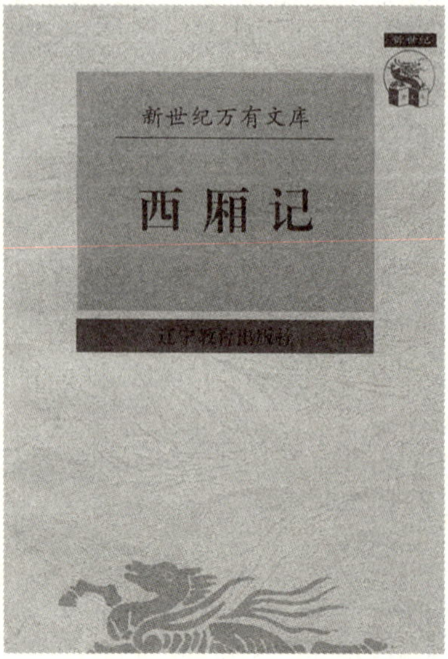

辽宁教育出版社 1997 年版封面

郑夫人之侄郑恒，来到普救寺找莺莺。他知道莺莺已和张生定了亲，便想了个办法。郑恒派人将红娘找来，让她去和郑夫人说他是来完婚的。红娘告诉他，因张君瑞的退敌之功，夫人已将小姐许配给了张生。郑恒很是不服气，也很是瞧不起张君瑞。他表示要上门完婚，看她们怎么办，不行就动粗。红娘指出他是名门之后，不应做出类似孙飞虎的行径。等红娘走后，郑恒打定主意，明天上门时，假装不知前事，只是说张生已入赘在卫尚书家为婿。如果软的不行，再来硬的。

第二天，他一见到郑夫人便哭起来。叙旧之后，他告诉老夫人说张生已被绣球击中，到尚书家做女婿了。郑夫人大怒，便同意让郑恒择日完婚，郑恒美滋滋地走了。

人民文学出版社2005年版封面

张君瑞当上了河中府尹，赶回与莺莺相见。郑老夫人怒气冲冲的样子让张生很是不解。见到小姐后他终于向小姐解释明白了。红娘提出等郑恒来后，当面问他。正在此时，杜确将军牵羊担酒来到宅上，庆贺张生中了状元，还有就是来主亲。张生向他诉说郑恒诬陷他一事，将军大怒，并表示要奏闻朝廷，诛杀于他。郑恒被揭穿后羞愧得撞树而死。

崔张二人终于有情人成了眷属。

重点提示

1．思想内涵与社会意义

《西厢记》是中国古典戏曲的典范作品，是元杂剧的“压卷”之作。七百年来，它在舞台上久演不衰，对中国文学和戏剧史产生了深远的影响。

《西厢记》鲜明、深刻的反封建主题是全书的精华所在。张生和崔莺莺的恋爱故事，既不是“才子佳人”的故事，也不是“夫贵妻荣”的理想婚姻状态。崔张二人在遭到老夫人反对的情况下，最终还得以结合，这就否定了封建社会传统的联姻方式，提倡在封建社会里难以实现的理想——爱情婚姻的自主、以爱情为基础的婚姻，这在当时是非常难得的。结尾处，在中国文学史上第一次正面地表达了“愿普天下有情人都成眷属”的美好愿望，表达了反对封建礼教、封建婚姻制度、封建等级制度的进步主张，鼓舞了青年男女为争取爱情自由、婚姻自主而抗争。

在莺莺和张生的思想观念中，爱情是高于功名利禄的。张生为莺莺滞留，放弃赶考；为了爱情险些丢了性命；得中之后，急于回到莺莺身边。莺莺在长亭送别时嘱咐张生“此一行得官不得官,疾便回来”,她并不看中功名,认为“但得一个并头莲,煞强如状元及第”;即使张生高中的消息传来,她不以为喜反以为忧。全剧虽然以功成名就、有情人终成眷属为理想结局,但贯穿全剧的重爱情、轻功名的思想,显示了王实甫思想的进步。

2. 主要人物分析与评价

崔莺莺是作者用细腻之笔塑造的一个文学形象。她是一个性格明朗而又丰富,美丽多情,具有叛逆精神、深沉含蓄的女性形象。由于家庭教育、环境和身份的约束,莺莺虽然始终渴望着自由的爱情,并且一直对张生抱有好感,但还是经常表现出欲前又退,总是若进若退地试探获得爱情的可能,并常常在似乎是彼此矛盾的状态中行动:一会儿眉目传情,一会儿装腔作势。因为她的这种性格特点,剧情变得十分复杂。但是,她终于以大胆的私奔打破了疑惧和矛盾心理,显示人类的天性在抑制中反而会变得更强烈。作者以赞赏的眼光看待女性对爱情的主动追求,使得这个剧本更具生气和光彩。

张生的性格,是轻狂兼有诚实厚道,洒脱兼有迂腐可笑。他对爱情既热烈又一往情深,但有时又呆气十足,傻里傻气。他是矛盾的主动挑起者,表现出对于幸福的爱情的直率而强烈的追求。他的大胆妄为,反映出社会心理中被视为“邪恶”而受抑制的成分的蠢动;他的一味痴情、刻骨相思,又使他符合于浪漫的爱情故事所需要的道德观而显得可爱。

红娘是剧中最富有感染力、最具光彩的一个人物。红娘身份卑微,只是一个丫环,却又是剧中最活跃、最令人喜爱的人物。她机智聪明,热情泼辣,又富于同情心,而且富于正义感和敢于斗争。她在崔张的爱情婚姻事件中起着关键性的作用,常在崔张的爱情处在困境的时候,以其特有的机警使矛盾获得解决。她支持他们的爱情,积极帮助他们对付封建家长的干预。张生酸腐,她帮助出谋划策;莺莺矫情,她仔细揣摩小姐的心理、实施撮合又不露痕迹;老夫人固执蛮横,她敢于抗争,有勇有谋。全剧二十折戏中,由红娘主演的有七折,还有三个楔子,在“拷红”一场中她的思想性格得到了最充分有力的表现。

上海古籍出版社 2008 年版封面

老夫人竭力维护门阀利益和封建礼教,表现出冷酷无情、背信弃义的特征,是一个典型封建家长形象。

3. 主要艺术特色

《西厢记》之所以能成为元杂剧的“压卷”之作,不仅在于其表现了反对封建礼教和封建婚姻制度的进步思想，而且它在戏剧冲突、结构安排、人物塑造、语言风格等方面，都取得了很高的艺术成就。

《西厢记》的角色不多，戏却很多，情节曲折。《西厢记》的结构规模在中国戏剧史上是空前的。它突破了元杂剧的一般惯例，用长篇巨制来表现一个曲折动人的完整的爱情故事。因此它避免了其他元杂剧由于篇幅限制而造成的剧情简单化和某种程度的模式化的缺点，能够游刃有余地展开情节、刻画人物。这是王实甫的一个创举。情节虽然波澜起伏，引人入胜，但这一切都没有牵强的痕迹，一切都那么自然，给人以强烈的真实感。

《西厢记》的戏剧冲突有两条线索。一条是封建势力的代表“老夫人”与崔莺莺、张生、红娘之间展开的冲突。这是维护封建礼教的封建势力和反对封建礼教、追求婚姻自主的叛逆者之间的冲突。此外，《西厢记》还有由崔莺莺、张生、红娘之间的种种矛盾引起的另一条戏剧冲突的线索，这些冲突虽属次要，却是大量的，错综复杂的，常常和主要矛盾交织在一起，互相影响，推动戏剧情节一环扣一环地发展，具有强烈的戏剧效果。这正是《西厢记》令人叫绝之处。

《西厢记》是一部迷人的诗剧，全剧从头到尾是一首优美动人的爱情诗，它有明快的抒情喜剧的节奏，有“词句警人，满口余香”的艺术语言，有情景交融、诗情画意的环境氛围，所有这一切，汇合成一种独特的风貌和格调，形成了非常优美的“花间美人”的艺术风格。

[明] 吴承恩

《西游记》

作者简介

吴承恩(约1500—约1582),明代小说家。字汝忠,号射阳山人。出身于一个由两世学官而没落为小商人的家庭。吴承恩自幼性敏多慧,又好学习,博览群书。年轻时即“以文鸣于淮”,受到督学使者的赞扬,许多人登门求教,一些官吏也常请他代作诗文。他好奇闻,阅读了大量的野言稗史,受到民间文学的积极影响;又喜读唐人传奇,从中吸取营养。这些对他《西游记》的创作都有着重要意义。吴承恩早年曾希望以科举进身,然而屡试不中。直到明世宗嘉靖二十三年(1544)他40多岁时,迫于家贫母老,才很不情愿地当了长兴县丞。不久,就因耻于折腰而辞官归乡。后来又一度担任过品级相近的荆府纪善的闲职。晚年,吴承恩归居乡里,放浪诗酒,贫老而终。

作品提要

东胜神洲傲来国海边有一座花果山,山上一块仙石秉受日月精华,内育仙胞,一日迸裂,产一石卵,见风,化作一个石猴,目运两道金光,射冲斗府。一个烈日炎炎的夏天,这只石猴同一群猴子在山中避暑,无意之间发现了一股飞瀑从山顶流下。众猴说:“谁能从这瀑布中钻进去看个究竟,我们就拜他为王。”石猴自告奋勇,钻入飞瀑,发现里面竟然是一个宽敞、幽静的石洞,石碣上镌着“花果山福地,水帘洞洞天”。于是,众猴拜石猴为王,称他美猴王。美猴王为了能够长生不死,远离花果山去寻仙访道,这样过了八九年。一日,他来到西牛贺洲地界,在一位樵

唐僧师徒四人

夫的指引下找到灵台方寸山斜月三星洞，须菩提祖师收他为徒弟，赐名孙悟空。须菩提祖师认为他有灵性，教授他七十二种变化和一个跟头可以翻十万八千里的筋斗云。功夫学成，孙悟空回到了花果山。后来，悟空入东海龙宫借宝，讨得了重达 13 500 斤的如意金箍棒。不久，又大闹地府，在生死簿上涂掉了自己的名字。东海龙王和阎王表奏玉帝，请伏妖猴。玉帝采纳太白金星的建议，召孙悟空上天宫当了专管养马的弼马温。事后，悟空发现这是个卑微的小官，知道受了愚弄，气愤地返回花果山水帘洞，树起“齐天大圣”的旗帜。玉帝命托塔李天王和哪吒三太子带着天兵天将捉拿悟空，结果被悟空打得大败。玉帝无奈，只好承认“齐天大圣”的名号，命孙悟空到天宫管理蟠桃园。悟空听说吃了蟠桃会长生不老，便偷吃光了园中大桃。不久，王母娘娘要开蟠桃会，但没有请悟空，他得知后心中十分恼恨，于是进瑶池喝光了宴会用的仙酒，还闯入太上老君的丹房，吃尽了葫芦内的金丹，然后逃回花果山。玉帝对孙悟空扰乱蟠桃会甚为痛恨，命令四大天王、托塔李天王和哪吒三太子去捉悟空，但十万天兵皆被悟空打败。玉帝又派二郎神去战孙悟空。经过多次交手，在二郎神同悟空大战之际，太上老君抛下金刚圈击中悟空，方才将他拿获。玉帝传旨处死孙悟空，但因悟空吃过太上老君的仙丹，任凭刀砍斧剁，雷打火烧，皆毫发无伤。太上老君见状，将悟空放进了八卦炉中，经过七七四十九天烧炼，太上老君以为悟空已死，谁知悟空不仅活着，反而炼就了一双火眼金睛。悟空跳出丹炉，挥动金箍棒，不分上下，东打西斗，无一神可挡。玉帝束手无策，求助西天如来。悟空对如来说：“玉帝不把天宫让与我，定叫他永不太平！”但孙悟空终究敌不过佛法无边的如来，一路筋斗云却翻不出佛掌。如来将孙悟空压在五行山下，饥食铁丸，渴饮铜汁，苦度了五百年。

孙悟空向东海龙王借兵器

五百年后，正是大唐太宗李世民时期。法师玄奘德行高尚，被唐太宗请入长安宣讲佛法。这时，观音菩萨奉了如来佛的法旨，寻找去西天求取三藏真经的人。观音变成一个癞头和尚，将袈裟、锡杖赐与玄奘，指点玄奘去大西天天竺国大雷音寺如来处取大乘佛经《三藏经》。玄奘得观音开导之后，决定往西天取经。唐僧上路，一日骑马夜登双叉岭，被虎魔王部下活捉，太白金星赶来援救，唐僧脱险。几天后来到了五行山，只听得一阵如雷的喊声："我师父来也！"唐僧一看，是山下压着的一只猴子在喊叫。唐僧揭去封条，孙悟空崩山而出，唐僧收悟空为徒，称为行者，一同西行取经。

一天，行者杀了六个拦路抢劫的强盗，唐僧抱怨不已。行者气恼，不辞而别。观音送来了一顶嵌金花帽，叫唐僧给行者戴上。当行者受龙王劝告返回后，唐僧让他戴上了花帽，谁知一戴上，行者头上就套上了一个金箍，怎么也取不下来。唐僧念起紧箍咒，行者头痛难忍，表示不敢再违背师言。师徒继续前行，途经蛇盘山，唐僧的马匹被西海龙王之子吃掉了。观音赶来，将龙王太子变成白马，随唐僧取经。借宿观音院，老和尚为得袈裟，谋害三藏，火烧禅堂。混乱中袈裟为黑熊怪抢走，行者得观音相助取回袈裟。一日到高老庄投宿，高太公因招了个妖怪女婿，见来了唐僧师徒，就求降妖。行者变成太公之女，迷惑妖怪，随后现出原形，同妖怪大战。当妖怪听到行者说起唐僧的名字时便丢下钉耙。此怪原是天宫的天篷元帅，触犯天规被罚往人间，错投了猪胎。唐僧收了他，取法名叫猪悟能，别号八戒。在黄风岭遭到了在如来佛那里得道的黄毛貂鼠精黄风怪的暗算，行者借须弥山灵吉菩萨的定风丹除怪。至流沙河，唐僧被河中的妖怪抢走，悟空、八戒去战，妖怪钻进水中不肯出来。悟空去求观音，观音让妖怪拜唐僧为师，这就是沙悟净沙和尚，又称沙僧。

师徒四人晓行夜宿，来到了一座庄院。庄院内住着一寡母和三个女儿，要招四人为夫。原来这是黎山老母、观音、普贤、文殊四位菩萨变着法子来试师徒四人取经道心的，结果猪八戒色心不退，上当被捆。到万寿山五庄观，悟空偷摘人参果，打倒人参果树，闯下大祸，幸亏观音赶来用净瓶甘露救活了人参果树。至白虎岭，碰见白骨精，它一变美女，二变老妇，三变老翁，迷惑唐僧。悟空睁开火眼金睛，挥动金箍棒打杀了妖怪。唐僧大怒，骂悟空肆意作恶，不听教训，念起紧箍咒，赶走了孙悟空。之后，众人来到黑松林，唐僧被黄袍老怪变成了老虎，猪八戒斗不过老怪，只好去花果山寻找孙悟空。悟空去天宫请出玉帝，收了这个二十八宿中的奎星变成的怪物。师徒继续赶路。过平顶山莲花洞，撞上了太上老君的两个炼丹童儿变成的妖精金角大王、银角大王。在乌鸡国，又遇上了文殊菩萨的青毛狮子精

孙悟空大战二郎神

兴妖作怪，将真国王推入井中，国王鬼魂请唐僧搭救。在枯松涧火云洞，牛魔王的儿子红孩儿又抢走了唐僧，幸亏观音救助，收了红孩儿去做善财童子，唐僧才脱离险境。在黑水河，西海龙王的外甥差点将唐僧蒸来吃掉。在车迟国，行者与三位妖魔国师——虎力、鹿力、羊力大仙斗法。到了通天河，观音莲花池内逃出的金鱼精也暗算唐僧，后来观音收走了金鱼。唐僧师徒被河中老鼋驮过了通天河，老鼋求唐僧在见到如来后代为询问自己将来之事。唐僧允诺，告别老鼋又踏上了西行的路程。

唐僧在女儿国被西凉女王纠缠

师徒四人兼程前进，又遇到了许多磨难。路过金兜山时，太上老君的青牛作恶。进入西凉女国，先是唐僧、八戒误饮子母河的水，腹痛有胎；后来唐僧又被西凉女主留住要做夫妻。琵琶洞蝎子精又摄走唐僧，悟空请来昴日星官，化作大公鸡，妖怪现原形而死。途中又碰上了强盗打劫，强盗将唐僧吊在树上，为救师父，悟空打杀了两个强盗，谁知唐僧竟火冒三丈，怪悟空杀人太多，又赶走了他。悟空去后，一只六耳猕猴变成孙悟空来害唐僧。真悟空知道后去找假悟空算账，真假悟空在空中恶战，一直打到西天。最后，如来识破了真相，真悟空打杀了假猴王。师徒行了数月，来到火焰山。悟空费尽心思没能借到真扇，无奈请来托塔李天王和天兵天将帮助，降伏了牛魔王、罗刹女，熄灭了火焰山的火。至祭赛国，万圣老龙和九头虫驸马盗走镇国之宝舍利子，行者斗败二人，夺回佛宝。荆棘岭上，唐僧被树精、木怪迷惑联句对诗。师徒四人一日来到小雷音寺，唐僧入内拜佛，师徒四人全被妖怪困在金铙之内。天神亢金龙用角尖钻进金铙救出悟空，悟空打碎金铙，与妖怪多次搏斗，皆不能胜。弥勒佛突然降临，说是他的黄眉童儿在此成精。唐僧被救，悟空放火烧了庙宇。过小西天，在七绝山驼罗庄悟空杀了红鳞大蟒；在朱紫国斗败了观音走失的金毛狮，治好了国王的病，救回了被抢走的正宫娘娘；在盘丝洞，悟空灭掉了蜘蛛精变成的七个妖女；黄花观蜈蚣精又药翻唐僧，紫云山毗蓝婆应行者之请，消除此怪。在狮驼岭，撞上了三个法力广大的魔王，悟空抵敌不住，去西天求救，原来竟是如来的舅父大鹏金翅雕、文殊的青狮和普贤的白象作怪。唐僧脱险，来到比丘国。国王欲用小儿的心肝做药引子，悟空解救婴儿，斗败了寿星的白鹿变成的妖道。进入陷空山，老鼠精虏唐僧，欲与之成亲。李天王押走老鼠精。经过灭法国，国王发愿杀一万僧人，行者施法剃去国王等人头发，国王回心转意，改灭法国为钦法国。隐雾山连环洞，豹子精欲吃唐僧肉，被行者用瞌睡虫睡倒，八戒将其打死。去到大天竺国凤仙郡，郡侯张榜求雨，行者劝郡侯向善，天降甘雨。走到玉华州，悟空、八戒、沙僧的兵器被豹头山虎口洞黄狮精盗走，太乙救苦天尊赶来，收服此怪，原来这是他走失的九头狮子所变。在天竺国，公主抛绣球给唐僧，欲招之为婿。悟空识破了她乃月宫玉兔变成的假公主，救回了真公主。镇台府地灵县寇员外家遭劫，员外丧生。唐僧师徒被当作强盗收监，行者入地府招回寇员外魂，真相大白。众人匆匆而行，来到如来灵山脚下的玉真观。师徒四人沐浴更衣，准备登入佛地。

第二天，师徒四人来到一条波浪翻滚的大江边，一个人划着一条无底船过来。悟空推唐僧上船，唐僧落水，肉胎凡体成为尸体漂去。如来传旨，面见唐僧，令阿傩、伽叶取来真经交给唐僧。阿傩、伽叶趁机索取礼物，唐僧毫无准备，只取得无字经。燃灯古佛指使白雄尊者夺落经卷。唐僧再次求如来，如来吩咐去换有字真经。但阿傩、伽叶仍要礼物，唐僧无奈，只得把唐太宗赐的紫金钵盂送上，才换得真经。师徒四人返归东土，经通天河，老鼋来迎，驮唐僧四人于河中，问所托之事，唐僧忘了询问，被老鼋翻入河中。四人落水，经书也全浸湿了。至此，唐僧经历了九九八十一难，功德完满。于是八大金刚将唐僧送往长安向太宗交割了真经，随即又复转灵山，唐僧被封为旃檀功德佛，孙悟空被封为斗战胜佛，猪八戒被封为净坛使者，沙僧被封为金身罗汉，白马被命为八部天龙，各归本位。

唐僧遇见七个蜘蛛精变成的妖女

重点提示

明朝中期，皇帝为求长生不老，崇信道教，不理朝政，上下腐败。吴承恩曾几次赴试应举，但世道的黑暗使他屡屡受挫，一生与贫苦为伍。晚年短暂的为官生涯又使他对官场有了更为透彻的了解。腐败不堪的现状和他一生不得志的坎坷交织在一起，使他抑郁难平，不吐不快。这一切构成吴承恩创作《西游记》的主要动机。在小说中，作家强烈抨击了封建社会的腐朽黑暗及统治阶级的凶狠残暴，表现出鲜明的反抗精神。不论是天宫地府，还是西天龙宫，均是肮脏龌龊的世界，这正是人间丑恶腐败现实的真实写照。而那些神灵佛道，表面上神圣威严，实则是衣冠禽兽，与妖魔鬼怪没什么两样，两者狼狈为奸，上下勾结，实为一丘之貉。唐太宗游地府，判官竟敢私改生死簿，表明阴间同样是贿赂公行。再如唐僧师徒历经千辛万苦终于到达西天，如来佛手下弟子阿傩、伽叶竟然向他们索要钱财，没有钱财就不给他们有字的真经。这与佛教口口声声宣扬的不贪财的宗旨可谓大相径庭，也说明极乐世界并非什么净土。而取经路上的妖魔鬼怪与天上的神佛更原本一家，或是神佛的亲友故旧，或是他们的下属奴仆，或由神佛派来故意刁难。这些鬼怪仰仗神佛在他们背后撑腰，使着神佛的法宝，荼毒生灵，无恶不作。

上海古籍出版社 2004 年版封面

小说还热情歌颂了孙悟空的反抗和叛逆精神，赞扬了他不畏艰难险阻，顽强地与妖魔作斗争，百折不挠、锲而不舍的战斗精神，批判了唐僧对邪恶势力的妥协和软弱无能。孙悟空是最为光彩照人的艺术形象。他是封建社会的叛逆者和反抗者，同时也是降妖捉怪、为民除害的英雄。他喊出"皇帝轮流做，明年到我家"的口号，从根本上否定了封建世袭制度和宗法观念，表现了反抗的彻底性和坚决性。从这里可见广大人民勇于反抗、不畏强暴的斗争精神和争取摆脱封建压迫、统治的强烈愿望。一部《西游记》可以说是孙悟空的英雄传记和建功立业的光荣史。

《西游记》艺术上取得的最大成就就是塑造了孙悟空、猪八戒这类融神性、人性与动物性于一体的光彩照人的艺术形象。孙悟空自己自始至终是只猴子，他机敏、好动、顽皮，有一身用途无穷的猴毛，一根让他为难的猴子尾巴。然而他又是神，有七十二般变化，能够一个筋斗翻出十万八千里，拔根毫毛就变成兵将。在西行取经路上，几乎没有他克服不了的困难，唐僧众人靠了他才一次又一次化险为夷。他还是人，有人的意志品格与情绪特点，他勇敢无畏，聪明机智，直率天真而又有丰富的社会生活经验，他不太受得住委屈，而且性格也急躁。如此孙悟空既很神奇又有强烈的现实感，虽说是虚构的神话英雄，却与老百姓有亲近感，从古至今都赢得了民众广泛的喜爱。

中华书局 2005 年版封面

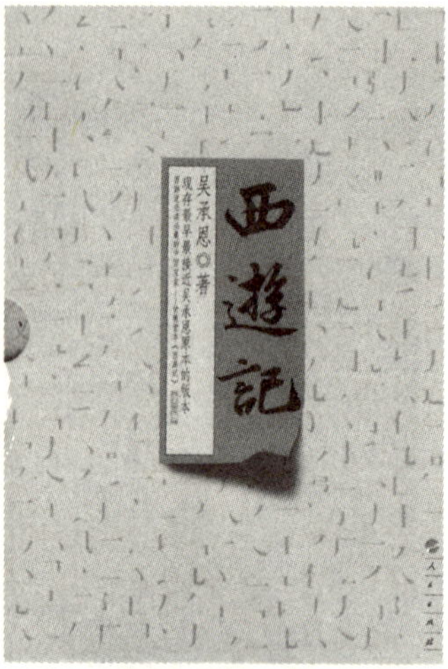

人民文学出版社 2008 年版封面

如果说孙悟空是理想化的人物，猪八戒最突出的特点就是他的现实性与真实感。猪八戒的体形是猪，长鼻大耳，像猪一样贪吃好睡，手持粗重结实的九齿钉耙。他作战勇敢，力大无穷，能吃苦耐劳，也还憨厚淳朴，虽然武艺不十分好但有一定的原则性。他一心二用，既希望取经得道又渴望回高老庄做女婿，一遇困难就嚷着散伙回家。他私心重，嫉妒心强，时常耍些愚笨的小聪明，具有浓厚的喜剧色彩。猪八戒的形象逼真地反映了当时小生产者、小市民的意识特点，在明朝的市民阶层中具有普遍性。其他像牛魔王之类的妖怪同样也是动物性、神性和人性有机统一，而且他们不是被硬性地拼凑在一起，而是将动物性和神性和谐地统一在人性上，以人性为中心。

唐僧不畏艰险，毅然西行取经，且毫不动摇，确实难能可贵，但同时他又极其昏庸，经常听信谗言，以致是非不辨、敌我不分。他对妖魔也讲慈悲，且从不接受教训，顽固不化，特别是他的软弱无能，胆小怕事以及自私自利已到了令人厌恶的地步，同时其内心还有浓厚的封建正统观念和等级思想，同孙悟空的性格形成鲜明对比。《西游记》里的唐僧形象很接近老百姓所熟悉的迂腐无能的知识分子形象。

《西游记》是一部浪漫主义的巨著，它充分发挥了幻想小说的特点，凭借想象恣意展开情节。全书以自由热情的笔调渲染奇异的事物和非常的情节，充满着神奇美丽的幻想，情节紧张离奇，变化莫测，极具艺术魅力。书里有百般神怪，千般情节，万般景致，不可一一道来，翻开小说只让人觉得光怪陆离，奇妙非凡，这是《西游记》区别于其他名著的特征所在。可以说《西游记》的浪漫主义是时刻关照现实的浪漫主义，在天堂地府的背后凸显着人间的印象。

《西游记》的语言生动流利，尤其是人物对话，有浓烈的生活气息，表现了诙谐幽默的艺术情趣。吴承恩善于提炼大众口语，吸收新鲜有力的词汇，利用其富有变化的句法，加工成成熟的艺术语言。为展示孙悟空无畏的性格，作者写他初到天庭时，玉帝问太白金星“谁是妖猴？”孙悟空主动抢先回答说：“老孙便是。”写他顽劣的天性，就写他背着碍了他性子的菩萨骂道“该她一世无夫”。猪八戒的狡猾是透过他一再自称“老实”来揭露的，唐僧的昏迂则表现在动辄就念紧箍咒的行为。其他市井杂人、达官显贵、神祗佛徒等也皆有自家腔调。个性化的语言是小说获得成功的一大要素。

[明] 施耐庵

《水浒传》

作者简介

施耐庵，元末明初小说家。据传他生于元成宗元贞二年(1296)，卒于明洪武三年(1370)。原名耳，后名子安，耐庵为其字。祖籍苏州，一说扬州，一说是江苏兴化人。曾参加过元末农民起义，与罗贯中交往甚密，是师生关系。35 岁时始中进士，并出仕两年，因与当权者不和，弃官还乡，闭门著述。因生当元明之际，目睹朝政腐败，社会不平，遂作《水浒传》以抒胸中之愤。

《水浒传》是中国古代长篇小说四大名著之一，是我国第一部以农民起义为题材的长篇白话小说。它通过梁山英雄从个人复仇到集体反抗乃至最终失败的悲壮历程，塑造了农民起义的英雄群像，揭示了封建时代尖锐的社会矛盾是起义产生、失败的社会根源。《水浒传》已翻译成十多种文字出版，在世界范围内得到广泛传播。

作品提要

宋哲宗时，东京有一个浮浪破落子弟名叫高俅，他踢得一脚好球，被哲宗弟弟端王看中，成了端王的亲信。后来端王当了皇帝，这就是徽宗，不到半年，就把高俅提升为殿帅府太尉。一日，渭州经略府提辖鲁达在酒楼饮酒。饮酒正酣，忽然隔壁传来啼哭声。鲁达生性鲁莽而又素好行侠仗义，叫酒保将啼哭之人带来。金氏父女被带到，父亲哭着说:因到渭州投亲无着，状元桥肉铺的郑屠乘人之危，要强娶小女为妾，今被赶出，那郑屠反要我父女给他银钱。鲁达听后大怒，决心惩治郑屠。次日早上，鲁达送走金氏父女，来到状元桥肉铺，先叫郑屠亲自操刀切肉，戏弄这恶棍一番之后，三拳结果了他的性命。随即离了渭州。半月后由赵员外出面，把鲁达送往五台山当了和尚，法名智深。后鲁智深离了五台山，在东京大相国寺管理菜园。一日，鲁智深在菜园习武，当众连根拔起垂杨树，被陪同夫人到岳庙进香的林冲瞧见，两人一见如故，结拜为兄弟。正在高兴之际，丫环来报，有人调戏夫人。林冲赶往岳庙，见是高太尉的干儿子高衙内，只好忍气将他放了，告别鲁智深回家。高衙内见林冲妻子美丽，一心要谋占林冲妻子。高

（戴敦邦绘）

俅骗林冲带宝刀入白虎堂，林冲被捉，以行刺罪发配沧州。高俅又派人买通公人，要他们在野猪林杀死林冲。幸有鲁智深暗中保护，林冲才得以幸免。到了沧州，高俅又派爪牙火烧草料场，欲置林冲于死地。忍无可忍的林冲，杀死了爪牙，是夜投奔梁山泊。

山寨首领王伦嫉妒林冲，要他下山打劫。林冲下山等了三天，才见有一人经过。此人乃青面兽杨志，林冲同他拼杀多时，未见胜负。王伦劝住二人，邀杨志上山。林冲入伙坐了第四把交椅，杨志不愿入伙，下山去了东京。杨志在东京投靠无门，只好卖祖传宝刀，凑一点盘缠。泼皮牛二无理取闹，欲夺宝刀，被杨志杀死。杨志充军大名府留守司。留守蔡京女婿梁中书看中了杨志的武艺，要杨志护送价值十万贯钱的生辰纲到东京为蔡京祝寿。此事被赤发鬼刘唐打听到后，劝晁盖劫下这笔不义之财，晁盖请智多星吴用想办法。吴用请来阮小二、阮小五、阮小七、公孙胜等 7 人，决定在黄泥岗劫取这批生辰纲。杨志一行人来到黄泥岗，晁盖等扮作贩枣商人，趁杨志手下买酒喝的当口，投下了蒙汗药，将他们药昏，劫走了生辰纲。杨志醒来，发现生辰纲被劫，知道大祸临头，便去青州龙山做了强盗。梁中书告知蔡京生辰纲被劫，蔡京下令济州府捉拿贼人。济州府尹派何涛负责此案，经查知是晁盖等人所为，何涛带人到郓城县捉拿晁盖。县中押司宋江是晁盖好友，闻讯后立即给晁盖报信。晁盖烧了自己的庄园，大败何涛，率领众人投奔梁山泊。王伦存心刁难，不肯收留。林冲大怒，杀了王伦，推举晁盖为梁山泊首领。晁盖在挫败官军、稳住梁山泊之后，派刘唐带上书信、金银去答谢宋江。宋江退了金银，收了书信，返回住处途中被阎婆拦住，将宋江强拉至家中，欲将女儿阎婆惜许配给宋江，以答谢他多年接济之恩。宋江不重女色，勉强在她家中留宿一夜，谁知书信被阎婆惜发现，她一口咬定宋江暗通梁山泊，要报官。宋江苦苦哀求无效，一气之下，杀了阎婆惜，逃回宋家村。知县差朱仝、雷横捉拿宋江，他们却有意将宋江放走，让宋江躲进了柴进庄上。宋江在那里遇见了逃难到此的武松，二人拜为兄弟。

武松病愈，告别宋江去寻找哥哥武大郎。路过景阳岗时打死了猛虎，被阳谷知县任命为步兵都头。一日，武松在阳谷县城碰到了哥哥。武大郎非常高兴，将武松引回家中。嫂子潘金莲见武松相貌魁梧，顿生邪念，存心勾引，遭武松申斥。不久，武松为知县押运财物去了东京。武松走后，潘金莲同开生药铺的本地恶霸西门庆勾搭成奸，用药毒死了武大郎。武松回县得知此事，向知县告状不准，盛怒之下，去酒楼杀了西门庆，又杀了潘金莲，被判罪发配孟州。孟州小管营施恩厚待武松，求武松帮助夺回被蒋门神抢占去的快活林的店铺。武松酒醉后痛打蒋门神，夺回了快活林。这蒋门神通过张团练买通张都监，诬陷武松偷盗宝物，判武松充军。武松被押上路，在飞云浦折断枷锁，杀死了想害他的四个公人，折回孟州城，杀死了正在设宴庆贺除掉武松的蒋门神、张团练和张都监，逃出孟州。在十字坡孙二娘将他扮为行者，让他去二龙山投奔鲁智深。武松又在白虎山孙家庄遇见了宋江，宋江是去投奔花荣的，二人结伴而行，在瑞龙镇分手，宋江去往清风寨。清风寨有两个知寨，正知寨刘高是个文官，他嫉恨副知寨花荣。宋江一到就被刘高捉住，说宋江私通清风山草寇，花荣也因此受牵连。清风山头领燕顺、王英等人闻讯后下山救了宋江、花荣，大家决定去投奔晁盖。快到梁山泊，石勇捎来宋江父亲假托病故要他回家的家书，宋江赶回，被官府捉住，刺配江州。在江州，宋江得到戴宗和李逵的照顾。但因酒醉在浔阳楼墙壁上题了反诗，被江州知府蔡京的儿子蔡九判处死刑。正准备行刑时，梁山泊英雄前来劫走了宋江。事后，29 位英雄在江州白龙庙聚会，浩浩荡荡返回梁山泊，宋江在山寨中坐了第二把交椅。上山不久，宋江接来老父，李逵也回家接母亲上山，行至途中，遇一自称“李逵”的人打劫，捉住之后，才知此人名叫李鬼，说他有 90 岁老母无人奉养，李逵送他十两银子，劝他改恶从善。后来李逵发觉上当，杀了李鬼，而李鬼的妻子却溜掉了。回到家中，母亲已双目失明，李逵哄母亲说：我做了官，接娘去享福。背着母亲上了路。一日，行至沂岭，李逵为母取水，回来后发现母亲已被虎吃掉。李逵大怒，连杀了四只老虎，被猎户迎进曹太公庄上。这时，逃来此处的李鬼妻子认出了李逵，曹太公等人正准备暗算李逵，幸亏梁山泊派来朱贵等人帮助，李逵才脱险回了山寨。前来投梁山泊的杨雄、石秀、时迁被祝家庄酒店欺侮，双方打了起来，时迁被捉。为救时迁，晁盖、宋江发兵三次攻打祝家庄，荡平了祝家庄，附近与祝家庄结盟的李家庄、扈家庄都投降了梁山泊。梁山泊威名远扬，四处好汉纷纷投奔。

宋江

卢俊义

吴用

（戴敦邦绘）

不久，李逵下山来到柴进庄上，正遇上柴进收到叔父寄来的信，说高俅叔伯兄弟高廉的妻舅殷天锡要夺占柴家的花园。于是柴进同李逵火速赶往高唐州，见花园已被夺去，李逵大闹高唐州，打死殷天锡。知府高廉点兵捉拿，柴进被擒，柴进叔父被抄家。李逵逃回山寨报信，晁盖令宋江率领22名头领攻打高唐州，杀了高廉，救了柴进。朝廷派太尉高俅前往剿捕，高俅令呼延灼攻打梁山泊。呼延灼被宋江军队打得大败，逃往青州，又去为慕容知府攻打桃花山、二龙山、白虎山的起义军效力。鲁智深聚合三山人马，往梁山泊求援。宋江率军与三山义军共同攻打青州，呼延灼投降，慕容知府被杀，三山头领一起投奔了梁山泊。此后，少华山史进被官府捉住，宋江又带兵大闹华山，杀了太守。没过几天，凌州曾头市曾家五虎拦截投奔梁山泊的好汉，并恶言中伤梁山泊。晁盖大怒，亲点5 000人马攻打曾头市。在战斗中，晁盖被毒箭射中，回山寨身亡。宋江被推为山寨之主，改聚义厅为忠义堂。为报晁盖遇难之仇，宋江记起了北京大名府玉麒麟卢俊义，知他武艺超群，棍棒天下无双，想请他上山入伙，共报大仇。于是宋江派军师吴用去京都，扮作算命先生给卢俊义算命，说卢俊义百日之内必有身首异处之灾，将卢俊义骗至梁山泊，被张顺擒拿上山。宋江劝卢俊义入伙，卢俊义不肯，两个月后，宋江送卢俊义下了山。卢俊义离家后，管家李固与卢妻勾搭成奸，当卢俊义回到家时，他们竟设下埋伏，将卢俊义捆送到梁中书处，梁中书判了卢俊义死刑。在行刑那天，梁山泊好汉石秀劫法场，救出卢俊义，但因单枪匹马，寡不敌众，二人被擒。为救卢俊义和石秀，宋江发兵攻打北京。梁中书向太师蔡京告急，蔡京采纳了关胜所献围魏救赵之计，率领1 500人马直攻梁山泊。宋江闻讯，退后回山，以计俘获关胜，击溃了官军。随即宋江任命关胜为先锋再次攻打北京城，战斗相持数月，直到次年元宵方攻破北京。梁中书从南门夺路而逃，卢俊义、石秀被救出。不久，蔡京又派单廷桂、魏定国攻打梁山泊，皆被击溃。宋江与卢俊义一道领兵攻打曾头市，杀了曾家五虎，回山祭奠晁盖之灵。接着又乘胜攻破了东平、东昌二府，大军凯旋而归。此时，梁山泊大小头领正好108位，合了当年洪太尉所放走的魔王之数。众人会聚忠义堂，宋江坐了第一把交椅，立起了“替天行道”的杏黄旗。

山寨兴旺之后，宋江有了“望天王降诏早招安”的打算，武松、李逵、鲁智深都坚决反对。到了年底，宋江要往东京去观赏明年元宵的灯火，柴进、李逵陪宋江到了东京。很偶然宋江进了李师师的府邸，徽宗皇帝也在场，正当宋江要向徽宗讨招安诏书的时候，李逵在外边打人放火，城内顿时大乱。宋江三人逃出，李逵单独行至荆门镇投宿时，听庄主刘太公说宋江抢了她女儿上山，李逵万分愤怒，跑回梁山泊，砍倒了杏黄旗，要拿宋江问罪。后来经过对证，乃是牛头山贼人冒名干的坏事。李逵负荆请罪，去牛头山杀了贼人，救回了刘太公的女儿。梁山泊的壮大，震惊了朝野上下。徽宗派殿前太尉陈善保前往招安，李逵接过招安诏书，一把撕得粉碎。朝廷又派童贯攻打梁山泊。山寨十面埋伏，挫败了童贯的两次进攻。童贯逃回东京，高俅又调遣十节度使的兵力来攻梁山泊。宋江三败高俅，并将他活捉上山，以礼相待，要高俅转达渴望朝廷招安之意。高俅去后，宋江又派燕青去东京，燕青通过李师师求得徽宗下诏，没过几天，殿前太尉宿元景上山来宣读诏书，宋江领着众山好汉接受了招安，打着“顺天”“护国”旗帜，到东京接受徽宗检阅。

梁山泊义军接受招安后，正遇辽兵侵犯，宋江受诏破辽。于是大军北进，攻下多个州，兵围燕京，辽主请罪投降。宋江班师回国，遵照徽宗旨意，将所夺州县仍退还给了辽邦。回到京师，徽宗下诏，令宋江去平定江南方腊。在平定方腊军的过程中，义军损失惨重，虽然最后擒获了方腊，大功告成，但却阵亡 72 条好汉。回军途中，鲁智深在杭州六和寺坐化（和尚盘膝打坐安然而死），残废的武松不愿回京，就在这里出了家。随后林冲瘫痪，杨雄、时迁、杨志病死，燕青又悄然离去。等到大军回京驻扎陈桥驿时，只剩下 20 余名头领。蔡京、童贯、高俅、杨戬四大奸臣待宋江等封官之后，设计用水银害了卢俊义，用毒药掺入御酒药死了宋江。就这样，一场轰轰烈烈的农民革命在悲剧中结束了。

重点提示

从南宋起，宋江起义的故事就在民间流传。起初是一些单个的水浒英雄故事，如石头孙立、青面兽杨志、行者武松、花和尚鲁智深等。后逐渐连缀成长篇小说，反映出《水浒传》的原始风貌。民间传说、元杂剧都为《水浒传》的成书准备了条件，施耐庵就是在此基础上创作出了这一英雄传奇、长篇名著。

小说揭示了“官逼民反”是梁山起义的社会根源。作品把封建统治集团代表人物高俅的发迹作为开篇，开宗明义地表达了“乱自上作”的思想。高俅成为贯穿全书的一条黑线。他上与蔡京、童贯勾结，下与地方官吏串通，加之镇关西、蒋门神、祝朝奉、毛太公等豪霸，构成了自上而下的社会黑暗势力。

《水浒传》第一次热情歌颂了农民起义，开创了中国文学的官民对立模式。它洗去统治阶级强加在起义者头上的污水，将起义者塑造成大忠大义的英雄豪杰，并描画了一个全新的异于现实的美好理想的世界：水泊梁山。它是“桃花源”主题的变形置换，不再是一个狭隘的地理概念，而演变成一个文化符号。这种以“侠”和“义”为基石构筑起来的理想大厦，也是文化史上的奇观。

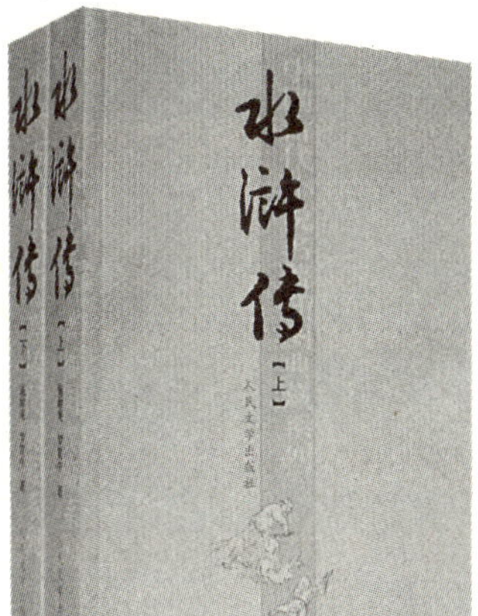

人民文学出版社 1997 年版封面

中华书局2005年版封面

宋江是《水浒传》中最为复杂的人物。他的性格始终具有反抗与妥协的二重性。一方面他能救困扶危，以重义而名扬江湖。论文才武略他在梁山英雄中并不出众，但其忠贞侠义的品格和养济万人的度量使他在梁山具有无人可取代的主心骨与凝聚力的作用。另一方面，他出身地主家庭，做过刀笔小吏，有封建正统观念。即使被逼上了梁山，他报效朝廷的念头也没有断。直到接受招安，酿成悲剧，他临死仍表白“宁可朝廷负我，我忠心不负朝廷”。宋江促成了梁山的聚义，也毁掉了梁山的前程。因此，宋江这一人物是小说情节发展演变的关键之所在。《水浒传》还塑造了一系列起义英雄的形象。在人物刻画中，小说准确把握了人物与环境的关系，共性与个性的关系。林冲、鲁达、杨志都是武艺高强的军官。其中林冲是80万禁军教头，又有美满的家庭，自然形成安于现状、忍辱求全的性格。刺配沧州后，地位、家庭丧失殆尽，甚至生命也受到威胁，他才忍无可忍，奋起反抗。鲁达则一无牵挂而无所顾忌，因此具有勇于抗争、好打抱不平等性格特点，这使他与社会现实格格不入，最终主动走上了反抗之路。“三代将门之后”的杨志一心追求功名，为此忍辱负重，百折不挠，直到生辰纲被劫，退路全无，才被逼上了梁山。

运用对比、烘托等艺术手法，写出人物种种差异，是小说描绘人物的高超技巧。林冲的息事宁人与鲁智深的打抱不平，宋江的深谋远虑与李逵的心直口快形成鲜明的对比。同是粗鲁，鲁智深急躁，李逵粗蛮，武松爽快，史进任气。同是粗中有细，李逵则天真纯朴，鲁智深则有智有谋。正如金圣叹所说：“叙一百八人，人有其性情，人有其气质，人有其形态，人有其声口。”(《第五才子书施耐庵水浒传序三》)

《水浒传》的结构属于单线连环结构。它的叙事情节呈单线发展，由一个又一个的故事组成。这些故事既有相对独立性，又一环紧扣一环，构成一个完整的有机整体。这种结构的形成是水浒故事长期在民间流传的结果。同时这也是小说内容的需要。梁山英雄个个有曲折复杂的经历，轰轰烈烈的事迹，最终都被逼上了梁山。通往梁山的条条道路，汇集起来就是一幅波澜壮阔的英雄画卷。

作为我国第一部长篇白话小说，《水浒传》的语言在《三国演义》半文半白的基础上更进一步，具有大众化、口语化的特点。它继承发展了宋元以来“说话”的语言艺术，提炼出带有浓烈生活气息的大众口语，并使之洗练、丰富而生动。无论是叙事还是写人，常常是寥寥几笔便形神毕肖。

[明] 罗贯中

《三国演义》

作者简介

罗贯中(约 1330—约 1400)是元末明初的小说家、戏曲家。罗贯中名本,字贯中,杭州人,祖籍太原。他的创作是多方面的。《西湖游览志馀》称罗贯中"编撰小说数十种",又相传他有《十七史演义》的巨著。今存署名由他编著的小说有《三国演义》《隋唐两朝志传》《残唐五代史演传》《三遂平妖传》及杂剧《宋太祖龙虎风云会》等。此外,他也写过一些乐府隐语,还可能参与过《水浒传》的创作和加工。

罗贯中一生的巨大贡献,在于章回小说的创作。《三国演义》是罗贯中根据陈寿的《三国志》和裴松之给这部史书所作的注释中引用的野史杂记,以及宋元以来的话本、院本、传奇、民间传说和作者自己丰富的社会知识、艺术天才描述而成的。它把历史和文学自然结合,有现实的描绘,又充满了浪漫主义的传奇色彩。罗贯中的《三国演义》为章回小说的创作开辟了道路,丰富了祖国的文学遗产。

作品提要

《三国演义》描写了公元 184 年到 280 年间近一个世纪的历史故事,始于黄巾起义,止于西晋统一。全书以刘备、关羽、张飞和诸葛亮为中心人物,贯穿了民众拥刘反曹的思想倾向,把蜀汉当作魏、蜀、吴之间矛盾的主导方面,集中描绘了三国时代各封建统治集团之间军事的、政治的、外交的种种斗争,斗争的方式有公开的,也有隐蔽的。通过这些斗争,作者揭示了当时社会的腐朽和黑暗,谴责了统治者的残暴和丑恶,比较客观地反映了人民在动乱时代的灾难和痛苦,也表现了他们对统治集团的爱憎与向背,以及反对战争割据,要求和平统一的愿望。

小说从东汉末年说起,当时外戚专权,宦官干政,民不聊生,爆发了席卷中原的黄巾起义,汉灵帝命地主豪强领兵镇压,各州募兵守备。招兵告示张贴在涿县城门口,围观群众很多。因在家乡杀了豪强逃到涿县的红脸大汉关羽,和本是汉室宗亲,幼年丧父,跟母亲流落涿县，靠编席贩履糊口的刘备，以及在本地开肉铺的黑脸大汉张飞，三人志同道合，在桃林中祭告天地,结拜为兄弟，共赴军中。黄巾起义被镇压后，刘备立了不少战功，却只当了中山府安喜县县尉，张飞因督邮跋扈而将其捆绑怒鞭，关羽认为："枳棘丛中，非栖鸾凤之地，不如别图大计。"于是，兄弟三人弃官而去。

由于灵帝病危,围绕立嗣之争,以张让为首的"十常侍"与国舅大将军何进之间展开了一场激烈的斗争。灵帝死后，十常侍为了立刘协为帝，想先除掉何进。何进得知消息后便和出身四世三公的袁绍等商议，要尽除阉党。不料，十常侍预谋在先，假传何后懿旨，召何进入宫。何进不听陈琳、曹操劝阻，单独进宫，在嘉德殿被张让杀死。袁绍、曹操带兵入宫，尽杀宦官，宫内火起。在混乱中，张让、段圭劫持少帝刘辩和陈留王刘协逃出皇宫。曹操派兵追袭张让、段圭，寻找少帝。十常侍都在混战中丧命，至此宦官势力被彻底消灭。

西凉刺史董卓早有野心，乘洛阳混乱之机带兵进京。他打算另立新君，却遭到荆州刺史丁原的反对。为了除掉丁原，董卓的谋士李肃带着赤兔马和重金来到丁原义子吕布营内，劝说吕布投靠董卓，有勇无谋、见利忘义的吕布当夜杀了义父丁原，做了董卓的义子。董卓得到吕布，如虎添翼，更加横行无忌，不仅强行废帝，还自封相国。

董卓的所作所为激起群臣共愤。曹操自告奋勇行刺董卓，败而逃离京城，途经中牟县，被县令陈宫认出，陈弃官随行，但曹操"宁教我负天下人，休教天下人负我"的言行让陈宫大为失望，最终弃操而去。曹操逃回陈留，尽散家财，招兵买马，准备联络袁绍等人共讨董卓。

三英战吕布(戴敦邦绘)

初平元年(190)正月，十八路诸侯为匡扶汉室共同起兵讨伐董卓，公推祁乡侯渤海太守袁绍为盟主。关羽速斩华雄震惊众人，三兄弟力战吕布再传捷报，吕布终于抵挡不住，败退虎牢关。然十八路诸侯各怀异心,自相残杀,董卓乘机胁迫天子,迁都长安,在朝中专权跋扈,愈发骄纵。司徒王允以歌姬貂蝉施"连环计"，首先将貂蝉许嫁吕布,再献与董卓,离间他们父子,最终吕布杀死董卓,关中重新陷入一片混战之中。

为勤王室，西凉马腾举兵起义，曹操为报父仇杀上徐州，刘备北海救下孔融，吕布和曹操先后几次激战，最终吕布在白门楼殒命。经过几次激烈的混战以后，到建安元年(196)时，全国形成许多割据区域：袁绍占据冀、青、并三州，曹操占据兖、豫二州，韩遂、马腾占据凉州，公孙瓒占据幽州，公孙度占据辽东，陶谦、刘备、吕布先后占据徐州，袁术占据扬州的淮南部分，刘表占据荆州，刘璋占据益州，孙策占据扬州的江东部分，士燮占据交州。此外，张鲁以道教的组织形式占据汉中地区，置祭酒以治民。在这些割据者中，势力最强也最活跃的是袁绍和曹操。

曹操逃至陈留后，即聚兵反抗，又陆续收纳了一些豪强地主武装。建安元年(196)，他把汉献帝迁到许县，取得了挟天子以令诸侯之势；又屯田积谷，以蓄军资。而袁绍自认为在军队数量、装备和物资储备上占尽优势，盲目冒进。建安五年(200)七月，袁绍召集了大军准备对曹操发动进攻。袁绍急于求成，战线长达几十里，而曹操坚守不出，运用地道战，进行防御。袁绍不听谋士劝说，不管补给，执意进攻，曹操则避开袁军主力，声东击西，佯攻袁军后方，却避实就虚，以张辽、关羽为前锋，直取白马，赢得第一回合的胜利。之后，曹操听取了前来投奔的许攸的妙计，直捣乌巢，放火烧了袁绍的粮草，取得重大的胜利。曹操与袁绍两军进行官渡之战，曹操以弱胜强，全歼袁军主力；又利用袁绍二子的矛盾攻占袁氏的邺城，相继占领青、冀、幽、并四州之地，统一了中原地区，之后曹军出卢龙塞，打败侵扰北方的乌桓。

与此同时，刘备投奔了刘表，但是刘表对他甚是猜疑，刘备在荆州数年，如同龙困浅水，毫无作为。他意识到这是因为手下缺乏高明睿智的人才，便开始积极寻访。司马徽、徐庶都向他推荐了诸葛亮。刘备相信诸葛亮为人才，就带着结拜的两员大将前来。诸葛亮明知刘备要来，却两次让其扑空，以试刘备的诚意，最终第三次二人见面详谈，诸葛亮决定辅佐刘备，以复兴汉室。这便是有名的“三顾茅庐”。

随着势力日益庞大，曹操又将目标对准了南边刘表之子刘琮所据的荆州。依托于荆州的刘备向南奔逃，江东的鲁肃受孙权之命与刘备会晤，商讨对策，诸葛亮又受刘备之命，与孙权结盟，共抗曹军。尽管孙权大将周瑜处处刁难诸葛亮，但诸葛亮灵活应对，周瑜被活活气死。孙、刘联军以少胜多，最终大败曹军水师于赤壁，迫使曹军退回中原。这就是促使形成三国鼎立局面的赤壁之战。虽然这一战本可以令曹操无命而回，但关羽念在昔日曹操对自己的恩情，从华容道放走了曹操。曹操北归以后，用兵于关中、陇西，把统一范围扩及整个北方。

三顾茅庐(戴敦邦绘)

以上分别为：凤凰出版社2006年版、作家出版社2006年版、中华书局2008年版封面

建安十六年(211)，刘备率部进入益州，逐步占据了原来刘璋(刘焉之子)的地盘。二十四年，刘备从曹军手中夺得汉中，据守荆州的关羽也向曹军发起进攻，但是孙权遣军袭杀关羽，占领荆州大部，隔三峡与刘备军相持。

220年正月，曹操因杀华佗而无人医治病痛，头疼而死；十月，其子曹丕称帝(即魏文帝)，国号魏，都洛阳，建元黄初。221年，刘备在成都称帝，国号汉，世称蜀，又称蜀汉，建元章武。孙权于221年接受魏国封号，在武昌称吴王。229年，孙权在武昌称帝，后迁都建业，建立吴国。蜀、吴结成同盟，共抗曹魏。三足鼎立之势正式形成。

然而，北伐曹魏，实现统一，是诸葛亮早在隆中对策中就定下的奋斗目标。虽然夷陵战后，蜀汉元气大伤，又仅占益州一州之地，成为三国中最弱的政权，而且两路北伐的条件也已不存在，但诸葛亮并没有因此放弃北伐计划。刘备死后，诸葛亮主动与吴释怨修好，恢复联盟。南中之乱的平定，又解除了后顾之忧，同时，务农植谷，进一步“治戎讲武”，为北伐创造条件。226年，魏文帝病死，诸葛亮率兵20万进驻汉中，临行前，他向后主刘禅上了一份表章——《出师表》，陈述出师的条件，表明北定中原、兴复汉室的决心。但五次出师，都没有能够取得完全的胜利。

蜀汉大规模的北伐战争结束后，魏、蜀两国内部的形势发生了巨大的变化。蜀汉自诸葛亮死后，蒋琬、姜维辅政，然天意如此，国家一天比一天衰微。在曹魏方面，司马懿发动了高平陵事件，除掉了曹爽集团，控制了朝政。司马懿死后，司马师废了皇帝曹芳，另立新帝，师死，司马昭执政，正是“司马昭之心，路人皆知”。蜀国在绵竹被攻破后大势已去，刘禅被送到洛阳封为安乐公，还“此间乐不思蜀也”。蜀国正式灭亡。

东吴在蜀汉灭亡后，已处于唇亡齿寒之境地。司马炎以接受禅让为名，改魏为晋。出动六路大军，从东、西、南三个方向同时进击。吴国本赖长江天险，然晋对吴形成包围之势，坚决渡江，东吴也宣告了灭亡，三国长期分裂的局面随之结束。

从群雄逐鹿到三足鼎立到三分归晋，《三国演义》共120回，其中104回写的是自桃园结义到诸葛亮死于五丈原这51年间所发生的事件，以后46年只用16回就草草结束了。

人民出版社2008年版封面

重点提示

《三国演义》全书人物众多，事件纷纭，情节复杂，结构宏伟，形成过程极为漫长，这样一部历史小说，想要简单地概括一个主题是相当困难的。但是，我们通过对小说内容的剖析，还是可以指出其主要的思想倾向的。

首先，《三国演义》真实地描述、反映了汉末三国的社会动乱对百姓造成巨大灾难的现实，表达了人民拥护统一的愿望，作者对于有志于统一大业者给予了充分的肯定。

其次，小说最突出的思想倾向便是“拥刘反曹”。

人民对于和平都有着美好的愿望，于是，他们将目光投向了自己心目中的理想人物，亦即所谓的“好皇帝”。刘备与曹操两相比较，最终刘备占了上风。书中曹、刘对比的描写，给我们印象最深刻的主要是刘备以宽仁待民，曹操以残暴害民；刘备待士以诚心和义气，曹操则全用权术和机诈。因此，刘备所领导的蜀汉，其文臣武将，大都也是忠与义的化身，而曹营中的此类人物就相对较少。刘备从桃园结义时就抱着“上报国家，下安黎庶”的理想，并深知举大事者必以人为本，所以“远得人心，近得民望”。而曹操杀吕伯奢全家时说的“宁教我负天下人，休教天下人负我”是他一生行动的哲学。刘备初作安喜县尉，就“与民秋毫无犯，民皆感化”。在新野时，老百姓又歌颂他：“新野牧，刘皇叔，自到此，民丰足。”当阳撤退时，十几万百姓跟随他渡江，虽然情势万分紧急，他决不弃民先行。到了西川，他的军队“秋毫无犯，受到焚香礼拜”的欢迎。而曹操为报父仇，进攻徐州，“所到之处，杀戮人民，发掘坟墓”。对待部下的奸诈、残酷更是无所不至。他军中缺粮，先命令粮官王后用小斛发军粮，然后又借王后的“头”来平息众怒。他为了追查在许都纵火的耿纪的余党，竟用讹诈手段把站在红旗下面的三百多人全部斩杀。刘备善于知人，对士能推心置腹，始终信任，他一见赵云，就“甚相敬爱，便有不舍之心”。在长坂坡，糜芳、张飞都以为赵云去投奔曹操，刘备却毫不怀疑地说：“子龙从我于患难，心如铁石，非富贵所能动摇也。”至于他对待诸葛亮，从三顾茅庐到白帝托孤，始终敬爱信任，则更为人所共知。而曹操痛恨祢衡而假手黄祖杀之，忌恨杨修而加以扰乱军心的死罪，为防范行刺而“梦中杀人”，处处显出其残酷、欺诈的性格。从这些对比描写中，可以看出《三国演义》中“拥刘反曹”的观念，也是表现封建时代人民拥护“明君”，憎恶“暴君”的愿望。

《三国演义》的艺术成就是多方面的。它在中国文学史，特别是小说发展史上是一个重要的里程碑。

《三国演义》通过惊心动魄的政治、军事斗争，塑造了一系列鲜明生动的人物形象。全书大大小小的人物共有 400 来个，其中为人熟知并可称之为典型的则不下数十个。

在赤壁之战的尖锐矛盾冲突中，作者不仅写出了周瑜、孔明的英雄才略，而且写出了鲁肃的诚恳忠厚，黄盖的赤胆忠心，阚泽的机智大胆，蒋干的愚而自用。作者刻画人物，往往是通过不同的故事情节，反复渲染人物的主要性格特征。例如，张飞嫉恶如仇、粗豪爽直的性格，就是通过怒鞭督邮、古城会拒关羽以及责问刘备迟不发兵为关羽复仇等情节突出表现的。但是，这并没有使人物性格简单化。张飞虽然粗豪，却有从善如流的一面，他初见孔明任军师不服气，等到旗开得胜就立刻下马拜伏；初到耒阳县见庞统怠职，他勃然大怒，等看了庞统判案，立刻就称赞他的“天才”。作者把这两方面密切结合起来，就使张飞那“快人”的性格表现得分外可爱。又如写关羽义勇的性格，并不忽视他刚愎自用的缺点，以致犯下“大意失荆州”的错误。作者还善于运用夸张、对比、烘托的手法描绘人物，如关羽斩华雄，作者只是预先极力描写华雄的猛勇，一出场就连斩了四员大将，关羽出战后，也不具体描写其交战经过，只写关外鼓声喊声如地塌山崩，正当人们为关羽担心的时候，他已提华雄的头掷于地上，出战前酾下的那杯热酒尚有余温。又如写孔明的出场，也是先写司马徽、徐庶的谈论和推荐。《三国演义》这些成就，标志着我国古典小说在人物塑造上的新发展。

外文出版社 2003 年版封面

此外，本书的战争描写也是一大特色，如官渡之战、赤壁之战、彝陵之战等大规模的战争，从战事起因、力量对比、彼此的方略及内部争执，到战争的过程及其变化、胜负的决定及其缘由、有关人物在战争中的作用，都能叙述得生动而具体，写出战争的巨大声势、紧张气氛，处处扣人心弦。特别是赤壁之战，作为三方同时卷入、决定三国鼎立之势的关键性战争，从《三国志》中简略的记载，经过铺排和虚构，成为小说中整整八回的篇幅，写得波澜壮阔、高潮迭起，始终充满戏剧性的变化，从中可以感受到作者广阔的视野和宏伟的构思。

《三国演义》的叙述语言及对话，均用文言，在表现力方面自然不如纯白话来得生动活泼，但是，由于作者驾驭语言的能力颇为高超，全书语言简洁、明快而又生动，如：“孔明强支病体，令左右扶上小车，出寨遍观各营，自觉秋风吹面，彻骨生寒，乃长叹曰：'再不能临阵讨贼矣！悠悠苍天，曷此其极！'"这里写孔明死前最后一次巡视军营，着墨虽不多，却把他"鞠躬尽瘁"的耿耿忠心刻画了出来。至于写人物对话，则更是个性鲜明，根据人物不同时期的不同身份，杂用俚语白话，甚有特色。张飞的话，多半快人快语，一针见血；曹操的话，多半豪爽机诈，变化莫测；关羽的话，往往心高气盛，目中无人。张松见曹操，数曹操的败绩，痛快淋漓，嘲讽尽致。而孔明的对话，则往往从容不迫，应对自如。

但是，《三国演义》在艺术上也有比较明显的缺点，这就是人物性格缺少发展，好像曹操生来就奸诈，孔明生来就聪明。同时在运用想象夸张手法上，有时不免过分。但这些并不妨碍它成为一部杰出的历史小说著作。

《三国演义》的社会影响是巨大的，它深刻地揭示了封建统治者的罪恶和他们的阴险本质。通过三国纷争的生动描写，把封建社会的政治斗争、军事斗争和历史演变的状况介绍给广大的人民。《三国演义》中桃园结义所反映出来的刘、关、张之间同生共死和相互信赖的"忠义"思想也在一定程度上被后来的统治者所利用。《三国演义》在宋元讲史的基础上，大大迈开一步，标志着历史小说的辉煌成就。

[清] 曹雪芹

《红楼梦》

作者简介

曹雪芹(1715—1763?),清代小说家。名霑,字梦阮,雪芹是其号,又号芹圃、芹溪。祖籍辽阳,先世原是汉族,后为满洲正白旗“包衣”人,包衣的汉语即家奴。曹雪芹的曾祖父曹玺任江宁织造,曾祖母孙氏做过康熙帝玄烨的保姆。祖父曹寅是康熙的亲信,做过玄烨的伴读和御前侍卫,后任江宁织造,兼任两淮巡盐监察御使,玄烨六下江南,其中四次由曹寅负责接驾,并住在曹家。曹寅病故,其子曹颙、曹頫先后继任江宁织造。他们祖孙三代四人担任此职达 60 年之久。曹雪芹出生在南京,自幼就是在这“秦淮风月”之地的“繁华”生活中长大的,过着“锦衣纨袴”“饫甘餍肥”的富贵生活。雍正五年(1727),因皇室争权夺利的株连,曹頫以“行为不端”“骚扰驿站”和“亏空”罪名被革职抄家。曹頫下狱治罪,“枷号”一年有余。雍正帝骂曹家是“下贱人”。次年,曹頫全家迁回北京,家道急遽衰落。经历了生活中的重大转折,曹雪芹深感世态炎凉,对封建社会有了更清醒、更深刻的认识。他蔑视权贵,远离官场,过着贫困如洗的艰难日子。曹雪芹的这段不同寻常的经历,对他创作《红楼梦》产生了重要的影响。于是,他把荣、宁两府贵族生活的描写,熔铸在《红楼梦》深刻的艺术形象创造里。晚年的曹雪芹处境更为艰难,陷入“满径蓬蒿”“茅椽蓬牖,瓦灶绳床”“举家食粥酒常赊”的困顿生活。曹雪芹隐居北京西郊的“悼红轩”,呕心沥血从事《红楼梦》的写作和修订。《红楼梦》第一回就写下了“满纸荒唐言,一把辛酸泪。都云作者痴,谁解其中味”。金圣叹批语:“能解者,方有辛酸之泪,哭成此书。”这实在可算是作者自传之言。乾隆二十七年(1762),曹雪芹因爱子夭折悲伤过度而一病不起,“泪尽而逝”,终年还不到 50 岁。《红楼梦》是他“披阅十载,增删五次”,“字字看来皆是血,十年辛苦不寻常”的产物。可惜,在他生前,全书没有完稿。今传《红楼梦》120 回本,其中前 80 回的绝大部分出于他的手笔,后 40 回据说为清人高鹗所续。80 回以后他已写出一部分初稿,但由于种种原因而没有流传下来。

作品提要

《红楼梦》打破了我国古代章回小说追求传奇性、惊险性的传统写法和美学风貌,从家庭日常生活中提炼故事情节，记叙的只是“闺阁琐事”“闲情诗词”“离合悲欢”“兴衰际遇”，既不刻意追奇求险，也不故撰“忽离忽遇”，完全摆脱了传奇志异的旧套。

电视剧《红楼梦》中贾宝玉和林黛玉共读《西厢》剧照

《红楼梦》结构程式纵向发展的线索有多条。一条主线：宝、黛、钗的爱情悲剧；四条副线：贾元妃与贾府的联系，僧、道与贾府的联系，贾雨村与贾府的联系，刘姥姥三进荣国府。这些结构线索的设置，不是单一的结构艺术的表现，而是有着深厚的文化内涵。

宝、黛、钗的爱情悲剧不是个体的偶然的，而是带有一般的历史必然性的。从美学角度而言，是在封建帝国的末世颓风中，在垂死社会的滑稽闹剧里，酿出的一曲人类情爱悲剧。这一悲剧，是民主与专制、叛逆与卫道思想对峙，进步思想与美好情愫最终被毁灭的结果（宝、黛的民主与叛逆精神是为贾政、贾母、王夫人等所不容的）；这一悲剧，是政治与经济联姻的结果（贾府于政坛显赫，又是皇亲国戚，然经济形势每况愈下；薛家系皇商之家，经济殷实；而林黛玉父母双亡，不名一文，贾薛两家联姻便是一拍即合）；这一悲剧，是封建宗法、礼教综合作用的结果（黛玉无父母之命，媒妁之言；不谙人情世故，不拘礼法；不会圆滑，不会虚伪。一个孤立无援，一个不合封建礼法规范，与旧制度、恶势力抗争的弱女子，无论呐喊还是沉默，死是必然的。哭泣流泪也是一种释解与宣泄）。

贾元妃是关涉贾府沉浮的，也是主宰宝黛姻亲成败的重要砝码。她的得宠与失宠事关贾府兴衰；她元宵节赐与宝、黛、钗礼品的贵重差异，便暗示了她的态度，客观上她是宝、黛、钗爱情悲剧的制造者之一。作为女人，在情感上抵触封建宗法制度，作为皇妃和贾府兴衰的晴雨表，理智上又维护封建伦理道德；自己是封建礼教的受害者，同时又去戕害别的美好心灵与情感。

一僧一道，疯疯颠颠，唱着“好了歌”，早已注定金陵十二钗和宝玉的命运，这不是简单的演义和陪衬，是与封建卫道者倡导和恪守的仕途经济相对抗的另一旋律，是特定社会条件下，儒、释、道入世与出世矛盾的体现。

贾雨村得益于贾府而发迹，反过来又欲置贾府于死地。历经两次抄家，加剧了贾府政治、经济和精神的危机。而这种个人的道德沦丧和家庭的败落正是社会政治、经济和精神糜烂的具体表现。

刘姥姥三进荣国府，从另外一个视角，展示了贾府乃至整个封建社会由盛而衰的历史。这里且列举几个脍炙人口的情节使读者领会一下其情节魅力。

第二十六回，宝玉去潇湘馆，在窗外听到了黛玉“每日家情思睡昏昏”的咏叹。进屋后，他见黛玉“星眼微饧，香腮带赤，不觉神魂早荡”，忘情地对紫鹃说：“好丫头，‘若共你多情小姐同鸳帐，怎舍得叠被铺床？’”黛玉听了，“登时撂下脸”，哭着要去告状，慌得宝玉忙向她起誓赌咒。这与第二十三回“西厢记妙词通戏语，牡丹亭艳曲警芳心”紧密衔接。正是《西厢记》和《牡丹亭》，才触发了黛玉的“幽情”，也使宝玉学到了这些“混帐话”。

紧接着，薛蟠把宝玉哄了出去，情节陡然止住。黛玉听到是贾政叫了宝玉去的，见他一日不回，心中替他忧虑。晚饭后，听说宝玉回来了，黛玉要去怡红院问个究竟，却吃了晴雯的闭门羹。她正伤感悲戚，进退为难，里面又传出了宝玉、宝钗的说笑声。黛玉益发动了气，想起早上的事来，认定是宝玉恼她告了状的缘故，不觉呜咽哭泣起来。这就又关合了整个矛盾冲突，跟前面的情节接上了榫。

第二十七回“埋香冢飞燕泣残红”，又由“望怡红之泣”上来，发泄的是头天晚上引发的伤感情怀。

第二十八回开头，是“黛玉葬花”的延续，写宝玉听了《葬花吟》，感叹伤怀，恸倒山坡之上。随后，经过宝玉诉衷肠，两人和好如初。然而，他们的矛盾并没有真正解决。就在饭前，宝钗叫宝玉陪黛玉去吃饭，宝玉不肯，要跟母亲吃斋，说：“理她呢，过一会子就好了。”黛玉听到这话，又生了气，再也不理宝玉。重又风生浪起了。第二天，元春打发夏太监送来端午节礼，独宝玉、宝钗的一样。宝玉听了，心中纳闷，忙命紫鹃拿了自己得的礼品送给黛玉去拣。黛玉却一样没要，回宝玉道：“我没这么大福禁受。比不得宝姑娘什么金什么玉的，我们不过是草木之人。”波涛汹涌开来。虽经宝玉起誓，黛玉心中仍未释然。所以，随之便又发生了宝玉看宝钗笼在臂上的红麝串，黛玉以呆雁嘲讽他们的情节。波澜继续朝前推涌着。

黛玉葬花(刘旦宅绘)

第二十九回，在清虚观打醮看戏，张道士替宝玉说亲，宝玉偷藏玉麒麟，又进一步加深了宝、黛的矛盾。黛玉不仅当时挖苦了宝玉、宝钗，第二天仍奚落宝玉，讥讽他怕张道士说亲阻了他与宝钗的好姻缘。因之，两人越闹越僵，直闹到宝玉咬牙狠命地砸玉，黛玉伤心地大哭大吐，连袭人、紫鹃也在一旁陪哭。故事情节顺乎自然地发展，矛盾冲突日趋激化，人物行动愈演愈强烈。

围绕宝、黛的这些故事情节，丝丝入扣，匀称得体。它们顺着“金玉姻缘”与“木石前盟”的矛盾冲突流程，时起时伏，连绵不断，前后呼应，给人以水到渠成的美感享受。

黛玉焚稿(刘旦宅绘)

重点提示

《红楼梦》问世 200 多年来，已赢得了国内外亿万读者的欣赏和赞誉。清末著名思想家、文艺理论家王国维称《红楼梦》是“宇宙一大著述”。著名学者林语堂说：“《红楼梦》不愧为世界名著，优秀小说该具备的它都具备。”著名美学家李泽厚称“《红楼梦》是中国文学史上的无上珍宝，是百读不厌的封建末世的百科全书，它的创作方法在这里已达到了与外国 19 世纪资产阶级批判现实主义相媲美的辉煌高度”。毛泽东认为《红楼梦》代表着中国古代艺术的最高成就。

鲁迅说：“自有《红楼梦》出来以后，传统的思想和写法都打破了。”作品通过对“贾、史、王、薛”四大家族荣衰的描写，展示了广阔的社会生活视野，包罗万象，囊括了多姿多彩的世俗人情。人称《红楼梦》内含着一个时代的历史容量，是封建末世的百科全书，可以容得下一部二十四史。也由于《红楼梦》内容含量的浩大，所以不同的读者赋予它不同的主题。有人说它是历史小说，反映的是封建社会的衰亡史；有人说它是爱情小说，表现的是宝黛爱情的千古绝唱；有人说它是政治小说，隐喻的是康熙朝政；有人说它暗藏的是董小婉的故事；有人说这是作者的自叙传；有人说这是一部宣扬色空观念的小说；有人说这是煽动解脱或出世的作品。总之，仁者见仁，智者见智。正如鲁迅所说：“单是命意，就因读者的眼光而有种种：经学家看见《易》，道学家看见淫，才子看见缠绵，革命家看见排满，流言家看见宫闱秘事……在我的眼下的宝玉，却看见他看见许多死亡……”多重性，多主题，已成为《红楼梦》的一大特征。

《红楼梦》的结构，新颖而奇巧。曹雪芹脱出中国章回小说的窠臼，改变了说书人那种叙述格的体例，以散文化的描写为主，进行着生活全景的创造，不以情节取胜，而以人情世态和人物刻画见长。曹雪芹借“石头”之口，谈到他的创作原则：“历来野史，皆蹈一辙，莫若我这不借此套者，反倒新奇别致，不过只取事体情理罢了。”曹雪芹的创作原则开辟了中国古典小说现实主义的新境界。最令人耳目一新的是，曹雪芹的《红楼梦》以假中寓真为结构。全书开篇就用了五个回目，以神话故事、“假语村言”掩去内容的实质，将作品置入扑朔迷离的雾色之中，而改借用“真”“假”观念，托言“梦”“幻”世界，使得整部小说按着这一以假寓真的结构铺陈发展，最后营造出一个“生活世界”。

《红楼梦》的森罗万象，也表现在它的人物塑造上，这是《红楼梦》的一个很重要的艺术特色。它代表了《红楼梦》的最高艺术成就。在《红楼梦》中出现的有名有姓的人物就有400多个，这众多的人物如“过江之鲫”，纷繁多姿，个性鲜明，生气勃勃，决无重复，囊括了世间各色人形，即便在同一个人的塑造上，也是一人千面。

贾宝玉是中国文学史上最丰富复杂的艺术形象之一。多少读者、研究者都试图对这一人物进行总体把握或特征把握，并作出合理解释，然而又几乎都有着与脂砚斋同样的困惑：“宝玉之发言，每每令人不解，宝玉之情性，件件令人可笑。”无论从哪一角度哪一层面上进行剖析，都难以把握。他是“囫囵不解之人，是囫囵不解中实可解，可解中又说不出理数之人”，是难以用正邪新旧美丑等字眼妄加论断之人，是一个用社会学的方式始终拆解不清的人。曹雪芹似也有鉴于此，才在宝玉未出场前，借贾雨村之口，做了一个思辨性的概括(看第二回)，捏合贾雨村的概括，那就是：贾宝玉是一个“时代的怪胎”。

大家都知道，神采飘逸、秀色夺人的贾宝玉极具闺阁风貌，表里都透露着脂粉气，整日里不习文也不习武，“周旋在姐妹及侍儿之间”，还有“俊友”情节。贾政说他是个“酒色之徒”；王夫人说他是“孽根祸胎，混世魔王”；贾敏所知道的宝玉“顽劣异常，内帏厮混”，袭人眼中的他是“放荡驰纵，最不喜务业”；薛宝钗评他是“富贵闲人”；在丫环婆子们眼里，他是个疯疯傻傻常犯呆气的“无事忙”。警幻仙子和贾雨村对他的评价稍稍脱俗，前者说他是“闺阁良友”，后者说他是“情痴情种”“逸士高人”。但他终归还是带有个人的兴趣点和局限性。《红楼梦》里的人对贾宝玉所做的盲人摸象般的评价，也反映了读《红楼梦》的人对贾宝玉的局限性理解。当然，也有高明的读者读出了贾宝玉身边的人所看不到的东西，对贾宝玉作出了新的判断：贾宝玉是反封建的叛逆者；贾宝玉是追求自由、平等的人道主义者和理想主义者，他的痴情表现的是对恋人、友人、亲人及对万事万物的博爱；鲁迅所谓“悲凉之雾，遍被华林，然呼吸而领会者，独宝玉一人而已”，表明贾宝玉是唯一清醒之人；有人说贾宝玉是接受文化方面的博古通今的大杂家；也有人说，宝玉最后的遁世，表现的是人类特有的一种自己赖以生存的最珍爱的东西被彻底摧毁，理想彻底幻灭所带来的剧痛过后的最终平静。最有趣的还有索隐派的解释，说宝玉就是玉玺，他吃的胭脂就是油印。综上所述，贾宝玉这一人物的内涵是十分丰富复杂的，对于这个人物的评价与判断，

宝钗偷听(刘旦宅绘)

以上分别为：上海辞书出版社 2001 年版、凤凰出版社 2006 年版、作家出版社 2006 年版、中华书局 2008 年版封面

永远无法达到终极结论，也必然像对《红楼梦》主题的解析那样，终归还是见仁见智的问题。

《红楼梦》塑造的人物还有一个特点，那就是人们对这些人物的评价总是随着社会形态的变迁和个人的遭际作出不同的审美判断和价值取向。这在林黛玉和薛宝钗身上表现得尤为突出。羸弱的林黛玉，貌若西子，多疑刻薄，清高孤傲，任情任性，弄得众人与之相背；康健的薛宝钗，冠艳群芳，知情达理，宽容随和，稳重和平，深得上下欢迎。林黛玉多情无邪，率真单纯，薛宝钗理智藏奸，心有城府。这两个形象一经出世，便交替沉浮在个人的生命历程中和社会形态的变幻中。作为个人来说，在失意时能深刻地理解林黛玉，而得意时又由衷地爱慕薛宝钗。一个社会，在专制压抑的时候，林黛玉备受推崇；而在国泰民安的状态下，薛宝钗又被大加褒扬。在文学的评论上，大家可以歌颂林黛玉；但在我们的生活中，借用王蒙的一句话："如果你的女儿是林黛玉式的性格，她非倒霉不可；如果是薛宝钗式的性格，那她可以有光明的前途。"从性灵的角度来说，人们喜欢林黛玉，林黛玉的情是为之可以生、为之可以死的情；从深沉方面来说，人们喜欢薛宝钗，她保持了自己的清醒，有所不为，有所不言，她所达到的境界是一般人所达不到的。

由此可见，曹雪芹塑造人物，并没有简单化地要肯定谁，否定谁。作家通过心灵来表现生活，所以人物是作家心灵的产物。许多《红楼梦》研究者认为，林黛玉和薛宝钗应合起来看，她们本身体现着统一的人性的两个方面。人性可以是感情的、欲望的、任情的、自我的、自然的、充分的，它表现为林黛玉；同时，人又是群体的、道德的、理性的、有谋略的、自我控制的，它表现为薛宝钗。

《红楼梦》的最大诱惑就是驱使人们不懈地追寻文本以外、之后的那个更加神秘的世界，这几乎是不可抗拒的。许多研究都已远远超出《红楼梦》的文本范围，但仍然感到它是发掘不完的。正如冯其庸先生所说："大哉《红楼梦》，再论一千年。"

《初中生必背古诗文 50 篇》
《高中生必背古诗文 40 篇》

作者简介

本系列中诗文的作者有些有名可考，有些无名可考。其中，《诗经》是春秋中叶前平民、贵族、文士们的集体创作，无具体作者。《古诗十九首》则是东汉末年由寒门文人创作的抒情短诗，也无作者可考。《左传》传说是鲁国史官左丘明所作，是我国第一部叙事详备的编年体史书，比较详细而完整地反映了春秋时期列国之间政治、军事、外交以及经济、文化等方面的一些情况。散文《战国策》则是以记言记事为主的历史著作，以国为别，可能出于各国史官之手，并由西汉末年的大儒刘向编定。其余诗文作者均是中国历史上享有盛名的文人学者，现择其中几位简介如下：

屈原（约前 340—约前 278），名平，字原，是战国晚期楚国的没落贵族。屈原一心爱国而屡遭陷害贬斥，心中郁结，又见国家必致灭亡，绝望之余，怀石而自沉于汨罗江。司马迁（前 145—前 87），字子长，西汉伟大的史学家、文学家、思想家。因替李陵辩白，触怒汉武帝，受“腐刑”，忍辱偷生，完成了“究天人之际，通古今之变，成一家之言”的《史记》。陶渊明（365—427），字元亮；一说名潜，字渊明。受生活所迫，他曾做过小官，后来因不愿为“五斗米折腰”毅然辞官不做，过起窘困的归隐生活。人生态度、生活方式的转变，表现在他的田园诗中，他尽情诉说着辞别官场的种种快乐。陶渊明的诗歌，平淡中蕴含着深刻的哲理，在晋宋以后崇尚浮靡的文风中独辟一家。李白（701—762），唐代大诗人，字太白，自号青莲居士，以“诗仙”著称于史。42 岁时为唐玄宗赏识，下令征召。李白喜不自禁，但

李白画像

终因权贵谗毁，被玄宗赐金放回。“安史之乱”后受牵连入狱，遭流放。宝应元年，李白病死。初葬采石矶，后人遵诗人遗志，改葬青山现址。杜甫(712—770)，字子美，后世称之为杜少陵、杜工部。他是中国古代文学史上最伟大的现实主义诗人，他的诗歌深刻地反映了唐代“安史之乱”前后 20 多年的重大社会政治事件、时代动乱及民生疮痍的社会全貌，达到思想内容与艺术形式的完美统一。他的诗被后代称作“诗史”。韩愈(768—824)，字退之。韩愈的散文，内容复杂丰富，形式多种多样，绝少陈词滥调，句式的结构也灵活多变。韩愈是继司马迁之后成就卓著的散文作家。白居易(772—846)，字乐天，号香山居士。他曾和元稹倡导以创作新题乐府反映现实为中心的诗歌革新运动——新乐府运动。他的诗歌对后世影响巨大。新乐府创作的理论和实践，直接影响了晚唐的一大批诗人。白居易生前曾亲自编集自己的诗文，分为讽喻、闲适、感伤、杂律四类。现存最早的白集刻本是宋绍兴刻七十一卷《白氏长庆集》。李商隐(813—858)，字义山，号玉溪生。他自从踏上仕途后便卷入党争之中，成为党争的牺牲品。他真心诚意地关心社会，创作了一些由个人真实情感而发的政治诗；在个人生活方面，李商隐是一个极重感情的人。他擅长用精美华丽的语言，含蓄曲折的表现方式，回环往复的结构，构成朦胧幽深的意境，来表现心灵深处的情绪与感受。他的无题诗对后世影响深远。李煜(937—978)，即李后主，字重光，是五代最有成就的词人。他的词有十分鲜明的艺术个性，而最显著的特色是白描手法的成功运用。他的语言是直白通俗与形象精练的完美统一。后人尊他为宋词的开山祖师：他丰富和提高了词的表现技巧和手法，一变花间词刻红剪翠的风格而为清丽疏朗；在词调的运用上也有改造创新。欧阳修(1007—1072)，字永叔，号醉翁、六一居士。23 岁时举进士，后来成为当时的文坛领袖。他性格耿直豁达，在政治上开明，力图改革。在文化方面，他对端正当时的文风起了很大的作用。他是一个全才作家，他的文、诗、词都对宋代文学的发展产生了开创性的影响。王安石(1021—1086)，字介甫。他不仅是北宋最伟大的政治家，而且是北宋诗文革新运动的积极参与者和著名的文学家，被后人尊为唐宋古文八大家之一，诗词亦有很高的成就。苏轼(1037—1101)，字子瞻，号东坡居士。父苏洵，弟苏辙，都以诗文著

杜甫画像

韩愈画像

白居易画像

称当时,“三苏”之名,光耀千古。他开创“豪放词派”,影响至巨。但一生陷于党争之中,为新旧两面派不容,险遭不测。苏东坡是中国文人士大夫的杰出代表,他天赋异秉,又刻苦自励,举凡诗、词、书、画、文等,均有杰出贡献。在思想上,兼容儒、道、释诸家,不拘一家之藩篱,所以他的执着、达观、宽容、乐观等性格,予后人以良多教益。辛弃疾(1140—1207),字幼安。辛弃疾思想中最具有特色的是其鲜明的爱国思想。他的词,内容最集中最进步的也当数爱国词。在他豪放的词风中又有着寓刚健于温柔、寓悲愤于闲适、寓庄严于谐谑的特点。除词外,他的诗歌也有相当高的成就。诗以七绝成就最高。龚自珍(1792—1841),字尔玉,又字璱人,号定庵,是清代后期最杰出的作者之一。龚自珍虽位列下僚,却关心天下大事,是清代第一个站在独立的学者立场上以个人的思考为依据纵横议论时政的人物,这是他受后人尊重的重要原因。龚自珍的各方面创作,既有狂傲的个性、自由的精神,又有深刻的思想和对国家与民族前途的热情。

作品提要与重点提示

《初中生必背古诗文50篇》内容包括:《关雎》《蒹葭》《观沧海》《饮酒》《送杜少府之任蜀州》《次北固山下》《使至塞上》《闻王昌龄左迁龙标遥有此寄》《行路难》《望岳》《春望》;《孔子语录》《鱼我所欲也》《生于忧患,死于安乐》《曹刿论战》《邹忌讽齐王纳谏》《出师表》《桃花源记》《三峡》《杂说(四)》《陋室铭》《小石潭记》《醉翁亭记》《爱莲说》《记承天寺夜游》《送东阳马生序(节选)》等。

《关雎》是冠《诗经》三百篇之首、开十五国风之端的第一篇。它描写的是爱情中追求的苦与乐,是一首出色的恋歌。赋、比、兴是《诗经》中三种主要的表现手法。这首诗以兴开始,从触动情怀的景物水鸟写起,水鸟自由自在的幸福与诗人求爱的艰难形成反照。然后,诗人又用“荇菜”的左右“漂流”和难于“采、芼”来象征姑娘们难于捉摸的心。最后又仿佛看到自己和那位心爱的姑娘在一起弹琴,在钟鼓声中结成伴侣。幻境是在凝望中产生的,也就是像“白日梦”一样。这就生动地表现了强烈的相思之情。这一切把“好逑”两个字体现得淋漓尽致。这首诗的审美价值也就是孔子对它的评价:“乐而不淫,哀而不伤。”

《行路难》是李白入宫为官之后的作品。李白42岁时被玄宗召入长安,自以为可以宏图大展。岂知皇帝仅仅把他当作一位文学侍臣,在现实政治中李白无所作为。李白遗世独立的傲岸性格也使他难以融入官僚社会,他必定会受到统治阶层的排挤。李白因此感觉到人生道路的艰难险阻,一气写了三首《行路难》。这是其中的一首。诗歌表现了诗人内心的失意和不平,同时感到世路艰险,前途难测,内心充满进退失据的矛盾。后半部分显示出诗人心存幻想，天真地感到会有一天，得遇明主，能像吕尚、伊尹那样为国效力。这说明诗人在坎坷境遇里仍不忘政治理想，在情绪低沉苦闷之中仍有积极向上的追求。诗中借酒抒情，困顿之中不忘豁达。诗中比喻形象贴切，用典明白易晓，语言流畅自然，很有音乐美和节奏感。

《春望》写于“安史之乱”爆发后的第二年。此时，诗人杜甫还身陷被安史叛军占据的长安。诗人睹春日之景，感叹叛贼横行，往日繁华喧闹的京城已野草丛生，一片荒凉孤寂。触目所见：京城沦陷，时局倾危，亲人离散，万千苦痛。无知的花鸟尚且溅泪、惊心，何况是人。全诗沉郁顿挫，感人至深。这一首诗将杜甫乱世之中忧国忧民的伟大形象永留在人们心中。

《钱塘湖春行》是白居易在杭州任刺史后所作的一首优秀的山水游览诗。这首诗是描写西湖早春景色的，处处扣住“初春”做文章。西湖春天的景色是一派明媚、怡融的景象。诗人按照游览的行程，把所见到的美妙春光尽情赞美了一番，由点“孤山寺”到面，又由面回到点“白沙堤”，“最爱湖东行不足”既点出了“钱塘湖春行”的“行”，又点出了西湖春天的景色是如此的动人，游人的心情是如此的愉悦，让人陶醉如此，赏玩不够。这首诗是白居易状景如画的佳作。

《无题》是一首千古传唱的爱情诗。唐代是封建社会中相对来说比较开放的朝代，男女之间的恋爱，还不像封建社会末期时候那样见不得、说不得。唐代中有诗公然写道：“易求无价宝，难得有情郎。”但有些事还是不便全部公开，所以诗人就选用“无题”。“东风无力”的春天正是怀春季节，可在这个时节两人好不容易相见却不得不分开，相见难是因为受到阻碍，别亦难是因为情难自禁。春蚕只有到死时丝才断，人也只能是在死后“思”才能尽。思念的眼泪就像燃烧的蜡烛一样，只有当身躯消失时才能彻底流干。这两句写尽了真挚的思念和终生不渝的别离之恨。处于相思中的人同样是憔悴、孤寂的，不过诗人并不认为这样分别后就没有办法了，所以寄望于“青鸟”能为他引路搭桥，与心爱的人相见相守。这首诗在描写离别相思之苦方面，堪称千古绝唱。全诗含蓄委婉而又感情热烈。全诗虽然只有“情”，没有“事”，但却转接自然，让人可以从中看出一个相对完整的爱情故事。其中第三、第四两句早已超越了爱情，而具备了有关人生与命运的永恒性的意义，是执着精神的象征。

李煜的《相见欢》写于降宋以后。虽被封为侯，但李煜却不再拥有人身自由。这首词所表现的是他离乡去国的锥心怆痛。起句“无言独上西楼”，尽传凄惨之神。不是无语可诉，而是无人共语，也不敢语。如此的孤独和哀愁，所以脚步是滞重的，神情是凝重的。虽然知道栏外景色往往会触动心中的愁思，但因为对故国怀念太甚，所以还是凭栏远眺了。西楼凭栏之所见只是一弯残月映照着作者的孑然一身。俯视楼下，也只能见深院为萧飒秋色所笼罩，情与景已经妙合。剪不断、理不清的离愁，已经不是一般人所能感受到的滋味了。对于作者来说，这亡国之恨、思乡之愁真“别是一般滋味在心头”。

《渔家傲》这首词反映了边塞生活的艰苦和词人巩固边防的决心和意愿，同时还表现出外患未除、功业未建、久戍边地、士兵思乡等复杂矛盾的心情。在有着浓郁思乡情绪的将士们的眼中，塞外之景色失去了宽广的气魄、欢愉的气氛，画面上笼罩着一种旷远雄浑、苍凉悲壮的氛围。在边塞，熬白黑发、滴尽思乡泪，却又不能抛开国家事不顾，将士们的心理是矛盾复杂的。范仲淹虽然守边颇见成效，然而，当时北宋与西夏在军事力量对比上，北宋处于下风，只能保持守势。范仲淹守边的全部功绩都体现在能够维持住守势这样一个局面上，时而还有疲于奔命之感。这对有远大政治志向的他来说肯定是不能满足的，但又是十分无奈的。所以体现在词中的格调就不会是激昂慷慨的。在此前，很少有人用词来写边塞生活。这首词实际上是边塞词的首创。

《六月二十七日望湖楼醉书》是苏轼被贬至杭州通判时所做。正当宦途失意、滞留江海之时，只好抱着随遇而安的态度来自求解脱。这首诗里所描写的西湖风物，明丽如画，鲜活跳动，虚实相含，特别引人入胜。诗人写了湖上黑云密布即将要下雨到大雨如注倾泄湖面溅起水珠入船的两种景象。一番急雨过后，风卷云收，雨也停止了，望湖下的西湖又是水色一天了。

辛弃疾的《破阵子》这首词结构奇特，上下片浑融一气，都是在极力描摹自己生平的壮举与胸中远大的志向。今夜“醉里挑灯看剑”，当年的壮举一一浮现在眼前。作为统率千军万马的主帅，词人曾经有过“沙场秋点兵”的生活。词人的愿望是为君王平定天下，但是结尾轻易的一句“可怜白发生”就将前面所说的一切都否定了。岁月老去，壮志难酬的悲愤，由此流露。

《天净沙·秋思》脍炙人口，被称为“秋思之祖”。先是连用九个名词词组，描绘出一幅动人的秋郊夕阳图，而且是一幅苍凉萧瑟的深秋黄昏图景。然后通过天涯游子的眼睛，使这九个名词有了统一的时间背景和视角，用这苍凉景色深化了游子漂泊在外的凄凉孤独。末句以人物透入物态，融合画面，振起全篇，使画面给人以深远的联想。作者精心地将一系列的景象，巧妙地组织起来，形成一个有机的富有诗情画意的整体，使人们沉浸在苍凉的意境和感伤的情调当中。

《己亥杂诗》写于道光十九年(1839)。这年的龚自珍因为不满清廷官场的黑暗，辞官回到杭州。诗歌是他因迎接眷属又往返此京杭路途时所做。当诗人带着浩荡离愁、难言之苦南归时，白日西斜的景色更是触动了他一腔的愁怀。这愁不仅有多年好友的离别之愁，还有自己为国为民的一腔热血无处可献的愁苦。如今自己离开这个地方，心中又不忍自己的壮志沦丧。不过最后诗人还是想通了，即使自己成为“落红”，也不会就此再不理时事，而是会经心培育后人，希望他们今后能有所作为。

苏轼的《记承天寺夜游》这篇随笔式的散文只有 84 个字，却将所记之事写得清清楚楚，文字简洁到了极点。如去寻张怀民，一般人大概要写寻见后讲了什么，但作者只写了一句：“怀民亦未寝，相与步于中庭。”

文中最精彩的，是对月色的描写：“庭中如积水空明，水中藻荇交横，盖竹柏影也。”对“如积水空明”，我们已经知道这是月光，因为上文中有“月色入户，欣然起行”句。水中的“藻荇交横”是怎么回事呢？作者轻轻点出：“盖竹柏影也。”这就写出一种似幻似真的境界。若是转用明喻，说水中“竹柏影如藻、荇交错”就变得平淡了。“何夜无月？何处无竹柏？但少闲人如吾两人耳！”文章的结尾感慨深长。唯有“闲人”，才能入夜即“解衣欲睡”，而见“月色入户”便又“欣然起行”，而且，寻常的“竹柏影”也能带他们到一个奇异的境界。苏东坡本来是不愿做“闲人”的，可他又不得不做一个闲人。作者是旷达的，虽然他不是没有苦闷，只是，他有充分的文学才华，能用艺术的方式排遣自己的苦闷。

《高中生必背古诗文 40 篇》内容包括：《氓》《离骚》《短歌行》《归园田居》《山居秋暝》《蜀道难》《梦游天姥吟留别》《将进酒》《兵车行》《蜀相》《客至》《登高》《登岳阳楼》《石头城》《琵琶行并序》《李凭箜篌引》《过华清宫》《锦瑟》《菩萨蛮》《虞美人》《雨霖铃》《桂枝香》《念奴娇》《鹊桥仙》《声声慢》《书愤》《长亭送别》；《逍遥游》《劝学》《屈原列传》《陈情表》《滕王阁序》《师说》《阿房宫赋》《六国论》《游褒禅山记》《前赤壁赋》等。

《氓》是一首弃妇诗。诗歌以弃妇自述的口吻，叙述了一场爱情由产生到幻灭的悲剧故事。男主人公起先“抱布贸丝”来和女主人公商量婚事，直至后来“士也罔极，二三其德”，表现出一个薄情寡义的男子形象。而女子却是一个多情而又坚强的光辉人物。她沉于爱情时，“不见复关，泣涕涟涟。既见复关，载笑载言”。当爱情幻灭时，则“反是不思，亦已焉哉”！决绝之态，溢于言表，并无一般弃妇的哀怨悲泣。在艺术上，本诗以赋为主，直陈其事。间以比兴，如“桑之未落，其叶沃若”“桑之落矣，其黄而陨”，既以桑喻人，由“沃若”至“黄”“陨”，指女子由华年而色衰的过程，又兼以起兴，引人无限遐想，在艺术上达到了很高的水平，为后来的诗文表现同类题材，提供了一个极高的门槛，大大启发了后人的艺术想象力，是一篇模范之作。另外，本诗诗句后来又演化成成语如“载笑载言”“二三其德”“夙兴夜寐”“言笑晏晏”“信誓旦旦”等，依然活跃在日常生活中。

屈原画像

《离骚》是一首政治抒情长诗，也是屈原的代表作，开创了我国浪漫主义文学的先河。全诗可分为前后两部分。从篇首到“岂余之可惩”为第一部分，是诗人对自己以往历史的回溯。他详叙家世出身、生辰名字及辅助楚王进行政治改革的历史，展示了诗人的爱国情操和与权贵集团水火不相容的矛盾斗争，表达了诗人内心的痛苦和愤怒，展现了他宁死不屈的个性和决不同流合污、志存高尚的情操。后一部分描绘他对未来道路的探索：“路漫漫其修远兮，吾将上下而求索。”他百计求路，而无路可走，只好决心一死以殉自己的理想，并以此反抗黑暗的现实。在艺术上，这是一篇具有深刻现实性的积极浪漫主义作品，无论在对现实还是对理想的表现上，都洋溢着浪漫主义精神。在具体手法上，作者驰骋想象，糅合神话传说、历史人物和自然现象，编织成一幅瑰丽的艺术画面。其次，继承了《诗经》的比兴传统，并发扬光大。与《诗经》单纯比兴不同，《离骚》的比兴往往层见层出，连类而出，呈现出变化万方、迷离奇幻的特色。

《迢迢牵牛星》《短歌行》和《归园田居》这三首诗时代相近而又面貌各异。《迢迢牵牛星》借牛郎织女故事写天河永隔不能相会的人间情爱。诗中的织女，深情而又悲伤，“终日不成章，泣涕零如雨”“盈盈一水间，脉脉不得语”，语言浅近，多用叠词，舒缓而又清新，令人低回不已。《短歌行》是曹操的名作。曹操生当汉末乱世，崛起于群雄逐鹿之中，自有雄才大略。诗中，作者以周公自评，渴求天下英才，“周公吐哺，天下归心”。本诗为四言诗，凝练生动，简洁有力，化用《诗经》成语而毫无痕迹，直臻化境，为两汉以来所仅见。《归园田居》是陶诗中的精品，是其田园诗的代表作。作者在辞官之时强调自己“性本爱丘山”，归来之后，在开荒、幽居中，心神俱宁，回归到作者的本性上来，所以才会有“暧暧远人村，依依墟里烟”的真切感受，才会创立中国诗歌史上

迢迢牵牛星——盈盈一水间，脉脉不得语

极具影响力的流派“山水田园派”。本诗用语平常自然，但其传情达意的妙处，却值得人们吟咏体味，悠远而又生动，这种以平常语言抒深情厚意的方法，历来为人所称道。

李白的《蜀道难》《梦游天姥吟留别》和《将进酒》这三首古风充分体现了其诗歌雄奇豪迈、奔放飘逸的艺术风格。

《蜀道难》是使李白获得巨大声誉的艺术杰作。诗人以一声感叹开头：“噫，吁嚱，危乎高哉！蜀道之难难于上青天！”继而从蚕丛鱼凫这两个古代蜀王写起，写到五丁开山的神奇传说。然后纵笔描绘蜀道之险，蜀道之难，仍借神话“六龙回日”来驰骋幻想，又用鹳飞猿攀鸟啼夸张渲染，间以“胁息”“抚膺”“凋朱颜”这些如临其境的细节描绘，使人惊心动魄。最后诗人表达了自己对时局的忧虑，显示了诗人敏锐的洞察力。在艺术上，本诗是李白诗歌艺术的典范。首先其中充满了诗人奇伟瑰丽而又神秘莫测的想象力。作者一生未到剑阁，却驰骋神笔，纯以想象描绘蜀道艰难。这种写法，只有才如李白者，方敢如此纵才使情。也正因为如此，他的胸怀性格才得到最充分的表现。“蜀道之难难于上青天”一句，在诗篇中三次出现，如曲中的主旋律，给全诗笼上雄奇悲壮的色彩。在语言形式上，诗人采用古风体式，自由奔放地表现了诗人内心澎湃的激情，与雄奇壮丽变幻无穷的内容水乳交融，取得了极其卓越的艺术效果。

《梦游天姥吟留别》是李白的又一杰作。李白一生大半过着浪游生活，生性喜好求仙问道，这实际上是他追求自由、热爱生活的独特性格的另一种表现。本诗表面是一首游仙诗，但实际上是他政治上失意后的一篇声明书。作者借此表达了他对生活的总的态度和他的价值取向。“安能摧眉折腰事权贵，使我不得开心颜”一句，令多少后学者心情激荡，心驰神往。在艺术表现上，作者以丰富多变、气魄宏大的想象作为抒情达意的手段，为读者描绘了一曲“天姥逢仙图”；诗人以层层渲染的方式，极力写天姥山之高峻，然后以“我欲因之梦吴越”一语由现实转入想象，开始他的梦游历程。“半壁见海日，空中闻天鸡”一联，境界阔大，景色奇丽，最为读者称道。随后展开“梦中逢仙图”，以变幻莫测之笔写神仙境界之奇，精采纷呈，令人目不暇接；亦真亦幻，使人或惊或疑。“霓为衣兮风为

《梦游天姥吟留别》

马，云之君兮纷纷而来下。虎鼓瑟兮鸾回车，仙之人兮列如麻”，自古写神鬼诗篇者，也许只有屈原才能与之比肩。但诗篇的结尾才是真正打动读者之处：“安能摧眉折腰事权贵，使我不得开心颜！”一个极力追求个性自由和人格独立，决不向权贵折腰的刚直雄毅的文人形象跃然纸上，令人肃然起敬。本诗在艺术上的另一个特点是，全诗涌动着一股浩然澎湃的激情，而作者又运用乐府体裁将之完美地表达了出来。语言长短错杂，节奏明快，如水行山涧，奔腾涌注，一气贯流，读来豪气顿生，痛快淋漓，不愧为“诗仙”。

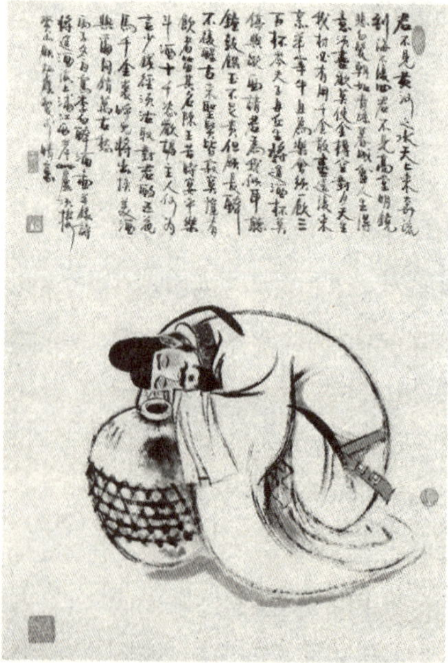
《将进酒》

《将进酒》为乐府旧题，是一首劝酒歌，依然体现了李白豪迈的情怀、放旷的心胸和率真洒脱的个性。“君不见黄河之水天上来，奔流到海不复回！”开首一句，写尽黄河风姿，境界阔大，气势万钧，为千古名句。“天生我材必有用，千金散尽还复来”，则将诗人的自信潇洒一笔写出。随后广征博引，助兴举杯，既写饮时豪情，又写人生思考：“烹羊宰牛且为乐，会须一饮三百杯”，“古来圣贤皆寂寞，惟有饮者留其名”，让读者看到了一个异常风流自赏、倜傥不群的诗人形象。他引古之饮者、陈王曹植为同道，似乎沉湎沉醉之中，但最后一句泄露了他心底秘密：“五花马，千金裘，呼尔将出换美酒，与尔同销万古愁。”这“万古愁”却正是作者欲展鲲鹏之翅而不得的内心隐痛，这让读者看到了一个在貌似旷达潇洒背后的痛苦的灵魂。

《兵车行》

《兵车行》大约作于天宝十年(751)，是杜甫的名作之一，是一首新乐府诗，也是一首叙事诗，表现了唐玄宗征战西南时强征百姓入伍时的情景。本诗采用代人述言的方式来叙事抒情，角度十分独特。诗人先将“送别”一场置于篇首，既使悲剧气氛笼罩全诗，又为下面役夫伸恨作了有力铺垫。然后用问答方式写出役夫的倾诉，说明“边庭流血成海水”的原因，就在于“武皇开边意未已”，主题极为鲜明。在诗末，作者通过特写镜头，描绘出白骨遍地、鬼鸣啾啾的想象情景，与开头送别时的场景互为呼应，非常形象地将生与死、人与鬼的关系作了映衬、揭示。最令人警醒的是诗人描绘了社会心理的畸变:“信知生男恶,还是生女好;生女犹得嫁比邻,生男埋没随白草”,这样就从一个新的层次上揭露了战争给人们心理上造成的重大冲击和久远影响。

杜甫因其严谨的创作态度,准确而生动地反映了唐代“安史之乱”前后的社会现实,取得了杰出的艺术成就,被后人称为“诗圣”,其作品则被称为“诗史”。

《蜀相》记载杜甫拜谒武侯诸葛祠时的仰慕心情和无尽怀念。问句式的开头引人揣想。“自”“空”二字写空寂、清冷的感受,既抒发了作者对诸葛亮已成古人、一切都成为过去的怀念之情,又融入作者对世人遗忘武侯的遗憾。“三顾频烦天下计,两朝开济老臣心”,赞颂了他的鞠躬尽瘁、死而后已的高贵品质,也赞扬了君臣同心、犹如鱼水的亲密关系。末联“出师未捷身先死,长使英雄泪满襟”,则感叹英雄事业未竟却身已先亡的巨大遗憾,同时又抒发了自己未展怀抱、未遇明主的慨叹。

《客至》一诗作于成都杜甫草堂刚建成之际,先说环境:“舍南舍北皆春水,但见群鸥日日来”,安静幽美。颔联对仗工整,情意恳切:“花径不曾缘客扫,蓬门今始为君开。”颈联则于欢乐中见出凄凉:“盘飧市远无兼味,樽酒家贫只旧醅。”尾联写出诗人质朴恳切:“肯与临翁相对饮,隔篱呼取尽余杯。”全诗感情真挚,语言清丽,对仗工整,韵味悠长。

《登高》一诗是杜甫律诗中最著名者,诗歌在内容上将个人遭遇和国家命运联为一体,感情上充分体现了杜甫悲怆深沉的情调,艺术上展示了杜诗“沉郁顿挫”的总体特色,手法上能够对仗工整,字句妥帖,为后人所津津乐道。“风急天高猿啸哀,渚清沙白鸟飞回”,刻画三峡具体景物,似工笔细描;“无边落木萧萧下,不尽长江滚滚来”,表现三峡整体气氛,写意渲染,写景层次分明,而又浑然一体,展示了一幅富于立体感的深秋三峡图。“万里悲秋常作客,百年多病独登台”两句,用“悲秋”点明诗人因秋而悲,是全诗之关眼,联结写景和抒情。“悲”兼身世之悲和家国之恨,所以“艰难苦恨寒霜鬓,潦倒新停浊酒杯”就可以看出作者并非感一己之悲,而是饱含了对时局的深重忧虑。

《琵琶行》是白居易最著名的歌行作品,与《长恨歌》同为白诗双璧,其中写了白氏于贬谪之地偶遇长安琵琶女的故事,曲尽音乐之美、人情之微和身世之悲。“大弦嘈嘈如急雨,小弦切切如私语,嘈嘈切切错杂弹,大珠小珠落玉盘”是绘声名句。“同是天涯沦落人,相逢何必曾相识”则是发身世之感的名联。“千呼万唤始出来,犹抱琵琶半遮面”则是描人情之微的杰作。诗中琵琶女的形象千古以来引得无数人流下同情之泪。

《琵琶行》

苏轼的《念奴娇·赤壁怀古》，起调不凡："大江东去，浪淘尽，千古风流人物"，以大江滔滔东流所占据的广袤空间来衬托千古风流人物所占据的漫长时间，把读者立刻带入宏大的舞台，感受到极为雄壮邈远的想象世界。"故垒西边，人道是三国周郎赤壁"，大江淘不尽真正的英雄，而苏轼极力追慕的，是周郎公瑾。接下三句，写赤壁长江气势，乱石着一"穿"字，惊涛着一"拍"字，写尽长江雄姿，"卷起千堆雪"，则引读者放眼远望，长江之美，"千堆雪"已尽其妙。"江山如画，一时多少英雄豪杰"，收起上片，引出下文。下片开首"遥想"一词，点明"怀古"题旨，又呼应上文"周郎赤壁"，极力铺排，写周郎得意春风，年少建功立业，引得作者钦敬赞叹，又不免自伤老大无成，"多情应笑我，早生华发"，伤心之语，动人心弦。"人生如梦"，只是自宽自慰，读来感到失落无比，苦涩难言。本词写景壮阔，叙事简洁生动，抒情深沉曲折，读来令人感慨不已，与只写个人悲欢情爱之作相比，自是豪气逼人。

《雨霖铃》

《雨霖铃》写柳永在汴京时与情人的离别之情，委婉凄恻，令人咏叹再三。上片写别情，起首三句渲染气氛，点明节令，以写景寓离情。下文三句，写"留恋"与"催发"的矛盾，离恨渐现。"执手相看泪眼，竟无语凝噎"，传神的细节刻画，写出深情款款。"念去去"，连用两"去"字，声噎气短，泪下不已；所去之处，"千里烟波，暮霭沉沉楚天阔"，完全是写景，但字字是抒情。"多情自古伤离别"，抒写人生哲理，"更哪堪冷落清秋节"中，"更哪堪"三字写出自己情不能已的原因。"今宵酒醒何处，杨柳岸、晓风残月"，以如画之景寓内心伤痛，这句极为警策，为古今吟者称颂。"此去经年"四句，以议论结束，阐述伊人不在，好景虚设之意，再写相别之难，呼应上片"留恋处"。全词结构严谨。

司马迁在《屈原列传》中引屈原为精神上的同道，所以充塞文章内外的，就是那种郁积深重的无法一吐为快的悲怆之情，这种感情，因屈原的遭遇而起，更因作者自身的遭遇而发。看作为屈原悲歌，可以；看作为自己长吟，更可以。百年同调，引为同志，司马迁纵笔抒写，实因有感而发也。司马迁认为，屈原写《离骚》，"盖自怨生也"，他所怨者是什么呢？"疾王听之不聪也，谗谄之蔽明也，邪曲之害公也，方正之不容也""信而见疑，忠而被谤，能无怨乎？"这才是解人之于《离骚》有所未发者，《屈原列传》尽发之。司马迁还阐述了另一个文艺上的理论观点：作文与作人是紧密相关的，因屈原"志洁""行廉"，所以他的作品才能如日月行天、江河行地而永垂不朽。这种观点，对作家的思想和品德提出了很高的要求，所以后来真正的文人，无不以此自励，形成了独特的中国传统文人的精神风范，从这一点来说，本文的价值并不仅在于为屈原作传，而更在于为文人们立下终身努力的价值标杆。

苏轼的《前赤壁赋》是一篇十分潇洒的文字。表现在内容上，就是悟得了人、物、情之间量的变化与精髓，有通脱而深刻的见解、体悟，认识到短暂和永恒的辩证关系。表现在形式上，则词句清丽自然，如流水行云，悠然而行，戛然而止，骈散参差，舒缓有度，又如船行江上，随波上下。有眼前水月清明之景，有胸中三国枭雄之影，有主客答问之趣，纵笔所至，都成妙文。苏子所论，能及宇宙人生的根本问题，“变”中有“不变”，“不变”中有“变”，端看诸位如何把握。作者议论风生，并不作枯燥论证而结论自寓于天地明月江水之中。虽自嘲人生“寄蜉蝣于天地，渺沧海之一粟”，但终究“客喜而笑，洗盏更酌”“相与枕藉乎舟中，不知东方之既白”。风流自赏，坦然天真，虽身为囚犯，而心归于宁静安然。谁能不羡慕他的潇洒?

[现代] 鲁迅

《朝花夕拾》

作者简介

鲁迅(1881—1936),我国伟大的文学家、思想家、革命家。中国新文学运动的奠基人。原名周树人,字豫才,浙江绍兴人。出身于破落封建家庭。1902 年去日本留学,原在仙台医学院学医,后从事文艺工作,企图用以改变国民精神。1918 年 5 月,首次用“鲁迅”的笔名,发表中国现代文学史上第一篇白话小说《狂人日记》,奠定了新文学运动的基石。“五四”运动前后,参加《新青年》杂志工作,成为“五四”新文化运动的主将。1918 年到 1926 年间,陆续创作出版了小说集《呐喊》《彷徨》,论文集《坟》,散文诗集《野草》,散文集《朝花夕拾》,杂文集《热风》《华盖集》《华盖集续编》等专集。其中,1921 年 12 月发表的中篇小说《阿 Q 正传》,是中国现代文学史上的不朽杰作。1926 年 8 月,因支持北京学生爱国运动,为北洋军阀政府所通缉,南下到厦门大学任中文系主任。1927 年 1 月,到当时的革命中心广州,在中山大学任教务主任。1930 年起,先后参加中国自由运动大同盟、中国左翼作家联盟和中国民权保障同盟,反抗国民党政府的独裁统治和政治迫害。

1936 年 10 月 8 日,鲁迅先生抱病参加在上海举办的第二届中国木刻展,极喜爱木刻艺术的他与青年木刻家黄新波、曹白、白危和陈烟桥坐在一起探讨木刻艺术。摄影家沙飞当时记录下这一不平凡的历史瞬间。

从 1927 年到 1936 年,创作了历史小说集《故事新编》和大量的杂文,收辑在《而已集》《三闲集》《二心集》《南腔北调集》《伪自由书》《准风月谈》《花边文学》《且介亭杂文》《且介亭杂文二编》《且介亭杂文末编》《集外集》和《集外集拾遗》等专集中。鲁迅的一生,对中国文化事业作出了巨大的贡献:他领导、支持“未名社”“朝花社”等文学团体;主编了《国民新报副刊》《莽原》《语丝》《奔流》《萌芽》《译文》等文艺期刊;热忱关怀、积极培养青年作者;大力翻译外国进步文学作品、介绍国内外著名的绘画、木刻;搜集、研究、整理大量的古典文学,编著《中国小说史略》《汉文学史纲要》,整理《嵇康集》,辑录《会稽郡故书杂录》《古小说钩沉》《唐宋传奇录》《小说旧闻钞》等。

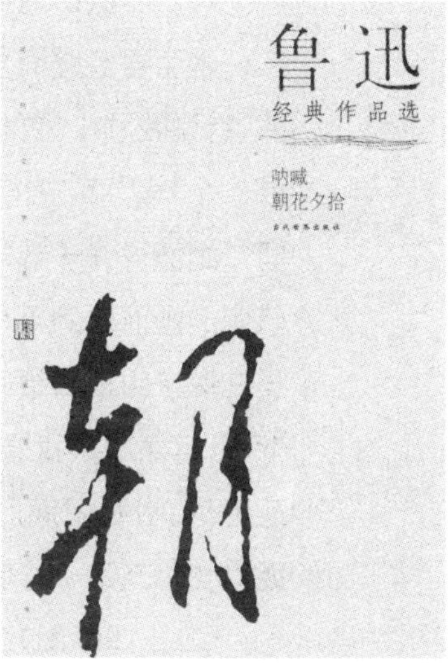

当代世界出版社 2007 年版封面

鲁迅是中国新文化运动的旗手,对民主革命和现代文学作出了巨大贡献,并给人们留下了丰富宝贵的精神遗产。鲁迅的作品充实了世界文学的宝库,被译成英、日、俄、西、法、德、阿拉伯、世界语等 50 多种文字,在世界各地拥有广大的读者。

作品提要

《朝花夕拾》是一部战斗性和艺术性都很强的散文集,虽然只有十篇文章,其内容却是深广的。作品记述了作者童年生活和青年时求学的历程,追忆那些难以忘怀的人和事,抒发了对往日亲友和师长的怀念之情。在夹叙夹议中,对反动、守旧势力进行了抨击嘲讽。从内容上划分,反映鲁迅童年和少年时代生活的共七篇,即《狗·猫·鼠》《阿长与〈山海经〉》《二十四孝图》《五猖会》《无常》《从百草园到三味书屋》《父亲的病》;反映鲁迅青年时代生活的共三篇,即《琐记》《藤野先生》《范爱农》。

第一篇作品《狗·猫·鼠》首先提出“仇猫”问题,“从去年起,仿佛听得人说我是仇猫的。那根据自然是在我的那一篇《兔和猫》……”提示了“名教授”逻辑的奥义,“看哪!狗不是仇猫的么?鲁迅先生却自己承认是仇猫的,而他还说要打‘落水狗’”,把“名人名教授”的卑劣手法和恶毒用心暴露无疑。接下来,借题发挥,尽情议论,抒发胸中的愤懑之情,假借“想给自己预先洗刷洗刷”的诙谐说法,以“查考动机”为名,引出覃哈特的童话——狗因为猫装象欺骗了他而和猫成为仇人,给发挥议论提供了有力的条件。然后作者交代了自己“仇猫”的原因,——“凡扑食雀鼠,总不肯一口咬死,定要尽情玩弄,放走,又捉住,捉住,又放走”“他不是和狮虎同族的么?可是有这么一副媚态”等,揭示了艺术的辩证法。最后以曲笔收束,说自己已经改变了态度,对猫颇为客气了。这篇文章是针对“正人君子”的攻击引发的,嘲讽了他们散布的“流言”,表述了对猫“尽情折磨”弱者、“到处嗥叫”、时而“一副媚态”等特性的憎恶;追忆童年时救养的一只可爱的隐鼠遭到摧残的经历和感受,表达了对弱小者的同情和对暴虐者的憎恨。

《阿长与〈山海经〉》忆述与保姆长妈妈相处的情景。阿长是"我"家一个不知姓名的女工,"她生得黄胖而矮",她常常喜欢背地里说人长短,"又不许我走动,拔一株草,翻一块石头,就说我顽皮,要告诉我的母亲去了。一到夏天,睡觉时她又伸开两脚两手,在床中间摆成一个'大'字,挤得我没有余地翻身,久睡在一角的席子上,推她呢,不动;叫她呢,也不闻""她懂得许多规矩;……都是些繁琐之至,至今想起来还觉得非常麻烦的事情"。这使我感到厌烦而对她不敬;可当"我"渴望得到一本绘图《山海经》时,谁也不肯帮助我,只有阿长在探亲回来后给我捎来了。从此,我对阿长产生了新的敬意,消除了对她的怨恨。阿长辞世30年之后,"我"依然如初地怀念着她。文章用深情的语言,描写了长妈妈善良、朴实而又迷信、唠叨、"满肚子是麻烦的礼节"的性格;对她寻购赠送自己渴求已久的绘图《山海经》之情,充满了尊敬和感激,表达了对这位劳动妇女的真诚的怀念。

《二十四孝图》以"诅咒反对白话,妨害白话者"开头,从当时的儿童读物谈起,"自从所谓'文学革命'以来,供给孩子们的书籍,和欧,美,日本的一比较,虽然很可怜,但总算有图可说,只要能读下去,就可以懂得的了。可是一班别有心肠的人们,便竭力来阻遏它,要使孩子的世界中,没有一丝乐趣"。忆述儿时阅读《二十四孝图》的感受,"我请人讲完了二十四个故事之后,才知道'孝'有如此之难,对于先前痴心妄想,想做孝子的计划,完全绝望了"。"然而我已经不但自己不敢再想做孝子,并且怕我父亲去做孝子了。家景正在坏下去,常听到父母愁柴米;祖母又老了,倘使我的父亲竟学了郭巨,那么,该埋的不正是我么?"集中揭露和批判了社会生活中那种悖情逆理的"诈"作行为,并以此为依据,进一步阐明了一个更深刻的道理——悖逆人之常情和违反生活逻辑的"诈"作是不得人心的,必然彻底破产,揭示了封建孝道的虚伪和残酷。作品着重分析了"卧冰求鲤""老莱娱亲""郭巨埋儿"等孝道故事,指斥这类封建孝道不顾儿童的性命,将"肉麻当作有趣","以不情为伦纪,污蔑了古人,教坏了后人"。作品对当时反对白话文、提倡复古倾向予以了尖锐的抨击。

人民文学出版社2008年版封面

《五猖会》忆述儿时盼望观看迎神赛会的急切、兴奋的心情,和被父亲强迫背诵《鉴略》的扫兴而痛苦的感受。家乡的迎神赛会是孩子们期盼已久的盛大节日。大清早,全家人早早起来乘上预定的大船,搬上茶点、饭菜,准备看全县最盛大的五猖会。正在大家高兴之际,父亲站在"我"身后,严厉地要我背诵生僻难懂的《鉴略》。我不情愿地背读完《鉴略》,大家才松了一口气,开船去东关。

上海人民美术出版社 2008 年版封面

但“我”本来高亢的兴致却已荡然无存了，“我”真不知父亲为什么要在那时候叫我背书。文中揭示了强制的封建教育对儿童天性的压制和摧残。

《无常》描述儿时在乡间迎神会和戏剧舞台上所见的“无常”形象，说明“无常”这个“鬼而人，理而情”、爽直而公正的形象受到民众喜爱，是因为人间没有公正，恶人得不到恶报，而“公正的裁判是在阴间”。乡间迎神赛会这一天出巡的神中，“我” 最喜欢活无常。“他不但活泼而诙谐，单是那浑身雪白这一点，在红红绿绿的鬼神中就大有‘鹤立鸡群’之概。”“我”过去曾去过一间叫做“阴司间”的暗室，无常也在其中，但“我”只听说却没敢亲眼看。只是在《玉历钞传》上看到过他的像。人们看到无常都有些紧张而且高兴。大概是人生无常、苦乐相依吧。“他们——敝同乡‘下等人’——的许多，活着，苦着，被流言，被反噬，因了积久的经验，知道阳间维持‘公理’的只有一个会，而且这会的本身就是‘遥遥茫茫’，于是乎势不得不发生对阴间的神往。”“当还未做鬼之前，有时先不欺心的人们，遥想着将来，就又不能不想在整块的公理中，来寻一点情面的末屑，这时候，我们的活无常先生便见得可亲爱了，利中取大，害中取小，我们的古哲墨翟先生谓之‘小取’云。”“我”在戏中和迎神之时都看到过无常，每次看到他，都能引出“我”一连串的遐思。文章在夹叙夹议中，对打着“公理”“正义”旗号的“正人君子”予以了辛辣的嘲讽。

《父亲的病》以父亲的病和死为线索，回忆儿时为父亲延医治病的情景，描述了几位“名医”的行医态度、作风、开方等种种表现。“大约十多年前罢，S 城曾经盛传过一个名医的故事:他出诊原来是一元四角，特拔十元，深夜加倍，出城又加倍。有一夜，一家城外人家的闺女生急病，来请他了，因为他其时已经阔得不耐烦，便非一百元不去。他们只得都依他。待去时，却只是草草地一看，说道‘不要紧的’，开一张方，拿了一百元就走。那病家似乎很有钱，第二天又来请了。……仍旧引到房里，……他一按，……”文揭示了巫医故弄玄虚、勒索钱财、草菅人命的实质。这篇散文以小见大，揭示出封建思想、封建礼教是阻碍中国进步，造成愚昧、落后的根源。作品活画出几个所谓“名医”治病的丑态。他们把行医当作赚钱的手段，医生和病人之间变成了彻底的金钱关系。医生的医术是唯心主义的猜测，并且不负责任、故弄玄虚、因循守旧、排斥先进的医学思想，以致贻误了病情，导致了父亲的去世。

《琐记》记述鲁迅为了寻找“另一类的人们”而到南京求学的经过。“我”先是到南京一

安徽人民出版社 2008 年版封面

所不知称谓的学堂学习。后来又考取矿路学堂。在那里学到一些如《天演论》的新学。但很快学校就要被裁撤了,因为于开矿无力,所以所学又无用武之地,于是所余的只剩出国一条路了,遂考取官费赴日留学。这四年的求学历程的点点滴滴,都如发生在昨天一样展现在读者面前。作品描述了当时的江南水师学堂(后改名为雷电学校)和矿务铁路学堂的种种弊端和求知的艰难,批评了洋务派办学的“乌烟瘴气”。作者记述了最初接触进化论的兴奋心情和不顾老辈反对,如饥似渴地阅读《天演论》的情景,表现出探求真理的强烈欲望。

《范爱农》追述作者在日留学时和回国后与范爱农接触的几个生活片断,描述了范爱农在革命前不满黑暗社会、追求革命,辛亥革命后又备受打击迫害的遭遇,表现了对旧民主革命的失望和对这位正直倔强的爱国者的同情和悼念。这是一篇以写人物为主的回忆性散文。通过对“我”和范爱农之间往事的追述,表现了范爱农朴实、正直、狷傲,有爱国热诚,渴望和追求革命,不愿同旧势力同流合污的思想性格;控诉了造成范爱农不幸遭遇和悲惨结局的黑暗社会,批判了辛亥革命的不彻底性。

重点提示

《朝花夕拾》比较完整地记录了鲁迅从幼年到青年时期的生活道路和经历,生动地描绘了清末民初的生活画面,是研究鲁迅早期思想和生活以及当时社会的重要艺术文献。这些篇章,文笔深沉隽永,是中国现代散文中的经典作品。

《朝花夕拾》中的作品都是回忆性文章,鲁迅是怀着温馨的爱去回忆的,从中显露出鲁迅心灵世界最为柔和的一面,又内含着一种深沉的悲哀。但它们不是对往事的单调的记录,而是用娴熟的文学手法写成的优美的散文珍品。作者撷取了一些难以忘怀的生活片断加以生动的描述,选择富有个性的情节和细节描画人物的性格,使作品充满浓厚的生活气息,人物形象鲜明生动,给人以深刻的印象。特别是作者善于描摹人物的神情心态,以形写神,把人物写得栩栩如生,精彩而富有鲜活的动感。如《阿长与〈山海经〉》中写除夕夜长妈妈教少年鲁迅如何吃福桔、如何讲“吉利话”和元旦清晨等待鲁迅“恭喜”的情景,把这个农村妇女渴望幸福、期待祝福的急切心情和惊喜神态,表现得活灵活现;写长妈妈喜欢向人低声絮说什么事,说话时“还竖起第二个手指头,在空中上下摇动,或者点着对手或自己的鼻尖”,动作细节很有生活真实性,令人难忘。《从百草园到三味书屋》写老先生大声朗读文章时,“总是微笑起来，而且将头仰起，向后面拗过去，拗过去”。寥寥几笔，把老先生那种痴迷入神的形态表现得惟妙惟肖。《琐记》中的衍太太，阴一套，阳一套，以教唆孩子作歹为乐，作者抓住几个典型细节，仅用1 000多字便欲抑先扬地写出了她阴险、一肚子坏水的人品心性。《藤野先生》用白描手法，以声态毕肖的几笔就写出了藤野先生的形神个性：黑瘦，八字须，戴着眼镜，夹着一迭大大小小的书，冬天只穿着一件旧外套，寒颤颤的，以不拘小节的生活作风衬托出他专心致力于教学和科研的刻苦精神。又如《范爱农》中写范爱农得知恩师被杀后，违逆众人意见，反对发抗议电报的细节，把他极度悲愤的心情和倔强耿介的性格刻画得入木三分。浓厚的生活气息和生动鲜明的人物形象，使《朝花夕拾》具有很高的艺术欣赏价值。

另外，这些散文，几乎每篇都是写“我”看到的世界和“我”内心的世界，反映“我”的情感；如果以“我”的经历平铺直叙，那么读起来一定是枯燥乏味的。然而，作者巧妙运用了第一人称的写法，使一个“我”灵活自如地在作品中出现。《从百草园到三味书屋》以一个未成年的儿童作为文中的事件参与者来叙述。文中所描述的关于百草园的景色和自己的活动，都以“我”的观察视点来叙述，使我们感到“我”就是直接目击者和参与者。又因为“我”的叙述是一个儿童的口吻，所以充满了儿童天真稚气和浪漫的情趣。文中所述的三味书屋枯燥沉闷的景象，如拜先生，问“怪哉”，先生的瞪眼，学生们死读书，先生读书的模样等是那样惟妙惟肖。这也是通过“我”的叙述口吻和视角给读者带来的直观感受。这种内在的叙述视点直接形成了文章的叙述风格，使叙述的事实更真实、可信，不像外在的“我”的叙述那样留下剪裁的痕迹，而是带来了自然流畅的艺术效果。

《朝花夕拾》不论是写人还是叙事，笔端都带着强烈的感情，这种感情多半不是明显的、外露的，而是在看似平淡的叙述中，表现出亲切真挚炽热的感情。这种抒情方式表达了作者的爱憎是非，同时也充分激起了读者的情绪，给人以强烈的艺术感染和心灵震撼。鲁迅的回忆，与现实缠夹一起，娓娓道来，像雨夹雪似的让人分不开回忆与现实，因而也形成了鲁迅独创的散文风格。他的散文是以揭示和描写病态社会以及批判封建专制主义见长的，也具有非凡的批判价值。他的散文“形散而神不散”，时而兼有杂文笔法，以精辟的评述，幽默的讽刺，水乳交融地综合了散文和杂文的特色，形成了自己独创的具有战斗性的散文风格。

总之，《朝花夕拾》将清末民初的某些社会生活风貌，生动地展现了出来，并且注意以现代科学知识和现代文化思想为观照，对封建伦理道德、封建迷信、封建教育进行严肃而深刻的重新审视。在艺术上，《朝花夕拾》多从中国古代散文中吸取营养，以朴实、清新、通脱、亲切感人的笔调，生动地记下生活事件，刻画出形神逼肖的人物形象。它是现代回忆散文的典范之作。

[现代] 鲁迅

《呐　喊》

作者简介

参见《朝花夕拾》简介。

作品提要

《呐喊》是鲁迅先生在“五四”运动后出版的富有战斗性的短篇小说集，是中国新文学史上一部不朽的杰作。其中收集了包括《阿Q正传》《孔乙己》《鸭的喜剧》《端午节》《故乡》等14篇广为人知的小说名作，包括《〈呐喊〉自序》共15篇。

《狂人日记》这篇和果戈理短篇同名的作品发表于“五四”运动前一年，描写了一个“迫害狂”患者的精神状态和心理活动。小说一开始描写日常生活里一般人对狂人常有的围观、注视、谈论，反激起“迫害狂”患者内心的恐惧，逐渐地引出“意在暴露家族制度和礼教的弊害”的主题。狂人看到赵贵翁奇怪的眼色，小孩子们铁青的脸，一路上的人交头接耳的议论，张开着的嘴，街上女人说的“咬你几口”的话，联想到狼子村佃户告荒时讲过的“人吃人”的故事。从他大哥平常的言论开始怀疑到当前的安排。他把医生把脉理解为“揣一揣肥瘠”，嘱咐吃药的“赶紧吃吧”理解为赶紧吃他，然后归结到这个社会是“人吃人”的社会，长期以来这个社会的历史是一部“人吃人”的历史。小说选取狂人为主角是一个十分精心的安排。在黑暗势力层层相因地压在人们头上的那个社会里，一切都已成习惯，一切都被视为当然，鲁迅有意通过“迫害狂”患者的感受，通过他在精神错乱时写下的谵语，从某些“人吃人”的具体事实，进一步揭示精神领域内更加普遍地存在着的“人吃人”的本质，从而对封建社会的历史现象作出惊心动魄的概括。借实引虚，以虚证实。小说的艺术构思是巧妙的。这篇小说是向封建社会进军的第一声号角，以前所未有的彻底精神，反映了中国革命已经进入新的历史

鲁迅与儿子周海婴

阶段的特征。小说正文的一开头便突兀地来了一句“今天晚上很好的月光”，这是令人叫绝的一笔，现实世界的一切在很好的月光笼罩之下消褪了原有的色彩，变成了黑、白以及黑白调和而成的灰。作者借助月光抢先渲染了一种惨淡诡秘的氛围，这是狂人特有的视觉心理感受，也是作者基于自己对那个世界深切的感知和理解而作出的色彩归纳。

《孔乙己》是鲁迅继《狂人日记》之后第二篇抨击封建制度和封建文化的小说。文中讲述了一个没有考上秀才的读书人孔乙己的悲剧遭遇。孔乙己是一个没有“进学”的老童生，穷困潦倒，封建社会一方面以“万般皆下品，惟有读书高”的思想培育了他自尊的性格，另一方面又给他以最冷酷的待遇，使这种性格不断地受到现实生活的蹂躏和践踏。孔乙己是唯一的站着喝酒而穿着长衫的人。他已经失掉踱进房子里去的资格，却仍然没有忘却“读书人”的身份，不肯脱下那件又脏又破的长衫；甚至流为窃贼，也还在声辩“窃书不能算偷”。这些典型的细节鲜明地揭示了孔乙己的悲剧性格。作品通过人物的行动抨击了封建制度，同时也暗寓对这种性格的鞭挞。孔乙己的性格里也有一些善良的地方：不愿意拖欠酒钱，热心地教人识字，分茴香豆给孩子们吃。从这些流露着同情的描写里，进一步反衬出科举制度对他精神的戕害。孔乙己的没落是必然的。他活着只是给别人做笑料，死了也无足轻重，“别人也便这么过”。

在《药》中，同时表现了两个空间的故事：茶馆里关于“人血馒头”的议论和监狱里夏瑜的斗争。华老栓用被统治者杀害的革命者夏瑜的鲜血蘸成“人血馒头”为儿子治病。一个革命者为民众的解放而慷慨牺牲，他的鲜血却被民众当作治病的灵药，这强烈的反差，有力地提示了旧民主主义革命与民众的严重隔膜，揭露了长期封建统治下人民的麻木和愚昧。封建统治阶级长期以来麻痹人民，使他们陷入愚昧和无知。小栓并没有因为吃了“人血馒头”而治愈痨病，终于成了封建迷信的牺牲者。小说把被杀的犯人安排为一个革命者，这位没有正式出场的革命者夏瑜抱着解放民众的心愿，为民众献出了自己的生命，但是群众不仅不理解他，完全不知道他是为大家而受苦，而牺牲，反而受了迷信的愚弄蘸吃着他的鲜血。小栓的下场是一个悲剧，夏瑜的遭遇是一个更大的悲剧，鲁迅既痛心于群众因受封建思想毒害而未能觉醒，更感慨于资产阶级革命的脱离群众，这就使小说的结构含有双重的悲剧性。作家根据亲身的经历和感受写出了一个真理：革命思想如果不深入到群众中，那么，先驱者的血只能

漓江出版社 1999 年版封面

成为做“人血馒头”的材料，甚至连医治痨病的效果也没有。《药》给人的感觉是沉重的。

《故乡》描绘了近代中国农村破产的图景，小说以抒情的笔调，竭力渲染了童年生活的美丽，将回忆中海边西瓜地上手捏钢叉的小英雄闰土，和眼前被生活压瘪了的同一个闰土对照，写出了中国农民在“多子、饥荒、苛税、兵、匪、官、绅”层层逼迫下的深重灾难。闰土的形象在过去农村里具有相当普遍的代表性，他淳朴，勤劳，像大地一样沉默和厚实，承受了一切艰辛和痛苦。过多的艰辛和痛苦使闰土变得麻木了。精神的摧残在这里超过了生活的胁逼，一种壁垒森严的等级观念已经注入闰土的头脑，他默认了那条横亘在自己和童年伙伴之间的不可逾越的界线，并且向主宰命运的“神”低下了头。作品的着重点不是对往昔的缅怀，而是对现实的挑战，并且引导人们去确信前途：“地上本没有路，走的人多了，也便成了路。”

由著名演员严顺开扮演的阿Q

《阿Q正传》是鲁迅小说的代表作。作品描绘了辛亥革命前后中国农村的景象，塑造了以“精神胜利法”为主要特征的贫苦农民阿Q的典型形象。阿Q是上无片瓦、下无寸土的赤贫者，他没有家，住在土谷祠里；也没有固定的职业。从生活地位看，阿Q受到惨重的剥削，他失掉了土地以及独立生活的依凭，甚至也失掉了自己的姓。阿Q的现实处境是十分悲惨的，但他在精神上却“常处优胜”。遇到各种“精神胜利法”都应用不上的时候，他就用力在自己脸上打两个嘴巴，打完之后，便觉得打的是自己，被打的是别一个自己，于是他又得胜地满足了。他有时也去欺侮处于无告地位的人，譬如被“假洋鬼子”打了之后，就去摸小尼姑的头皮，以此作为自己的一桩“勋业”，飘飘然陶醉在旁人的赏识和哄笑中。但是，这种偶然的“勋业”仍然不过是精神的胜利，和他的自轻自贱、自譬自解一样是令人悲痛的行动。阿Q的“精神胜利法”实际上只是一种自我麻醉的手段，使他不能够正视自己被压迫的悲惨地位。他的“优胜记略”不过是充满了血泪和耻辱的奴隶生活的记录。辛亥革命的消息刺激了他改变生存地位的欲望，他向往革命，但“假洋鬼子”不准他“革命”，并且勾结官府，把他充作“革命党”拉上法场枪毙，而阿Q对自己的悲剧至死不悟。小说通过描写阿Q的命运，表现了农民在封建制度的压迫和腐朽的传统思想的毒害下造成的人性的扭曲，揭示了旧民主主义革命的脱离群众和不彻底性。鲁迅塑造了阿Q这个具有巨大典型意义的人物形象，表现了对中国农民问题的深刻思考。

鲁迅反映农村生活的作品还有《风波》和《社戏》等。《风波》一开始便展现了一幅动人的农村晚景图，在恬静的景色中回荡着时代的风波。撑航船的七斤在城里被剪去了辫子，当皇帝就要复辟的流言传来时，七斤的家里立刻紧张起来，辫子的有无成为问题的焦点。赵七爷、九斤老太等人物各具特点，一个个神态毕现。小说结尾处描绘了风波过去后的平静，暗示复辟没有成功，生活的进行依旧没有脱离原来的轨道，既讽刺了革命的不彻底，同时也说明农民的觉醒还有待于进一步的教育。《社戏》以饱含感情的笔触记叙了“我”十一二岁时在午桥夜航到赵庄看社戏的一段生活经历。鲁迅在文中刻画了一群淳朴善良的劳动人民形象，展示了农村充满诗情画意的儿童生活画卷，表达了鲁迅对劳动人民的深厚感情。《明天》和《一件小事》反映城镇劳动者的生活。《明天》中贫苦无助的寡妇单四嫂救治病儿时盼望“明天”能出现好转，但“明天”给她带来了丧子的更大不幸。《一件小事》赞颂了人力车夫舍己助人、真诚无私的品质。

《头发的故事》叙述 N 先生在剪辫子问题上所经历的种种磨难和斗争，表现了中国社会改革的艰难。《端午节》通过对方玄绰形象的描写，批评一些知识分子思想狭隘、软弱妥协、随遇而安等弱点。《白光》描写一个梦想升官发财的旧知识分子在科举落第后发疯致死的故事，鞭挞了这类人的卑污心理。《兔和猫》表现了对弱小者的同情和对暴虐者的憎恨。《鸭的喜剧》记述俄国盲诗人爱罗先珂居住北京期间用养小鸭的乐趣来排除寂寞的失败尝试，说明企图用点缀生活的方式排除黑暗社会造成的寂寞是不切实际的。

重点提示

对阿 Q 等典型人物的成功塑造，使鲁迅一跃成为世界著名的伟大作家，可与果戈里、契诃夫、高尔基、塞万提斯、肖伯纳、罗曼·罗兰等艺术大师媲美，以至于罗曼·罗兰也感慨他永远也忘不了阿 Q 那张忧愁的面孔。《阿 Q 正传》这样打动人心，这样倾倒一世，不单单以刻画乡下无赖汉为能事，其实影射了中华民族普遍的劣根性。《阿 Q 正传》也不单单教人笑，其中包蕴着一种严肃的意义。《阿 Q 正传》所影射的民族的劣根性，种类虽多，荦荦大端，则有下列数种：一、卑怯。阿 Q 是喜与人吵嘴打架，但必估量对手。口讷的他便骂，气力小的他便打。与王胡打架输了时，便说君子动口不动手，“假洋鬼子”哭丧棒才举起来，他已伸出头颅以待了。对抵抗力稍为薄弱的小 D，则揎拳掳臂摆出挑战的态度，对毫无抵抗力的小尼姑则动手动脚，大肆轻薄。这些都是他卑怯天性的表现。徐旭生与鲁迅讨论中国人的民族性，结果说中国人的大毛病是听天任命与中庸，这毛病大约是由惰性而来的。二、精神胜利法。阿 Q 与人家打架吃亏时，心里就想道：“我总算被儿子打了，现在世界真不像样，儿子居然打起老子来了。”于是他也心满意足，俨如得胜地回去了。中国人的精神胜利法发明固然很早，后来与异族周旋失败，这方法便被充分地利用。三、善于投机。阿Q本来痛恨革命。等到辛亥革命大潮流震荡到未庄，赵太爷父子都盘起辫子赞成革命时，阿Q看得眼热，也想做起革命党来了。但阿Q革命的目的，不过为了他自己的利益，于革命意义，则丝毫没有了解。所以一为假洋鬼子所拒斥，就想到衙门里去告他谋反的罪名，好让他满门抄斩。四、夸大狂与自尊癖。阿Q虽是极卑微的人物，而未庄人全不在他眼里，甚至赵太爷的儿子进了学，阿Q在精神上也不表示尊崇，以为我的儿子将比他阔得多。加之进了几回城更觉自负。“但为了城里油煎大头鱼的加葱法和条凳的称呼异于未庄，他又瞧不起城里人了”。

《药》写的是茶馆主人华老栓买“人血馒头”为儿子小栓医病的故事。然而它所描写的对象毕竟和《孔乙己》不同，这种沉重的感觉并没有压倒人们，人们仍然能够从残酷的现实里接触到作品所表达的理想，最后出现在革命者坟上的花环就“显出若干亮色”，透露了代表时代特征的革命的希望和力量。

在《药》这篇小说中“药方”“辛亥革命的不彻底性”固然可以作为一种可以接受的主题解读，但是，鲁迅先生虽然是一位伟大的文学家、思想家和革命家，本文是否真有如我们所分析的高度呢？我们结合其“立人”那一以贯之的思想，将其主题定为“揭示民众的麻木落后”又有何不可？再如《祝福》，我们将其主题定为诸如“‘三权’罪恶”、诸如“礼教迫害”诚然也是可以接受的阐释，但如果有学生如上一样，认为是“揭示民众的麻木落后”又有何不可呢？

《风波》描写张勋复辟事件在江南水乡引发的一场小风波。辛亥革命推翻了清王朝，但并没有给农村带来真正的变革。农民除了剪去一条辫子外，一切仍在封建势力的统治之下。张勋复辟帝制的消息传来，封建势力嚣张，失去辫子的农民陷入被杀头的恐慌，惶惶不安。随着张勋复辟失败，风波平息，农村又一切如旧。作品通过对风波的描写，从一个侧面揭示了辛亥革命失败的教训。《社戏》以优美抒情的笔调，追述童年生活中一段美好的记忆，刻画了农村儿童天真勇敢、淳朴无私的性格，表达了作者对劳动人民的真挚感情。

人民文学出版社 2006 年版

农村生活和农民形象在鲁迅小说中占有显著的地位，《阿Q正传》以塑造辛亥革命时期一个农民的典型取得了非凡的成就。辛亥革命并未给农村带来真正的变革，这一点在《风波》里也有间接的反映。

在有些短篇里，也偶尔写到背景，例如《风波》里的农村晚景，《社戏》里的水乡夜色清新明远，仿佛美丽的水墨画一样。

鲁迅笔下的对话往往和动作相呼应，在极经济的笔墨里曲折地传达出人物的身份和神情，例如《端午节》里方玄绰听到学校催交学费，向太太发话时的口气；《鸭的喜剧》里爱罗先珂傍晚回来，孩子们抢先报告小鸭吃掉了蝌蚪时的稚态，无不声态毕现，恰到好处。这些都和中国古典艺术的传统手法有关。作为短篇小说艺术构思的特点，鲁迅把孔乙己的全部行动放到一个酒店小伙计的眼里来描写，《明天》从红鼻子老拱一句话——“没有声音，——小东西怎了？”开始，以及《示众》的完全运用画面似的速写构图，则又大抵采取外国文学的长处，经过融化铸冶而具备了民族的特色。鲁迅小说里的每一个人物，都使人觉得他们的确是中国人，真实地反映了某个历史时期某些不同的中国人的思想和生活，在这点上，又表现出一个严峻的现实主义作家的风范和气质。

除此之外，鲁迅还善于通过高度的概括，从平凡的生活里提炼出不平凡的主题，以达到“揭出病苦，引起疗救”的目的。在鲁迅的作品里，无论是鞭挞还是激励，是唾弃还是期待，他的笔墨始终没有离开社会现实的问题。《呐喊》和《彷徨》通过具体的人物和事件，写出了整整一个时代。在这个时代，封建势力虽然日趋崩溃，但暂时还很强大，人民群众灾难深重却尚未普遍觉醒，知识分子在追求中充满着怀疑与希望。虽然近代中国工人阶级的力量在鲁迅的作品里没有得到反映，但他还是从自己熟悉的生活出发，对中国革命力量作了深入的巡视和考察。他宣判了封建势力的死刑，揭示出资产阶级的软弱无力，要求知识分子摆脱“空虚”和“动摇”，改造自己的思想和生活，同时对农民寄予殷切的希望。出现在他小说里的农民即使落后，也仍然在苦难中保持着坚韧的性格，深厚地蕴藏着一种终将爆发的革命的潜力。由于鲁迅的现实主义植根于彻底的革命民主主义思想，时时自觉地与革命前驱者取同一的步调，因而在严峻的现实解剖中不断地闪烁着理想主义的光芒。和过去时代的任何现实主义相比，鲁迅的现实主义作品显然具有更高、更新、更深刻、更清醒、更富于战斗力的特色。新民主主义革命时代的到来，在鲁迅的创作中打下了深深的烙印。

[现代] 鲁迅

《鲁迅杂文精选》

作者简介

参见《朝花夕拾》简介。

作品提要

鲁迅的杂文创作大致可分前后两个时期,1918 年到 1926 年为前期。这一时期鲁迅的杂文集有《热风》《坟》《华盖集》和《华盖集续编》。鲁迅前期杂文在思想内容上主要有两大类:一类是猛烈抨击封建伦理道德和迷信观念,反对复古倒退,宣扬民主科学思想。如《我们现在怎样做父亲》《灯下漫笔》《我之节烈观》《娜拉走后怎样》等文。另一类侧重批评现实。如围绕"五卅""三一八"惨案等事件,鲁迅写了不少杂文,抨击反动封建军阀、官僚以及他们的代言人,并对敢于与这些恶势力进行斗争的青年给予了歌颂。这类作品很多,最具有代表性的有《记念刘和珍君》《论"费厄泼赖"应该缓行》等。从 1927 年到逝世为后期。这期间鲁迅写的杂文不仅数量多,而且比前期更丰富,结为集子的有《而已集》《三闲集》《二心集》《南腔北调集》《伪自由书》《准风月谈》《花边文学》《且介亭杂文》《且介亭杂文二集》《且介亭杂文末编》《集外集》和《集外集拾遗》。鲁迅后期杂文大致包括四方面内容:其一,抨击国民党反动派的法西斯统治,反对反革命的文化"围剿",抨击封建复古主义逆流和资产阶级文艺思想。如《铲共大观》《黑暗中国的文艺界的现状》《为了忘却的纪念》《写于深夜里》等作品,有力地揭露了国民党法西斯统治在政治上、文化上的罪行;《关于中国的两三件事》《儒术》《在现代中国的孔夫子》《"硬译"与文学的阶级性》等,对当时泛起的尊孔复古逆流以及资产阶级的种种文艺思想予以了回击。其二,揭露帝国主义侵略中国、奴役中国人民的野心,斥责国民党反动政府投降卖国的罪行,如《战略关系》《以夷制夷》《"友邦

鲁迅故里——百草园

惊诧"论》《中国人的生命圈》《文章与题目》《天上地下》等。其三，赞美劳动人民，如《中国人失掉了自信力吗?》等。其四，批判社会各种病态现象，如《伪自由书》《准风月谈》等杂文集对当时社会上存在的"揩油""帮闲""往上爬""吃白相饭"等种种光怪陆离的病态现象予以了透彻的剖析，并由此抨击了畸形的社会。下面介绍几篇经典杂文。

鲁迅故里——三味书屋

《再论雷峰塔的倒掉》最初发表于1925年2月23日《语丝》周刊第15期。选自杂文集《坟》。"千年古塔"——杭州雷峰塔倒塌了。在《再论雷锋塔的倒掉》中，鲁迅撇开雷峰塔下压着白娘娘的话题，集中火力攻击他所谓中国许多人"大抵患有"的"一种'十景病'"。鲁迅以为：雷峰塔的倒掉，使西湖十景缺了一景，"正是对于十景病的一个针砭，至少也可以使患者感到一种不平常，知道自己的可爱的老病，忽而跑掉了十分之一了"。在《看镜有感》中，鲁迅从自己收藏的汉代铜镜说开，论及汉、唐以及宋、清等各个朝代对待外来文化的不同态度，批判"国粹家"抗拒外来先进文化。《夏三虫》里表达了这样一个意思，野雀野鹿，一落在人手，总时时刻刻想要逃走，虽然取道山林，上有鹰下有虎，一样在劫难逃。但是，落入虎口，毕竟死得其爽，无须在被吃之前，先承认自己之理应被吃，因为人类擅长谈道理，弄玄虚。《灯下漫笔》开头记叙袁世凯复辟期间钞票贬值的旧事，细致表现了自己忽忧忽喜的心情，引发出"我们极容易变成奴隶，而且变了之后，还万分喜欢"的精辟议论。他从自己的观察出发，把旧中国的各种时代分为想做奴隶而不得的时代和暂时做稳了奴隶的时代，从而高度概括、准确鲜明地揭示了"一治一乱"的历史循环规律。在《太平歌诀》里，鲁迅从南京流传的三首民谣说起，称其"简明深切"，"竟包括了许多革命者的传记和一部中国革命的历史"，接着他发挥道："近来的革命文学家往往特别畏惧黑暗，掩藏黑暗，但市民却毫不客气，自己表现了。那小巧的机灵和这厚重的麻木相撞，便使革命文学家不敢正视社会现象，变成婆婆妈妈，欢迎喜鹊，憎厌枭鸣，只捡一点吉祥之兆来陶醉自己，于是就算超出了时代。"在《小品文的危机》里，鲁迅对小品文作了全面的评析。他先从美术上的"小摆设"说起，再从美术上的"小摆设"说到文学上的"小摆设"，鲁迅认为，"小摆设"是"不会有大发展"的。"但现在的趋势，却在特别提倡那和旧文章相合之点，雍容，漂亮，缜密，就是要它成为'小摆设'，供雅人的摩挲，并且想青年摩挲了这'小摆设'，由粗暴而变为风雅了。"鲁迅认为，这个"趋势"是不好的，"小品文就这样的走到了危机"。他最后指出："生存的小品文，必须是匕首，是投枪，能和读者一同杀出一条生存的血路的东西；但自然，它也能给人愉快和休息，然而这并不是‘小摆设’，更不是抚慰和麻痹，它给人的愉快和休息是休养，是劳作和战斗之前的准备。”《帮闲法发隐》是在杨杏佛被暗杀不久后写下的。在那前后的一段时间里，鲁迅对那些知识精英们的帮闲之道着实做过一番研究，一针见血地挑明了帮与被帮者的深层关系，显示出这位批判者的政治睿智。

重点提示

鲁迅杂文以“文明批评和社会批评”为主要思想内容，由此构成了鲁迅杂文的两个思想特色。鲁迅对于旧道德的批判包括批判封建父权、夫权、妇女节烈观等。后期杂文增加了批判资本主义文明、帝国主义的罪行、统治者的凶残、暴露和批判国民劣根性等内容，对卑怯、保守等国民性作了深刻的剖析。这种批判，具有战斗的现实意义。鲁迅的杂文对各种问题的论述，都极其深刻，富有辩证哲理。如《灯下漫笔》中揭露中国几千年的历史是“暂时做稳了奴隶的时代”和“想做奴隶而不得的时代”的循环，这从人民的社会地位和心理对中国历史所做出的本质性论断，是何等的深刻。

鲁迅杂文具有很高的艺术性，善于以比喻和具体生动的事例来论述抽象的道理，使说理形象化，将逻辑性和形象性和谐统一。如《拿来主义》中以“大宅子”比喻中外文化遗产，以人参、鸦片比喻精华、糟粕，形象地说明了对文化遗产要批判地继承。他创造了类型形象，如叭儿狗、蚊子等类型形象，概括了社会上某一类人群的某种普遍性特征，用比喻、白描等方法创造出来，简练传神。类型形象具有典型力量。在展开理论逻辑的时候，形象在鲁迅的杂感里起着很大的作用。他不仅常常通过比喻的方法，例如，用“媚态的猫”等动物的特点概括一群人的精神面貌，即便是描写直接论述的对象，也往往能够深入一点，绘声绘色，铸成“痼弊”的“类型”。不过形象的作用也不限于写出“类型”而已，它还往往突出矛盾，加强论点，深化了问题的论述。形象在鲁迅作品里表现出雄辩的力量。其实不仅针砭痼弊是如此，在描写正面事物的时候，鲁迅也从来不曾放松对形象的烘染。他善于利用故事的具体性，略加综合，以勾画他所推崇的人物，表现出一种富有情趣的动人的风格。

春风文艺出版社 2004 年版封面

鲁迅强调作家应当有分明的是非和热烈的爱憎，在鲁迅的杂文中我们都可以感受到这一点。鲁迅的杂文铭刻着对人民的关爱和对敌人的憎恨，描写了人民的苦难和斗争，愿望和理想。对于朋友和劳苦大众，他怀着一种真诚的关爱；对于阴险的统治者及其帮凶，他却充满了辛辣的嘲讽与指责。他和以前的现实主义者的区别不仅仅在于时代不同——前人写的是资产阶级对于贵族社会的威胁，鲁迅则写出了无产阶级起而代替资产阶级的经过。他们的根本区别在于对各自时代里两种对峙势力所采取的不同的立场。鲁迅以杂感表达了他逐步地成为新兴阶级代言人的全部思想历程，他代表了“全民族的大多数”，他的杂感是新社会的催生剂。鲁迅的精神联系着未来，永远是鼓舞人们前进的力量。

光明日报出版社 2008 年版封面

鲁迅的杂感有丰富的理论含量。杂感的形式要求作家不断地对生活现象作出判断，从复杂的社会动态和激烈的实际斗争中提炼思想材料，经过“去粗取精，去伪存真，由此及彼，由表及里”的反复活动，形成观点或理论。鲁迅的杂感表达了许多精辟的见解，契合乃至阐明了客观的规律；而当他成为马克思主义者以后，科学的体系不仅使鲁迅杂感的理论含量更见丰满，并且造诣也更深更高，表现出生气勃勃的活力。它们既是诗，又是政论。说是政论，因为鲁迅的杂感是从各方面来联系现实斗争的，现实斗争又从各方面深化了鲁迅的理论，从而使这些杂感成为以文学的形式做到马克思主义普遍真理与中国的具体生活实际相结合的范例，在提高群众觉悟方面有着广泛而深入的作用。

鲁迅是语言艺术的大师，造语精密，词汇丰富。他经常向口头语言学习，经过加工而写入文章，还主张适当地采用外来语法。在谈到自己小说语言的时候，又曾经声明：“没有相宜的白话，宁可引古语，希望总有人会懂，只有自己懂得或连自己也不懂的生造出来的字句，是不大用的。”(《南腔北调集·我怎么做起小说来》)这在杂感里表现得更为显著：时而用排句，间有对偶，则又往往增加了语言的变化，加强文章的气势。鲁迅杂感包含着多方面知识：社会、历史、科学、文化，古今中外，无不网罗。因而在文章里也出现了和这种知识相适应的博采众长的语言。不过就大体而论，作为骨干的仍然是加工了的口头语：简洁，凝炼，有力。这种精密活泼的语言不但有助于理论逻辑的准确展开，而且使抽象的概念血肉丰满，给人以难以磨灭的印象。再加上作家幽默的才能，讽刺的手腕，貌似冷峭而内心热烈的气质，这就使他的杂感具有非常突出的个人风格。这种风格启发了广大的青年，杂感的“作者多起来，读者也多起来”(《且介亭杂文·序言》)，20 世纪 30 年代后期甚至出现了被称作“鲁迅风”的杂感流派，在激烈的斗争中不断地发挥着教育人民、打击敌人的战斗作用。从“五四”开始逐渐发展起来的杂感，也由于鲁迅的实践和倡导，终于成为中国现代文学中运用便捷和影响深远的一种文学形式。

[现代] 郭沫若

《女　神》

作者简介

郭沫若(1892—1978),原名开贞,字鼎堂。我国现代杰出的诗人、剧作家、历史学家、古文字学家、社会活动家。

在中小学期间,郭沫若广泛阅读了中外文学作品,还参加了反帝爱国运动。1914 年初到日本学医,接触到泰戈尔、海涅、歌德、斯宾诺莎等人的著作,倾向于泛神论思想。1919 年,“五四”运动爆发,郭沫若和几个中国留日学生在福冈组织了爱国社团“夏社”,进行反帝爱国宣传工作。不久,他的新诗开始在上海《时事新报》副刊《学灯》上发表。1919 年的下半年至 1920 年的上半年,是郭沫若诗歌创作最旺盛的时期,他的许多著名诗篇如《凤凰涅槃》《晨安》《地球,我的母亲》《匪徒颂》等都是在这时写下的。1921 年,与成仿吾、郁达夫等发起组织创造社。1923 年大学毕业后弃医回国到上海,编辑《创造周报》等刊物。1924 年,通过翻译河上肇的《社会组织与社会革命》一书,较系统地了解了马克思主义。1926 年任广东大学(后改名中山大学)文科学长。7 月随军参加北伐战争。1927 年春,当蒋介石叛变革命、杀害革命群众的时候,他即写下了讨蒋檄文《请看今日之蒋介石》,将蒋介石背叛革命的罪行公诸国人。同年,他参加了八一南昌起义,在起义军南下途中参加了中国共产党。1928 年起,郭沫若流亡日本达 10 年,其间运用历史唯物主义观点研究中国古代历史和古文字学,著有《中国古代社会研究》《甲骨文字研究》等著作,成绩卓著,开辟了史学研究的新天地。抗日战争爆发后,只身回到祖国,筹办《救亡日报》,出任国民政府军委政治部第三厅厅长和文化工作委员会主任,负责有关抗战文化宣传工作。其间写了《棠棣之花》《屈原》等六部充分显示浪漫主义特色的历史剧,这是他创作的又一重大成就。这些剧作借古喻今,紧密配合了现实的斗争。1944 年,写了《甲申三百年祭》,总结了李自成农民起义的历史经验和教训。抗战胜利后,在生命安全不断受到威胁的情况下,坚持反对独裁和内战,争取民主和自由的斗争。中华人民共和国成立后,以主要精力从事政治社会活动和文化的组织领导工作以及世界和平、对外友好与交流等事业。同时,继续进行文艺创作,著有历史剧

《蔡文姬》《武则天》,诗集《新华颂》《百花齐放》《骆驼集》,文艺论著《读〈随园诗话〉札记》《李白与杜甫》等。

郭沫若一生写下了诗歌、散文、小说、历史剧、传记文学、评论等大量著作,另有许多史论、考古论文和译作,对中国的科学文化事业作出了多方面的重大贡献。他是继鲁迅之后中国文化战线上又一面光辉的旗帜。著作结集为《沫若文集》17 卷本(1957—1963),新编《郭沫若全集》分文学(20 卷)、历史、考古三编,1982 年起陆续出版发行。许多作品已被译成日、俄、英、德、意、法等多种文字。

作品提要

《女神》是郭沫若的第一部新诗集,也是中国现代文学史上第一部具有杰出成就和影响的新诗集。诗集由三辑组成,绝大多数写在 1919 年"五四"爱国运动前后。它是郭沫若于 1914 年赴日留学,从明治维新以后大量引进的科学技术和思想文化,从东西方,特别是从西方浪漫主义诗歌中汲取了热情,并从十月社会主义革命胜利中感受到"新生的太阳"和"新的光明和新的热力",寻找到新的方向后创作的一部充满时代精神的诗集。

作品的一、二两辑大部分为"五四"以后的诗作,体现了"五四"狂飙突进的时代精神,格调雄浑豪放,唱出了民主科学的时代最强音。《女神》第一辑是三个诗剧:《女神之再生》《棠棣之花》《湘累》,尽管题材上有差别,但贯穿其中的是诗人燃烧着的爱国主义精神,以及由此产生的美好理想。《女神之再生》根据神话传说中的颛顼和共工争帝,怒而触不周之山,以至于同归于尽的故事来"象征着当时中国的南北战争。共工象征南方,颛顼象征北方,想在这两者之外建设一个第三中国——美的中国"。在这里,女神是优美高尚的形象。她们最初各持乐器在龛穴中做神,当她们看到世界这般混浊、昏暗,充满着"罪恶的交鸣"时,她们便自觉肩负起了创造新世界的职责,决心要做出一番事业,给世界"创造些新的光明"和"温热"。她们清楚地意识到,新的一切不能容纳在旧的皮囊之中,而要去创造。诗人通过女神的歌,表达出乐观主义的情绪,希望创造一个"照彻天内的世界,天外的世界"的新太阳,来代替这血腥、黑暗的现实。在《棠棣之花》中,诗人以悲壮的笔调,进一步揭示造成这种灾难的原因,表达出他为祖国的自由新生不惜牺牲自己生命的爱国主义感情。他歌颂"不愿久偷生,但愿轰烈死,愿将一己命,救彼苍生起"的聂政,表现了均贫富,抵制茹强权,要把满腔鲜红的血液迸发成开遍中华的自由之花的理想和决心。《湘累》从另一角度表现了诗人的思想感情。他通过屈原的嘴表达了自己对当时黑暗现实的强烈愤懑的情绪。屈原的不得志实际上反映出诗人当时的失意心情:希望美的中国出现而不可能,希望凤凰更生后一切都新鲜华美起来而不可能，可见诗人一时间确实有点失望和痛苦。这种暗淡而感伤的心情，是当时黑暗现实在作者头脑中的反映。

第二辑中长诗《凤凰涅槃》在整部诗集中具有重要地位。它集中表现了渴望祖国获得新生、民族获得复兴的强烈愿望。它以有关凤凰的传说作素材，借古代的神鸟五百年后“集香木自焚，复以死灰中更生”的故事，来象征旧中国的毁灭和新中国的诞生，也象征诗人旧我的毁灭和新我的诞生。长诗分序曲、凤歌、凰歌、凤凰同歌、群鸟歌、凤凰更生歌等部分。在序曲里，诗人描写一对凤凰唱着哀歌，衔着香木，在除夕将近的时候，它们为自焚做好一切准备。凤歌部分，是诗人借凤的哀鸣，对无限黑暗的旧中国发出了强烈的诅咒。诗句在对现实的谴责里，交融着深深积郁在诗人心头的民族的悲愤和人民的苦难。在凤歌以后，凰对自己以往的一生，也就是对漫长的中国封建社会表达了无限的哀痛，使凰歌部分弥漫着浓重的“悲哀，烦恼，寂寥，衰败”的气氛。凰对一切旧束缚、旧传统，以及自己身内的一切因袭的影响，发出了强烈的诅咒。凰认为，这一切都必须毁灭，连同这个已经在灵魂中贯串着“死尸”的自我也必须同时毁灭。当它们同声唱出“时期已到了”“死期已到了”的时候，一场漫天大火终于使旧我连同旧世界的一切黑暗和不义同归于尽。群鸟歌一段是对禽兽中的群丑的写照。它们在凤凰自焚后，自鸣得意，纷纷争做空中的霸王。但它们无法实现自己的奢望，因为凤凰已经又从死灰中复生了。凡鸟的浅薄和猥琐，除意在鞭挞现实中丑恶庸俗的同时，也进一步衬托出凤凰自焚的沉痛和壮美。凤凰更生是全诗的高潮，也是诗人理想的结晶。作者运用泛神论“本体即神，神即自然”的思想，表达出他对光明未来的憧憬。更生的凤凰具有火一般的力量，能够去点燃一切，使一切都具有火的热力。最后长诗就在凤和凰的欢唱中，在一切都为之欢唱的情节中结束。《凤凰涅槃》是一首“死而复生”的颂歌。诗人认为只有旧的一切死而复生——对旧的彻底否定，才能改变祖国面貌，促进祖国复生。

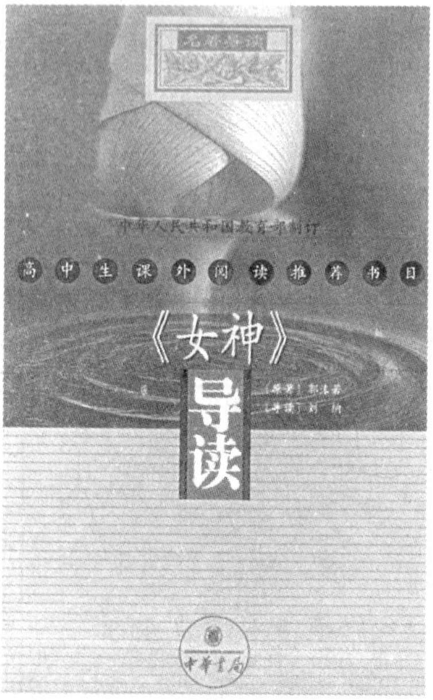

中华书局2002年版封面

《立在地球边上放号》《天狗》等诗篇体现了诗人呼唤新世界诞生的民主思想。“无数的白云正在空中怒涌！/啊啊！好幅壮丽的北冰洋的晴景哟！/无限的太平洋提起他全身的力量来要把地球推倒。/啊啊！我眼前来了的滚滚的洪涛哟！/啊啊！不断的毁坏，不断的创造，不断的努力哟！/啊啊！力哟！力哟！/力的绘画，力的舞蹈，力的音乐，力的诗歌，力的律吕哟！”（《立在地球边上放号》）“我是一条天狗呀！/我把月来吞了，我把日来吞了，/我把一切的星球来吞了,/我把全宇宙来吞了。"(《天狗》)郭沫若凭借地球、大陆、海洋、宇宙等宏观物体和诸多意象,激励人们荡涤一切污泥浊水,拥抱一个崭新的世界。

此外,诗人还大量描写自然,讴歌自然,赋予自然以无限的生命力,表现了对自然的礼赞。如《光海》《浴海》《太阳礼赞》《梅花树下的醉歌》等篇。在他眼里,无限的大自然,生气勃勃,气象万千,"到处都是生命的光波;到处都是新鲜的情调"(《光海》);太平洋在"鼓奏着男性的音调",他"在这舞蹈场中戏弄波涛",让大海"快把那陈腐了的旧皮囊/全盘洗掉"(《浴海》);他礼赞太阳,把太阳的光辉视为创造光明,创造生命的源泉,"太阳哟!你请把我全部的生命照成道鲜红的血流!/太阳哟!你请把我全部的诗歌照成些金色的浮沤!"(《太阳礼赞》),他赞美梅花,赞美"自我","梅花呀!梅花呀!/我赞美你!/我赞美我自己!/我赞美这自我表现的全宇宙的本体!"诗人当时正受泛神论思想影响,认为"全宇宙的本体"只是万物的"自我表现",而人则是自然界的一组成部分,因此他喜欢讴歌自然,并把自己溶解在广阔的大自然里,达到"物我无间"的境界。在《地球,我的母亲!》一诗中,诗人由赞美地球,进而赞美劳动,赞美在地球上为人类造福的工人农民,称他们才是"全人类的保姆""全人类的普罗米修斯",表达了诗人愿作自然之子以报答大地母亲的深切感情。

第三辑主要是郭沫若早期受到泰戈尔影响而创作的一些清新恬淡的抒情小品。有的诗抒发了作者忧国忧民的情绪,吐露出作者"火一样的焦心"(《新月与白云》);有的诗表现出诗人苦闷彷徨的心情,恨不得借"一把小刀""除却许多烦恼"(《死的诱惑》);有的诗表现出诗人借爱情的陶醉,以求得自己的"灵魂安妥"(《司健康的女神》);有的诗表现了作者向往民主自由的那种急切而又恬淡的心情,从而向那"雪白的鹭鹚"发出了"你到底要飞向哪儿去"(《鹭鹚》)的询问。我们不妨欣赏一下郭沫若的《新月与白云》:"月儿呀!你好像把镀金的镰刀。/你把这海上的松树斫倒了,/哦,我也被你斫倒了!/白云呀!你是不是解渴的冰凌?/我怎得把你吞下喉去,/解解我火一样的焦心?"诗人借着月亮、大海、白云等自然景物,把他的烦恼轻轻地、自然地表露出来,调子是清新的,感情是纤细的。这个阶段的诗格调哀婉低沉,表现了诗人的忧伤、疾愤。由于不足以代表《女神》狂飙突进的时代精神,所以尽管这些诗写作时间是"五四"以前,但诗人在自编《女神》时,几乎把它们都列入了第三辑。

重点提示

《女神》的艺术想象与艺术形象建筑在泛神论的思想基础上。所谓泛神论是16世纪至18世纪西欧的一种哲学学说,其核心思想是主张事物的存在不是由外物创造的,一切自然界的实体和存在都是神,"我"是存在,"我"本身就是神,自己主宰着自己,而不受"天

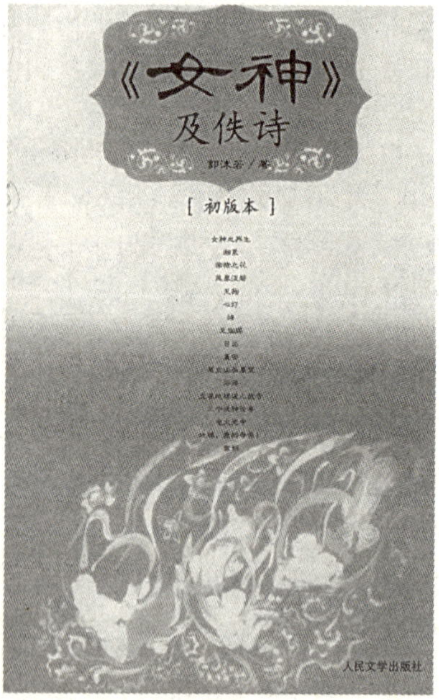

人民文学出版社 2008 年版封面

帝”和“人帝”的支配。郭沫若的泛神论与“五四”个性解放、人格自由、崇尚自我的时代精神相吻合。他对泛神论作过精当的阐述:“泛神便是无神。一切的自然只是神的表现,自我也是神的表现。我即是神,一切自然都是自我的表现。”这种否定神明、蔑视权威、张扬自我的精神才是郭沫若泛神论思想的真正内涵。另一方面,郭沫若诗化了“神即自然,自然即我”的泛神论思想。这种自然神力的人格化,使整部《女神》表现出奇异的壮阔感和动态的诗化美。

奇特的构思、丰富的想象、高度的夸张、激越的音调、华赡丰美的语言、浓烈瑰丽的色彩,使《女神》呈现出浓郁的浪漫主义美学特征。这种浪漫主义美学特征突出体现在《女神》的抒情主人公身上。诗中到处可见一个热情呼啸、锋芒毕露、鲜明突出的“自我”形象。这是一个叛逆者、追求者的形象,“是一个脱了壳的蝉虫”(《浴海》),他要彻底摆脱旧有的一切枷锁和传统的束缚。这个“自我”形象不只是作者个人,而且有广泛的概括性,是具有时代特征的革命知识分子的典型。诗人的叛逆性格,“五四”的时代精神,在相当程度上正是通过这种大胆豪放的“自我”的抗议、诅咒、理想、欢呼而表现出来的。

《女神》的特殊成就还表现在诗的形式上。旧体诗最讲究形式,做诗有严格的规范与程式,结构注重起承转合,句子的多少、长短有讲究,平仄、对仗、音节、韵脚有规定,一切都有定规。郭沫若的诗则彻底推翻了这些旧体形式,而以不定型的自由体代之。《女神》中的自由体诗有散文体,民歌体,也有诗剧体。郭沫若做诗讲自然流露,但自然流露不等于不讲雕饰,不要修辞,不讲诗的音乐美和绘画美。郭沫若认为“自然流露之中,也自有他自然的谐乐,自然的画意存在”。他认为诗的韵律有“外形的”和“自体的”两种,而“诗之精神在其内在的韵律”,即“情绪底自然消涨”,主张用自体的节奏来代替“外形的韵律”。他用粗犷激昂的呼号写出了《天狗》《晨安》《我是一个偶像崇派者》,来表现那暴风雨般的激情。他用谨严的诗行来传达心中缠绵悱恻的爱情。叙事长诗《凤凰涅槃》自由奔放,长达三百多行,而抒情短诗《鸣蝉》则含蓄情深,只有短短三行。诗人不让形式的套子束缚住自己思想的翅膀,或行或止,完全服从感情自然流泻的需要。他以自己的思想情绪支配诗行,以情绪的旋律来选择诗的旋律。

除了自由体诗而外,《女神》也有一部分诗形式格律相当谨严。例如诗剧《棠棣之花》的歌唱部分采用的是传统的五言诗形式，《晴朝》和《黄浦江口》有着相当整齐的形式和格律，而《西湖纪游》中的某些短诗则表现了词和小令的风味。《女神》一方面吸收了西方浪漫主义诗歌那种奔腾不羁、一泻千里的浑然气势，吸收了那种不拘于形式的自由明朗的奔放风格；而同时又从中国古典诗歌，特别是民间诗歌中吸取了一些生动活泼的成分，比如古典诗词讲究格律、声律的特点，民歌中那种美妙的抒情，等等，从而创造性地建立起中国民族诗歌的新形式——《女神》式的自由体。

《女神》所显示出来的鲜明的时代气息，宏大的艺术魅力，独创的艺术风格，丰富了我国诗歌创作的宝库，对后来的诗人产生了重大的影响，为中国现代诗歌开辟了新路。

以上引文均引自《女神及佚诗》(人民文学出版社 2008 年版)。

[现代] 茅盾

《子 夜》

作者简介

茅盾(1896—1981),原名沈德鸿,字雁冰,浙江省桐乡市人,现代著名作家。早年从北京大学预科读完,因家境窘迫无力升学,就到上海商务印书馆做编辑,大力改革《小说月报》,积极从事新文学运动,而且发起创立了文学研究会。就在这时候,他参与了上海共产主义小组,筹建中国共产党,并到广州参加国民党第二次代表大会。国共合作破裂之后,因对革命前途缺乏正确估计,一度陷入苦闷彷徨的境地。1928 年,开始用笔名茅盾创作小说《幻灭》《动摇》《追求》和《虹》,内容大多是反映"五四"运动到大革命失败这一历史时期的社会现实和小资产阶级青年的思想状况。从这个时候起,他由原先的主要从事文艺理论批评工作转而开始小说创作活动,这段政治斗争的经历铸成了他的时代概括力和文学的全社会视野。20 世纪 30 年代,他参加了"左联",这段时期是他创作力量旺盛、收获最丰富的时期,他先后写了杰出的长篇小说《子夜》和著名的短篇小说《林家铺子》《春蚕》《秋收》《残冬》等,这些力作确立了他在中国现代文学史上作为一个卓越的革命现实主义作家的地位。抗战时期,他辗转于香港、新疆、延安、重庆、桂林等地,发表了散文《风景谈》《白杨礼赞》,1941 年"皖南事变"以后,他在香港发表了长篇日记体小说《腐蚀》,随后,他又写了长篇小说《霜叶红似二月花》和剧本《清明前后》等。建国之后,他历任文联副主席、文化部长、作协主席,并任全国政协副主席,繁重的行政工作让他很难分身创作。到了"文革"期间,他被批斗,一有时间就秘密地创作《霜叶红似二月花》的"续稿"和回忆录《我走过的道路》。粉碎"四人帮"后,他编过《人民文学》《译文》等杂志。有《鼓吹集》《夜读偶记》《读书杂记》等文艺理论著作。1981 年 3 月 27 日,茅盾因病在北京逝世。

1949 年,毛泽东同周扬、茅盾、郭沫若在中华全国文学艺术工作者第一次代表大会上。

茅盾是活跃在中国现代文坛上的卓越的作家。

他用自己的创作实践了现实主义理论。他的作品对辛亥革命以后近半个世纪内现代中国的社会风貌及其变化、各个阶层的生活动向及彼此之间的冲突，作了生动鲜明的反映，大多具有深厚的历史内容。此外，他还坚持不懈地进行文艺理论批评、翻译外国进步文学、指导青年作家等工作。正如周扬所说的那样，茅盾是“新文艺运动战线上的老战士”。

作品提要

1930 年 5 月的一天傍晚，在上海这座灯红酒绿的现代大都市，有三辆最新式的雪铁龙汽车闪电般驶向戴生昌轮船局。这是上海实业家吴荪甫和他的姐姐吴芙芳、姐夫杜竹斋坐车去码头迎接从双桥镇避难而来的父亲——吴老太爷，还有四小姐蕙芳和七少爷阿萱。

吴老太爷原是“维新党”，自从 25 年前骑马跌伤了腿，又渐渐成为半身不遂后，就开始虔信《太上感应篇》，不再跨出书斋半步。但实在因农民暴动太厉害，而邻省的共产党红军也有燎原之势，吴荪甫坚持让老太爷来上海，他只好被他们从书斋里抬了出来。现在他坐在这现代化的交通工具里，眼看着霓红灯光、摩天大楼排山倒海般地扑过来，耳里还灌满猛烈的嘈杂声；同时又听见蕙芳的抱怨，看见阿萱贪看窗外半裸体似的时装少妇。这两人可是他的“金童玉女”呀！刚到上海就变了！这些都让朽弱的吴老太爷喘不过气来，变了脸色。可是，在缭乱的灯光下、刺耳的噪音里，谁也没发现。

过了一会儿，汽车到了吴荪甫的公馆，吴少奶奶林佩瑶连忙笑着上前迎接，她和芙芳扶老太爷下了车。进了大客厅，又飞跑来两个年轻女郎，簇拥着老太爷到沙发椅上坐下。吴老太爷憎恨地看着眼前灯火辉煌的客厅、身材毕现的女郎，终于受不了刺激，口吐白沫昏了过去。吴荪甫镇静地叫人把老太爷搬进小客厅，并让林佩瑶去请丁医生。刚才飞跑着去迎吴老太爷的两个女郎留在了大客厅，这两个人中，一个是吴老太爷的表侄女张素素，另一个是吴少奶奶的亲妹妹林佩珊。大客厅里还有两位男客：经济学教授李玉亭和诗人范博文。李玉亭在追求张素素；范博文正爱慕着他的表妹林佩珊。到了晚上九点多的时候，吴老太爷断了气。吴荪甫决定第二天下午两点就进行大殓。

第二天上午，前来吴公馆吊丧的人络绎不绝，吴公馆的各个厅室都挤满了人。国民党军官雷参谋一进来就被正在谈论前方军事情况的几个人围住了，其中有政客黄奋和唐云山、火柴厂老板周仲伟、轮船公司总经理孙吉人、煤矿公司总经理王和甫、丝厂老板朱吟秋、织绸厂老板陈君宜等，他们都异口同声地询问前方战事如何。当时，国民党内部为争权爆发了内战，战事阻碍了工商业，这些老板经理们都很关注军事消息。不一会儿，交易所经纪人韩孟翔匆匆挤进来，大喊公债又跌了。这比前线的战报更能震动人心。因为凡是手里有点钱的，谁不钻在公债里，想捞几笔？

将近正午的时候，大餐室里只剩下与公债跌涨没多大切身关系的几位企业家和雷参谋等政治人物。他们在谈过赌博、舞女、跑狗场等娱乐之后，又开始谈起中国工商业现在的萧条。周仲伟、朱吟秋、陈君宜、王和甫等人抱怨一番之后，交际花徐曼丽进来了。她和公债场上的大户头赵伯韬有着暧昧的关系。正当人们在戏谑雷参谋和徐曼丽的时候，杜竹斋匆匆跑进来寻找吴荪甫。一听说吴荪甫不在，他就跑到花园里，走上一座最大的假山。在山顶的亭子里，赵伯韬和信托公司的理事长尚仲礼在等他。他们想联合金融巨头杜竹斋和实业家吴荪甫组织秘密公司做公债多头，试图用收买的方式让西北军打败仗，使公债上涨。他们三人秘密磋商一番后，杜竹斋来到书房打算和吴荪甫谈谈这件事。可吴荪甫正为双桥镇老家发来的电报发愁。原来，四乡农民准备起义，镇上的兵力单薄，吴荪甫在镇上的财产岌岌可危。吴荪甫把拟好的打给省政府请兵的电稿给杜竹斋过目。此时，吴荪甫经营的丝厂的账房莫干丞不召自来，战战兢兢地报告厂里工人消极怠工，要求米贴，反对克扣工钱。吴荪甫命令莫干丞下工夫打破工人的团结，并叫那个走漏减薪消息的屠维岳来见他。打发走了账房，杜竹斋将赵伯韬他们的“密谋”告诉了吴荪甫，吴荪甫表示同意，但要和赵伯韬再谈条件。

午后，吊客已散去了许多，剩下的人在等待送殓。吴荪甫的远房族弟吴芝生拖住范博文去看一幕活戏。他们来到吴公馆花园最东端的弹子房外，悄悄地透过窗子往里看。交际花徐曼丽赤着脚在一张弹子台上跳舞；朱吟秋、孙吉人、王和甫、陈君宜高高地坐在旁边的椅子上，拍手狂笑；周仲伟拿着打弹子的棒，来回摆动；唐云山的秃顶上还顶着徐曼丽的高跟鞋。他们笑着、闹着，越来越狂荡。范博文将之评价为“死的跳舞”。终于这场胡闹被入殓的哀乐打断了。这伙人又聚到了大餐室。

电视剧《子夜》剧照

大殓之后，吴荪甫来向众人道谢。孙吉人、王和甫就把想办银行的事对吴荪甫说了。孙吉人强调这个银行将把大部分的资本用来经营几项极有希望的企业，一心想振兴中国工业的吴荪甫对此表示赞成。但朱吟秋、陈君宜和周仲伟都持观望态度，并不积极。正当气氛有点僵的时候，当差的来请吴荪甫，杜竹斋在小客厅等他。手头周转不灵的朱吟秋忙请吴荪甫在杜竹斋面前为他到期的押款再延期三个月。吴荪甫敷衍了他就急忙来见杜竹斋。吴荪甫让杜竹斋干脆另外再给朱吟秋联系押款，以干茧作抵押。这样一来，一个月的期限一到，朱吟秋仍会无力偿还，那干茧就会落到吴荪甫的手中。此时，吴少奶奶进来了，笑着说吴荪甫真毒。杜竹斋和吴荪甫大笑，很快就一同出去找赵伯韬商量他们的"密谋"了。

就在吴老太爷遗体入殓的那天晚上，离上海两百多里水路的双桥镇上，爆发了农民的武装暴动。吴荪甫的舅父曾沧海是当地有名的"土皇帝"，他盘剥农民、抢男霸女，在混乱中被镇压暴动的士兵打死。他的儿子曾家驹是个好色无耻的国民党党员，趁乱假扮农民狼狈地逃出了双桥镇。

隔了一天，上海的报纸才在不起眼的一角登了双桥镇失陷的消息。近来这样的事太多，人们都已经看惯了。吴荪甫看了这消息却很愤怒，他想把双桥镇建成模范镇的心血可算是白费了。然而他在上海的事业还要继续。当天上午，唐云山和王和甫就来到吴公馆与他商量办银行的事。在他们的计划草案中，将朱吟秋和陈君宜的厂列入了救济的名单，实际上是想吞并这两人的厂。唐云山是个政客，他想利用这个银行为他的政治服务，今天他是代表孙吉人而来。原本孙吉人今天有事不能来，但因得了好消息，他也赶来了。原来有一个信托公司愿和他们合作，让他们抓权，这样他们的公司很快就能成立了。三个后台老板都高兴地做了最后的决定。

送走客人后，吴荪甫接见了屠维岳。屠维岳是已故的老太爷当初举荐来的，他在吴荪甫的严厉质问下，丝毫没有卑躬屈膝的奴才样，他的机警、镇定和大胆赢得了吴荪甫的赏识。吴荪甫给他加薪并让自莫干丞以下的所有人听从他的调度，希望能用他解决厂里的工潮问题。派人把屠维岳送到厂里之后，吴荪甫看到吴少奶奶、林佩珊、范博文和阿萱在小客厅里，对于浪漫颓废的诗人范博文，吴荪甫很是不满。他嘱咐少奶奶，佩珊和博文在一起不妥当，杜学诗仿佛更有出息。然后，他坐车去了总会。

吴少奶奶对妹妹说了自己和吴荪甫都不赞成她和范博文在一起。不知愁苦为何物的林佩珊把姐姐的话照样背了一遍给范博文听，自己却对这件事抱着无可无不可的态度。范博文为此失意怅惘。这引起了同样感到孤苦伶仃的四小姐蕙芳的同情。当天晚上，从双桥镇逃出来的吴府总管费晓生和曾家驹来到了吴公馆。费晓生对吴少奶奶约略地说了镇上的暴动和兵变。曾家驹则对着范博文、吴芝生、杜学诗，以及杜竹斋的长子、刚从法国回来的杜新箨述说他"英勇出逃"的经历，还炫耀自己的国民党党证。这群少年对他十分鄙夷。

三天后，中午刚过 11 点，回了双桥镇三天的费晓生回到吴公馆，没有带给吴荪甫一笔受损失的细账，只是说可能有六成的债款可以收回。吴荪甫命令他立刻回镇收集现款，带到上海。这时，杜竹斋来说交易所里情形不乐观，还说到朱吟秋想从赵伯韬那儿押款十几万来还吴荪甫等人的信托公司押给他的款。吴荪甫要杜竹斋对赵伯韬强调他们的公司对朱吟秋的放款优先权，他坚决不放弃朱吟秋的干茧。随后，吴荪甫坐车到了他的丝厂，要求屠维岳今天下午就要平息工潮。屠维岳使用了许多计策来收买亲信，在工人中培养“走狗”，离间进步工人和广大工人之间的团结，暂时蒙蔽了工人，平息了工潮。

吴荪甫从工厂出来就到了银行公会。他照例在这儿吃午饭。餐室里只有四五位新式少爷，三位土财主。从那三位土财主的谈话中，可以听出来他们都在做公债空头。过了一会儿，吴荪甫看见两个熟人，一个是交易所经纪人韩孟翔，是赵伯韬的亲信，另一位是李玉亭。韩孟翔告诉他，两点钟这一盘见输赢。李玉亭则告诉他，金融资本家，包括赵伯韬和尚仲礼，打算在美国金融资本家的扶持下，用金融资本控制工业资本。吴荪甫觉得受了赵伯韬的骗，满心愤恨。和李玉亭分手后，吴荪甫回到家，接到了屠维岳的告捷电话。随后，杜竹斋也来说了公债场上的好消息。吴荪甫又感到了希望。

多头赚了，空头就损失惨重了。那天吴荪甫在银行工会见到的三个土财主就是投机失败的空头，尤其是那个将近50岁的冯云卿，一交跌得厉害。冯云卿是靠放高利贷盘剥农民发家的。最近农民暴动，他只好带上现款和姨太太，还有女儿冯眉卿一起搬到上海。前几次做公债，他还有赚头；这次不但赔了本金，还亏空三万多银子。和他同样在公债上跌了跤的何慎庵怂恿他利用女儿的色相套出赵伯韬的秘密，以便他们翻本。冯云卿想着自己总是诗礼传家的地主，怎么能做这样的事。但面对亏空的窘迫和翻本的诱惑，他终于对女儿说了他的“美人计”，冯眉卿倒也不推脱，只管向父亲要了钱就出去了。可是后来，不懂公债的女儿失身于赵伯韬，“情报”也没有弄清。她敷衍父亲说，赵伯韬做多头。冯云卿就决定倾家一掷做多头。

中国青年出版社 1996 年版封面

翌日是“五卅纪念节”，吴芝生和他的同学柏青，还有张素素，也到了街上，准备参加示威。腻味了平凡生活的张素素，觉得眼前的事有点好玩，但是很快她和吴芝生就被示威群众和巡捕之间的冲突吓坏了，逃到了大三元酒家。在那里，他们先后碰到了范博文、林佩珊、杜新箨和李玉亭。范博文是追踪林佩珊和杜新箨而来，李玉亭是为了躲避外面的冲突进来的。无论是当年“五卅运动”的参与者范博文，还是今天“参加”了纪念示威的张素素，都没有真正理解运动的意义，只是赶热闹的人。李玉亭对时局有着较为清醒的认识，为共产党的燎原之势和资产阶级的崩溃而感到痛心。杜新箨在听了李玉亭的危言诤论之后，更加下决心要及时行乐。外面的人群渐渐散了，李玉亭便去见赵伯韬。

李玉亭受了吴荪甫的派遣找赵伯韬谈判两件事：一是公债交割的账目，二是朱吟秋的押款。两边都不想得罪的李玉亭，在吴荪甫尤为关心的第二件事上，没能说服赵伯韬。李玉亭仿佛看见了螳螂捕蝉黄雀在后的局面。

人民文学出版社2004年版封面

6月初，张桂联军打进了长沙。接着，共产党红军彭德怀部占领了岳州。上海的公债市场起了震动。李玉亭决定对吴荪甫再进一次忠告，他甚至曾劝杜竹斋给吴荪甫施加点压力，以促进吴赵的妥协。李玉亭匆匆赶到吴公馆时，吴荪甫正在处理双桥镇上的事务。费晓生传达了省政府要吴荪甫在镇上的厂和铺子继续营业的命令，吴荪甫思虑再三后同意了这个要求。

李玉亭候在小客厅，遇见了律师秋隼，他是吴荪甫等人办的益中信托公司的法律代表。他告诉李玉亭，益中公司已经吞并了七八个小工厂，陈君宜的绸厂也在内。秋律师说了话就走了。李玉亭独自在小客厅等待，觉得自己受了冷落，吴荪甫可能不信任他了。后来，吴荪甫对他的议论果然显得很不耐烦，李玉亭只好仓促告辞了。在公债市场上，现在是吴赵斗法的局面。吴荪甫要杜竹斋拿出50万支持他。可是一向谨慎的杜竹斋决定不再冒险，他对益中公司既做公债又要办厂，很是不满。正当吴杜二人谈到朱吟秋要把干茧和厂都盘给吴荪甫的时候，唐云山带来了张桂军要退出长沙的消息，杜竹斋就匆匆走了。吴荪甫就和唐云山商量如何挽救他们的一批军火。

赵伯韬的情妇刘玉英主动找到吴荪甫，要把她掌握的关于赵伯韬的秘密卖给她的表叔吴荪甫。吴荪甫决定收买刘玉英做他的间谍，并通过她再收买韩孟翔。可是没等这位间谍发挥作用，公债就开始猛跌，益中公司损失很大。三个老总下定决心要用加长工作时间、减工钱等手段，从他们的工厂里榨取他们已经损失的数目。

受着重重压迫的工人在共产党的领导下，准备发动总同盟罢工。然而当时领导罢工的共产党员内部，存在着不切实际的左倾盲动情绪。吴荪甫的丝厂罢工开始后，在屠维岳等人的阴谋打击下，工人中的进步分子和地下党员被捕，罢工失败。

战事仍在拖延。时局的暗淡和私人事业的危机时刻在吞噬着吴荪甫等人的信心。赵伯韬再次找吴荪甫提出合作，实际是想控制益中公司。吴荪甫没有答应与他合作。在和孙吉人、王和甫商量之后，吴荪甫他们出顶了手中的八个工厂，将得到的钱款全部投入了公债市场。吴荪甫还打算在公债上拉杜竹斋做同盟，胜利的希望似乎是有了。

四小姐蕙芳在上海感到伶仃孤苦，希望自己能和佩珊她们一样，自在地和男子谈笑。可是在乡下所过的保守的生活，又使她心里抗拒着“自由”的生活。吴荪甫不让她回到乡下，她又不能再用父亲的遗教麻醉自己。终于，她以张素素为榜样，搬出了吴公馆，住进了女青年寄宿舍。四小姐的反抗损伤了吴荪甫的威严，他十分恼怒，而张素素的不可靠又使他担心妹妹的安全。可最让他担心的还是公债场上和赵伯韬的斗法。

吴荪甫想和杜竹斋联手的主意最终落了空。在关键时刻，杜竹斋给了益中公司致命的一击。益中公司彻底失败了。吴荪甫见大势已去，只好让少奶奶收拾收拾，全家出去避暑。

重点提示

《子夜》是大规模地描写20世纪30年代初期中国社会状况的小说，是“五四”以来新文学发展历程上的里程碑。瞿秋白评价《子夜》为“中国第一部写实主义的成功的长篇小说”。

《子夜》及时地反映了时代的全貌，对它进行了全方位的正面描写。20世纪30年代，世界经济危机大爆发，帝国主义向中国转嫁经济危机；中国国内，国民党政权内部权力斗争激烈，内战不断。在这样的大背景下出现的金融买办资产阶级和民族资产阶级之间的生死搏斗，工人在重重剥削下的罢工反抗，农民的破产与暴动，中小城镇商业的凋敝，知识分子的苦闷与毫无出路，以及面临日本帝国主义侵略造成的民族意识的初步觉醒等，都在《子夜》中得到了生动形象的描绘。通过描写民族资本家吴荪甫的悲剧命运，作家准确地把握了30年代社会各阶级、各阶层的人的思想、性格、心理、命运及其历史和变化的脉络，相对完整地显示出整个时代的丰富性和复杂性。

在小说人物的塑造上，茅盾注重表现人物性格的多面性与复杂性，将人物的行为、情感、心理、个性的诸多方面加以展开，追求“立体化”的油画效果。更为重要的是，作家善于从错综复杂的社会关系及其变化中突出人物性格及其发展，而在错综复杂的社会关系中，作家又特别重视人物的经济关系和经济地位的变动。

《子夜》具有宏大而严谨的布局，人物众多，情节复杂，线索纷繁交错而又严密完整。这一切，均显示出作家细致入微的艺术功力。

[现代] 朱光潜

《谈美书简》

作者简介

朱光潜(1897—1986),著名美学家、文艺理论家、翻译家。笔名孟实,安徽省桐城县人。我国现代美学的开拓者和奠基者之一,同时也是我国现代比较美学和比较文学的开拓者之一。他学贯中西,博古通今。1922 年毕业于香港大学文科教育系。1930 年获英国爱丁堡大学文科硕士学位。1933 年获法国斯特拉斯堡大学文科博士学位。这期间,他完成了长达 18 万字的《悲剧心理学》,以及《谈美》《文艺心理学》《诗论》。《诗论》用西方诗论来解释中国古典诗歌,用中国诗论来印证西方著名诗论,触类旁通,潇洒自如,美不胜收,是我国比较美学的典范作品。朱光潜认为:"在我过去的写作中,如果说还有点什么自己独立的东西,那还是《诗论》。《诗论》对中国诗的音律,为什么中国诗后来走上律诗的道路,作了一些科学的分析。"此外,他的《文艺心理学》也是融贯中西的经典著作。这些专著,对于我国现代美学的发展具有开拓意义。朱光潜回国后,曾任北京大学教授,四川大学教授、文学院院长,武汉大学教授、教务长。著有《美学批判论文集》《西方美学史》《朱光潜美学文学论文选集》等。这些作品具有开创性的学术价值,代表了中国研究西方美学思想的水平。他在西方美学思想和中西方文化研究方面造诣较深。新中国成立后,朱光潜经过对自己唯心主义美学思想的自我批判,提出了"美是主客观的辩证统一"的观点,并且用马克思主义的美学的实践观点不断丰富和发展自己的美学思想,形成了一个颇有影响的美学流派。"文革"后,朱光潜又对马克思主义的经典著作《1844 年经济学 - 哲学手稿》《关于费尔巴哈的提纲》《资本论》《自然辩证法》等进行系统研究,翻译了大量的美学、文学作品,主要有黑格尔的《美学》、维柯的《新科学》、克罗齐的《美学原理》、莱辛的《拉奥孔》,对黑格尔《美学》等作品的翻译,为他赢得了崇高声誉。他数量众多的译著和译文为我国的美学研究和文艺理论研究铺平了前进的道路。他为我国现代美学建设、为建立我国的马克思主义美学体系和文艺理论体系作出了重要的贡献。

作品提要

《谈美书简》由《给青年的十二封信》和《谈美》两部分组成，它们在1929年和1932年分别由开明书店出版。《给青年的十二封信》主要是谈人生修养，但也涉及文艺美学方面；《谈美》则是一本美学入门书，文艺心理学的许多观点都以更为简明晓畅的方式在这本小书中展现出来。

《谈读书》是《给青年的十二封信》的开篇。朱光潜的话很实在，他说，健康成功的人生，不是靠空想得来的，要提高自己的素质，年轻时就不能忽略读书。他指出，能否在课外读书，不是有无时间的问题，而是有无决心的问题，其实，每天坚持读上个三五页，长年累月自然会见出效果。他还提醒青年学生读书需读经典好书，这些书值得反复阅读。《谈作文》《谈升学与选课》也关注到了中学生的学习。

第二封和第三封分别是《谈动》和《谈静》，它们讲了人生乐趣的两个方面，一是活动，二是感受。朱光潜说，人生来好动，好发展，好创造。能动，能发展，能创造，便是顺从自然，便能享受快乐；不动，不发展，不创造，便是摧残生机，便不免感觉烦恼。所以，所谓“舒畅”和“抑郁”既是描述情绪感受的形容词，又是表现快乐或不快乐原因的动词。他希望青年朋友不要因“闲”而“愁”。“动”是人的必须，是排除愁苦的良药，而“静”也自有作用。世间天才之所以为天才，固然是因具有伟大的创造力，而他的感受力也比一般人分外强烈。要对事物有深入独特的感受，就必须有空灵静寂的心境，于“静”中去领略人生的诗意和趣味。培养这样的感受力，有助于处在嘈杂多变环境中的青年保有一份自我。“静”并非要“闲”，忙中取静一样会有好效果。

《谈中学生与社会运动》《谈十字街头》关注的是青年朋友与整个社会的关系。朱光潜并不反对学生参加社会运动，他主张学生只有先搞好自己份内的学习之事，然后才谈得上救国。青年面临社会时的另一关键是切莫随波逐流：保持一颗清静的心，不受各种利欲的干扰；保持一颗勇敢的心，敢于向某些虚伪肤浅的习俗、时尚发出挑战。

《谈多元宇宙》讲的是人生应持多元的价值立场。真、善、美各有各的道理，道德、科学、爱情各有各的领域，它们每一个都具有相对独立性和合理性，单从某一立场对事物下判断自然会有偏颇，比如中国自古多从道德角度来看问题，这有时便妨碍了对事物的正确认识和公正评价。《谈情与理》张扬情感的生活。因为有情感，人们才有音乐和美术，才有爱情和宗教；有情感，道德才会发自内心，这样发自内心的道德才有更真的意义。《谈摆脱》拿黑格尔论悲剧的观点来印证生活。黑格尔认为凡悲剧都源于两理想的冲突，左右为难，据此，朱光潜认为人生必须有所取舍，敢于选择，否则畏首畏尾，徘徊歧路，心境既多苦痛，而事业也不能成就。《谈在卢佛尔宫所得的一个感想》则指出，我们不能以“效率”来评估一切，否则，创造也匆匆、欣赏也匆匆，只会错失丰富的美。我们的工作需经过自己卓越的努力而展示出高尚的理想与伟大的人格，抱着这样的态度我们才能做实事，才能做得有价值。

最后一封信《谈人生与我》，作者自述有两种看待人生的方法。一是把自己放在台前，和世上的人与物一块“玩把戏”；二是把自己放在后台，袖手看他人在那儿装腔作势。在前者，朱光潜讲求“尽性”而生，即按照自己的能力和志趣大胆地追求，敢于面对人生的烦恼，因为“人们并非生在这个世界来享幸福的，所以那并不算奇怪”。在后者，朱光潜是抱着审美的态度来察看人生，认为适当地后退一步，也许使我们更能领略到人生的悲喜。这两种看待人生的方法或许值得青年们细心地琢磨和借鉴。

《谈美》共有 15 篇文章，讨论了 15 个相互关联的美学问题，它们以明白晓畅的语言讲述了朱光潜先生对于“美”的基本理解。

看待事物的三种态度。朱光潜从这个问题谈起，因为这涉及他的逻辑起点。他讲到有三种看待事物的态度：实用的、科学的和审美的。持实用态度就是为维持日常生活而利用周围环境，先弄清楚外界对我的利害关系，然后有所喜恶和行动。科学的态度则很少搀杂个人的情感和利益，它是要以抽象的思考来总结或运用规律和原理。于是在实用与科学的态度中，我们面临的对象都不是独立的、绝缘的，观者的注意力都不是专注在所观事物本身上面的。注意力的集中，意象的孤立绝缘，便是美感的态度的最大特点。也就是说，在美感态度中，我们超越了实用的盘算计较以及抽象的推理思考，我们只专注于事物本身的形象，而不管其他，心理活动偏重直觉。朱先生进一步指出，只有在这种“无所为而为”的审美活动中，人才是他自己心灵的主宰。当然，从实用角度看，“美”是最无用的，但审美就是要超功利，整个人生在“真”和“善”之外，也理应有“美”来补充。这就是朱光潜谈美的基本立足点。

北京出版社 2004 年版封面

审美距离。他说，美和实际人生有一个距离，要见出事物本身的美，须把它摆在适当的距离之外去看。与审美对象保持一定距离，才能不受利害关系的牵绊，只有这样，观赏者才能处于一个超脱的视角从而发现美。比如，在陆地上远看海雾，它铺天盖地，而海景忽明忽暗、远方船灯时隐时现，于是我们玩味这雾的美好，但如果乘海船遇着海雾，只知它妨碍呼吸，只嫌它耽搁程期，预兆危险，就没有心思去玩味它的美妙了。可见保持适当距离对于审美的重要性。

"移情"。审美中，一方面我们将自己的心绪、情感外射到对象身上，使外在对象也具有人的喜、怒、哀、乐或发出人的动作，比如自己在欢喜时，大地山河都在扬眉带笑；自己在悲伤时，风云花鸟都在叹气凝愁。惜别时蜡烛可以垂泪，兴到时青山亦觉点头。另一方面，审美中的"我"也吸取对象的姿态、风骨，对它带有一定的模仿，这样心里印着美的意象，常受美的意象浸润，自然也可以少存些浊念。在物我之间的交感共鸣中，我们欣赏着美，也陶冶着自己的性情。

美感和快感的区别。从我们的立脚点看，美感和快感是很容易分别的。美感与实用活动无关，而快感则起于实际要求的满足。例如，口渴了喝水于是得到快感，感觉冷了多加衣于是也得到快感，但美感则超越实际需要，它是超功利、非欲望的一种特殊体验。

美感与联想。站在形式派美学立场上，朱光潜认为一般意义上的联想是妨碍美感产生的，因为联想时念头"辗转不止"，这容易使精神涣散，注意力不专一，使心思由美感的意象旁迁到许多无关美感的事物上面去。他认为联想大半是偶然的，它们有时可以增加欣赏者对审美对象的好感，但欣赏者直觉的美感体验反倒因精神涣散而减少了。

考证、批评与欣赏。这三者在朱光潜看来是互为补充的，在这篇文章中，他主要提出不应将考证和批评混淆于欣赏。考据或考证，都旨在获得具体的历史知识，历史知识可以帮助我们理解艺术，从而为欣赏艺术做好铺垫，但考据本身却不是欣赏。批评与欣赏的关系有些复杂。大多数文艺批评是从科学的态度出发对作品进行理性分析，而欣赏则凭借直觉，是欣赏者将自己放在作品里分享作品的生命。还有一种印象式批评是"欣赏式的批评"，重直觉，但它也需要科学的批评态度来深化对作品的理解。

美与自然。人们常说"自然美"，似乎自然中天生有美，即使无人领略，那份美也依然存在。朱光潜不同意这种看法，他说，同样一个自然对象，有人认为美，有人认为丑，并且很难统一，因此就不能说"美"是客观存在于物上的，"美"的产生必然要包含人的主观因素。只有当客观对象与人的情趣相适应相配合时，才会有"美"，也就是说："美不完全在外物，也不完全在人心，它是心物婚媾后所产生的婴儿。"

写实主义和理想主义的错误。朱光潜首先说明，我们通常说的"自然美"其实就是指事物的常态，事物变态称做"自然丑"。写实主义是 19 世纪后期以左拉为代表的一个文学流派，它主张不折不扣地完全客观地描写自然（现实）。理想主义则认为外在世界有美有丑，艺术只需模仿美的方面，丑的东西不必模仿。朱光潜指出，这两种主义有一个共同的弊病，那就是将"自然美"与艺术美混为一谈，"自然美"可因表现手法的低劣变成艺术丑，而"自然丑"也可因"点铁成金"的手笔化为艺术美，所以说自然的美丑与艺术的美丑是两回事，单纯模仿自然不是达到艺术美的通途。

艺术与游戏。艺术的雏形就是游戏，二者有许多共同处。艺术和游戏都将所欣赏的意象客观化，造成一个具体的情境；它们都带有“移情”作用，都是在现实世界之外另造一个世界来疏导情感。但艺术活动具有社会性，它讲究传达与表现，它要创造出艺术品让他人也能欣赏。

人民文学出版社 2008 年版封面

创造的想象。艺术创造必须要发挥想象，也就是在心里唤起意象，但仅有对现实的再现性想象是不够的，还得有创造性的想象，即把那些再现了现实的意象进行分化和组合，从而找到艺术的方式来说理抒情。运用恰当的意象来表达是很重要的，许多思想家往往不是艺术家，就因为不能把抽象的概念翻译为具体的意象。

创造与情感。艺术创造需要构造具体的意象，而意象又受情感的巨大影响，不同的情感产生不同的意象。意象变化了，作品的境界也随之而动。然而，文艺作品都必具有完整性。它是旧经验的新综合，它的精彩就完全在这综合上面表现出来：在未综合之前，意象是散漫零乱的；在既综合之后，意象是和谐整一的。这种综合的原动力就是情感。在艺术中，情感协调着意象，同时，意象也需配合情感的需要。只有“人情和物理”相协调，才能产生一个完整有机的艺术境界。

创造的格律。对这个问题，朱先生的主要观点是活用格律。格律包括音节、文体等，是人们用来表现情感运动的一些方式。每种格律，在被久用后都会形式化、僵化，接着就被其他格律替代，在西方文艺中，古典主义、浪漫主义、写实主义和象征主义相代谢的痕迹也是如此。各派有各派的格律，各派的格律都有因成习套而“敝”的时候。那么我们应怎样用格律呢？朱光潜认为，艺术反映人的情感，而人的情感既有共性也有自己的特殊性，因此我们一方面要遵循格律和规范，另一方面也可以有自己的变化。需要注意的是，应首先从规范着手，然后再有所变化，这样可以寓变化于整齐，如果次序反了，就很难使两者统一。

创造与模仿。文艺创造并非凭空而来，朱光潜提醒大家别忘了从基础做起，那就是借鉴、吸收现有的文艺成果，用现有的文艺经验充实自己。这就需要“模仿”。模仿是必须的，但它只是文艺创造的“始基”，模仿之后还得有自己独特的体悟和表达。有些人好高骛远，只叫嚷着“独创独创”，有些人思维平庸，只知道“模仿模仿”，其实都是片面的。

天才与灵感。天才和遗传、环境都有关系，但遗传和环境并不能说明全部。有些人天资极高却成就平平，有些人资质一般却硕果累累；同一时代，有人随波逐流，有人卓然独立。

可以说，天才更多的还是个人努力的结果。天才常有灵感，而灵感又似乎是突如其来、不可捉摸的，但现代心理学研究已表明灵感并非从天而降，它恰恰是人长期思考的结果。培养灵感不限于读书，“人只要留心，处处都是学问”。

最后一个问题是“人生的艺术化”。朱光潜主张的是人生和艺术的统一。艺术化的人生就如同一件艺术品，它是一个完整的有机体，它的完整性在于“人格”或者“本色”。随波逐流、与世浮沉的人生便谈不上艺术。艺术化的人生既严肃认真，又潇洒豁达。严肃时，“不让一尘一芥妨碍整个生命的和谐”，潇洒时便如苏轼论作文，谓如水行山谷中，行于其所不得不行，止于其所不得不止。

重点提示

朱光潜的美学思想及其理论体系是从审美经验事实出发，以悲剧心理的审美经验过渡到一般审美经验的心理学研究为起点和中心，从而走向美的探索。他接受马克思主义实践观点后，又从生产劳动活动出发，对美和审美进行发生学研究，从而又走向由美到审美的追求。所以，朱光潜的美是主客观统一的命题，始终以审美为中心，注重由美到审美和由审美到美双重走向的往复回环，采取形上与形下、微观与宏观、科学有机整体与哲学实践观相结合的综合研究方法，从而构建了美是主客观统一的审美实践论美学。这种美学思想与理论体系别具一格，独树一帜，为中国美学作出了巨大而独特的贡献，从而确定了朱光潜在当代中国美学史上不可替代的地位。

生活中处处是美，没有人可以离开美。可是当你阅看柏拉图、克罗齐和王国维等人写的美学书时，你马上就会发现美学是一门深奥得令人头疼的学问。朱光潜先生用书简的形式写了一本《谈美书简》，让所有不懂美学，但是想知道花为什么美的青年接受了一次美的洗礼。本书是作者82岁高龄时写的“暮年心血”之作，既是对自己美学生涯和美学思想的梳理和总结，也是对青年们有关美学方面问题的一个回复。《谈美书简》内在的特点是书中的极富情趣的审美愉悦，如在讲述“移情”作用时，引用了大量的古代诗词，“天街小雨润如酥”的春，“红叶白云两悠悠”的秋，把人的生命情趣外射到对象中，使无生命的物具有人的生命活动和情趣。

《谈美书简》中的美学主张都是朱光潜吸收西方美学的精髓，结合我国传统美学思想，加上自己的思考得出的具有创造性的结论。《谈美书简》甚是深刻，他不仅把各种“美”叙述得淋漓尽致，更道出了“美”的实质。

[现代] 朱自清

《朱自清散文选》

作者简介

朱自清(1898—1948),原名自华,号秋实,出身于江苏东海县一个小官僚的封建家庭,6 岁时随家从东海移居扬州。他祖籍浙江绍兴,祖父和父亲一直在江浙一带做小官,家道小康,后来每况愈下。朱自清自幼在私塾接受传统的封建教育,后来在扬州上中学,1916 年考上北大预科,进哲学系,毕业后,回到南方,在江浙一带中学教书。这期间,创作了长诗《毁灭》,散文《温州的踪迹》《笑的历史》《桨声灯影里的秦淮河》。1925 年,清华学校设大学部,经俞平伯推荐,任清华大学教授,并任中文系主任,从此他一生任教于清华大学,写出了《背影》《荷塘月色》等散文。1931 年至 1932 年,他出国留学,写下了《欧游杂记》《伦敦杂记》。1937 年抗战爆发,他随清华大学迁入昆明,在西南联大任教授,写下《论雅俗共赏》。1946 年又随清华大学迁回北平,仍为教授及中文系主任,1948 年 8 月 12 日去世。朱自清先生是我国现代文学史上著名的诗人、散文家、学者和爱国知识分子。他是一名正直、进步的知识分子,是一名旧社会的狷者,是一名民主战士。毛泽东曾称赞他“表现了我们民族的英雄气概”。

1948 年朱自清与陈竹隐及幼女朱蓉隽摄于颐和园

朱自清在《〈背影〉序》中说:“就散文论散文,这三四年的发展,确是绚烂极了。”在这“极一时之盛”中,有周作人的隽永,俞平伯的绵密,徐志摩的艳丽,冰心的飘逸,而朱自清则以其真挚清幽的神态屹立于“五四”散文之林。他的散文创作,从早期的清秀隽永到中期的质朴腴厚,到后期的激进深邃,显示出独特的艺术风貌和审美情趣，“意在表现自己”，是他在中国现代散文史上第一次提出的散文创作的美学原则。朱自清提出这一美学命题，是对传统文化观念的反抗，是对现代散文美学的积极贡献。从此在现代散文史上建立了以作者个性为本位的现代散文观念，使一种抒情性的散文脱离了广义散文，揭示了现代散文表现作者人格色彩和精神世界的审美价值，确立了作家主体性在文学创作中的地位，对今天整个文学创作工程重建主体观念，呼唤“人”的意识，具有启示未来的作用。朱自清的散文以独特的美文艺术风格，为中国现代散文增添了瑰丽的色彩，为建立中国现代散文全新的审美特征，树立了“白话美文的模范”。

作品提要

朱自清的散文创作经历了三个阶段。他从 1923 年发表《歌声》后，就转向了散文创作，以后就一直没有间断过。他的早期散文收在《踪迹》和《背影》里，这些散文中有部分作品是通过夹叙夹议的手法来诅咒黑暗社会的，比如，《生命的价格——七毛钱》《航船中的文明》《白种人——上帝的骄子》《阿河》《哀韦杰三君》《旅行杂记》《海行杂记》等。这些散文直接从现实生活取材，从一个角度抨击当时的黑暗社会。在《生命的价格——七毛钱》中写一个 5 岁的女孩，被其哥嫂以 7 毛钱的价格卖掉，这是作者在温州亲眼所见的一幕，文章想象她今后任人宰割的命运，她若长大成人或者卖给人家作妾，或者卖到妓院沦落风尘。作者愤激地诘问：“这是谁之罪呢？这是谁之责呢？”《阿河》写了一位 18 岁的农家少女阿河的悲剧，她被迫嫁给了一个 30 多岁的流浪汉，她气得离家出走去做女佣，后来又被那男人抢回去，逼她爹拿钱换人，她爹无奈之下又以 80 块钱的价格把她卖给一个有钱的富人。作者满腔义愤地控诉畸形社会为富不仁的罪孽。作者真挚的同情、理解和人道主义精神铸成了这类“血泪”散文动人心魄的艺术力量。在《白种人——上帝的骄子》中，记叙了在电车上意外地受到“小西洋人”的侮辱和挑衅，“我”感到张皇失措，茫然觉得有被吞噬的危险，“我”由这一次突然的“袭击”联想到许多的“袭击”，从那傲慢“小西洋人”的眼光和表情，思考他如此蛮横猖狂的原因，指出这“小西洋人”脸上“缩印着一部中国的外交史”，喊出了民族平等的正义要求，有着激励民族意识的现实意义。在《哀韦杰三君》里则对“三一八”惨案中的死难者韦杰三君奉献了自己深挚的悼念和敬意，语挚情深，感人肺腑。

北京大学出版社 2007 年版封面

这时期朱自清的创作主要还是叙事抒情的散文，这些散文或

人民文学出版社 2008 年版封面

叙述个人的经历和感受，或写景状物抒发情怀。《背影》写父亲为儿子送行，并艰难地替儿子买来橘子的“背影”。《桨声灯影里的秦淮河》《绿》《荷塘月色》等篇是写景抒情见长的名篇。《桨声灯影里的秦淮河》不但有对秦淮河往事的追述，更透露自己在秦淮河的见闻和感触；既有对秦淮河夜景的描写，也有对河上歌妓行为的记叙。秦淮河映照出具有历史意识、多愁善感的知识分子内心的矛盾。河中的灯光、悠扬的笛声以及那画舫，让人读后渴望、羡慕。文章抓住“灯影”，从各个角度进行了细针密缕的描绘和渲染，逼真地再现了当时秦淮河的美的境界。又如《月朦胧，鸟朦胧，帘卷海棠红》是描写一幅画，作者细腻地描写出了画面形象的位置、色彩和形态，通过具体的描绘，生动形象地再现了画面的内容，同时营构出了“月朦胧，鸟朦胧”的意境。在《荷塘月色》这篇写景抒情散文里，朱自清先诉说自己的不宁的心境，然后描写一个宁静的与现实不同的环境——荷塘月色，通过对传统的“出淤泥而不染”的荷花和高寒孤洁的明月的描绘，象征性地抒发了自己的淡淡哀愁和向往美好新生活的心情。

1927 年北伐战争的失败，“四一二”政变使中国变成了“黑暗的中国”。朱自清陷入了极大的痛苦、惶惑和颓唐之中，终于从彷徨战斗的“十字街头”走进了古典文学研究的“象牙之塔”。散文创作从即景抒情到对往事的回忆。此时的创作就如同朱自清自己所说的“芝麻大的事，都不惜郑重地写出来”。他说：“我们依着时间老人的导引，一步步去温寻已失的自己；这走的便是‘忆之路’，在这‘忆之路’上愈走愈远，愈是有味，因其味渐渐蒸散而甜味却还留着的缘故……”在 1936 年出版的散文集《你我》中，有悼念前妻的《给亡妇》，有记叙过去冬天同父亲兄弟围坐吃“白水豆腐”的《冬天》，有回忆儿时婚姻的《择偶记》，还有记叙以往生活琐事的《看花》《南京》《潭柘寺 戒坛寺》《儿女》以及《怀魏握青君》等，这些散文内容侧重写儿女情长，友朋之谊，写的都是个人生活圈子里的身边琐事，情意绵绵，荡气回肠。朱自清在《〈忆〉跋》一文中说：“飞去的梦便是飞去的生命，所以常常留下十二分的惋惜，在人们心里。”沉重的生活给予他太多的磨难和艰辛，追忆成为他解脱痛苦和烦恼的路径。他从现实革命的梦中走出，在逝去的旧梦里捡拾美丽的花瓣，从而编织他的“梦”之国与“爱”之国。从这些作品中，我们可以窥见一颗博大的“爱”心：爱父亲，爱儿女，爱妻子，爱朋友。朱自清通过追忆往事营构“爱”的天国，抚慰自己的寂寞，他痛感美的失落和美的毁灭，深深地感喟那已经逝去的甜蜜、温馨和宝贵的“爱”。在朱自清的“爱”之国和“梦”之国中，可以看到儒家“中和主义”思想的深刻影响：中正平和，严于克己，宽以待人。

1931 年 8 月，朱自清赴欧洲游学，历时一年。在欧洲游历数国，陆续写成散文，结集为《欧游杂记》和《伦敦杂记》。这一时期朱自清的创作从容地在技巧上再三谋划，在语言上字斟句酌，以至使得散文艺术臻于完善的境地。正如郁达夫指出：“文学研究会的散文作家中，除冰心女士之外，文章之美要算他了。”在这两部游记中，他极力客观地描述欧洲国家名胜古迹，谨慎地介绍西方的历史、文化和艺术，不写“身边琐事”，也不写浪漫情调的异域感，惨淡经营，苦用诗心。

抗战爆发后，侵略者的炮火使华北摆不下一张平静的书桌，朱自清不能在他的书斋里安静地读书、创作。在侵略者面前他不再沉默了，1937 年后他随学校南下，这时期，他怀着沉重的心情、殷切的期待，创作了不少杂文。《语文影及其他》一书中的许多篇章和《蒙自杂记》《西南采风录序》《这一天》等均写在这个期间。散文集《语文影及其他》分两辑，其中《语文影之辑》是讨论语文的意义的，《人生的一角之辑》是讨论生活片段的。这时期的朱自清散文不再像早期散文那样采用大量的比喻、排比等修辞手法，而是用简洁的笔触，直接抒写出自己的看法。他冷眼看待人生，把日常生活用语和人间世情作为议论对象，在西南联大时，昆明掀起了民主运动的热潮，促使他的思想发生了变化，尤其是李公朴、闻一多的遇害，使学者朱自清的思想变得更加激进，创作基调明显地发生了变异。这时期，朱自清散文已经由抒情转向说理，主要收在《标准与尺度》和《论雅俗共赏》两集中，所谈的都是现实问题。思想激进，锋芒毕露，他站在人民的立场上指点东西、发表议论。在《中国学术的大损失——悼闻一多先生》等文中，他肯定闻一多对民主运动作出的贡献，揭露了国民党反动派的凶残和卑劣，表示了继续斗争的决心。朱自清有意仿效鲁迅，在杂文里“一面否定、一面希望、一面战斗着”。《论书生的酸气》批评知识分子身上的“酸气味”，他说，既然“自己是在人民之中”，就不能再“自命不凡”，要知识分子必须正确地“看清了自己”，要丢却知识分子那种装腔作势和自视清高的作风。这包含了朱自清对“旧我”的否定和批判，包含着对自己那种习惯于克制、平和中正、沉思默想、内向封闭的超稳定文化心理的否定，他在勇敢的自我否定中紧紧地向人民靠拢，重新肯定自己。

光明日报出版社 2008 年版封面

重点提示

朱自清笔下的梅雨潭

鲁迅曾说:"'五四'时期散文、小品的成功,几乎在小说、戏曲和诗歌之上。"以鲁迅的散文而言,一类反映社会人生,现实性强,表现出鲜明的反帝反封建的倾向;另一类散文写身边的琐事,个人见闻,艺术价值较高。这一时期也是朱自清的散文创作最多、成就最高的时期。朱自清的名字永远和中国现代散文的历史写在一起。

《背影》写父亲为儿子送行,并艰难地替儿子买来橘子的小事。作者选择了一个特殊的背影加以烘托,这"背影"是在他祖母去世、父亲赋闲、家境日益破败的氛围中予以孕育和刻画的,是用血和泪掺和的惨淡色调,在作者心灵深处勾画出的一个悲剧性的"背影"形象。作者将丰富的感情含蓄地寓于朴素的描写和叙述中,传达了一个辛苦辗转的知识分子在动荡不安的时代中苦于世态炎凉的思想感情。《背影》写的是作者的生活感受,写出了真情,写出了情致,使这篇散文成为脍炙人口、争相传诵的名篇。

"五四"文学革命的初期,白话文虽然在短短几个月内取代了文言文,获得了独立的地位,但是新文学语言作为一个全新的艺术建构工程,其任务却非短期内就能完成的;甚至"五四"以后很长一段时期,尽管作家们都采用白话来写作新文学作品了,但很少有人用"真正的口语"来创作。朱自清是一个对汉语颇有研究的作家,他提出了一个重要的论点:"用口语为的是求真化俗,化俗就是争取群众。"基于对"求真化俗"审美目标的追求,朱自清于创作伊始,便注重北平的方言,以北平话做底子,从口语中提取有效的表现成分,并逐步形成了一种堪称典范的独具个性的白话文学语言——"谈话风"的艺术语言。这种语言"念起来上口,有现代口语的韵味,叫人觉得那是现代人口里的话,不是不尴不尬的'白话文'"(叶圣陶《朱佩弦先生》),亲切自然,鲜活上口,幽默风趣,雅俗共赏,这正是朱自清高出于一般作家的地方,也是他为现代文学,尤其是为现代散文语言的建设所作的开拓性贡献。

[现代] 老舍

《茶　馆》

作者简介

老舍(1899—1966),现代著名小说家、剧作家。原名舒庆春,字舍予。老舍是他的笔名。满族,北京人,出身于一个贫民家庭。早期作品有《老张的哲学》《赵子曰》《二马》《小坡的生日》。在齐鲁大学和青岛山东大学任文学教授时期是老舍创作上的第一个高产期。其中长篇小说《离婚》《骆驼祥子》和中短篇小说《月牙儿》《我这一辈子》等,是他这一时期的代表作。叙述北平洋车夫祥子悲惨命运的文学名作《骆驼祥子》,以其异常出色的艺术成就,从根本上奠定了老舍中国现代文学创作大家的地位。抗战期间,老舍投入文艺界的抗日洪流,致力于推动抗战的文艺活动。1949 年老舍完成了《四世同堂》的创作。建国后,老舍创作了《方珍珠》《龙须沟》《茶馆》等剧作。老舍以《茶馆》这样无可争辩的创作佳绩,证实了自己是现代文学大家中唯一一位在共和国建立以后依然后劲十足,并且能够超越本人以往成就的作家。1966 年 8 月 24 日,由于在"文化大革命"中受到非人的待遇,老舍投湖自尽,以死来表示反抗。

老舍一生写了约计 800 万字的作品,其中以长篇小说和剧作著称于世。他的作品大都取材于市民生活,他善于描绘城市贫民的生活和命运,以及他们在新的历史潮流冲击下惶惑、犹豫、寂寞的矛盾心理和进退维谷、不知所措的可笑行径。他喜欢通过日常平凡的场景反映普遍的社会冲突,笔触往往延伸到民族精神的挖掘或者民族命运的思考,让人从轻快诙谐之中品味出生活的严峻和沉重。关于自然风光的色彩鲜艳的渲染和关于习俗人情的细致入微的描摹,增添了作品的生活气息和情趣。他的作品具有大众化、通俗性、民族色彩浓厚等特点,从形式到内容都能够雅俗共赏,为中国现代文学开拓了重要的题材领域。

作品提要

第一幕

1898 年初秋,康梁等人领导的维新运动失败了。

北京裕泰大茶馆里。这种茶馆现在已不多见了。这里卖茶，也卖简单的茶饭。这是当时非常重要的地方，有事无事都可以来坐上半天。在这里，可以听到最荒唐的新闻和奇怪的意见，也可以看到某人新得到的奇珍，这里简直可以算作文化交流的所在。

此时，茶馆老板王利发正坐在柜台里，以相面为生的唐铁嘴溜达进来，要给王利发相面。王利发送给他一碗茶，不让他给自己算命，还告诉唐铁嘴，如果他自己不戒大烟，就交不上好运。有一起要打群架的，正在后院调解，许多打手往后院走去。满人松二爷和常四爷也进茶馆来喝茶，说话时不小心冲撞了打手二德子。常四爷说他不应该在这儿抖威风，要抖威风，跟洋人干去。二德子听到这话就想动手打人。王利发急忙上前劝解，但二德子根本不听劝，旁边坐着的马五爷喝住了二德子。常四爷赶过去道谢，结果马五爷没理他就走了。常四爷觉得很奇怪。王利发告诉他马五爷就是吃洋饭的，他刚才的话已经得罪人家了。这事刚平息，刘麻子也来到了茶馆。他是说媒拉纤的，心狠手辣。京郊贫民康六因为生活所迫，以 10 两银子的价格把女儿康顺子卖给了刘麻子。尽管他认为让女儿给太监当老婆这事实在是说不过去，但他还是回家带康顺子去了。

秦仲义，王利发茶馆的房主，来到茶馆，要王利发多交房租。一个乡妇带着自己十来岁的女儿来到茶馆，想把女儿卖掉。常四爷可怜她们，就给她们买了两碗烂肉面，他对松二爷感慨地说了句“大清国要完”。他给乡妇买烂肉面的行为遭到秦仲义的冷嘲热讽，他说大清国完不完不在于给穷人一碗烂肉面。他想把自己的资产全卖掉开工厂，以实业救国。因为他认为只有抵制外国货才能救国。

王利发正送秦仲义，庞太监扶着小牛儿来了。秦仲义和他打招呼。庞太监宣称天下太平了，谭嗣同问斩了。还说谁敢改祖宗的章程，谁就掉脑袋！二人唇枪舌剑一番后，秦仲义走了。刘麻子赶紧上前搀着他往里面走。庞太监临走时对宋恩子和吴祥子这两个清廷的特务耳语了一番。众茶客沉默了一会，纷纷议论起来。他们互相打听谭嗣同是谁，有人就说起维新的种种坏处。王利发怕惹祸，就求各位茶客不要议论国事。

人民文学出版社 2002 年版

刘麻子把康顺子夸了一番，然后以 200 两的价格卖给了庞太监。唐铁嘴慌慌张张地又跑回来，说大街上正在搜捕谭嗣同的余党。茶客都觉得不好，就纷纷往外走。常四爷和松二爷正想往外走时，被宋恩子和吴祥子拦住了，说他说“大清国要完”这句话就是谭嗣同的余党，把二人带走了。康六带着康顺子来了，康顺子一听说把她卖给太监当老婆，又饿又气，昏了过去。这时传来下棋的一位茶客的声音：“将，你完了！”

第二幕

十年后的初夏，袁世凯死了，中国进入军阀混战时期。各帝国主义国家分别暗中支持不同派别的军阀。中国陷入了内战深渊。

如今北京城内的茶馆已先后关门，“裕泰”是硕果仅存的一家了。为了避免被淘汰，它现在只卖茶和瓜子。茶座改良成小桌子和藤椅，桌上铺着浅绿色的桌布。墙上的“醉八仙”和神龛都已不见。现在贴的是广告画，画上是时装美女。唯一没变的是“莫谈国事”的纸条还在，而且字变得更大了。

为了第二天的开张，王利发的妻子王淑芬和伙计李三正在忙着布置店堂。干活时，王淑芬劝李三把小辫剪掉。李三却说：“改良！改良！越改越凉，冰凉！”还说改来改去，万一哪一天把皇上改回来，他的小辫还有用。接着李三抱怨人手不够用，一个人不仅要侍候二十几个人，还要沏茶灌水，买东西送信。干活太累，又不给长工钱，王淑芬和王利发都劝他，王利发说要是买卖好做，能不加人，能不给他发长工钱吗?这年月，有口饭吃，就不错了。听到后面崔先生在叫人，他让李三赶紧去看是什么事；这边王淑芬怕关城门，又希望李三能快去买菜。李三继续抱怨能把他分成两半才好呢！他去后面了，王淑芬数落王利发应该添人。王利发也是一肚子苦水，如果添人连工钱都赚不回来。况且他别的什么也不会干，只会开茶馆。远处传来阵阵炮声，夫妻二人听着炮声，心里都是没着没落的。

一群难民拥过来向王利发行乞，王利发不肯给，巡警替王利发赶走难民就向他敲诈。刚给完巡警钱，紧接着又来了一群大兵。大兵们嫌他拿出来的钱少，顺手又拿走两块新桌布。巡警也因为没拿到更多的钱威胁道：“明天见，明天还不定是风是雨呢！”

唐铁嘴现在混得倒比以前好了，用他的话讲，这兵荒马乱的年月，谁都想测测自己的运气。他今天来到茶馆是想在公寓租房住。王利发问他是否把大烟戒了，他得意地告诉王利发他现在改抽“白面儿”了。他说大英帝国的烟，日本的“白面儿”，两大帝国侍候他一个人。王利发以后面没有空房拒绝了他。他只得搭讪着走了。报童来卖报，说是长辛店大战的新闻，王利发问有没有不打仗的报纸，报童说让他自己找，王利发把报童赶走了。

常四爷现在自食其力，以卖菜为生。今天他提着一串腌萝卜和两只鸡送来卖给王利发，以解其燃眉之急。松二爷现在穿得很寒酸，但还是提着鸟笼子。常松二人见面后不胜唏嘘。聊了一会儿，两人往外走时，遇见宋恩子和吴祥子。四人说起当年就因常四爷说了句“大清国要完”就被抓走关了一年多的事儿。常四爷还告诉他们，他出狱后参加了义和团。现在大清国是完了，可是洋人要是敢再动兵，他还是要和他们斗。吴祥子和宋恩子说谁给吃饭就给谁效力，常四爷说如果洋人给饭吃呢？吴祥子恬不知耻地说要为他们效力和都仗着洋人撑腰。

吴祥子和宋恩子仍干着老本行，来茶馆搜捕人，王利发求情，说公寓里住的都是可靠的人。其实他们就是想让王利发每个月给他们送钱，只有这样他们才不再到茶馆抓人。

刘麻子也来茶馆，又准备卖人。宋恩子二人告诉刘麻子，如果要让他们碰见他拐卖妇女的事，就把他抓回去，而且肯定是会把他锁在尿桶上，以示惩戒。王利发也以改良了、文明了为由，不许他以后再在茶馆里做生意。这时十年前在茶馆被刘麻子卖给太监做老婆的康顺子带着儿子康大力（太监买的儿子）来到茶馆，正好看到刘麻子。她痛骂刘麻子干伤天害理的事。她想打他，可是伸不出手。王利发问她庞太监呢？原来，庞太监让他的侄子们给饿死了。庞太监死后，康顺子母子俩被赶出家门，连一床被子也没有。她和康大力说起当年在这里是如何被卖的，卖到庞家后是如何被欺负的。康大力发誓长大后一定为她报仇。可二人现在是走投无路了。王利发让她们去找康六子。康顺子已不肯再认当年狠心把她卖给太监做老婆的父亲。她求王利发帮忙找个活做，只要有三顿饭，有睡觉的地方，能让康大力上学就行了。王淑芬做主收留了她们娘俩。

崔久峰不仅有很高的学问，还做过国会议员，但他现在只想修持，忏悔。他躲在公寓里，不肯应秦仲义之请出去做官。他认为秦仲义办工厂、银号只是救了他自己。他越来越有钱了，但即使是这样，也经不起外国人的一个小手指头。他对王利发说，以后都得做亡国奴。王利发请他赶紧想办法，他说他年轻时想过的，但现在看透了，所以只念经，不想再干别的了。

刘麻子这次来是准备卖给两个逃兵一个媳妇，正当他们谈买卖时，被宋恩子和吴祥子盯上。而此时追捕逃兵的军官来到茶馆，两个逃兵为了活命，把自己的现大洋分给他们一半，于是他们共同把刘麻子出卖给搜捕逃兵的军官，说他是逃兵，刘麻子被带走砍了头。

第三幕

抗日战争胜利后的那年秋天，正是国民党特务和美国兵在北京横行霸道的时候。裕泰茶馆的一切都是暗淡无光的。藤椅不见了，代之以小凳与条凳。房屋和家具也都旧了。唯一没变的还是贴在墙上的“莫谈国事”的条子。条子上的字更大了，条子更多了。在这些条子旁边还贴着“茶钱先付”的新纸条。

一天清早，还没有下窗板。王利发的儿子王大栓，正独自垂头丧气地收拾屋子。大栓的妻子周秀花正嘱咐女儿王小花不要讲昨天夜里康大力到她家来过的事。因为康大力是西山八路军游击区的人。他来到茶馆，是想把康顺子接走。康顺子拿不定主意，是走还是不走。她想跟儿子走,但又怕给茶馆带来灾祸。周秀花劝她不要怕,还是去吧。

王利发托小刘麻子找女招待,小刘麻子给他派来了个小丁宝。王大栓不愿用女招待,而王利发还抱着一丝只要改良,就能继续把茶馆开下去的想法,想用女招待招徕顾客。小丁宝父母均已去世,迫于生计当了女招待。虽然才 17 岁,她就常想还不如死了算了。

穿着洋服的小刘麻子和小唐铁嘴在茶馆遇见。小唐铁嘴说自己现在被人封叫唐天师了。小刘麻子给小唐铁嘴叙述他要组织一个“托拉斯”的计划,也就是把舞女、明娼、暗娼、女招待全组织起来,后台老板是沈处长,由他一手包办,供应给美国军队、各级官员。他还请小唐铁嘴给他的“托拉斯”起了个“花花联合公司”的名字。

曾包办满汉全席、现在却在包监狱伙食的明师傅,说评书的名手邹福远,邹福远的师弟卫福喜来到茶馆,各自抱怨世道艰难,命运不济。

庞太监的四侄媳妇——庞四奶奶来到茶馆,她说庞四爷马上要在有八路军的西山“登基”了。不过庞四爷贪酒好色,弄了好几个小老婆,所以她来到茶馆,想逼康顺子回去做“皇太后”,她自己做“皇后”,一齐管着“皇上”。康顺子已经受够庞家的虐待,不愿再和庞家的人打交道,因此拒绝了她。她就威胁王利发,让王利发劝康顺子,否则,她就砸了茶馆。王利发看情况不好,就让儿媳妇把康顺子送走了。

小二德子拿着打学生挣的钱来喝茶,王大栓不收,说他连女学生都打,真的是流氓。小二德子说他这次不打学生,奉命打教员,因为教员罢课。王小花的两个教师到茶馆正好被他撞上,他挥拳便打,结果被小花的体育老师给打倒了。王大栓急忙扯着两位老师跑了。小二德子迁怒于王利发,扬言要打他。小花很担心爷爷,王利发告诉她没事的,让她到后面去温课。

小丁宝冒险回到茶馆,给王利发通风报信,说小刘麻子要霸占这个茶馆。小唐铁嘴也回来说现在的庞四爷所在的三皇道比日本人更厉害,让他赶紧做决定。小吴恩子和小宋祥子也来茶馆让王利发交出昨晚来过的康大力。这一切都有促使王利发下了要和茶馆共存亡的决心。他把周秀花和王小花娘俩打发走,让她们去追康顺子。

外文出版社 2003 年版封面

小刘麻子回来告诉王利发让他搬走,因为沈处长已经批准他的“托拉斯”计划了,然后得意地离开了。

这时的常四爷沦落成一个卖花生的小商贩。秦仲义的工厂被拆了,仓库也被政府查封了。他们都来到茶馆,秦仲义诉说自己的不幸,常四爷痛斥世道的不公。王利发说秦二爷是因为有钱,树大招风,常四爷一辈子敢作敢当,打抱不平,可他这一辈子做的都是顺民，见谁都请安、作揖、鞠躬，可是现在……他们本来都以为日本人走了，大家能缓口气了呢！常四爷说松二爷死时是自己给化来棺材，可自己死后都怕没有人给自己烧纸，三位老人竟然在茶馆里为自己烧起纸钱来。

小刘麻子为霸占茶馆，勾结了宪兵司令部的沈处长，当沈处长和小刘麻子来到茶馆，讨论把它改造成“处长个人的小俱乐部”时，王利发上吊自杀了。裕泰茶馆这个百年老字号，也随之湮灭了。

天津人民出版社2005年版封面

重点提示

作品以裕泰茶馆的变迁为主线，以独特的艺术手法，把戊戌变法失败之后的清朝末年，袁世凯死后的军阀混战时期，抗战胜利以后的政治黑暗时期三个历史时期的中国社会变迁状况，装进了不足5万字的《茶馆》里；把来“吃茶”的各种人物、各个社会阶层和各类社会活动聚合在一起，呈现了中国本世纪以来近50年里的社会的缩影，展现出了旧中国社会的阴暗与朽坏，也描绘出寻常百姓的挣扎和哀怨、愤懑与无可奈何的心情，非常深刻地展示了中国人民所经历的沉重的悲剧命运。

《茶馆》的三幕戏所截取的最有代表意义的这三个时代横断面，本身就很有悲剧性的意味。在每个重大政治事件发生之后，其结果都不是人民生活的改善，社会的进步，而都是恶势力的猖狂，善良人民的遭殃。这就像《茶馆》里的一个人物李三儿说的那样：“改良，改良，越改越凉，冰凉！”老舍是通过这三幕戏构成的悲剧性的历史，为那个永远过去了的时代，写下了最沉痛的葬歌。

老舍是善于刻画人物的高手。《茶馆》中出场的人物有70多个人，老舍都能根据他们不同的性格，用戏剧冲突和简练的对话语言，三笔两笔就刻画出一个个栩栩如生的个性鲜明的人物来。掌柜王利发是一个善于经营、不断改良的小业主。他头脑活络，在茶馆相继关门的情况下，又把裕泰茶馆支撑了几十年。他跟着形式，不断地进行改良。他为人善良又自私，对人热情又有点势利。他尽量多说好话，讨人喜欢，左右逢源，以求把这份家业支撑下去。但终于逃不过受勒索和受欺凌的命运，被逼自尽。

整个剧本的台词简洁明快，不拖沓，京腔白话，绝少雕饰，雅俗共赏。无论诉怨、抗争，还是讽刺嘲弄，都引人入胜。其中的语言不但满载着古都北京街巷语境中的“精气神儿”，具备市井口语的灵动、脆生劲儿，语言中的幽默也是民族式的和老北京式的；同时也带有古今诗歌作品的含蓄气质。

[现代] 老舍

《骆驼祥子》

作者简介

参见《茶馆》简介。

作品提要

《骆驼祥子》真实地描绘了故都北平城里一个人力车夫的悲惨命运。作品中的祥子自幼生长在乡间，18 岁的时候失去了父母和几亩薄田，便跑到城里来做工。带着乡间小伙子的粗壮与诚实，凡是以卖力气就能吃饭的事他几乎全做过了。可是不久他就看出来，拉车是件更容易挣钱的事，他因此决定以拉车为职业。他既年轻又有力气，不抽烟，不喝酒，不赌钱，一般洋车夫的可以原谅而不便效法的恶习他都没有。他咬牙苦干了 3 年，凑足了 100 块钱，买了一辆新车。他高兴得几乎要哭出来。自从有了这辆车，他的生活过得越来越起劲了。他幻想着照这样干下去，干上两年，至多三年，他就可以再买辆车，一辆，两辆……他也可以开车厂子了。

祥子因为高兴，胆子就大了起来，对于什么时候能出车也不大考虑。兵荒马乱的年代，战争的消息与谣言几乎每年随着青麦一块儿往起长，祥子早已不把它们放在心上，每天还照常拉车。有一天为了多赚一点钱，他冒险把车拉到了清华，途中连车带人被十来个兵捉了去。

这些日子，他随着兵们跑，汗从头上一直流到脚后跟。走，得扛着拉着或推着兵们的东西；站着，他得去喂牲口。想着以前的挣扎与成功，他恨透了那些乱兵。一天半夜，远处响起了炮声，军营里一片混乱，祥子趁势混出了军营，并顺手牵走了部队丢下的 3 匹骆驼。

天亮了，他来到一个村子，仅以 35 元大洋就把 3 匹骆驼卖给了村中一位老者。来到海甸，祥子就病倒了，在海甸的一家小店里躺了三天。在这三天里，他与 3 匹骆驼的关系由梦话或胡话中被人家听了去，自此，他得了“骆驼祥子”的绰号。祥子病好后，刻不容缓地想去打扮打扮，要马上恢复他的干净利落，他不肯就这么神头鬼脸的进城去。他剃了头，换了衣服、鞋子，吃了一顿饱饭，便进城向原来赁车的人和车厂走去。

北京人艺演出的话剧《骆驼祥子》剧照

人和车厂的老板刘四爷是已快70岁的人了。他年轻的时候当过库兵，设过赌场，买卖过人口，放过阎王债。干这些营生所应有的资格与本领——力气、心路、手段、交际、字号等——刘四爷都有。前清的时候，他打过群架，强暴过良家妇女，跪过铁索；民国以后，开了个洋车厂子。他的车租金比别家的贵，但拉他车的光棍儿可以住在这儿。刘四爷没有儿子，只有个三十七八岁的女儿虎妞。她长得虎头虎脑，帮助父亲办事是把好手，可是没人敢要她作太太。刘四爷很喜欢祥子的勤快，虎妞更喜欢这个傻大个儿的纯朴憨厚。祥子回到人和车厂受到虎妞的热情款待。祥子把30元钱交给刘四爷保管，希望攒钱后再买车。

祥子没有随便忘了这件事。一想起来，他心中就觉得发堵。他恨不得马上就能再买上辆新车。为此，他更加拼命地挣钱，甚至不惜去抢别人的生意。有许多次，他抢上买卖就跑，背后跟着一片骂声。一来二去的，"骆驼祥子"的名誉远不及单是祥子的时候了。

祥子在杨先生家拉上了包月。每日除了应付杨家人的接送，还要干打杂的活儿。祥子不堪忍受杨家两位太太的苛刻和侮辱，只干了四天就愤而离开了杨家。胸中非常憋闷的祥子回到人和车厂已是晚上11点多钟了。刘四爷离家走亲戚去了。涂脂抹粉，穿着浅绿绸子小夹袄的虎妞，带着平日不见的几分媚气和活力招呼祥子到自己的屋里。桌上摆着酒菜，虎妞热情地劝祥子喝酒。祥子连喝了三盅酒，迷迷糊糊地，他觉得这时的虎妞真漂亮，没有一点可怕的地方，不知怎地便和她睡在了一起。

第二天，祥子起得很早，拉起车就出去了。昨天夜里的事，让他疑惑、羞愧、难过，并且觉得有点危险。他决定离开人和车厂，跟刘家父女一刀两断。在西安门，祥子碰到了老主顾曹先生。曹先生正需要一个车夫，祥子很高兴地答应下来，到曹家拉包月。曹先生和曹太太待人非常和气，祥子在这里觉得一切都是那么的温馨、美好，仿佛在沙漠中行走多日终于来到这片绿洲。曹家的女仆高妈劝祥子把钱放出去，让钱生钱。他很佩服高妈的话，可还是觉得钱在自己手里比什么都稳当。他去买了个带瓦的闷葫芦罐儿，把挣下的钱一块儿一块儿往闷葫芦罐里放，准备将来第二次买车。

一天晚上，虎妞突然来找祥子。她指着自己的肚子对祥子说："我有啦！"祥子听后惊呆了，脑子一片空白。虎妞临走时，把祥子存在刘四爷那里的30元钱还给他，要他腊月二十七——他父亲生日那天去给刘四爷拜寿，讨刘四爷欢喜，再设法让刘四爷招他做女婿。这天晚上，祥子怎么也睡不着，他觉得像掉在了陷阱里，手脚全被夹子夹住，没法儿跑。一天，祥子送曹先生看电影。他在一个小茶馆等着，碰巧遇上饿昏倒地的老马和他的孙儿小马。老马是一个有自己车的车夫，他的悲惨遭遇给祥子最大的希望蒙上了一层阴影。他隐约在老马身上看到了自己的将来。祭灶那天下午，天上落着稀疏的雪花。7点以后，铺户与人家开始祭灶。香光炮影之中夹着密密的小雪，热闹中带出点阴森的气象，街上的人急于回家祭神。大约9点钟，祥子拉着曹先生由西城回家，一个侦探骑着自行车尾随着他们。曹先生嘱咐祥子先不回家，把车拉到他好朋友左先生家，再叫祥子坐汽车回家把太太、少爷接出来。祥子刚到曹宅按门铃，便被那侦探抓住。原来这侦探就是当年抓祥子去西山的乱兵孙排长。他奉命跟踪得罪了教育当局的曹先生。孙侦探要祥子拿出买命钱，并告诉他，放他像放个屁，杀他就像杀个臭虫。祥子没办法，拿出闷葫芦罐儿，他所有的钱就这样被孙侦探全抢走了。祥子第二次买车的希望破灭了，他带着哭腔说："我招谁惹谁了？"

第二天，曹先生一家人就离开了北平，祥子也只得再回人和车厂。虎妞看见祥子很高兴。

刘四爷的生日很热闹，但想到自己没有儿子，便感觉到一点凄凉难过。加上收到的寿礼不多，他把不满倾泻在祥子和虎妞身上。刘四爷不愿把女儿嫁给一个臭拉车的，更害怕自己辛苦挣下的产业被祥子以女婿的身份继承了去。虎妞不买父亲的账，撕破脸皮公开自己与祥子的关系，并说要跟祥子走。

1982年上映的电影《骆驼祥子》中斯琴高娃饰虎妞、张丰毅饰祥子的剧照

虎妞和父亲闹了一场后，拉着祥子在毛家湾一个大杂院租了两间房成了亲。婚后，祥子才明白，虎妞并没有怀孕，只是在裤腰上塞了个枕头。祥子感到受了骗，非常讨厌虎妞。

虎妞打算将剩下的四百来块钱花完后，再向父亲屈服，继承老头子的产业。祥子认为这样做不体面，说什么也不干，还是要出去拉车。虎妞拗不过他，只得同意。

十七那天，他开始去拉车，赁的是"整天"。拉过两个较长的买卖，他觉出了点以前未曾有过的毛病，脚肚子发紧，胯骨轴儿发酸，汗啪嗒啪嗒地从鼻梁上、耳朵、唇上，一个劲儿往下滴嗒，接钱的时候，手都哆嗦得要拿不住东西似的，本想收车不拉了，可是简直没有回家的勇气。家里的不是个老婆，而是个吸人血的妖精。

祥子自从离开了人和车厂，就不肯再走西安门大街，怕被熟人撞见。可是有一天收车后，他故意由厂子门口过，不为别的，只想看一眼。他发现“人和车厂”变成了“仁和车厂”，后经他慢慢打听才明白，刘四爷把一部分车卖出去，剩下的全倒给了西城有名的一家车主，他自己拿着钱享福去了。虎妞听到消息后，非常失望，想到自己只好做一辈子车夫的老婆，一头扎在炕上，闷闷地哭起来。哭完，她抹着泪对祥子说：“给你一百块钱，你买车拉吧！”他们买下了同院二强子的一辆车。

不久，虎妞真怀孕了。祥子拼命拉车，干活。一次，祥子出外拉车遇到了暴风雨，回家后，就病倒了。这场大病不仅耗尽了他的体力，而且也把虎妞手中的钱快用完了。为了应付生活，病未痊愈，祥子就硬撑着去拉车。虎妞的产期到了，因为她岁数大，平日缺乏劳动，孕期里贪吃油腻，因此胎儿无法顺利生产。她躺在床上折腾了三天三夜，把一切神佛都喊到了，并且许下多少誓愿，都没有用。最后，她叫祥子去请德胜门外的虾蟆大仙陈二奶奶。等到陈二奶奶胡乱地做些法事，骗完钱溜走后，虎妞也带着个死孩子断了气。为了给虎妞办丧事，祥子被迫卖掉了车，卖掉了屋里值钱的东西。这样他到城里几年来的努力，到头还是一场空。

祥子要搬出大杂院，邻居二强子的女儿小福子来看他，表示愿意跟他过日子。祥子从内心里喜欢这个为了养活弟弟而被迫卖淫的女子，但苦于自己无力供养她的家庭。看着双眼已哭肿的小福子，祥子狠心地说：“等着吧！等我混好了，我一定来娶你。”

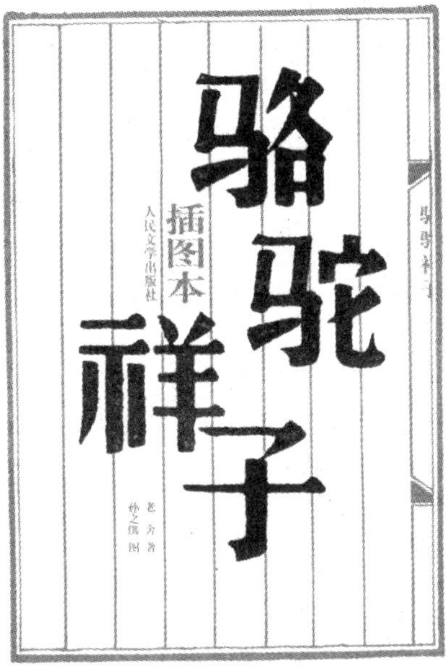

人民文学出版社 2004 年版封面

祥子照旧去拉车，可是他不再拼命，对以前他所看不上眼的事也能安然接受。快到秋天，祥子在雍和宫附近的夏家拉上了包月。年轻的夏太太引诱祥子，使祥子染上了性病。刮风下雨，他都不出车；身上有点酸痛，也一歇就是两三天，还染上抽烟、喝酒、打架的陋习。对于车座儿，他绝对不客气，讲到哪里拉到哪里，一步也不多走。在巡警眼中，他是头等“刺儿头”。冬天的一个黄昏，祥子在鼓楼前抢着个座儿，往东城拉。直到座上的客人说话，他才发

天津人民出版社 2005 年版封面

现是刘四爷。刘四爷问起女儿虎妞的事，祥子没有告诉他，并将他赶下了车。他走出老远，回头看了看，老头子——一个大黑影似的——还在那儿站着呢。祥子感到自己终于出了一口恶气。

祥子觉得战胜了刘四，永远战胜了刘四，恶人都会遭报，都会死，那抢他车的大兵，不给仆人饭吃的杨太太，欺骗他、压迫他的虎妞，轻看他的刘四，诈他钱的孙侦探，愚弄他的陈二奶奶，诱惑他的夏太太……都会死，只有忠诚的祥子活着，永远地活着。他打算从此好好地干，努力自强。他要去找小福子和曹先生。祥子找到曹先生家里，把自己遭遇的一切告诉了曹先生，要曹先生给他出主意。曹先生要祥子回到他这儿来拉包月，答应让小福子到曹家帮忙，并同意让出一间房让他们住。祥子的心里充满了希望、光明。他带着好消息去找小福子，可小福子由于不堪忍受娼妓的非人生活，上吊自杀了。

回到车厂，他昏睡了两天，他没有回到曹先生那里。他不再想什么，不再希望什么，将就着活下去就是一切。他成了还有口气的死鬼。又一年的秋季来临了，故都北平虽没有了当年的排场，但依然保有它的繁华与气度。祥子已不再拉车了，他的生活多半仗着残存的仪式与规矩。有结婚的，他替人家打着旗伞；有出殡的，他替人家举着花圈挽联；他不喜，也不哭，他只为那十几个铜子，陪着人家游街。昔日体面的、要强的、好梦想的、利己的、个人的、健壮的、伟大的祥子，成了堕落的、自私的、不幸的社会病胎里的产儿，个人主义的末路鬼！

重点提示

《骆驼祥子》以 20 世纪 20 年代末期的北京市民生活为背景，以人力车夫祥子的坎坷悲惨生活遭遇为主要情节，深刻揭露了旧中国的黑暗，控诉了统治阶级，突出表现了作家对城市贫民的真挚同情和深刻理解。整部作品，作家以严峻的现实主义手法，写出了祥子从自重自强到自甘堕落，也就是他为生活所毁灭的过程。他个人的不幸命运、他的遭遇反映了下层城市贫民不敢正视现实、自欺欺人的幻想，以及人与人之间的冷漠。在这方面，《骆驼祥子》比一般的暴露黑暗社会现实的作品具有更深一层的社会意义。

老舍先生虽然是一个幽默大师，但《骆驼祥子》却是一个悲剧作品。作家没有刻意幽默，而是摹写生活的本来面目。作品中的人物都在走着下坡路，从祥子、虎妞、小福子、二强子、老马祖孙，到曾经威扬一时的刘四爷，都在走向绝望、暗淡。由这些人物的悲剧构成了整个社会的大悲剧。老舍长于写人，他善于调动各种手法塑造人物。在《骆驼祥子》中既有人物肖像描写，又有人物心理刻画，从不同角度对人物性格和命运展开叙述，具有强烈的艺术感染力。老舍用他那犀利的文笔，准确地描画出祥子身上农民的性格、气质和心理特征。这个如同骆驼一样吃苦耐劳的汉子，是那么淳朴、善良、宽厚，而他的堕落，又是那么令人深思。虎妞外貌又老又丑，个性泼辣、厉害、粗鲁，从里到外都被作者描画得活灵活现。另外，通过虎妞畸形的、变态的心理和行为，也巧妙地反衬出刘四这一类半殖民地社会里地痞恶棍的生活。这些个形象也为中国现代文学的人物画廊增添了多彩的光辉。

作家成功地塑造了祥子、虎妞两个形象。这可以从反映市民生活的深度和艺术魅力两方面审视。作家描写了从农村流落到北京城里的祥子三起三落的悲惨遭遇，讲述了在黑暗的社会环境腐蚀下，祥子从一个善良、本分、富有正义感的人力车夫，开始在生活上、人格上、政治上一步步走向堕落，最后变得人不人鬼不鬼的悲剧历程，真实地揭示了旧社会对劳苦大众的残酷剥削。军阀、特务、车厂老板乃至虎妞，都如同毒蛇一样，死死地缠着祥子，害得他成了一个可悲的牺牲品。祥子的命运，是旧中国广大城市贫民悲惨命运的缩影。祥子的堕落是令人心痛的，但这是对吃人的旧社会的有力控诉。在这里，阶级与阶级的对立，阶级对阶级的压迫，不是表现为政治上的迫害或者经济上的剥削，而是表现为深入人物身心的摧残和折磨。祥子不仅不能获得自己所追求的，甚至无法拒绝自己所厌恶的。这些都充分地刻画出生活的复杂内容和祥子的卑微处境，是全书最能表现出老舍特长的部分。

《骆驼祥子》在中国现代文学史上具有重要位置。“五四”以后的新文学，多以描写知识分子与农民生活见长，而很少有描写城市贫民的作品。老舍的出现，则打破了这种局面，他以一批城市贫民生活题材的作品，特别是长篇《骆驼祥子》，拓展了新文学的表现范围，为新文学的发展作出了特殊的贡献。老舍是一位艺术修养很高的作家。《骆驼祥子》以写人物为构思的中心，围绕人物的命运编织故事情节。这是老舍艺术构思的独到之处。老舍酷爱民间文艺，《骆驼祥子》明显地吸收了民间说书的表现方法。

小说中拥有浓郁的古都风情，市井气息。全书充满了北京地区的生活风光，不少描写点染出一幅幅色彩鲜明的北京风俗画和世态画。《骆驼祥子》偏重表现下层劳动者的生活场景，尤其是车夫的圈子、大杂院的生活。这些京腔京韵的北京风情为本书增添了不可代替的艺术魅力。

[现代] 冰心

《繁星·春水》

作者简介

冰心(1900—1999),原名谢婉莹,现当代女作家,儿童文学作家。早期受过正规的学堂教育,后就读于燕京大学。"五四"运动爆发,她满腔热情地投入青年爱国运动。从1919年9月起,冰心写了许多问题小说,引起了较为强烈的社会反响。1921年文学研究会成立,冰心是最早加入该会的少数女会员之一。她的"问题小说"与文学研究会的"文学应该反映社会现象,讨论人生问题"的宗旨是一致的。她此期发表的作品《超人》《烦闷》等,表明作者已不满足于只在小说中提出问题,而是希望在探索人生的道路上寻求答案。她对种种社会问题开出的药方是"爱"的哲学。从1920年开始,冰心又以诗歌为体裁抒唱对人生的感受。她写出了为文坛瞩目的短诗集《繁星》和《春水》,造成了所谓"小诗流行的时代"。冰心的诗歌风格含蓄、温婉、隽美。大学毕业后冰心赴美留学,期间冰心的作品更热衷于以宣扬母爱、自然、童心为内容的"爱的哲学",代表作有《悟》《寄小读者》等。1932年,《冰心全集》分三卷本(小说、散文、诗歌各一卷),由北新书局出版,这是中国现代文学史上第一部作家的全集。

新中国的建立揭开了冰心创作生活新的一页。1958年,她开始写《再寄小读者》。她勤于翻译,出版了多种译作。她所创作的大量散文和小说,结集为《小桔灯》《樱花赞》《拾穗小札》等,皆脍炙人口,广为流传。"文革"结束后,冰心开始在《儿童时代》上发表《三寄小读者》,并且准备写自传体的长篇。步入晚年,冰心仍笔耕不止,创作了一系列优美感人的散文和诗篇。

冰心是中国现代文学史上进入文坛时最年轻而创作生涯最长的作家,也是中国现代著作等身的最为杰出的女作家。

作品提要

《繁星》和《春水》是冰心最早的两部诗歌集,发表于1922年。冰心当时在泰戈尔《飞鸟集》的影响与启发下，发现自己“零碎的思想”中也有诗。诗人当时正在探索人生的道路，在形成人生哲理的过程中，思想上常有一瞬的闪光。这种灵感之光的一闪，被冰心捕捉之后，点点滴滴地写在笔记的眉批之上，就是她的短诗集的雏形。

中华书局2002年版封面

我们从作者自歉为“小杂感一类”的小诗里，可以看到歌颂母爱、童心和自然是《繁星》《春水》的基调。在《春水·一〇五》中冰心这样诉说自己的祈求：“造物主——/倘若在永久的生命中/只容有一次极乐的应许。/我要至诚地求着：/‘我在母亲的怀里，/母亲在小舟里，/小舟在明月的大海里。’”可以说这首诗是最简洁、最形象地说尽了她对人生的追求。诗人在这首诗中把母亲、自然、童心三者和谐地织入了诗的经纬中。《繁星·一二〇》后来被冰心当作《春水》的《自序》，这是她以最炽热的语言歌颂了“母爱”的伟力的“序诗”：“母亲啊！/这零碎的篇儿，/你能看一看么？/这些字，/在没有我之前，/已隐藏在你的心怀里。”母亲在这里已被冰心宣扬为孕育着一切的“万有之源”。其他的如《繁星·八〇》：“母亲呵！/我的头发，/披在你的膝上，/这就是你付与我的万缕柔丝。”《繁星·一五九》：“母亲呵！/天上的风雨来了，/鸟儿躲到它的巢里；/心中的风雨来了，/我只躲到你的怀里。”《繁星·三三》：“母亲呵！/撇开你的忧愁，/容我沉酣在你的怀里，/只有你是我灵魂的安顿。”《繁星·七一》：“这些事——/是永不漫灭的回忆；/月明的园中，/藤萝的叶下，/母亲的膝上。”《繁星·七二》：“西山呵！/别了！/我不忍离开你，/但我苦忆我的母亲。”《繁星·一〇二》：“小小的花，/也想抬起头来，/感谢春光的爱——/然而深厚的恩慈，/反使她终于沉默。/母亲呵！/你是那春光么？”

在《繁星》和《春水》中，诗人不仅颂扬了母爱，而且还试图“揭开自然的帘儿”，这也是年轻的冰心认为最心爱的题材之一。如《春水·一四一》：“雨后——/随着蛙声，/荷盘上的水珠，/将衣裳溅湿了。”《春水·一八》：“冰雪里的梅花呵！/你占了春光了。/看遍地的小花/随着你零星开放。”《春水·二九》：“一般的碧绿，/只多些温柔。/西湖呵，/你是海的小妹妹么？”《繁星·一三一》：“大海呵，/哪一颗星没有光？/哪一朵花没有香？/哪一次我的思潮里/没有你波涛的清响？”《繁星·一三四》：“怎能忘却？/夏之夜，/明月下，/幽栏独倚。/粉红的莲花，/深绿的荷盖，/缟白的衣裳！”

冰心不仅颂扬母爱，歌咏自然，也珍爱童心，而且但凡一切稚嫩和新生的美，她都愿用自己的小诗加以褒赞。如《繁星·七四》：“婴儿，/是伟大的诗人，/在不完全的言语中，/吐出最完全的诗句。”《繁星·四三》：“真理，/在婴儿的沉默中，/不在聪明人的辩论里。”《繁星·

三五》:“万千的天使,/ 要起来歌颂小孩子;/ 小孩子! / 他细小的身躯里,/ 含着伟大的灵魂。”《春水·六四》:“婴儿,/ 在他颤动的啼声中 / 有无限神秘的言语,/ 从最初的灵魂里带来 / 要告诉世界。”

和同时期的小说、散文一样,冰心短诗的基调是母爱、童心和自然的颂歌,但有基调并不等于没有其他与基调相撞克的诗的乐音。她的诗既然是“真”的文学观的产物,那么在她的矛盾的心灵中也必然会流露出自相矛盾的诗。被“五四”的惊雷震上文坛的冰心,以问题小说起步。如果说初期的问题小说还是“只问病源,不开药方”的话,那么 1921 年之后发表的小说则标志着冰心对种种社会问题开出了她的“药方”——“爱的哲学”。“爱的哲学”是她当时所能开出的救世良方,因而那种站在“第三者位置”上的“不偏不倚的中庸思想”在她的作品中愈来愈浓重,而她还认为是中流社会家庭给她带来了“性情之正”,使她的作品达到了“表里莹澈”的“真”和“美”。但是,另一方面,冰心经常宣扬的“爱的哲学”又并没有最终说服她自己,于是她又在自己的作品中率真地袒露自己自相矛盾的内心世界。这自相矛盾的诗也像她的小说、散文一样,为我们证实了冰心探索人生过程中的烦闷。这样的诗在《繁星》与《春水》中俯拾皆是,如《繁星·四〇》:“我的朋友!/ 你不要轻信我,/ 贻你以无限的烦恼,/ 我只是受思潮驱使的弱者呵! ”《繁星·八七》:“知识的海中,/ 神秘的礁石上,/ 处处闪烁着怀疑的灯光呢。/ 感谢你指示我,/ 生命的舟难行的路! ”《繁星·九九》:“我们是生在海舟上的婴儿,/ 不知道 / 先从何处来,/ 要向何处去。”《繁星·一二二》:“我的朋友! / 真理是什么,/ 感谢你指示我;/ 然而我的问题,/ 不容人来解答。”《春水·一三五》:“梦里采撷的天花,/ 醒来不见了——/ 我的朋友! / 人生原有些愿望! / 只能永久的寄在幻想里! ”

时代文艺出版社 2005 年版封面

在《繁星》《春水》的一小部分篇章中,也揭露了时代的浓重黑暗,同情涂炭的百万生灵,讴歌探索前进的先驱者,鼓舞青年人珍惜青春和砥砺向上的精神。如《繁星·一六》:“青年人呵! / 为着后来的回忆,/ 小心着意的描你现在的图画。”《繁星·九八》:“青年人! / 信你自己罢! / 只有你自己是真实的,/ 也只有你能创造你自己。”《春水·三》:“青年人!/ 你不能像风般飞扬,/ 便应当像山般静止。/ 浮云似的 / 无力的生涯,/ 只做了诗人的资料呵!”《春水·二二》:“先驱者!/ 你要为众生开辟前途呵,/ 束紧了你的心带罢! ”《春水·七〇》:“玫瑰花的浓红 / 在我眼前照耀,/ 伸手摘将下来,/ 她却萎谢在我的襟上。/ 我的心低低的安慰我说:/‘你隔绝了她和自然的连结,/ 这浓红便归尘土;/ 青年人!/ 留意你枯燥的灵魂。’”《春水·七六》:“寂寞增加郁闷,/ 忙碌铲除烦恼——/ 我的朋友! / 快乐在不停的工作里！”

《繁星》《春水》中还有一部分是带有哲理意味的小诗。当时有评论家批评冰心“以哲理入诗”，认为是诗歌之大忌。关于“以哲理入诗”的评价，的确说出了冰心写诗的创作手法。冰心确实是在形成人生观的过程中捕捉哲理的闪光，凝成短诗的。这是“以哲理入诗”的重要原因。但是说“以哲理入诗”乃诗歌之大敌，却也不能一概而论。关键在于是不是诗。是诗，那么溶化在诗中的哲理就决不是哲学讲义。有些诗本身就能成为一种格言，而格言本身就包含着丰富的哲理。如《繁星·四五》：“言论的花儿／开得愈大，／行为的果子／结得愈小。”《繁星·三四》：“创造新陆地的，／不是那滚滚的波浪，／却是它底下细小的泥沙。”《繁星·五五》：“成功的花，／人们只惊慕她现时的明艳！／然而当初她的芽儿，／浸透了奋斗的泪泉，／洒遍了牺牲的血雨。”《繁星·一一六》：“海波不住的问着岩石，／岩石永久沉默着不曾回答；／然而它这沉默，／已经过百千万回的思索。”《繁星·一三六》：“风雨后——／花儿的芬芳过去了，／花儿的颜色过去了，／果儿沉默的在枝上悬着。／花儿的价值，／要因着果儿而定了！”《春水·三三》：“墙角的花！／你孤芳自赏时，／天地便小了。”

长江文艺出版社 2008 年版封面

以上对小诗的简单划分，可以使我们窥见冰心是如何观赏夜空中晶莹的“繁星”，俯视轻漾涟漪的“春水”的。

重点提示

冰心小诗是现代文学史上一颗璀璨的明珠，她在诗中构筑的是一片温柔、祥和、安宁的世界。冰心早期创作中的“爱的哲学”是其被公认的主旨。她以清丽优美的文笔歌颂博大无私的母爱，纯洁稚真的童心，神秘安静的自然。她希望这世界充满爱，人与人之间温馨和睦，人与自然互依互融。冰心曾说她的诗满蕴着温柔，微带着忧愁，欲语又停留。对母爱、童真、自然的温柔颂赞，构成了她柔美诗风的基调。

对母爱的颂赞是她爱的核心。冰心认为母爱能安抚孩子失落的心灵，为他们寻求欢乐的家园。“母亲啊，撇开你的忧愁，容我沉酣在你的怀里，只有你是我灵魂的安顿。”在这首诗中，诗人如撒欢的小儿，直抒她对母亲的依恋之情。在这娇嗔的语气中，甚至要求母亲撇开忧愁，以容纳自己受伤的灵魂。每一个现代诗人都会在自己的诗歌中塑造出抒情主体的自我形象。不同的自我形象，表现出诗人对宇宙人生不同的诗意理想，在艺术道路上不同的审美追求。冰心诗中的抒情自我，大多是表达她对母亲的依恋感以及在母亲身边所感受到的安全感，以此来反衬母亲的伟大。

“五四”初期的新文学作者崇尚返朴归真，把童心看做纯洁自己、净化心灵的归宿。冰心如此喜爱儿童，是因为他们纯真无邪。她希望人与人之间也真诚无欺，世间一切都是透明的，没有虚伪做作。她的这种意识是对现实世界纷乱杂陈的争斗的一种委婉抗争。因着对孩童世界的向往，诗人在描述“播种者”的喜悦时，不是直接歌唱丰收之乐，而是打破常规，与她喜爱童稚与新生的事物相印，因此她以喜悦之心来歌颂破土而出的幼芽，“倚锄望——/到处有青青之痕！”使读者的无限希望之心受到感染。冰心是一位伟大的讴歌爱的作家。

挚爱自然是冰心爱之歌的第三章。在《春水·一〇五》中，诗人明确描绘出她的理想境界：“我在母亲的怀里，母亲在小舟里，小舟在明月的大海里。”这种人与自然交相辉映的仙境，诗人以她特有的柔心，在轻描淡写中对这一永恒话题做出了诗性阐释。冰心描绘自然从不用浓妆重彩的笔法，她的诗不是去发现自然的“本己美”，而是让你在她淡淡的画幅中惊叹她道出了人所未道的深微的自然美。她借着自己的短诗吟出了她对自然的美学观：“诗人！/不要委屈了自然罢，/‘美’的图画，/要淡淡的描呵！”冰心与自然的关系是彼此交织在一起的，达到了人与自然的和谐统一。对自然之爱主要表现在她对大海的痴迷中。在大海边长大的冰心，对海有着特殊的感情。对她来说，海不仅是一种自然的存在，而且与自己的生存体验和精神追求融为一体。浩大无垠的海包容一切，正如诗人似水般的柔情能洁净世间一切芜杂和纷扰。从某种意义上说，诗人已被海化：“故乡的海波呵！你那飞溅的浪花，从前怎样一滴一滴的敲我的磐石，现在也怎样一滴一滴的敲我的心弦。”对诗人来说，海是永恒心灵的神话。诗人之所以对海痴迷，不仅因为海是她年少时的亲密伙伴，更重要的是海带给她安宁以及用爱纯净一切的品质。

诗人的柔性柔情使她偏爱幽雅、宁静的自然景观。她浅吟低唱明月、山花、小草、春风、细雨等阴柔的自然之景，少有宏伟壮丽、排山倒海的景象。即使是对坚毅不拔的冲破囚拘的力的赞歌，也不是怒目金刚式的。冰心用她特有的轻婉语言，表达了对弱小者同情的心绪和对童稚的新生之力的信任。冰心诗歌的特有风格显示了她对人生的审美取向。

如果说冰心的爱是一湖清泉，《繁星》《春水》则是水上一片高扬的风帆，飘荡起她爱的宣言，情的低鸣。

以上引文均引自《语文新课标必读丛书〈繁星·春水〉》（人民文学出版社 1998 年版）。

[现代] 沈从文

《边　城》

作者简介

沈从文(1902—1988),原名沈岳焕,苗族,湖南凤凰县人。沈从文辛勤笔耕几十年共创作了40余部作品,其中,重要的短篇小说集结有《龙珠》《旅店及其他》《虎雏》《阿黑小史》《月下小景》《八骏图》《从文小说习作》《新与旧》《主妇集》《萧萧》《老实人》《蜜桔》《雨后及其他》《黑凤集》等,中长篇小说有《一个女剧员的生活》《边城》等,长篇小说《长河》(第一卷)等。此外,还有散文《从文自传》《湘西》《湘行散记》《烛虚》等。沈从文最有特色的是描写湘西风土民情的作品。

作为现代文学史上最多产的作家之一,沈从文被誉为现代中国的“风俗画家”。他的小说以恬静冲淡的风格,小品散文的笔调,诗词曲令的意境,描绘出湘西边城的美丽风光,反映了“优美、健康、自然,而又不悖于人性的人生形式”,刻画出众多性格鲜明、栩栩如生的人物形象。其代表作《边城》,充分体现了他小说艺术的主要特点。朱光潜先生称其为“是在世界范围里已受到热烈欢迎的一部作品”。著名作家汪曾祺对沈从文有过一句评语:“除了鲁迅,还有谁的文学成就比他高呢?”

作品提要

在湘西边境有一个叫“茶峒”的地方。这座山城有一条小溪,溪边白塔下住着一户单独的人家。家里只有一个老人和一个女孩,还有一条狗。因为渡河而过比走山路要近得多,但是当地又没有能力架桥,所以只得安排一条渡船方便过往的行人。老人从20岁起便在这里管渡,50年了,也不知渡了多少人。女孩是老人的外孙女,叫翠翠。翠翠是她的妈妈和一个军人对歌相爱后生下的。两人本是相约私奔,但她的妈妈舍不得老父亲,她的爸爸为了不毁去军人的荣誉,两人决定一起服毒,在她爸爸死后,她的妈妈坚持生下她后也自杀身亡了。15年了,一老一少相依为命,大黄狗也总是想办法帮他们做事。翠翠一个人进城办货时,大黄狗跟着她一起去。

沈从文的故乡凤凰，也是《边城》故事发生的背景

从四川流入的白河上坐船可以一直到湖南的茶峒这个最后的水码头。凡是从川东进出口的货物都得从这地方落水起岸。小城的一切永远那么静寂，所有的人、每个日子都在这种不可形容的单纯寂寞里过去。但是在小城外的小河街却是个热闹的地方，集中着各种各样的店铺，甚至还有妓女，来来回回的人们也就在这吃住玩。在这个码头掌水的是顺顺，曾参加过辛亥革命，现自己有船，有一妻两儿。他是个大方洒脱的人，为人公正无私，很明事理。他的大儿子天保的性格像他，小儿子傩送的长相、性格则像妈妈，因为长得漂亮，人们给他取了个浑名“岳云”。

在这个远离战争的边城里，一年中最热闹的就是端午、中秋和过年。过端午节的时候，全茶峒的人吃过午饭都出城到河边看划船比赛和入水捉鸭的比赛。这一年的端午节河街赛船只有傩送参加，因为天保去送货了。翠翠被大黄狗拖着听到了赛船的鼓声，这鼓声把她带到了两年前的端午。

那也是在端午，翠翠同爷爷、大黄狗一起到城里看划船比赛。爷爷看了一阵就走回白塔了，告诉翠翠在这等他。可是爷爷回去喝醉了，一直没有来接她。她就在河边傻傻地等着，直到天黑。这时一个人和她搭话，让她到楼上去等爷爷，她误以他是恶意便轻轻地骂了他一句。大黄狗也帮她向那个人叫，那个人笑笑走了。他去告诉家里伙计送她回家。她知道真相后很后悔当时骂了人家。这个人就是傩送。

下一个端午节，翠翠和爷爷又去看赛船时却没有见到傩送，他出外办事没有回来。不过天保因为爷爷夸他捉的鸭子肥就把它送给爷爷了。回家时，爷爷和她开玩笑，问她是否愿意嫁给天保，她生气地想着那个还没有回来过节的傩送。

两年后端午节又快到了，爷爷在船上和翠翠开着玩笑，听到岸上迎亲的唢呐声，渡过迎亲的人后，爷爷告诉翠翠说那个新娘只有15岁。翠翠明白爷爷的意思，她不说话，只是让爷爷吹《娘送女》给她听，没多久，爷爷、她还有大黄狗都睡着了。看着翠翠一天天长大了，懂事了，也有心事了，爷爷的心里想起了自己的女儿。女儿当年也像翠翠一样，漂亮、机灵、懂事，可是她陪着那个军人死了。他很希望如果有祸事落到自己身上，能让翠翠有个好归宿。他又想起前几天顺顺家天保过溪时对他说的话。天保喜欢翠翠，可是爷爷不知道天保是否适宜照顾翠翠，翠翠是否愿意由他照顾。

这一年端午的一大清早，爷爷就上城去办过节的货了。翠翠和大黄狗看着渡船。翠翠一边撑着船，一边想着爷爷进城的事情。爷爷进城里能说的、能做的都在她脑子里装着。今天渡船中的女孩子特别多。翠翠在没人时自己唱歌，可唱着唱着心里觉得一阵凄凉。快到吃早饭的时候，爷爷回来了。

今年端午节又到了，嘭嘭的鼓声唤起翠翠的回忆，她心中很快乐，也有些惆怅。她很想再去看热闹，但又怕爷爷孤独，不愿一个人去。傩送派一个年轻人送回老船夫的酒葫芦。那年轻人夸翠翠长得好看，老船夫则夸傩送心好，行船出事救人。老船夫还让翠翠撑起船送他，他热情地邀请翠翠和爷爷到他家去看赛船。到了对岸，他还立在溪边的小山上，似乎在等待什么人。老船夫暗示翠翠，他就是老二傩送。

在顺顺家，翠翠无意中听到人们议论，中寨乡王团总以碾房为嫁妆欲将女儿嫁给傩送，可傩送偏偏看上一个撑渡船的。翠翠心里说不出是烦恼、忧愁还是快乐。直到傩送赛完龙船站到她面前笑，她才抿着嘴笑起来。天保和傩送弟兄俩都喜欢翠翠，天保走的“车路”，让父亲托熟人向老船夫提亲。老船夫表示要问问翠翠，可翠翠不理会，老船夫只得含糊其辞地将媒人支走。

弟兄俩知道了对方的心事，商量好都一起走“马路”：月夜为翠翠唱歌，谁得到翠翠的回答谁就胜利。哥哥让弟弟先唱，因为走“车路”自己已经先占了先，走“马路”让弟弟先唱。弟兄俩来唱歌的那个夜晚，翠翠睡着了，没有答歌。她在梦中觉得自己的灵魂被美妙的歌声浮起来了，轻轻地飘着，上了白塔，下了菜园，到了船上，蹿过悬崖去摘虎耳草，选顶大的作伞。傩送一唱，天保就明白自己不是对手，自动退让。第二天便决心离开茶峒。他告诉老船夫把宝贝孙女嫁给那只“会唱歌的竹雀”。

老船夫和翠翠等傩送继续唱歌，可歌声却消失了。老船夫着急地打听，才知天保行船出了事，葬身漩水。老船夫两眼红红的。

老船夫有意让翠翠和傩送交好。一次傩送外出办货到溪边，老船夫故意向他提起此事，并高声叫翠翠，不巧翠翠出门了。傩送办货回来，翠翠因害羞向竹林跑去。傩送觉得这爷孙俩畏畏缩缩，又想到哥哥的死，觉得爱情的前途不顺。老船夫知道翠翠的心思，便多方打听傩送父子的意思。但因为天保的死，把一个凄凉的印象嵌在了父子俩的心里，因此对老船夫很冷淡。这时，中寨乡王团总又派人来探口风，傩送仍然表示不要碾房要渡船。可探口风的人爱开玩笑，摆渡时对老船夫说小伙子已答应要碾房。老船夫心中极乱，抱病到顺顺家问个究竟。顺顺虽性情豪爽，也不愿让间接造成大儿子死亡的姑娘做小儿子的媳妇，便让傩送答应王团总。傩送心里只有翠翠，与父亲吵了一架，赌气下桃花源了。顺顺心里正烦，又觉得家里近来不愉快的事都与老船夫有关，心里结下了疙瘩，因而当老船夫问他是否与团总结亲家时，故意说“是的”。

老船夫精神受到极大的打击，为翠翠的命运忧虑，当晚，在电闪雷鸣中溘然长逝。好心的顺顺帮翠翠料理了丧事，并想接翠翠到家里住。但翠翠不肯离开渡口。她离不开爷爷的坟地，也想等傩送回来共操渡船。日子一天天过去了，傩送还没回来。这个人也许永远不回来了，也许“明天”回来。

重点提示

《边城》是作者以家乡为背景所描述的一幅边城生活画卷。因为作者是想用边城人的生命形式来表现一种优美、健康、自然，而又不悖乎人性的人生形式，所以作品写的虽然是少男少女的爱情故事，但作者所着意描绘的不是恋爱过程的曲折和人事纠葛的复杂，而是边城生活的宁静和民风的淳朴。边城乡野的山水景物，充溢着古风芬芳的习俗；特别是少男少女纯洁的爱情，祖孙相依的亲情以及父子之情、兄弟之谊、邻里之睦，等等，都有细致的镂刻，从而讴歌湘西边地的山水之美、风俗之美，特别是人性、人情之美。

但是，20 世纪 30 年代的中国农村的实际情况是民族矛盾和阶级对立非常激烈，即使是当时的湘西边地，现实生活也与小说中描绘的相去甚远。正因为痛感“乡土中国”在社会现代转型中出现的种种弊端，以及人性的扭曲与沉沦，特别是对故乡人民在“现代文明”的挤压下那种正直朴素人性美的丧失充满了忧郁和痛苦，所以作者有意从只存在于理想之中的，或早已逝去的人类童年时代宗法性农村充满人情美的人际关系中去寻找诗意和美，以一切都顺乎自然的“人生形式”和不被偏见障蔽的良知与明慧，绘出了一幅富有魅力的人性、人情风俗画卷，奏出了一曲富于诗意的田园牧歌。

湖南美术出版社 2004 年版封面

主人公翠翠是个纯真善良的美丽少女，她天真活泼，俨然如一只小兽物，乖巧善良。她和山头黄麂一样，从不想到残忍的事情，从不发愁，从不动气。翠翠对祖父的爱带着一些任性、一些娇气。她爱与自己相依为命的爷爷，也爱大自然。由于她感觉到祖父不理解自己，便设想着自己出走给祖父带来的“惩罚”——让祖父尝尝失去她的痛苦；可是当她想到祖父的无奈便又为他担心起来，于是一次次地叫祖父回家，生怕两人真的就会分手。这生动地反映出翠翠对祖父的依恋之情。对天保兄弟的爱则带着少女的羞涩和幻想。在情窦初开的时候，她的内心发生了微妙而复杂的变化，既有对爱情的向往和痴情，又有少女的敏感、羞涩和矜持；既感到愉悦，又害怕别人窥破自己内心的隐秘，还时常莫名其妙地烦恼。从整部小说来看，翠翠似乎一直生活在一种梦幻中，她只能在梦中才能品尝到爱的甘露，而现实却似乎离她很远，于是，她只能凄凉地守候，孤独地等待。从翠翠身上，我们也看到了苗族青春少女的那种对美好生活的渴望与追求。

北岳文艺出版社 2005 年版封面

祖父老船夫的形象凝聚了湘西下层民众世代延续的美德以及悲凉的人生命运。他是一个阅尽人事、饱经风霜的老人。他勤劳本分，宽厚仁爱，诙谐风趣，重义轻利，古道热肠，一颗老迈的心总是为别人跳动。在祖父的身上，不仅流淌着炽烈的爱，也存在着难以排遣的矛盾与孤寂。祖父对翠翠的爱寄托着对不幸的女儿的哀思，他的后半生是为翠翠而活，他的唯一的生活目标就是要使翠翠快乐。他疼爱孤雏外孙女翠翠，为她的健康成长深感欣慰，但他并不真正了解孙女内心的情感躁动。他的许多活动都是围绕孙女能有一个好归宿展开的，但他又害怕翠翠会重蹈母亲的悲剧，为她即将面临的不测命运而深感忧虑。从表面看，他是一个快乐、豪爽而略带幽默感的老人，但透过他的言行，我们却能感觉到老人心中的那种爱的矛盾和无奈的孤独。

沈从文小说独具地方特色。他的题材、人物、自然景色、风土人情、语言，无不涂上“湘西”的标记。题材是从湘西社会日常生活中摄取的；人物是湘西农村的“愚夫俗子”，一批土生土长的“乡下人”；景色更是湘西山山水水迷人的美景。沈从文更是描绘风土人情的高手，他画出一幅幅风俗长卷，婚嫁、习俗、服饰、神话、传说、信仰、礼节……无所不有，无所不奇，使他成为现代中国的“风俗画家”。他特别善于揭示这些一代代流传的古风习俗、人情世态所包涵的人情美和人性美，令人神往，令人惊叹。加上沈从文运用泥味土香十足的方言土语，更使他的小说充满浓郁的湘西地方特色。

[现代] 巴金

《家》

作者简介

巴金(1904—2005),现代著名作家,杰出的语言大师。原名李尧棠,字芾甘,笔名佩竿、余一、王文慧等。四川成都人。1920 年入成都外国语专门学校。1923 年从封建家庭出走,就读于上海和南京的中学。1927 年初赴法国留学,写成了处女作长篇小说《灭亡》,发表时始用巴金的笔名。1928 年底回到上海,从事创作和翻译。

从 1929 年到 1937 年,巴金创作了主要代表作长篇小说《激流三部曲》中的《家》,以及《海的梦》《春天里的秋天》《砂丁》《萌芽》(《雪》)《新生》《爱情三部曲》(《雾》《雨》《电》)等中长篇小说,出版了《复仇》《将军》《神·鬼·人》等短篇小说集和《海行集记》《忆》《短简》等散文集。巴金以其独特的风格和丰硕的创作令人瞩目,被鲁迅称为"一个有热情的有进步思想的作家,在屈指可数的好作家之列的作家"。

抗日战争爆发后,巴金在各地致力于抗日救亡文化活动,编辑《呐喊》《救亡日报》等报刊,创作有《家》的续集《春》和《秋》,长篇小说《抗战三部曲》(又名《火》),出版了短篇小说集《还魂草》《小人小事》,散文集《控诉》和《龙·虎·狗》等。

在抗战后期和抗战结束后,巴金的创作转向对国统区黑暗现实的批判,对行将崩溃的旧制度作出有力的控诉和抨击,艺术上很有特色的中篇小说《憩园》《第四病室》,长篇小说《寒夜》便是这方面的力作。

中华人民共和国成立后,巴金曾任全国文联副主席、中国作家协会主席、中国笔会中心主席、全国政协副主席等职,并主编《收获》杂志。他热情关注和支持旨在繁荣文学创作的各项活动,多次出国参加国际文学交流活动,首倡建立中国现代文学馆。出版有短篇小说集《英雄的故事》、报告文学集《生活在英雄们中间》、散文集《爝火集》、散文小说集《巴金近作》、随笔集《随想录》五集以及《巴金六十年文选》《创作回忆录》等多种。中华人民共和国成立前的作品大都收集在 14 卷《巴金文集》内,新编的《巴金全集》于 1986 年起陆续出版。他的作品已被译成多种外文出版,多年来他还出版了大量译作。

巴金小说创作中最为著称的是取材于旧家庭的崩溃和青年一代的叛逆反抗的作品,

《家》就是这方面写得最成功、影响最大的代表作，曾激荡过几代青年读者的心灵，奠定了他在现代文学史上的重要地位。他善于在娓娓动听的叙述和真挚朴实的描写中，倾泻自己感情的激流，笔触细腻独到，自有一种打动人心的艺术力量。

作品提要

风刮得很紧，雪片像扯破了的棉絮一样在空中飞舞，四处飘落。高府长房的二少爷高觉民和三少爷高觉慧刚从学校排完戏回家。他们走到一所门墙上挂着“国恩家庆，人寿年丰”的大门前停了下来，把皮鞋在石阶上擦了几下，抖了抖身上的雪，便提着伞走了进去。

姑妈和琴正好来高家做客，她们已等待多时。觉民告诉琴外国语专门学堂明年暑假要招收女生，琴很惊喜，但是想到进男学堂和男学生一起上课的困难和压力，心情就沉重起来。觉民和觉慧不停地安慰和鼓励她。琴终于下定决心，准备试一下了。望着琴开朗活泼的美丽脸庞，觉慧不由得想起了鸣凤，一个自幼被卖到高公馆，聪明温顺、毫不抱怨的婢女。

当晚，琴回到家后，鼓起勇气向妈妈说出她要投考外专的事，她妈妈一下子愣住了，她很想替女儿着想，然而她又受不了亲戚们的闲话，最后只得说“将来再商量”。琴很失望，但后来由于看到易卜生的《娜拉》中的一段话，她眼前顿时又明亮了，又充满了信心，她觉得希望还是有的，希望在于她自己，不在别人。

觉新是觉民、觉慧的大哥，他是家里的长子，又是大家庭中的长孙。他相貌清秀，自小就很聪慧，在家里得着双亲的钟爱，书读得也很好。他打算毕业后到上海或北京的有名大学里去继续研究，他还想到德国去留学。他对未来充满了幻想，但他性格懦弱，不敢反抗。为了爷爷早日抱重孙，中学刚毕业，父亲就叫他成亲，帮他料理家事。觉新心中爱着钱梅芬，但他想不到反抗，只能顺从父亲的意志，娶一个自己从没见过的李瑞珏，他的前程断送了，他的美梦也破灭了。婚后，他陶醉在瑞珏的爱情里，整天躲在房里陪妻子，过着安静的家庭生活。父亲亡故后，大家庭的担子落到他年轻的肩上。同时，家庭中许多矛盾像无数暗箭一样向他射来。他愤怒，他奋斗，他以为他的行为是正当的，但最终只是引来了更多的烦恼和更多的敌人。他只好避免与他人冲突，牺牲时间去讨他人的欢心，只为了过几天平静的生活，他觉得自己已经没有希望了。有了第一个孩子之后，他觉得生活又有希望了。过了两年，“五四”运动发生了。他的青春被唤醒了，他和他的两个兄弟一样贪婪地读着报纸上转载的《新青年》和《每周评论》里的文章。因此，他变成了一个有两重性格的人：在旧社会、旧家庭里他是一个少爷；他跟他兄弟在一起时又是一个新青年。他痛恨旧制度，却又要维护这个制度，并处处对这种家庭机制起保障作用。他的兄弟不能忍受他这种生活方式，常常责难他，但他只能坦然地接受，继续过着旧式的生活。

觉慧因为与同学们一起向督军请愿，被高老太爷训斥了一顿，不许他再出门。这天，他在花园里遇到了鸣凤，两人互诉衷肠。觉慧告诉鸣凤，要娶她做三少奶。但是鸣凤却说不要做三少奶，只要一辈子服侍他在他身边就够了。觉慧很诚恳地对她说一定要对得起她。

当天晚上月光很好，三更过后，觉民、觉慧还在天井里散步。他们各自想着意中人。不知从什么地方飘来凄惨的箫声。原来是觉新在吹箫。他知道了梅的事情。梅出嫁不到一年就守了寡，婆家待她不好，于是她就回了省城的娘家。觉新很痛苦，接连几晚都吹这样凄惨的调子。觉民很担心自己与琴的命运会和大哥与梅表姐一样，觉慧安慰觉民说，时代不同了，你不会走大哥的路的。

旧历新年到了，大家都热烈地欢迎这个佳节的到来，高公馆里热闹繁忙。老太爷希望四代同堂，所以觉新夫妇把海臣也带上桌了。高老太爷望着这么多的子孙，脸上浮出了满足的微笑。酒饱饭足后，大家各自回去了。公馆又冷静了。门外有个讨饭的小孩饥寒交迫，觉慧心生怜悯，给了小孩两个半元的银币。

觉民和觉慧去姑妈家玩，在那里碰到了梅表姐。梅向他们诉说自己的境遇，感叹不管时代如何改变，自己的境遇是不会改变的，她只能从回忆中获得些许的安慰。

元宵节的时候，琴和觉民兄弟几个一起在花园里划船，他们玩得很痛快。元宵节刚过，新旧军阀间展开了激烈的混战。张太太带着琴和梅来高公馆避难。张家的房子已被军队占据了。高公馆里炮响一声接着一声的，他们只好到花园里去避难。花园里的景物勾起了梅的回忆，她感到分外凄凉。这时，瑞珏带着海臣走过来，经过一番交谈之后，瑞珏忽然觉得自己很喜欢梅，虽然她和梅只是第一次谈话。第二天，觉新在花园里遇到了梅。她不说话默默地走过去了。觉新一下子全身都冷了，他追上去问她为什么要躲开她。他恳求梅原谅她。梅忍不住低声哭起来，觉新看见她这样难过，他忘了自己地挨近她的身子，用他的手帕去揩她的脸。他们相对而泣，互相说着这几年来的相思之情。

战火平息了，可是市面还是很混乱，人心还是不安定。高公馆里人心惶惶的，只剩下觉新这一房人了。其余人为了不受牵连都出去避难了。过了三四天，避难的人陆续回家了，高公馆里又热闹起来了。

那天觉新和梅在花园里谈话被瑞珏发现了，瑞珏有点疑心。她主动找梅谈心。她告诉梅她完全了解觉新和她的过去，以及觉新为

四川人民出版社 2003 年版封面

什么那么爱梅花。她理解梅和觉新的感情。她们两个相拥而泣。梅坦率地向她吐露了自己的痛苦，梅很感激瑞珏。她们都理解彼此的命运。

战争结束了，和平恢复了。觉慧热心地参加《黎明周报》的工作，经常在报上发表文章，介绍新文化运动，批评和攻击不合理的旧制度和旧思想。为了不引起麻烦，他瞒着家人和周报的关系，他对新的生活方式很感兴趣，他逐渐地进到新的园地里去，与家离得越来越远了。他处于一种矛盾中，他觉得在那样黑暗的社会里，他应该抛弃一切事情包括爱情去把全部社会问题放在自己的肩头。

琴看到许倩如剪了头发，决定也把头发剪掉，但却遭到母亲的反对。母亲说的准备把她早早嫁出去的话大大打击了她。她的眼前立刻浮现出一条很长很长的路，上面躺满了年轻女子的尸体。她想起了几千年来这条路上浸泡了女人的血泪，她觉得希望完全破灭了，然而她还是决定不走那条路，她要走新的路。

高老太爷准备把 17 岁的鸣凤送给孔教会里的重要分子冯乐山作小。鸣凤苦苦地央求周太太留下她，但高老太爷的决定谁也不敢反对。绝望之中，她去找觉慧帮忙，但觉慧很忙，为了不打扰他，鸣凤只得回屋独自垂泪。觉慧全副精神都在报社工作上，没心思管家里的事，鸣凤要出嫁的事他一点都不知道。临出嫁的前一天晚上，她怀着颤抖的心去见觉慧。由于忙，觉慧没等她说完就把她遣走了。鸣凤非常温柔而又略带忧郁地留恋地看了他几眼就走了。鸣凤刚走，觉民进来了，他告诉觉慧鸣凤要嫁给冯乐山的事，觉慧急得很，四处去找她，他大声呼喊，但没有回音，鸣凤此时正在花园独自悲伤，她想了许多，最后怀着绝望的心情，怀着对三少爷的爱，跳进了湖水中。

鸣凤自尽了。高老太爷又把婉儿嫁给了冯乐山。觉慧得知鸣凤投湖后深深自责，同时也加深了对以祖父为代表的封建势力的憎恨，他觉得这个家不能够再住下去，不久的将来一定会发生可怕的事情。他进一步地认清了这个家的面目。剑云向觉民倾诉了他对琴的感情，他希望他死后觉民和琴一起到坟地上看他，觉民被同情和怜悯的情感压倒了，悲痛地答应了他。

高老太爷 66 岁的诞辰到了。礼物接连涌来。公馆里到处张灯结彩，装饰得富丽堂皇。高家搭戏台，唱戏，摆宴，大加庆祝。梅也来参加了，她回到家就病倒了。觉新不能去看她，内心很痛苦。冯乐山也来祝寿，他提出了要把他的侄孙女嫁给觉民，高老太爷同意了。觉民不同意。觉民向大哥求救，觉新感到左右为难，不能作主，他又转向觉慧，觉慧支持觉民抗婚。觉新把觉民的意见向祖父解释了一下，祖父立刻生气地驳斥道："我说是对的，哪个敢说不对？我说要怎么样，就要怎样做！"觉民在不得已的情况下，逃离了这个家。高老太爷知道后，时常发脾气，并吩咐不许传到外面去。觉新觉得自己虽然牺牲了自己的幸福，但仍不能给他带来和平与安宁。他给觉民写了一封要他回家的信，让觉慧转交给他，结果觉民还是不屈服，他说决不让琴成为第二个梅。觉新不断地受到良心的谴责，经过了几天的考虑和商量，他决定去祖父那里替觉民说情。他虽然说得很委婉动人，但只博得祖父的一顿痛骂，最后祖父说冯家的亲事绝不能取消，如果到月底觉民还是不回家，就让觉慧代替他。觉新不敢再说什么了，他找到了觉慧，告诉他祖父的话，并让他去找觉民回来，觉慧并没有被吓倒，并嘲骂觉新懦弱无能。这时传来了梅去世的消息，觉新怀着悲痛的心情料理了后事。

觉新的四叔克安、五叔克定瞒着家人在外头讨了姨太太，租了小公馆，过着荒淫无耻的生活。高老太爷知道后大怒，惩罚过他们之后，高老太爷病了。请来几个有名的医生，吃了很多药，但病情却一天一天地加重。人们开始求助于迷信，请巫师到家里捉鬼。克明和觉新不赞成这样做，但反对也没有用。高老太爷在临终前终于答应不提冯家的事了，觉民抗婚成功了。

瑞珏生产的日子近了。长辈认为长辈的灵柩停在家里，家里如有人生产，会有血光之灾。他们要求瑞珏到城外生产，懦弱的觉新竟然答应了。瑞珏因难产而死，临死前也没能见上觉新一面。觉新突然明白了，整个制度、整个礼教、整个迷信夺走了他的青春，夺走了他的幸福，夺走了他的前途，夺去了他所最爱的两个女人。

觉慧觉得这个家再也不能住下去了。他要离开这个家。觉新感觉到很悲哀，但他知道自己是留不住觉慧的。几番犹豫之后，他决定支持觉慧出走。天还没亮，觉慧瞒着家中其他人，告别了大哥觉新、二哥觉民、琴及朋友们，乘船离家到上海去了。

人民文学出版社2004年版封面

重点提示

《家》是“五四”时期中国社会的一个侧面的形象概括。小说的故事发生在20世纪20年代初期，它通过一个“正在崩溃的地主阶级的封建大家庭的悲欢离合的故事”，猛烈抨击了封建统治势力的罪恶——它的腐化、堕落以及对于年轻一代的摧残；热情歌颂了被新思想唤醒的男青年对于封建专制势力越来越自觉、有力的反抗斗争，揭示了封建专制制度和旧礼教必将彻底崩溃的趋势。

在这部优秀的长篇小说里，作者塑造了一系列富有典型意义的人物形象，其中以觉新、觉慧和高老太爷的形象最为突出。

觉新是《家》中塑造得最成功的人物。他是高家的长孙，过早地担负起生活的重担，又深受封建伦理纲常的熏陶，使他渐渐失掉了反抗精神，变得委曲求全、顺从懦弱。为了在长辈的威压下苟活，他只能用封建伦理道德来泯灭自己对自由的渴望；为了不悖礼教，他竭力压抑自己对梅的爱情。他的一生都处于极度的矛盾痛苦之中。觉新这个形象有力地说明了封建制度的残酷性。觉慧可以说是封建阶级的逆子。作者把希望寄托在他身上，要他给我们带来一点新鲜空气。他对旧势力不顾忌、不害怕、不妥协，投身到民主革命的洪流中去。觉慧的形象可以说是一个有了初步觉醒的要求革命的青年知识分子的典型，但作为一个小资产阶级知识分子，在民主革命的行程中也暴露出了他的弱点。尽管他们对黑暗势力的斗争是勇猛的，但他们追求的理想社会是朦胧的；反抗的动机往往也是个人的；他们同旧家庭的决裂是坚决的，但前途却很渺茫。

高老太爷是这个封建大家庭中至高无上的统治者，是旧制度的代表者、维护者。他反对社会上任何具有进步意义的变革。作者怀着满腔的愤怒，以犀利的笔锋，揭露了高老太爷这个旧制度代表者、维护者的反动本质，深刻剖析了这个貌似强大凶狠的封建家庭，实际上已虚弱衰败，其崩溃的趋势已是历史发展的必然。

《家》是一部现实主义作品，在艺术上有以下几个特色：

首先，《家》在结构艺术上宏伟严谨，以基本线索统领众多的人物、繁复的事件，紧凑周密，波澜起伏。小说借鉴了《红楼梦》的结构技法，以觉慧与鸣凤的恋爱和觉新与瑞珏、梅之间的纠葛作为情节发展的主线，全面交织展示了高公馆的衰亡过程。

其次，在人物形象的塑造上，注意人物性格的鲜明对比，成功地刻画了人物的内心世界。《家》在刻画人物形象时，广泛运用了对比的手法，正反面人物、不同类型的人物自不必说，就是同一类型的人物，作者也在比较中显示其差异。《家》采取多种艺术手法细致地描写人物心理，既运用了动作、对话、环境烘托，又直接写人物的内心独白、直觉、梦幻等。如鸣凤投湖前那大段细腻而充满感情的描写，梅与瑞珏以心交心的促膝长谈，觉新与梅在商店相遇时相隔咫尺而不敢讲话的凄凉情景，都逼真地展现出特定情境中人物复杂变化的心态与情感，给人留下了深刻的印象。

再次，《家》的语言真挚、流畅、单纯、明朗，富有感情色彩。巴金用词非常朴素，语言朴实亲切，又流动着很深的感情。作者从不客观地介绍，而是站在不同角度作限定性的描写。如对鸣凤等人的描写，就是站在被压迫人们的一个深切同情者角度，为她倾诉心灵的悲剧；对高老太爷那些“崩溃制度的代表们”，作者则从受害者的角度憎视之，采用肖像和外观描写，勾勒他们的丑态。

[现代] 曹禺

《雷　雨》

作者简介

曹禺(1910—1996),原名万家宝,字小石,出身于天津一个旧式的封建家庭。因为他的继母很爱看戏,曹禺从3岁起就经常出入戏园,年幼的曹禺不禁对戏剧产生了莫大的兴趣,惊叹"戏原来是这样一个美妙的东西"! 1922年,曹禺进入南开中学学习,这里是当时有名的话剧活动中心。1925年,曹禺加入业余话剧团体——南开新剧团,并成为其中的活跃人物之一。早期的舞台经验是曹禺后来的戏剧创作获得成功的原因之一。1928年,曹禺进入南开大学政治系读书,次年转入清华大学西洋文学系学习。曹禺从高中毕业后就开始构思《雷雨》,经过五年的创作修改,终于在1933年完成,那时他还只是一个23岁的即将毕业的大学生。1936年,曹禺完成了他的又一杰作《日出》。同年赴南京国立戏剧专科学校任教,三幕剧《原野》在此期间问世。1940年,他创作了《北京人》。1942年,曹禺将巴金的长篇小说《家》改编成为四幕话剧《家》。这不仅得到了巴金本人的肯定和赞扬,话剧上演时也获得了普遍好评。解放后,曹禺历任中央戏剧学院副院长、北京人民艺术剧院院长等职。20世纪80年代,曹禺与女儿万芳合作,将《日出》改编为电影剧本。《日出》是与《雷雨》齐名的一部剧作,二者共同奠定了曹禺在中国话剧史上的地位。

作品提要

一个闷热的夏日的上午,天色阴沉沉的,好像要下雷雨了。豪华的周公馆客厅里更是郁热难挡。客厅里摆放着干净而华丽的家具,但是一张旧相片却很不协调地放在精致的紫檀木桌子上。周公馆的女仆四凤正在客厅的一角为周太太蘩漪煎药。她是一个健康而美丽的姑娘,衣着虽然朴素却很整洁。她的父亲鲁贵也是在周家做事的仆人,精明而谄媚,他一边干活一边与女儿搭讪。四凤的母亲侍萍在远方的学堂里做女佣,两年才回来一次。鲁贵让女儿换件新衣服,好让妻子看看自己多有眼力,给女儿找了个好工作。四凤并不理会鲁贵的话,端起药准备上楼,但鲁贵却拦住她,死气白赖地向她要钱还赌债,四凤不肯。鲁贵佯笑着暗示自己早就知道了四凤和周家大少爷周萍的暧昧关系。四凤吓坏了。正在这时,四凤的哥哥鲁大海进来了,他是侍萍前夫的儿子,在周家的矿上做工。他正在领导矿上的工人罢工,作为工人代表的鲁大海来这里是为了见周朴园,但周朴园正在书房会客,鲁贵让鲁大海先在下房等候。

新版话剧《雷雨》剧照中的周萍、四凤和鲁贵

鲁贵又威胁四凤,向她要钱,无可奈何之下,四凤只得把自己省下来存着准备给母亲买衣服的钱都给了他。拿到钱的鲁贵又告诉四凤这屋里半夜闹过鬼,而他曾亲眼看见女鬼是周家太太,而男鬼就是大少爷。四凤不相信,鲁贵提醒她,太太只比大少爷大六七岁,四凤不禁半信半疑起来。鲁贵又告诉她说,她的母亲一下火车就要到周公馆来,是太太吩咐的。鲁贵还说太太打算辞退她,四凤听了很伤心。

这时,周太太蘩漪下楼来了。蘩漪一看上去就是一个果敢阴鸷的女人,她的眼神中充满忧郁和痛苦,显出一个受压抑的女人在克制着自己。蘩漪装着不经意的样子问四凤是否知道大少爷的情况,四凤不敢回答,只是劝太太吃药。蘩漪厌恶地让四凤把药倒掉,并让四凤打开客厅的窗子。这时,蘩漪的 17 岁的亲生儿子周冲跑进来找四凤,没想到母亲也在这儿。他乘四凤不在旁边,告诉母亲自己爱上了四凤,并且要向她求婚,可是被拒绝了。周冲想把自己的教育费分一半出来供四凤上学。蘩漪觉得儿子太幼稚了,她告诉儿子,他父亲一句话就能把他所有的梦都打破。正在这时,周家大少爷周萍进来了。他是一个郁闷而怯懦的年轻人,他爱四凤却又与蘩漪纠缠不清,明知自己深陷酒色却无力自拔。他告诉蘩漪自己准备离开她到矿上去,自己已经厌烦了这种生活,临行前还准备与父亲谈一谈。蘩漪只是冷笑着提醒他不要忘了这屋里曾闹过鬼。这时,周公馆的主人周朴园走进了客厅,他精神饱满,沉鸷的眼光中透着威严与峻厉,嘴边的冷笑显出他平日的专横和自负。周萍告诉父亲自己想到矿上去,请父亲为自己安排点实在的事情做。周朴园问起蘩漪的病情,逼着她把剩下的药喝下去。蘩漪不肯,周朴园先叫周冲劝母亲喝,接着又强迫周萍跪下来劝她喝。蘩漪慌忙含着眼泪一口气喝下药,哭着跑出客厅。见此情景,周冲彻底打消了资助四凤上学的念头,匆匆告辞。周朴园命令周萍关上客厅的窗户,提醒他这屋里的家具都是他生母 30 年前顶喜欢的,而且总是按着老样子摆放着,夏天关窗户也是他生母侍萍生前的习惯。

午饭后，天气更加阴沉，乌云密布，潮湿闷热的空气使人感到更加烦躁。周萍偷偷地约四凤在客厅里见面。他告诉四凤自己要到矿上去了，他再次向四凤表白自己对她的爱，说自己先到矿上，等一切都安排好了，再想办法把事情跟父亲说清楚，然后把四凤接去。周萍告诉四凤自己今天晚上会去她家找她，二人约好了见面的信号和时间。这时，鲁贵进来告诉四凤她母亲来了，四凤高兴地跑出去迎接母亲。周萍见蘩漪进来了，怕与她在同一间屋里，就借口想走，但蘩漪却不依不饶地拦住他。她对周萍说自己对两人之间的事从没有后悔过，她让周萍把她也带走。蘩漪在周家生活了 18 年，见识了周家所有的罪恶，周朴园的专制凶横扼杀了她的生气、感情和自由，把她渐渐变成了一个石头似的死人。而从家乡出来的周萍救活了她，把她引诱到一条母亲不像母亲、情妇不像情妇的道路上。可周萍救活了她又不理她，撇下她一个人慢慢地枯死、渴死。蘩漪指责周萍不应该引诱了她又抛弃她。而周萍早就厌倦了这里的令人窒息的生活，面对蘩漪的死死纠缠，他只是冷漠地告诉蘩漪，就算她不认为自己是周朴园的妻子，而他还是周朴园的儿子。蘩漪痛苦万分，她希望周萍记住：一个女人不能受两代人的欺负。但周萍仍然不管不顾地走出客厅，蘩漪不禁痛哭流涕。

侍萍拉着女儿的手来到周家客厅。她衣着整洁而朴素，眉眼间还可以看到年轻时的美丽和聪慧。四凤亲热地拉母亲坐下，母女二人久别重逢，自然有说不完的话。侍萍一边与女儿聊着家常，一边打量着周家的客厅，她总觉得这里的家具陈设自己好像在哪里见到过，感到十分眼熟。四凤告诉她这些都是 30 年前大少爷的母亲最喜欢的东西，并把周家第一个太太的照片拿给母亲看。侍萍感到一阵眩晕，原来她就是照片上的那个少女。

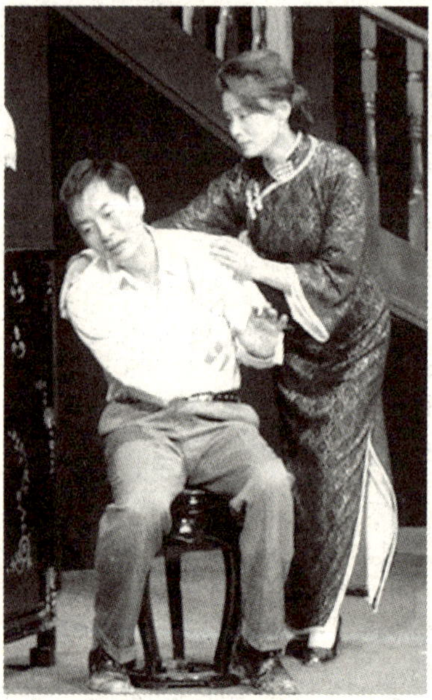
新版话剧《雷雨》剧照中的周萍与蘩漪

这时，蘩漪从楼上下来，支走四凤和鲁贵，准备和侍萍谈谈。她不愿四凤把周萍从自己身边抢走，所以，她借口要消除周冲与四凤之间的感情误会，准备辞退四凤。侍萍虽然不知道里面的内情，但她不愿让女儿在自己曾受过苦的地方继续当女佣，所以十分爽快地答应了。这时，周朴园进来了，他叫蘩漪去看病，他认为蘩漪的神经有点失常。蘩漪气得冷笑着跑上楼。

周朴园并没有认出侍萍，他把侍萍当作一个仆人，让她离开客厅。但周朴园发现侍萍的举动十分奇怪和眼熟，就问了她几句话。侍萍悲愤交加，终于表明了自己的身份。周朴园这才如梦初醒，原来眼前这个饱经风霜的老妇人就是 30 年前死里逃生的侍萍。惊讶之余，周朴园严厉地指责侍萍来这里干什么。侍萍悲痛地说是不公平的命让自己来的。周朴园假惺惺地称自己30年来一直在怀念她，保留她喜欢的东西，保持她以前的习惯，一直在力图弥补自己当年的罪过。这时，周朴园才知道那个在矿上鼓动罢工，一直在反对自己的鲁大海就是当年侍萍抱走的自己的另一个儿子。周朴园当下决定要辞退鲁贵和四凤，并且企图用5 000块钱收买侍萍，好快点把她打发走。但侍萍撕毁了支票，她只想见见自己的周萍。

这时，等得不耐烦的鲁大海不顾仆人的阻拦，闯了进来。周朴园告诉鲁大海矿上的工人已经复工了，而他也被开除了。怒不可遏的鲁大海当着众人的面斥责了周朴园罪恶的发家史。站在周朴园身旁的周萍见状，忍不住上前打了鲁大海一个耳光，并让仆人殴打他。侍萍看到自己的儿子周萍竟然打自己的弟弟，痛苦万分，但又不能相认，只得扶着受伤的鲁大海离开了周家。

杏花巷10号鲁贵家里。此时已过了晚上10点，尽管刚下了一场雨，但依然闷热难当。一场更大的雷雨就要来了。侍萍与鲁大海出去找人商量卖家具的事，这时周冲奉蘩漪之命给侍萍送了100块钱来，四凤不肯收，见钱眼开的鲁贵却连忙收下。正在这个时候，鲁大海回来了，他拒绝了周冲的好意，逼着鲁贵把钱还了，还把周冲赶出了大门。侍萍怀疑四凤与周家少爷的关系有点不一般，于是开始盘问四凤，并且逼四凤发誓以后永远不见周家的人。四凤痛苦不堪，却有口难言，只得在隆隆的雷声中发誓：如果忘了母亲的话就让雷劈死。

侍萍与鲁贵休息后，四凤却在里屋烦躁不安地坐着。这时，周萍冒着大雨来到鲁贵家，用计骗四凤打开了窗子并不顾四凤的阻拦硬跳了进来。此时，蘩漪也来到四凤的窗前，她悄悄地将窗户从外面关牢。突然，鲁大海回来了，周萍想从窗子逃走，却怎么也打不开。四凤看见母亲，羞愧地夺门而逃，而周萍也在侍萍的帮助下逃出了鲁贵家。见外面雷电交加，侍萍和鲁大海赶紧出去寻找四凤。

半夜的周公馆，周朴园独自在客厅看报，蘩漪浑身湿淋淋地进来了。周萍这时也走进客厅，向父亲提出自己打算今天半夜就冒雨赶到矿上去。蘩漪乘周朴园去睡觉了，再一次苦苦哀求周萍把自己带走，却仍遭到周萍冷酷的拒绝。

四凤来了，周萍再次向她表达自己的爱情，决定带四凤一起离开这儿，却不料在门口遇到了侍萍和鲁大海。侍萍无论如何也不同意四凤和周萍在一起并要带四凤回家。四凤情急之下，哭着告诉母亲自己已经有了周萍的孩子。侍萍听了宛如晴天霹雳，她没想到自己的女儿又重蹈30年前自己的覆辙，而且对方还是同母异父的哥哥。侍萍悲痛万分，她狠狠心，让周萍与四凤一起走，自己永远不要再见他们。

这时，蘩漪出现了，她当着众人的面，不顾一切地说出自己与周萍的乱伦关系。接着，蘩漪又叫来周朴园，让四凤叫他爸爸，又让周萍给侍萍磕头。周朴园误以为蘩漪等人已经知道了真相，侍萍就是周萍的生母。无奈之下，周朴园承认了一切，并逼周萍去向侍萍磕头。四凤受不了这个打击，一头冲进风雨交加的夜色中，蘩漪赶紧让周冲去追，没想到两人先后碰上花园中漏电的电线，双双触电身亡。鲁大海打伤了好几个周家的仆人后逃之夭夭，而周萍则乘人不备，取出周朴园的手枪，在书房里开枪自杀。听到枪声，蘩漪发疯似地冲进书房，周朴园也紧跟其后，只剩下侍萍万念俱灰地跪倒在客厅中央。

重点提示

1933年，即将从清华大学毕业的曹禺完成了他的处女作也是他的代表作——四幕话剧《雷雨》。《雷雨》通过周鲁两家的8个人物在短短的一天时间内（从上午到午夜两点钟的纠葛），在两个舞台背景中（周家客厅和鲁家的房子）发生的故事，表现了前后长达30年的封建家庭的悲剧和罪恶，从人性的爱恨交织中折射出整个旧社会旧制度的不合理。

剧本中心人物之一的周朴园是封建专制统治的代表，也是封建家长制和旧道德的代表。在这个人物形象身上，集中体现了资本家和封建地主的双重性格，虚伪而冷酷，残忍且狡诈。作为资本家的周朴园，其发家史是极其丑恶和见不得人的。他之所以有"这样大的矿产"，并不是通过诚实劳动、合法经营获得的，而是在哈尔滨包修江桥时，故意让江桥出险，使几千个工人丧生，然后从每个工人的性命中扣下300块钱，从而为自己置下产地的。为了镇压工人运动，他还曾指使警察开枪打死了几十个工人。周朴园发的财是满是血腥的"绝子绝孙的昧心财"。

天津人民出版社2008年版封面

周朴园最大的特点是虚伪，这种虚伪最明显地体现在他对侍萍的感情上。周朴园首先也还是一个人，他年轻时对侍萍也还不能说是没有爱情的。侍萍年轻时聪明、漂亮、贤惠，还为他生了两个孩子，应该说，周朴园对侍萍还是很有感情的。而且，当初把侍萍赶出家门，也并不完全是周朴园的责任。与侍萍相比，蘩漪是不合周朴园的要求的。所以，他对后来的婚姻并不满意，于是，周朴园就很自然地想起侍萍，怀念自己与她度过的美好的初恋时光。所以，周朴园对侍萍的怀念也是真实的。但这种怀念还是有着虚荣和做作的成分。周朴园通过保持侍萍以前的家具陈设，保持侍萍以前的生活习惯，甚至把侍萍的丫头身份升格为正式进过周家门的人，就是为了让自己在良心和道义上觉得轻松些。他感觉自己尽管荒唐在前，却能补过于后，依然是高尚和多情的。特别是周朴园后来发现自己的这一行为能起到“教育子女，稳定家庭，钳制后妻”，并在社会上博得好名声的作用时，他就更需要这种“怀念”了。也就是说，周朴园对侍萍的“怀念”已经成为一种为自己的“怀念”，是为怀念而“怀念”。而且，周朴园怀念的侍萍也不是后来那个饱经风霜、苍老得连自己也认不得的鲁妈，而是回忆中那个美丽温柔的年轻的“梅小姐”，是已经留下一封遗书、投河自尽的、永远不会再损害他的利益的侍萍。他的“怀念”也就成了一种填补心灵上的空虚的自欺欺人的行为。而随着时间的推移，周朴园人性中善的一面也逐渐被恶所掩盖，年轻的周家大少爷渐渐成为一个残忍而狡诈的资本家。所以，当成了鲁妈的侍萍再一次站在他面前时，一切回忆的假象都被现实揭穿，对侍萍的怀念就抵不上由侍萍带来的对自己事业、家庭和荣誉的威胁，于是，周朴园脱口就是冷酷无情的责问：“你来干什么？”“谁指使你来的？”

人民文学出版社2008年版封面

具有强烈的个性色彩和富有动作性的语言是戏剧《雷雨》鲜明的艺术特色之一。剧中每一个人的台词都仿佛出自人物的内心，不仅符合每个人物的身份，而且随着剧情的发展而不断发生着变化。例如周朴园，当他向侍萍问及30年前在无锡发生的“一件很出名的事情”时，周朴园强调侍萍是一位很贤惠的小姐，这不仅隐瞒了侍萍真实的丫头身份，也为自己始乱终弃的行为添上了一层高贵而感伤的色彩，表明自己仍然不失为一个优雅而多情的人。但却被侍萍一眼看出了其中的虚伪，毫不留情地揭穿他：“她不是小姐，也不贤惠，而听说是不大规矩的。”

《雷雨》在情节结构上开中国话剧之先河，它将古希腊的悲剧模式和以易卜生为代表的近代剧的结构技巧融合起来，运用“回顾”和“穿插”的方式，用“过去的戏剧”来推动“现在的戏剧”，使“过去的生活”与“现在的生活”相互交织。曹禺在剧中成功地使用了“三一律”。用他的话说，全剧的时间“发生在不到二十四小时之内”“故事发生的地点是在一个城市里”“还有一个动作的统一，就是在几个人物当中同时挖一个动作，一种结构，动作在统一的结构里头”。这样，整出戏围绕着一个中心时间展开矛盾冲突，在极有限的时间内达到高潮，产生了强烈的艺术效果。

总之，《雷雨》的出现，推动了中国话剧的发展，为现代话剧的成熟作出了不可磨灭的贡献。

[现代] 钱钟书

《围　城》

作者简介

钱钟书(1910—1998),字默存,号槐聚,江苏无锡人。幼时熟读古典名著和大量古诗古文,奠定了深厚的国学基础。1929年,钱钟书以优异的国文和英文成绩考入清华大学,大学四年中他博览群书,并开始形成自己的治学方法和文史哲打通的治学格局。1935年赴英国牛津大学留学,后又赴法国研究法国文学。几年的留学生活,使钱钟书了解了欧洲各国的文化和文学,具备了现代意识和世界性眼光,为他成为学贯中西的学者奠定了基础。1938年,钱钟书结束了留学生活,回到祖国。抗战期间,他发表了一系列散文,这些文章风格冷峻、机智、新奇而幽默,令人拍手称妙。后来,这些随笔都收入散文集《写在人生边上》。1941年完成《谈艺录》初稿,并开始创作短篇小说,如《上帝的梦》《猫》《灵感》《纪念》等。后来,这些短篇小说都收集在1946年出版的短篇小说集《人·兽·鬼》中。1944年到1946年,钱钟书完成了他的唯一一部长篇小说《围城》,出版后畅销不衰,流传颇广。1958年,钱钟书选注的《宋诗选注》由人民文学出版社出版。此书以后又多次重印,成为解放后影响最大的宋诗选本。从20世纪50年代到60年代,钱钟书还编写了《中国文学史》(唐宋部分),参加了《唐诗选》的选注工作,参与翻译了《毛泽东选集》和《毛主席诗词》。"文化大革命"爆发后,钱钟书被送往农场劳动,受了摧残和污辱,但他并未就此意志消沉。1979年钱钟书的毕生巨著《管锥编》由中华书局出版发行。钱钟书晚年,闭门谢客,不参与名利之争,终日沉入自己的学问事业。1998年12月钱钟书带着他的无穷睿智和学识辞世而去。

作品提要

民国二十六年(1937年),一条法国邮船正向中国开来。船上有一批中国留学生学成回国,他们大多数是职业尚无着落的青年,赶在暑假初回中国,以便从容找事。方鸿渐便是其中一员。方鸿渐还在高中读书时,他的父亲方遁翁便为他包办婚姻,跟一个素不相识的同乡女子订下婚约。他并不情愿,但又不敢违抗父亲。幸而这个女子在方鸿渐读大四的时候得伤寒而死。女孩的父亲是“点金银行”的周经理，为了纪念独生爱女，就把陪嫁办喜事的那笔款子加上方家聘金为女儿做生意所得利息，用来资助方鸿渐出国留学。可方鸿渐是个无用之人，在欧洲四年，改了几回专业，转了伦敦、巴黎、柏林三个大学，随便听了几门功课，兴趣颇广，心得全无，生活尤其懒散。因为父亲和老丈人都伸手向他要学位证书，没办法，他只好从爱尔兰骗子手中买了子虚乌有的世界“名牌”高等学府“克莱登大学”的“哲学博士”学位。“学成”后乘了此艘邮轮回中国。

方鸿渐在船上邂逅了性感的香港女郎鲍小姐。从来没有过恋爱经验的方鸿渐抵挡不住鲍小姐的肉体诱惑，与她偷情；轮船到香港后，方鸿渐看到鲍小姐一头扑进未婚夫的怀中，连头都不回，他感到被玩弄了。同船回国的留法女博士苏文纨极力想讨好他，可方鸿渐不喜欢苏文纨的做作，对她总有戒心，只是勉强敷衍，就怕将来摆脱不了。

到了上海，方鸿渐先看望了花钱送他出国留学的、挂名的岳父母。因为博士是假的，所以当他看到岳父在《沪报》上登的有关他学成归国的新闻时，心中感到很不自然。回乡间，他刚进家门，小报记者闻风而至，摄下了方鸿渐西装革履的仪态，使他成了县里大名鼎鼎的人物，说媒的人更踏破门槛。当地中学校长还登门请他演讲，可他忘了带从历史教科书上抄来的讲稿。急忙之中，他只得信口开河胡言乱语，大谈鸦片和梅毒，竟说从鸦片里可以得灵感，梅毒也可以刺激天才。一时满堂哗然，本来打算说媒的人家都退了。情势很尴尬，所幸“八一三”淞沪战争发生，他赶快逃到上海。

方鸿渐寄居在挂名岳父家中，并在银行里挂个名做事。春暖花开时，他拜访了苏文纨。在苏文纨家，他结识了苏的表妹唐晓芙。后者是个天真率直的大学生。方鸿渐对她一见倾心，暗暗追求她。此时苏文纨仍然喜欢方鸿渐，她使出浑身解数来诱惑他，并故意让自己的爱慕者赵辛楣见到方鸿渐。赵辛楣一来，苏文纨对方鸿渐的称呼立刻由“方先生”改为“鸿渐”。赵辛楣见此状妒火中烧，不断地攻击方鸿渐。可方鸿渐明白了苏文纨的把戏，对赵辛楣的攻击处处退让。但方鸿渐仍然不能狠下心来拒绝苏文纨，怕伤害到她。

电视剧《围城》中陈道明主演方鸿渐的剧照

方鸿渐为了追求唐晓芙，邀请苏文纨和唐晓芙吃饭。苏文纨得知还有表妹在场，心中不快，便称自己生病不能赴约。她本期望方鸿渐因此而延期约会，不料方鸿渐只关心唐晓芙能否赴约。苏文纨醋意大发，再三让表妹也称自己不舒服推掉这次约会。唐晓芙赌气见了方鸿渐，不过她相信爱情不能来得这么容易，自己不会爱上方鸿渐。

方鸿渐更加迷恋唐晓芙，而苏文纨也更加紧逼。到最后实在没有退路的情况下，方鸿渐不得不写信给苏文纨表示拒绝。苏文纨盛怒之下把方鸿渐在船上和鲍小姐的风流韵事、方鸿渐已有妻室以及买假文凭的事一一抖了出来。唐晓芙伤心欲绝，但还是比较喜欢方鸿渐，可碍于苏文纨的情面，又怒方鸿渐的懦弱不争，生气地责骂挖苦他。方鸿渐说不出话来，只好默默离去。他的感情纠葛使岳父一家对他十分生气、冷淡，周太太甚至说女儿是给方鸿渐克死的。方鸿渐一怒之下，辞去银行职务，和以前自认为是方鸿渐“情敌”并与曹元朗竞争苏小姐失利后的赵辛楣一起接受内地新办的“三闾大学”的聘请，去当教授。和他们同行的还有几个人，一个是吝啬的老色鬼李梅亭，他要去当中文系主任；另一个是大学刚毕业的孙柔嘉，她因为赵辛楣的推荐，到学校当助教；还有一个狡猾卑鄙的顾尔谦“教授”。他们一路上风尘仆仆，历经坎坷，受尽旅途的颠簸、虱子的叮咬和空袭的危险，而且互相之间勾心斗角，各忙各的私事。李梅亭对自己的走私货爱护有加，并与苏州寡妇勾搭调情。顾尔谦盘算着怎样吃里扒外，省下自己的钱。其余三人说笑谈天，互相逗乐。一路上，方鸿渐不忍心看孙柔嘉一个女孩子孤身在外，无依无靠，给了她一点关心。于是赵辛楣开方鸿渐的玩笑说，方鸿渐这一念温柔已经播下了情种。他还警告方鸿渐说，孙柔嘉可不是一般的女孩子，她极富心计。

人民文学出版社 2003 年版封面

到了学校，方鸿渐才体会到这个教书育人的地方也是是非之地，里面到处是明争暗斗，尔虞我诈。校长高松年按照“找一批没有名望的人来，他们要借学校的光，他们要靠学校才有地位，而学校并非非有他们不可，这种人才能跟学校合为一体，真肯出力为公家做事”的规律，专门招聘了一批不知名的人物。正因如此，李梅亭、顾尔谦等人才会荣任教授。不过，这一行刚到三闾大学，李梅亭、方鸿渐便知道了不好的消息。李梅亭的中文系主任职位已经被有政治背景的汪处厚抢走了。作为补偿，高松年用校资依李梅亭讨的价钱买下了他的私货；方鸿渐则由于自己给学校开来的简历中没有写明自己的学历而被剥夺了教授头衔，高松年只让他做了副教授，而且教的课也是他一窍不通的伦理学。

即便如此，方鸿渐仍然觉得天恩高厚了。

上了一个星期的课，方鸿渐跟同住一廊的几个同事渐渐熟悉了。从同事陆子潇的口中，方鸿渐了解到三闾大学最有地位的历史系主任韩学愈也是毕业于那个子虚乌有的克莱登大学。韩学愈是个有勇气坚持到底撒谎的人。他娶了个相貌丑陋的白俄人当太太，却谎称她是美国人。他称自己的“著作散见美国《史学杂志》《星期六文学评论》等大刊物”。这不由得让高松年另眼相看，他没想到一个说谎的人会这样泰然无事。由于学校一时找不到韩学愈所说的外国刊物，韩学愈的谎言就一直没有被揭穿。

方鸿渐的到来，对韩学愈构成了威胁，因为方鸿渐对克莱登大学知根知底。但当方鸿渐试探韩学愈时，后者却沉着应答道，克莱登大学是美国最有名的大学，但外面许多骗子打着这所大学的名义进行诈骗。他一时遮掩过去，可心中着实害怕，对方鸿渐产生敌意。方鸿渐是个聪明人，他马上反客为主，消除了敌意。

汪处厚的太太是个既美丽又有智慧和品位的女子，比汪处厚小 20 多岁。她在家闲来发闷，又受人委托，便打算替方鸿渐和赵辛楣做媒，可是以失败告终。赵辛楣却从此与汪太太交往多起来，并坠入情网。一天晚上，汪太太和赵辛楣一起散步，被汪处厚和暗恋汪太太的高松年发现，汪高二人怒不可遏，要把事情问个明白。汪太太劝他们别问了，不要自寻烦恼。此时，赵辛楣却在旁边为自己开脱，因而被汪太太嘲笑“胆子只有芥菜子大”。

赵辛楣在三闾大学呆不下去了，便辞职奔赴重庆。方鸿渐在学校更是落落寡欢，与人不合，处处遭受排挤，而孙柔嘉也觉得孤独思乡。二者同病相怜，日渐亲密。孙柔嘉觉得方鸿渐语言风趣幽默，对自己也很照顾，就想办法让方鸿渐向自己求婚。方鸿渐哪里知道孙柔嘉的心计如此之重，便同她订下婚约。方鸿渐次年没有被续聘，两人只好回上海。

他们在回上海之前，去了香港。赵辛楣到机场迎接他们。在赵辛楣的劝说下，方鸿渐与孙柔嘉在香港结了婚。他还替方鸿渐在上海的报馆里找了一个资料室主任的兼差。方鸿渐对此十分感谢，但孙柔嘉对赵辛楣却有很深的偏见，阻止二人来往。孙柔嘉希望方鸿渐能够哄她，但方鸿渐却因自己从毕业回国到现在都颠沛流离、一事无成而感时伤事，心事重重，没有心情。故而，两人的矛盾越来越多。

回到上海，孙柔嘉不愿意回婆家，要先回娘家。方鸿渐了解她怕生的心理，也没有勉强。第二天，孙柔嘉登门拜访婆家。但她不喜欢丈夫家所有的人。迂腐而爱管闲事的方遁翁、两个满怀敌意盯着她身子看的弟媳，都令她讨厌。方家的人则认为她很不懂礼貌。方鸿渐也不喜欢孙家的人，尤其是孙柔嘉的姑母。这位姑母则认为侄女配错了人，对方鸿渐的能力和资格瞧不起，这让方鸿渐十分自卑。两个家庭也不和，互相瞧不起。方、孙二人靠方遁翁的面子，在亲戚家租到两间小屋，但里面的大部分家具都是孙柔嘉的姑母送的，这让方家感到很没面子。佣人李妈也是处处护着孙柔嘉，为柔嘉着想，全然不顾方鸿渐的感受，这也让他们之间产生很多矛盾、误会。方鸿渐的工作十分不如意，薪水只有孙柔嘉的一半，因此打算接受赵辛楣的邀请去重庆谋职。孙柔嘉得知此事，十分生气，不赞成他的想法。但方鸿渐这次偏偏自己下了决心。一次方鸿渐和孙柔嘉到方家吃饭，方太太怪孙柔嘉没有照顾好儿子，让方鸿渐变瘦了。这让孙柔嘉心里十分不悦，两人为此又闹起别扭。方鸿渐下班回家，正想着如何让孙柔嘉消气，突然看到孙柔嘉姑母的车停在巷口。方鸿渐走到门口，听到姑母说道："鸿渐这个人，本领没有，脾气倒很大。"他顿时血升上脸，想直扑进去，只是听到李妈的脚步声，才悄悄溜出门。上街后，发现钱丢了，他只好空腹回家，并借机将刚才的怒气爆发出来。孙柔嘉自知理亏，便说姑母要替方鸿渐在厂里找个高薪的职位。谁知方鸿渐毫不领情，反而认为这样贬损了自己的人格，于是两个人便吵了起来。方鸿渐伸出右手猛推孙柔嘉的胸口。这时李妈插手进来，维护孙柔嘉，并打电话告诉姑母。方鸿渐知道后退却了。孙柔嘉本不愿意姑母来把事情闹大，但瞧见丈夫这样懦弱，对此十分鄙薄伤心，一怒之下用梳子打伤了方鸿渐。方鸿渐愤然离家而去，只留下孙柔嘉扶头痛哭。晚上 10 点已过，失魂落魄的方鸿渐回到家中，心中一片茫然和空虚。此时孙柔嘉已带着李妈到陆家去了，可是房间里还留下她的怒容，她的哭声，她的说话，在空气里没有消失。方鸿渐在幻想未来的希望中睡着了。他的睡是那样坚实，没有梦，没有感觉。人生最原始的睡，同时也是死的样品。只有那只祖传的老钟在夜深人静之时当当打起来。这个时间落伍的计时器无意中包涵了对人生的讽刺和感伤，深于一切语言，一切啼笑。

重点提示

《围城》虽然没有引人入胜的故事情节，但却是中国现代文学中可读性最强、最有意味的长篇小说。这是由于书中成功地运用了讽刺笔法、贴切的比喻，刻画了栩栩如生的人物形象，洞悉了人生的哲理。因此，即使它的故事不被关注，但它仍然成为经典作品，具有恒久的艺术魅力。首先，围城的主题透出钱钟书洞察人生后的哲思。作者以"鸟笼""城堡""围城"作比喻，说外面的想进去，里面的想出来。具体来说，没有结婚的想结婚，结了婚的又想分手，想寻求解脱，离婚以后又想结婚。这就是所谓的"围城"主题，几乎所有的人都会感受到它。《围城》便是通过方鸿渐与孙柔嘉的爱情婚姻生活来揭示这一主题的。而且，作者更把这种心理倾向扩大到"人生万事"。人们总是怀着好奇心与不易满足的欲望，兴冲冲地进入"围城"，以及后来不顾一切地逃出"围城"。这种"围城"处境正是人们所面临的一种现实处境。钱钟书正是通过小说这种艺术形式真实地表达了人类普遍具有的心理现象，其中透露出作者对人生的体验和关怀。

其次，《围城》中的语言十分幽默和俏皮，具有很强的讽刺性，让人在掩卷大笑之余，陷入沉思。例如，“这一张文凭，仿佛有亚当夏娃下身那树叶的功用，可以遮盖包丑；小小一方纸能把一个人的空虚、寡陋、愚笨都掩藏起来。”这对只重文凭不重学问的现象，真是一针见血的讽刺。《围城》中的讽刺与幽默俯拾皆是，它不仅具有广博的背景知识，而且也蕴涵着深邃的哲学思想。只有细细咀嚼，才能体会到其中深远的趣味。这些幽默讽刺，使《围城》成为中国现代文学中讽刺小说的典范。

第三，《围城》中还运用了大量贴切的比喻。这些比喻往往不落俗套，出神入化，增添了文章的魅力。比如，方鸿渐请鲍小姐上西菜馆吃饭，但却没有一样东西可口，“上来的汤是凉的，冰淇淋倒是热的；鱼像海军陆战队，已经登陆好几天了；肉像潜水艇士兵，会长期浮在水里；除醋以外，面包、牛油、红酒无一不酸”。几乎每一句话都透出俏皮，让人叫绝。

《围城》是一本说不尽、道不完的书，具有奇特的艺术魅力。遨游其中，我们不仅可以享受智慧、体味人生，而且能够感受到钱钟书的机智幽默和学者风范。

[当代] 古华

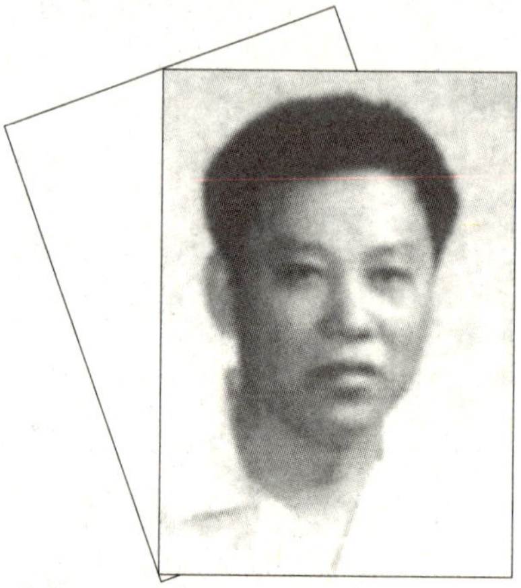

《芙蓉镇》

作者简介

古华，原名罗鸿玉，电影编剧、作家。1942 年出生在湖南一个贫困小山村。少年时成绩优异，是学校各方面的活跃分子，尤其是在文学方面。1960 年，古华被安排到郴州农科所当农工。从此，古华开始了长达 14 年的农业生产劳动生涯，从而熟悉了中国南方农村的全部生活，并经历了“社教”运动和“文化大革命”运动的全过程。1962 年，古华的处女作《杏妹》《甜胡子》在《湖南文学》发表。这两篇乡土气息浓郁的短篇小说一问世，立即引起了圈内人士的瞩目。迄今为止，古华已经发表或出版长篇、中篇小说 12 部，短篇小说及散文百余篇，小说集 7 本，散文集 1 本。除《芙蓉镇》外，还有《快乐菩萨》《水酒湾纪事》《美丽崖豆杉》《土地爷》《爬满青藤的木屋》《醒醒老爹》《山民》《金叶木莲》《浮屠岭》等。其中，《芙蓉镇》《浮屠岭》《相思女子客店》等分别被改编成歌剧、话剧、越剧、黄梅戏、花鼓戏、花灯戏等剧种上演。还有 7 部小说改编成电影、电视上映。主要著作有英、法、俄、意、德等译文版本。

作品提要

芙蓉镇坐落在湘、粤、桂三省交界的峡谷平坝里，面积不大。得此美名是因为在绕流经过镇子的一溪一河的岸边栽有木芙蓉，在镇后山脚下的湖塘内种有水芙蓉。小镇的十几家铺子、几十户住家紧紧夹着一条青石板街，民风淳朴浓郁，人们都安分守己，街坊邻居甚至还有相互赠食的习惯。芙蓉镇本地居民虽然少，但是一到逢圩的日子就是万人集市。从解放初到 1961 年的下半年，圩期一直在变化，规模却在缩小。

到了 1963 年，芙蓉镇上称得上生意兴隆的首先要数本镇胡玉音开设的米豆腐摊子。胡玉音是个二十五六岁的年轻女子，因长得十分漂亮，被称为“芙蓉姐”。传说她的母亲曾做过青楼女子，是和她的父亲私奔到此地开夫妻客栈的。在她结婚后不久父母双双去世。公私合营后，为了生活，她从提着竹篮卖糠菜粑粑起家，发展到摆米线摊子。她凭着热情周到的服务、和顺的言辞、餐具的洁净、足够的份量、香辣的作料等赢得了众多的回头客。像每圩必到的就有镇粮站主任谷燕山，40 多岁的南下干部，是镇上人公认的领袖人物，由于自身有毛病，老婆不得已和他离婚了，是个鳏夫，为了成全胡玉音的小生意，他每圩都从粮站打米厂卖给她碎米谷头子 60 斤；镇大队的党支书黎满庚，30 来岁，转业军人，曾是玉音情投意合的少年情郎，因玉音出身不好只能做她的干哥；外号“秦癫子”的秦书田，原是本县歌舞团的编导，后划为右派被开除回乡生产，秦书田本人多才多艺，镇上的人对他的看法也不一样，但都不讨嫌他，他总是等客人少的时刻来吃米豆腐，嘴里还哼着广东音乐《步步高》的曲子；还有一个吃白食的是本镇有名的“运动根子”王秋赦，他每逢开展什么运动，必定跑红一阵，胡玉音自然招惹不起。

米豆腐摊子生意的红火招来芙蓉镇上三家国营店之一的饮食店的女经理李国香的妒忌。不论是容貌还是生意，她认定了这个米豆腐摊子就是镇上唯一能和她一争高下的潜在威胁。李国香年已 32 岁，还未成家。她是县商业局的人事干部，是县委书记杨民高的外甥女，也是全县商业战线以批资本主义出名的女将。早在多年前，杨民高曾想将李国香介绍给黎满庚，但那时黎满庚正和青梅竹马的胡玉音处于热恋期，所以根本没有如此想法。这引起了杨的极度不满，最后在杨民高的警告下，为了保住党籍，黎满庚和胡玉音忍痛分了手。随后两人分别结婚。胡玉音听从了算命人的话找了一个以“杀生”为业的老实人黎桂桂。黎满庚则娶了个身强力壮的“五爪辣”。但是，李国香的恋爱史却曲曲折折。直到 1963 年的上半年在她即将被提拔时，却因为和有家室的县委财办主任有了孩子不得不打胎迁调来到了芙蓉镇。到了镇上，她曾经向谷燕山示爱但是遭到拒绝，后来发现谷燕山在向胡玉音献殷勤，于是更加怀恨在心。她发誓只要在芙蓉镇上住下去，就总有一天叫这对不清不白的男女丢人败相。于是，她开始暗中调查，调查中同王秋赦一见如故，勾结在了一起。王秋赦是个流落到芙蓉镇的孤儿，因阶级成份优越——雇农，在土改时得到重用：被派到本镇一户逃亡地主家去看浮财。可他却一头栽进象牙床，和逃亡地主遗弃的小姨太有了苟且之事。事后工作队念他苦大仇深分给了他一些胜利果实，包括一栋位于本镇青石板街的“吊脚楼”。守着这些“胜利果实”，他好吃懒做，日子越过越穷，就到处蹭吃蹭喝。他认为“人民政府，衣食父母”，见到上边派下的人就哭穷，后来甚至发展到想把他分到的一块屋基卖给胡玉音夫妇。

不久，芙蓉镇饮食店后头的公共厕所的黑板上出现了一条反动标语。公安员到镇上办理此案，住在王秋赦的吊脚楼里。李和王汇报了本镇阶级阵线模糊不清的情况。为了破案，他们首先召集了“五类分子训话会”。负责召集的是五类分子的“小头目”秦书田。会上要求破坏分子留下字迹以便核对，但都不是。李、王又提出可能是胡玉音，最后也被公安员否定。女经理又建议扩大侦察面，搞得全镇人心惶惶。人们朦朦胧胧中感到自从来了李国香，原本镇上的公认领袖人物谷燕山不行了，从此天下就要多事了！其中感触最深的还是谷燕山和黎满庚。

买下了王秋赦的屋基后，忙了一冬一春，1964 年春天，胡玉音夫妇盖的新屋终于要落成了。这一年老芙蓉树在春天开了花，人们都在猜这是什么兆头。为了破解此异事，胡玉音夫妇放炮办了酒席请了许多人，来的人都喜气洋洋。听着乡邻们的恭贺声，胡玉音感觉就要喜饱了、醉倒了。可是也有细心人发现，王秋赦这回破天荒的没来蹭吃喝，这又是什么预兆呢？在 2 月底的时候，李国香带着县委社教工作组住进了王秋赦的吊脚楼。工作组在这次运动中采取的办法是确定运动依靠对象，团结对象，教育争取对象，最后来孤立打击被斗争对象。本着这个原则，李秋香决定亲自培养王秋赦。培养过程中她发现了王的好多“优点”，其中最突出的就是王简直就是本活谱子。他把平日四处乱窜时知道的事都添油加醋地告诉了李国香。半个月后，工作组基本摸清了情况，开始算账。首先，李国香来找胡玉音并和颜悦色地给她算了一笔账：算明她每一圩赚了 200 元钱，达到了一位省级首长的水平；两年零九个月中，谷燕山批给她的“大米”总数为 11 880 斤。自从算过账后，胡玉音夫妇再没睡着过觉。

终于县委工作组召开了进镇后的第一次群众大会。会上首先念了省级、地区、县级三份通报，三份通报就像突然到来的一场冰雪，把所有参加大会的人都冻僵了。接着在批斗秦书田过程中，李国香借机将矛头指向谷燕山和黎满庚，秦书田被逼当众下跪。会后，胡玉音夫妇被吓得魂不守舍，决定将盖房剩的 1 500 元钱放到黎满庚手里，摊子也不摆了，胡玉音先到外地躲一阵看看再说。黎满庚将胡玉音的钱藏好后却被老婆“五爪辣”看出破绽，问明后大闹了一场，让他为自己和自己家人考虑，黎满庚被逼只得把这笔钱上交了。胡玉音在外呆了两个多月，因为实在惦记家里就冒险回来了，回来后才知道新楼已经被征用，谷燕山已经被以“丧失阶级立场，盗卖国库粮食”的罪名停职反省，黎满庚在“你死我活”的压力下交出了玉音请他代为保管的钱，黎桂桂也自杀了。这一切，特别是知道丈夫自杀后，她开始神志狂乱，思绪迷离，跑到了坟岗背去哭叫“黎桂桂——”她得到的只有一顶新富农的帽子和黑暗中秦癫子为她唱着《女歌堂》的曲子。

“四清”结束后，芙蓉镇从“资本主义的黑窝子”变成了一座“社会主义的战斗堡垒”，街上贴满了同一规格、同一号字体的标语和对联，街容革命化；人际关系政治化，原先“人人为我，我为人人”的乡风民俗，变成了“人人防我，我防人人”的关系，一时风声鹤唳，草木皆兵；再就是如今镇上不再是阶级阵线不分明了，现在连街坊邻居吵嘴都先估量一下对方的阶级成份；最后就连小小孩都不敢再有超越父母级别的轻举妄为。与此同时，铁帽右派秦书田和新富农寡婆胡玉音被规定每天必须在革命群众起床之前打扫一次青石板街。

此时，芙蓉镇的圩期也有了新变化，从五天圩改为逢礼拜圩。镇上专门成立了一个圩场治安委员会，由“四清”时入党并担任了本镇大队党支书的王秋赦兼主任，黎满庚降为秘书一职。治安委员会每圩查缴、没收的各种物品都做如下处理，除了每位委员分点，再就是给公社书记李国香改善生活。圩场管理委员会更名为“民兵小分队”后又得了一个新的称呼——公养土匪。

但历史似乎要捉弄所有的人，一场更为迅猛的大运动铺天盖地而来。芙蓉镇内也是几派间互相斗争。再加上那些串联的红卫兵小将们，形势更为复杂了。红卫兵小将在李国香屋内搜出了几件男子汉用的不可言传的东西，于是以整人为乐事的李国香被小将们揪出，挂上破鞋黑牌与“黑五类”们一起游行示众。为了建设通过芙蓉河的大桥，“五类分子”与“牛鬼蛇神”都被押到工地上出义务工。李国香因为乍一参加体力劳动饭量大增，要想加饭必须跳小将们规定的“黑鬼舞”，她不肯跳又怕挨揍，只得趴了下去手脚并用，像狗一样爬着。王秋赦参加参观团回来后，成了“三忠于”“四无限”的领头人。随着全国各地声讨走资派呼声的高涨，他在各地传授“早请示”“晚汇报”时竟也批判起李国香、杨民高来。到 1968 年底，李国香恢复了革命左派的身份，被任以县革委会常委、公社革委会主任。王秋赦又成了她的下级，于是他一次一次地找她汇报请示工作，但是得不到李主任的接见。一天晚上，王秋赦精心收拾打扮一番又去找李国香，这一次，不仅得到了接见，而且还有幸陪李主任吃喝。当然这是以痛苦悔恨、提供新情报为代价的。最后他不仅向李主任保证以后一定站在她这边，而且还和独身的李主任有了更亲密的关系。不过他们没想到这种不可告人的关系被每天早晨扫地的秦书田和胡玉音发现了。胡玉音曾经一直在心里埋怨她婚后不能生孩子和黎桂桂的死，都是因为她在结婚当天秦书田带人唱带有反封建内容的《喜歌堂》搞坏了兆头才带来的不幸。但是在每天的扫街劳动中和被批斗的过程中，秦书田总是在暗中帮助胡玉音，后来两个人之间也渐渐有了默契。一个有雾的早晨，秦书田无意中发现王秋赦从李主任的住所偷偷溜出。秦书田想到了一个主意，征得胡玉音的同意后把

由刘晓庆、姜文主演的电影《芙蓉镇》剧照

人民文学出版社2005年版封面

一堆稀牛粪放在了王秋赦开门第一脚就能踩到的地方。在王秋赦跌倒爬不起来时又去“立功赎罪”把王秋赦背回了家。通过整治王秋赦，秦、胡两个人的心贴得更近了。不久胡玉音患上了感冒，秦书田不仅干完两个人应该干的活，还主动去照顾胡玉音。胡玉音病好后的一天早晨，在扫街的时候天下起了大雨，在躲雨时两个人结合到了一起。虽然胡玉音曾想到了死，但是最终还是让秦书田唤回了她做人的欲望，两个人偷偷同居在一起了。不久胡玉音有了身孕，两个人开始商量结婚。秦书田首先找到了王秋赦，王秋赦虽然想到秦书田把他背回来并且帮他保住秘密的事，但最后还是没有同意并派人给他们家门上贴了一幅“白对联”。“白对联”无意中宣布同意了此事，两人决定自己举行一下仪式就算了，因为没有人敢来庆祝。可是没想到真就有一个人敢来喝喜酒，还送了结婚礼物，这个人就是谷燕山。自从谷燕山被撤职后，他每天都喝酒，但是他并不是醉得不知人事，只是不参与而已。对于谷燕山的到来，二人感激不尽。一个月后，秦、胡二人被传到了公社。因为顶撞了李国香，胡玉音竟被用铁丝穿过乳房。这还不算，秦书田被判有期徒刑十年，胡玉音被判三年有期徒刑，因有孕，监外执行。镇上知情的人都因为这二人的遭遇暗暗流泪。可是宣判台上的两人却态度顽固，都没有哭，挺着腰身，不肯低头。他们用眼睛鼓励着对方：“活下去，像牲口一样地活下去。”“放心。芙蓉镇上多的还是好人。总会熬得下去的，为了我们的后人。”

随着时间的流淌，芙蓉镇也有了变化。芙蓉河上的桥建成后，公路通了，汽车开进了芙蓉镇，工厂也开在芙蓉镇。镇里也有了一条集新鲜事物为一体的新街。发展不仅带来了污染和噪音，还带来了更多的人与人之间的矛盾。

这时候在芙蓉镇生活的主人公们也都有了不同的结局：李国香虽然结了婚，可是并没有抵住关于她个人生活的风言风语。芙蓉镇由她负责落实全县冤假错案平反昭雪，开始她接受不了。在任地委副书记兼县委书记的舅舅杨民高的启发下开了窍，亲自为胡玉音夫妻摘帽平反。为此气坏了已经当上镇长的王秋赦。王秋赦为了给杨民高拍马屁，不惜采用紧急戒严，结果被告到了省里，提升王秋赦一事也就此搁下。对此王虽然觉得不平衡，但他最烦心的还是不仅要退赔胡玉音的楼屋，还要退赔当年没收的1 500元钱。日子越来越难过，终于他被撤职，当天他就疯了，前襟上挂满了像章，声音凄凉地喊着：“千万不要忘记啊——”“文化大革命，五六年又来一次啊——”“阶级斗争，一抓就灵啊——”，像鬼魂幽灵徘徊在芙蓉镇。他住的吊脚楼也塌了。

在这充满劫难的年月，孤苦无依的胡玉音分娩时险些死于难产，幸亏谷燕山闻声赶到，不怕受牵连，及时拦车将她送到部队医院抢救，胡玉音剖腹产下一子，才得以转危为安。谷燕山虽为此受到“停止组织生活的处分”，但他仍勇敢地肩负起作为临时丈夫和父亲的责任，当了孩子的义父。因为孩子是“黑户”，胡玉音和孩子只能两个人吃一人的粮食。这样一直熬到了“三中全会”的召开。秦书田也终于被放了出来，为了早点回到妻子、儿子身边，他3天赶了1 000多里路。

1979年，芙蓉镇又出现了勃勃生机，商贩云集，蔚为壮观。谷燕山当了镇委书记，忙着治理标志着本镇风光的芙蓉河；秦书田当上了县文化馆副馆长，忙着四处“采风”；胡玉音成了街办米豆腐店的服务员；黎满庚也官复原职。此时山镇的人虽然还不知道“四个现代化”为何物，但是已经从自身利益上尝到了甜头。

重点提示

《芙蓉镇》以“芙蓉姐”胡玉音的悲欢遭际为主线，表现了特定历史时期人民生活的升迁沉浮，揭露了“左”倾思潮的谬误危害。

《芙蓉镇》结构庞大，杂而不乱。作品之所以被称为具有精湛的结构艺术，就在于作者在构思方式上以人物性格的塑造来统领故事情节的发展，并于整体的顺叙中，间以少许的补叙，使剪裁配置显得重点突出而又疏密有致。作者选取了四个具有历史性意义的年景作为舞台布局，以小山镇青石板街作为中心场地，将俏丽善良的“芙蓉姐”胡玉音的故事穿插进一组人物当中去：耿直义气的“北方大兵”谷燕山、矫情阴毒的“政治女将”李国香、在良心悔愧中挣扎的大队书记黎满庚、奸懒馋坏的“运动根子”王秋赦、佯装癫狂的“铁帽右派”秦书田等。这些人物写得个个血肉饱满，各具特色，其命运相互关联、旋转交错，组成了一个不断变迁的“小社会”，而其中正隐现了整个大世道千家万户之聚散沉浮。这种以人物塑造统领故事情节的构思方式，不落俗套，被誉为“土的生活，洋的写法”。

古华坚持现实主义的创作原则，在表现技巧上古今中外兼收并蓄，结构方面借鉴中国古典小说的传统表现手法而又有所发展，将重要人物逐个专节集中描绘，首当其冲带出有关的其他人物，以后各章又根据生活的变化安排，每节以一两个人物为主，对人物逐个描绘，情节逐步展开。小说就是从变化多端的生活现状中，显现出人物性格的复杂性，体现出时代曲折前进的脚步，深刻揭露了“左”倾路线的谬误，热情赞美了山里人善良的心灵和纯真的爱情。作品寓政治风云于风俗民情图画中，借人物命运演绎乡镇生活变迁，具有浓郁的乡土气息和鲜明的地方色彩。

[当代] 阿来

《尘埃落定》

作者简介

阿来，男，藏族，1959 年出生于四川阿坝藏区的马尔康县。曾经担任教师和编辑。1988 年开始，他陆续发表小说《群峰起舞》《月光里的银匠》和《宝刀》等。1994 年底，阿来在阿坝完成了小说《尘埃落定》，1998 年由人民文学出版社出版。阿来自称“自愿长期处于业余的写作状态下”，他还在酝酿新的长篇小说。除上述作品外，还出版了散文集《大地的阶梯》、长篇小说《空山》等。《尘埃落定》于 2000 年荣获第五届茅盾文学奖。

作品提要

小说发生在中国封建制度灭亡之后。皇帝不存在了，可是在边远的藏族山区，却依然存在着这种世袭制的村落，这便是绵延了几个世纪的土司制度。

故事便是从一个 13 岁的傻子开始的，他是麦其土司的二儿子。麦其土司是当地声势显赫的 12 个藏族土司之一，他的第一个妻子是藏族人，可是在生下一儿一女之后便撒手人寰了，正当所有族人都认为他们的土司将迎娶其他土司的女儿或妹妹时，他却买了个汉人娶回家，在酒后生了这么个人人都认定的傻子。土司太太不能指望自己的儿子成为今后的土司，土司的大儿子对这个傻弟弟也不错。从小，这个傻孩子就和侍从们玩耍嬉戏，倒也乐得自在。

那天，傻儿子与侍从索郎泽郎一起捉画眉而生病，结果被土司太太狠狠地惩罚了一顿，也就是在这天，傻儿子和他的侍女桑吉卓玛发生了关系。

此时此刻的麦其土司官寨正发生着巨大的变化。从省城迎来了一个汉人特派员黄初民，他是来卖给麦其土司军火，帮他组建军队打败汪波土司的，然而，他还带来了罂粟，他要求麦其在他的领地上广为播种，来年他们将到这里来大肆收购。麦其土司不想放弃挣钱的机会，虽然济嘎活佛觉察到了不妥，但终究没能劝阻土司，于是新占领的土地也种上了这罪恶之花。第二年，汉人没有食言，他们在这里加工罂粟，变成鸦片再运走。官寨地下三间牢房改成了两大间库房。一间装银子，一间装经黄特派员之手从省里的军政府买来的新式枪炮。

周围的土司看到麦其土司赚到了大笔大笔的银子，都心痒起来，他们都试图从麦其土司那里获得罂粟的种子，来年也能发财。然而，这样好的机会怎么可以轻易地让别人获取？麦其土司、土司太太、大儿子都不同意给他们种子，只有这个傻儿子说“风也会把它们吹过去”。没有人听进去他的话，也或许他们压根就没有听见，自认为聪明的大儿子开始了一系列的措施防止种子被其他土司派来的间谍得到，但是他最终犯了一个更大的过错：当他把汪波土司派来的间谍的头割下并还回时，恰恰把放在间谍耳朵中的种子送了过去。这件事情最终是傻儿子在成年后北巡的时候发现的，麦其土司隐约觉得这个傻儿子有时候似乎并不傻，他开始注意到这个儿子的所作所为，但是傻儿子表现出来的一系列傻气却又让他看不透。傻儿子清楚地知道自己不会是下一任土司，他的行为依然很随性。他依恋桑吉卓玛，但桑吉卓玛还是嫁给了银匠曲孔。于是，土司太太便差遣了新的贴身侍女塔娜给他，但是他始终不能满意。

傻儿子认定要爆发一场罂粟花战争，派送间谍来偷种子只是第一阶段。果然，罂粟花战争的第二阶段，两家兵戎相见。麦其家只用很少一点兵力，靠着先进的武器，平地刮起了火的旋风，飞转着差点洞穿了汪波土司全境。汪波土司偷种的那点罂粟也变成了灰烬，升上了天空。傻儿子开始怀念原来土司家族中的书记员，可以把他这些话语都记录在案，他迫切地想看看家族仅有的前三个土司的历史。

从西方来了个传教的翁波意西，他因为触犯了麦其土司被判割舌，行刑的还是傻儿子的新侍从尔依。傻儿子到监狱看翁波意西，他告诉少爷，要不了多久，这片土地上就没有土司了。傻儿子偷偷地从父亲强占来的头人之妻宗央处拿来家族的历史给他解闷。翁波意西最终做了麦其家的新书记员。

黄特派员因为反对联防军帮着中央军打红色汉人而被明升暗降，成了有职无权的省参议员。联防军的一个姜团长来到这里，他让全藏族土司都在自己的领地里种上了罂粟，罂粟的价格一下子就降了下来。不仅如此，粮食也不够了，不是天灾，而是广大的土地都用来种了罂粟，粮食缺乏，百姓的生存成了问题。

又到一年该播种的时候了，麦其家又坐在一起商议。其他地方的土司都在等着麦其家的做法，看他们是种粮食还是种罂粟，谁都不想失去赚钱的机会，谁也不愿意看到自己的子民挨饿。大儿子说继续种罂粟，但是麦其土司没有回答，他把目光转向了傻儿子。不知从什么时候开始，有什么事情，麦其土司都要看看傻儿子有什么意见了。傻儿子出于对哥哥斥责的气愤，张口就说“粮食，全部种粮食”，没想到，父亲竟然也是这么想的。哥哥特别怕自己偶尔表现得不够聪明，可是在这件事情上他再次输给了傻弟弟，哥哥从此对这个傻弟弟不再那么疼爱了。其他各土司因为播种的日期过了，只能够种下罂粟，只有麦其土司听从傻儿子的话种了粮食。

终于到了可以开镰收割的时候，麦其土司让大儿子到自己领地的边界处去建造房子，大儿子不明白为什么，傻儿子本想告诉哥哥答案，但是自负的哥哥哪里会听这个傻弟弟的话？尽管他尽心尽责地建好了房子，但终究没有弄明白其中的道理。

房子原来是用来就近储备粮食的，但这仅仅是它的一个用途。大儿子说："这么多的玉米，要把官寨撑破的。"傻儿子却大胆地告诉父亲免除百姓们一年贡赋。父亲奇怪傻儿子不想麦其家更加强大，傻儿子却说："对一个土司来说，这已经够了。土司就是土司，土司又不能成为国王。"书记官当时就把这句话记下了。麦其家强大了，凭借武力向别的土司发动过几次进攻。如果这个过程不停顿地进行下去，有一天，天下就只有一个土司了。拉萨会看到，南京也会看到。而这两个方面肯定都没人乐意看到这样的结果。所以，麦其家只要强大到现在这样，别的土司恨着他们而又拿他们没有一点办法就够了。然而，这个道理似乎哥哥永远不懂，他认为只有战争才能显示出他不愧为麦其土司的继承人，却不明白任何一个土司都不是靠战争来取得最终的地位。好在麦其土司对自己置身的世界相当了解。叫他难以理解的是两个儿子：聪明的大儿子喜欢战争，喜欢女人，对权力有强烈兴趣，但在重大的事情上没有足够的判断力；而有时他那酒后造成的傻瓜儿子，却又显得比任何人都要聪明。在别的土司还没有为后继者发愁时，他脸上就出现了愁云。

旧时西藏的土司

麦其土司最终派兄弟二人自己点将去驻扎，他告诉两个儿子，粮食多重，银子多重，他要让这些土司用10倍于平常价格的银子来换取粮食。傻儿子于是挑了些似乎不中用的侍从就上了路，到了边境，他首先让侍从们炒麦子，香味吸引了众多的饥民，他知道，他们已经不会支持自己的土司和自己开战。开门布施之后，拉雪巴土司来访，这个肥胖的家伙把他当作十足的傻子，结果不但没有买到粮食，还自取了一顿羞辱。拉雪巴土司的子民都云集在房子之前，静静地等待着傻少爷给他们粮食吃，三天过去了，傻少爷不能违背良心，终于下令让他们吃好一顿饭，然后各自回到自己的家乡，自己的土司领地去。饭是吃完了，可是大部分人都不走了，他们心甘情愿地留下来做了麦其家的子民。傻少爷这样的举动让管家对他刮目相看，认为他是大智若愚，可随即他的举动却让管家为难至极。没有人知道傻少爷是早就定下了计谋，还是傻得十足，他被巴康唯一的女土司茸贡土司绑架了，无论她们怎样求他，怎样诱惑他，他都不肯松口借出粮食，但是当他看到了茸贡土司的女儿时，他傻劲犯了。他分文不要借出了粮食，只为了要她貌若天仙的女儿塔娜。麦其土司气得无话可说之时，却发现茸贡土司大雨中赶了回来，傻儿子歪打正着告诉父亲，他们被拉雪巴土司抢了。事情变得微妙起来，麦其土司凭此借口帮助茸贡土司攻打拉雪巴土司，再一次确立了他在藏族的地位，而傻儿子也因此得到了美丽的妻子塔娜。麦其土司忽然之间觉得他的傻儿子有着超乎常人的预知能力，他对这个儿子刮目相看。

处理完这里的事情之后麦其土司决定回官寨了，因为他的大儿子在对付汪波土司时，再次犯了致命的错误，不但没有从中谋取到银子，还将敌人所需要的一切都奉送了去。他必须对此事重新做一个打算。边境上，拉雪巴土司又带着败兵回来了，这回他不是来打仗的，他是拿钱来买粮食的，从此他就在这边境上扎了根，和众多的藏人一起做起了生意。边境那宽宽的河带，如预想中的一样成为热闹的集市，傻少爷在这里的驻扎不但没有影响生意的进行，还促进了藏人和汉人之间的贸易。所有的人都知道，也都清楚地看到，傻少爷所做的一切都让麦其家达到了家族历史的鼎盛时期。可是傻少爷却决定要回官寨，因为他遇见了麦其家的仇人。当初麦其土司杀了他们的父亲，害得他们的母亲自焚，临死前立下重誓要儿子报仇，于是哥哥在边境开了饭馆，弟弟充当了这个杀手。杀手的第一次下手没有成功，也许是胆怯，也许是顾忌。傻少爷决定回去告诉父亲。

傻少爷终于要回官寨了，他带着漂亮的妻子回去了。所有的人都在热烈地欢迎着他们，所有的人都在夸奖着这个傻少爷。没有人再叨念着他是老土司和妻子酒后生下的傻子，但是他自己却清清楚楚地意识到自己当不上新土司。他的跟班极为不服气，就连他的妻子塔娜也因此而对他不忠。塔娜终于自己跑去勾引了丈夫的哥哥，却被自己的丈夫全部看见了，很快这就不再是家中的秘密，傻少爷头一次粗暴地撵她走。他为了排解胸中的苦闷，找了件死人的衣服来穿，紫色的有着血迹领口的袍子让老土司都吓了一跳。

麦其土司传书记员来记录，他要准备逊位了，还决定由大儿子来做新的土司。可是书记员宁愿再一次被砍掉舌头，再一次说不出话来，也要告诉土司，这是一个错误的决定。他坚信只有这个傻儿子才是最适合的人选。结局是注定的，他剩下的一半舌头又被砍了，大儿子成了少土司，傻儿子只能盼望着回边境去。

傻儿子即将要回去了，可是杀手又来了，从边境追回官寨里来了。那个夜晚，傻儿子明明已经睡下，但是却看到了哥哥被杀的那一幕，他惊叫起来，可是没有人相信，终于老土司派人去看大儿子了，一切如傻儿子所说的，肚子上被刺了一刀，血、肠子、大便流了一床，活佛和喇嘛都来看过了，但是已经没有挽救的办法，实在是太严重了。谁都没有想到事情会到这样的地步。大儿子终于还是死了，临死前兄弟二人又恢复了幼时的亲密关系，傻儿子顺理成章地成了少土司。

傻儿子还是想回边境去，那里自在。土司太太拗不过儿子，只好应允。塔娜也老实了不少，她要求为丈夫生一个孩子，可是她以前为了避孕吃了太多的印度药粉，结果始终无法怀孕。她也只有认命了。

过了一段日子，土司太太想念自己的儿子了，她决定好好地来这边境上看望自己的儿子，麦其土司也来了，他要正式地将位子传给傻儿子。傻儿子并不在乎这些。他始终记得书记员曾经对他说："无论东边还是西边，到了那一天，就不会再容忍你们这些土王存在了。"他请以前的老土司来聚会，却发现汉人带来的鸦片和梅毒整垮了他们。

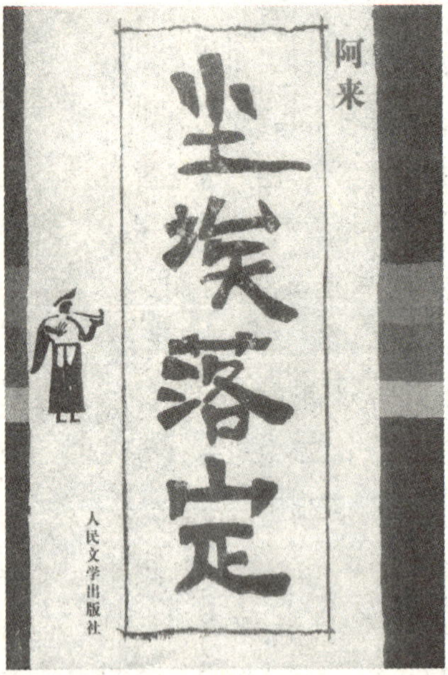

人民文学出版社 2003 年版封面

当抗日战争、解放战争都结束的时候，汉人来到了这里，当初的黄特派员现在是傻土司的师爷，他告诉傻土司那是共产党。他们来这里是代表政府禁止种植罂粟的，而且要取消这些土司制度，因为人和人之间是平等的，现在农民已经翻身，建设祖国了。傻土司二话不说按照政府的旨意办，他还因此获得了表扬。但是他已经感觉到了自己的死期。那天，他和塔娜重归于好之后，借故要塔娜上房顶，自己却留在了屋里。那个开饭馆的老板来了，他已经是一个红色藏人，他代替了他的杀手弟弟来报仇，尘埃终于落定，一切归于平静。

重点提示

阿来从小深受藏、汉双重文化背景的滋养，擅长以汉语言为写作载体。其作品大多是从较深的层次关注民族、家庭、村落的历史，关注普通人和弱势群体的理想智慧，捕捉民间的真实。《尘埃落定》的成功对藏族当代文学的创作也有积极影响。藏族文化固有的本质特征和气息渗透于阿来的文本之中，再次掀起了人们对藏族文化和藏族文学深切的关注。

《尘埃落定》可以说是阿来主观情绪渲染的产物，许多故事情节随"我"的行为意识变幻而自然铺排。这种重视主观心理感受的章法使得阿来的小说有了西方小说中重视心理体验和意识流动的某些味道，这就使他的小说在诗意的氛围中铺展着奇异的情节，小说也就好看了。借这种心理感受的展开来透露出骨子里丰厚的民族文化底蕴，让读者耳目一新。

《尘埃落定》也极为讲究真实。如果说《尘埃落定》中的故事和人物是虚构的，那么有关土司制度和这种阶级关系及典章制度的描写，则是完全真实的。阿来非常尊重历史真实，如衣物、器物和房屋建筑，这些背景的材料都是真实的。对于当时的政治历史背景的描写，也是广泛研究的结果，即使把它们作为历史研究的材料也完全属实。

此外，全书的语言有着诗一般的意境。这种诗意和美感，来源于神奇独特的雪域藏文化的熏陶和濡染，以及丰富深厚的民族民间文化。阿来始终抓住人性的主题，从容冷静，不动声色地叙述着整个故事，情深而又节制，从容而不冷漠。

[西班牙] 塞万提斯

《堂吉诃德》

作者简介

米盖尔·台·塞万提斯·萨阿维德拉(1547—1616),是文艺复兴时期西班牙小说家、剧作家、诗人,被誉为西班牙文学世界里最伟大的作家。

1568年,塞万提斯在马德里读中学,他勤奋好学,读了许多希腊罗马时期的经典著作。1569年12月,塞万提斯到了文艺复兴的民源地——意大利,当了红衣主教胡利奥·阿枯维瓦的扈从,平时住在罗马,也到过佛罗伦萨、米兰、巴勒尔摩、威尼斯和帕尔马等地,接触了许多文人,读了许多优秀的作品,尤其是文艺复兴作品。在奥斯曼帝国入侵基督教国家时,塞万提斯激于爱国热情,参加了西班牙驻扎在意大利的军队。1571年10月7日,爆发了历史上有名的勒班多(Lepanto)战役,此刻他恰巧病倒,但仍然带病奋勇杀敌,胸口左臂都受重伤,左手残废。自此人们尊称他为“勒班多的独臂人”。

1572年至1573年,他又在纳瓦里和突尼斯的戈列达等地作战。1575年,他和一起在军中的弟弟罗德里戈启程回国。9月26日,他乘“太阳号”从那不斯海港出发了。27日遭到了三艘土耳其战船袭击,塞万提斯被俘,押至阿尔及利亚,开始奴隶生涯。其间他五次组织逃跑,均未成功。他常常挺身而出,承担责任。1580年9月他终于被赎出。10月24日,他在德尼斯登陆回国。此时他决心进行创作。从1582年开始至1584年,他写了《八出喜剧和八出幕间短剧集》的一部分,又创作了第一部分小说《伽拉提亚》。1584年,他和卡塔琳娜·台·帕拉西奥斯结婚。随后在1587年,上书请求差务,被委派担任无敌舰队的军需,他秉性公正,为此得罪了权贵。1592年到1605年,他曾数次入狱,大多因“莫须有”之罪受难,在狱中他初步构思了天才作品《堂吉诃德》。1605年,《堂吉诃德》第一卷出版。1614年,《帕尔纳索斯游记》问世。《堂吉诃德》第一卷出版,使塞万提斯声名大震,却并未改变他生活的困窘,而且他又受到了各方面的迫害。首先是教会的愤怒。教会开除了他的教籍,并因此弄丢了税吏饭碗。许多文人也极为嫉妒他,因为他断了那些以写骑士小说谋生的人的生路。在1614年,甚至有人以阿维拉尼达的化名写了一部伪造的《堂吉诃德》第二卷,诋毁和歪曲他。塞万提斯见状加快了《堂吉诃德》第二卷的写作，1615年，第二卷正式出版。第二卷的出版，正式宣告塞万提斯文学地位已无人可撼，西班牙文学从此步入了世界最优秀文化之林。这部小说曾被人们称为迄今最成功、最完美、最典范的长篇小说，而小说所塑造的伟大人物形像堂吉诃德更是家喻户晓的经典人物，成为世界流行语中一个带有特定含义的符号，具有永恒的美学价值和深刻的认识价值。

1615年，《八出喜剧和八出幕间短剧》出版。1616年，塞万提斯在完成了最后一部长篇小说《贝雪莱斯和西希蒙达历险记》的献词。1616年4月23日，塞万提斯因水肿病发作在马德里逝世。

作品提要

《堂吉诃德》全名为《奇情异想的绅士堂吉诃德·台·拉·曼却》，是戏拟骑士小说的手法布局谋篇的。故事说，在西班牙的拉·曼却住着一个50多岁的穷乡绅吉哈诺，他迷恋骑士小说，读得满脑子尽是游侠冒险的荒唐念头，决定做个游侠骑士，去救苦济贫，扬名天下。

他翻出祖传下来的一套盔甲，牵来家中仅有的一匹瘦马，冠之以“驽骍难得”，表明它过去虽是驽马，现在当上了骑士的坐骑，却是稀世难得。然后，他又用了整整八天时间，给自己命名为堂吉诃德·台·拉·曼却，意即来自拉·曼却的鼎鼎有名的堂吉诃德骑士。他又想起，游侠骑士怎能没有意中人，她一定得是个美貌的公主，于是他把自己偷偷恋慕的一个素未谋面的农村养猪女子作为意中人，起名曰杜尔西内娅·台尔·托波索。一切齐备之后，他就偷偷溜出了家门。

游荡了一天，他来到一家客店。他把客店看成是贵族城堡，把老板当成堡主，把门口站的两个妓女当成贵妇人，他请求主人为他主持骑士受封仪式，而以自己为之守夜为交换。夜里，两个打水的骡夫移动了他放在水槽上的盔甲，被他用长剑打伤。店主看出他是个疯子，怕他胡来，赶紧用草料账簿作《圣经》，接着在堂吉诃德颈脖上狠狠打了一掌，还用堂吉诃德的剑在他肩膀上使劲拍一下，最后叫两个妓女为他举行了挂剑仪式。“受封”后首次出马，他便从皮鞭下解救了因向地主索要工钱而遭毒打的牧童，命令地主给孩子松绑，并如数付给孩子工钱，地主被吓得一一照办。但堂吉诃德一转身，

堂吉诃德向风车猛冲过去

地主就重新绑起牧羊的孩子，打得他几个月起不了床。

堂吉诃德得意洋洋，还以为立了战功，来到一个十字路口，又向一队迎面而来的商人挑战，要他们承认他的意中人杜尔西内娅是天下第一美女。商人的骡夫不买账，抢过他的长枪，把他打得浑身是伤，无法动弹，被一个邻人捆在马背上送回了家。他的外甥女和女管家只恨骑士小说不好，就找来本村神父和理发师，一气之下烧了他那些骑士小说，他的第一次冒险就此结束。

伤愈后，堂吉诃德又急着要出门，因为他坚信：世上最迫切需要的是游侠骑士，而游侠骑士道德的复兴全要靠他一个人。他找到街坊上一个贫苦农民桑丘·潘沙，对他许愿说：他征服一个海岛后，就让桑丘当海岛总督。桑丘终于心动，高高兴兴地答应了，丢掉家人成了堂吉诃德的侍从。

一天夜里，骑士和侍从第二次偷偷地离开了家。他们来到蒙特艾尔平原上，远远望见耸立着的三四十架风车。堂吉诃德一见便说：这是凶恶的巨人。桑丘告诉他那是风车不是巨人，堂吉诃德却不听从他的劝告，责怪侍从胆小，接着策马举枪冲向巨大的飞速旋转的风车。风车翅膀不停地旋转，把堂吉诃德连人带马掀翻在地，狼狈不堪。堂吉诃德依旧不肯相信这是风车从而剥夺他胜利的荣光。不久又路遇一个贵妇人，他把她当成是被魔法师劫走的公主，勇敢地将她从她的仆人手下“解救”了出来。

晚上，主仆二人来到一家客店。店主将他们安排在顶楼同一个骡夫同住。客店女仆玛丽托内斯和骡夫约好当晚幽会。女仆在黑暗中摸错地方，到了堂吉诃德的床边。堂吉诃德认为这是美丽的女神，抓住女仆，紧紧抱在怀里，而且絮絮叨叨说个没完。骡夫听到，醋意大发，大打出手。店主闻声而来，几个人已在黑暗中打成一团，直到神圣友爱团的巡逻队长闻讯赶来时才撒手。堂吉诃德吃的拳头最多，动弹不得。

主仆二人离开客店继续前进。一天，正当他们边说边走，忽然看见两股尘土滚滚而来。堂吉诃德立刻兴奋地告诉桑丘，这是两支对垒的大军正要交战，他要去支援正义的一方，干一番青史留名永垂不朽的事业。桑丘仔细一看，根本没有什么军队，只有两队羊群扬起的尘土。可是堂吉诃德昏了头，根本听不进桑丘的劝告，闪电般地冲入羊群，乱打乱刺。气愤的牧羊人大声喝他不住，就解下弹弓，石块雨点似地向他打来，打破了他的头，打掉了他的牙齿。牧羊人眼见闯下祸来，急忙赶着羊群跑开。

电影中的堂吉诃德剧照

堂吉诃德吃了亏，却并不悔悟，一口咬定是魔法师作祟，把军队化成羊群。接着，主仆二人看见前面路上来了十一二个被押解到海上做苦工的犯人。堂吉诃德说：人生来是自由的，不应该强迫他们做苦工，而锄强救弱正是游侠骑士的责任。他打倒了押送的兵士，解救了犯人，命令他们去拜见杜尔西内娅，报告堂吉诃德的功绩。谁知犯人不仅不听从，反而恩将仇报，将主仆二人打倒在地，夺走了他们的衣物。

主仆二人放走了犯人，怕官兵追捕，连忙逃进黑山，要在那儿为心上人隐居修炼。他打发桑丘去送一封肝肠寸断的情书给杜尔西内娅。桑丘走了几天，就又回来了，编了一套谎话，搪塞过去，其实他并未将信送到。途中，桑丘巧遇来寻找堂吉诃德回家的神父和理发师。他们设计找来一位少女扮成落难的公主，请求堂吉诃德帮她报仇，把他骗出黑山。接着，理发师和神父又扮成鬼怪，捉住堂吉诃德装进袋子，放在牛车上押送回家。家人见他形容枯槁，决计不再让他出门。几个月后，堂吉诃德听说萨拉果萨城要举行比武的消息，就不顾家人的劝阻，带着桑丘，第三次离开了家门。临行前，他派桑丘去向杜尔西内娅辞别。可桑丘并未见过杜尔西内娅，于是急中生智，将三个粗蠢丑陋的村姑引到他面前，说是杜尔西内娅和她的两个女伴。一见到这三个粗蠢的村姑，堂吉诃德以为是魔法师对自己的意中人施了魔法，将美丽高贵的杜尔西内娅变成了这副模样，于是感慨不已。

邻居加尔拉斯果学士应堂吉诃德家人的请求答应把堂吉诃德骗回家，于是化装成“镜子”骑士，赶上主仆二人，向堂吉诃德挑战。谁知堂吉诃德先下手为强，把“镜子”骑士一枪扎下马。“镜子”骑士只得认输。骑士派头更足的堂吉诃德把过去的苦头统统忘了。接着，喜气洋洋的堂吉诃德遇见一辆大车，运送献给皇帝的两头凶猛的非洲狮子。堂吉诃德命令赶车人打开笼子要和猛狮一比高低。运送狮子的人拗不过他只得打开笼子。谁知凶猛的狮子转过身伸出一只爪子，伸了一个懒腰，接着就张开嘴巴，从容地打了一个大呵欠，舔舔眼圈上的尘土，睁着一对火炭似的大眼睛观看，并不理睬堂吉诃德的疯劲。随后转过身把屁股朝着堂吉诃德懒洋洋地躺下了。堂吉诃德一心想和狮子一比高低，叫管狮人去打几棍子让它发火。管狮人却告诉他：“对方不出场，那是对方出丑，胜利的桂冠就让那个等待交手的人赢得了。”堂吉诃德不战而胜，遂更名为“狮子骑士”。

堂吉诃德和桑丘来到一座张灯结彩、大摆宴席的村庄。这里的财主卡麻丘夺去了贫苦青年巴西琉的情人季德丽亚，正要和她举行婚礼。巴西琉为了夺回心上人，假装因失恋而自尽。他浑身是血，气息奄奄，请求神父在他临死前把他和季德丽亚结合在一起。堂吉诃德对这对恋人万分同情，于是也帮助他们说话。卡麻丘见拗不过众人，加上巴西琉即将不久于人世，便同意了他们的要求。神父把巴西琉和季德丽亚结为夫妇，巴西琉立即活了过来。原来他自杀是假，鲜血只是羊血，是从身上安好的一根管子里流出来的。卡麻丘见况不妙，正要指挥众人夺回季德丽亚，堂吉诃德举起长枪出来保护巴西琉，又让卡麻丘不要夺人所爱，卡麻丘只得放弃。一对情人终于走到了一起，对堂吉诃德感激万分。

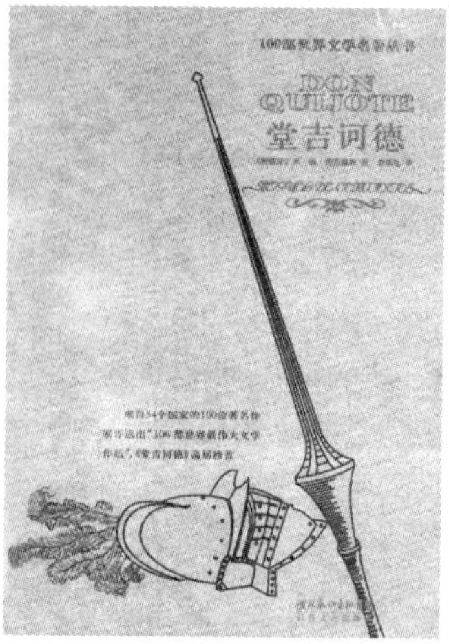

长江文艺出版社 2006 年版封面

堂吉诃德虽然打败了“镜子”骑士，获得了“狮子骑士”的光荣称号，却还未征服过海岛，没能实现当初对桑丘的允诺。于是，在大闹山村婚礼又在磨坊毁船溺水之后继续出发。一天傍晚，堂吉诃德和桑丘在树林边遇见正在放鹰打猎的公爵和漂亮高贵的公爵夫人。公爵夫妇听说过堂吉诃德的事迹。他们正想找点新奇玩意来解解闷，于是把堂吉诃德和桑丘邀到府上做客。夫妇二人变着法子戏耍主仆二人。他们派人假扮死神和杜尔西内娅，要桑丘自己鞭打屁股 3 300 次去破除妖法，又把堂吉诃德蒙上眼睛，放到木马上，然后点燃马肚子里的花炮把他烤得半焦。公爵派桑丘到自己属下的一个小镇当“海岛”总督，并且布置了几件疑案来捉弄桑丘。不料，桑丘毫无自私的念头，表现出了高度的智慧。他断事英明，秉公执法，一一解决难题。众人觉得新总督明鉴万里，非常钦佩他。桑丘在“海岛”上政绩卓著，又制定了许多对老百姓有益的法律。一晚，公爵派手下人装作敌人进攻“海岛”，手下人用盾牌将桑丘前后夹住。在混乱中，桑丘被打倒在地，一个家伙把桑丘的身体当作了望台，站在上面指挥。桑丘被打得遍体疼痛。桑丘觉得当总督的日子并不好过，不如回家种田逍遥自在。于是辞去总督职位，两袖清风，回去找主人堂吉诃德仍然当他的仆人。堂吉诃德在公爵府也受尽戏弄，不愿再住下去。主仆二人离开公爵府，就像鱼儿回到了大海，禁不住赞美起自由的可贵。

堂吉诃德主仆二人离开公爵府后决定不去萨拉果萨，改向巴塞罗那前进。一天清早，全身盔甲的堂吉诃德出门到海边闲逛，遇见一位全身披挂的骑士迎面而来。他自称“白月”骑士，要与堂吉诃德决斗。条件是：如果堂吉诃德输了，就放下武器，不再探奇冒险，在家乡呆一年。这一年里可以整顿家业，挽救自己的灵魂。如果堂吉诃德赢了，他的脑袋任堂吉诃德处置，兵器马匹都将成为他的战利品。决斗一开始，“明月”骑士快马加鞭，把堂吉诃德连人带马撞翻在地。按照骑士规则，他只能听从胜利者的命令，垂头丧气地回到家中。原来“白月”骑士就是他的邻人大学生加尔拉斯果。

堂吉诃德回家后就忧郁成疾，卧床不起。临终之时，他的神志忽然清醒过来，不许别人叫他堂吉诃德。他大骂骑士小说害人，并立下遗嘱，不许外甥女嫁给读过骑士小说的人，否则就要剥夺她的遗产继承权。他承认自己并不是什么游侠骑士，只不过是善人吉哈诺罢了。据公证人说，在骑士小说里，从没看见过哪个游侠骑士像堂吉诃德这样安详、虔诚地卧床而死的。

重点提示

16 世纪，在欧洲已经销声匿迹的骑士小说在西班牙仍风靡一时，塞万提斯十分厌恶这些在政治上被统治阶级利用、艺术上粗制滥造的荒诞作品，遂有意通过堂吉诃德的三次游侠经历，控诉骑士小说对读者身心的毒害，以幽默讽刺为武器，让读者在笑声中埋葬那些平庸拙劣的骑士小说。

当然，塞万提斯的真正用心绝不仅仅是要扫除骑士小说。通过堂吉诃德主仆的游侠经历，塞万提斯将读者带到了西班牙的各个城镇乡村，让他们接触到大约 700 个不同职业，不同性格的人物，逼真地再现出贵族绅士的专横跋扈和普通老百姓的辛酸苦辣，从不同角度反映了 16 世纪下半叶西班牙社会的现实。

小说最杰出的艺术成就在于作者成功地塑造了堂吉诃德这个世界文学人物画廊中著名的典型形象。一方面，他是一个受人嘲弄的滑稽可笑的喜剧性人物，同时又是一个令人景仰的品德高尚的悲剧性人物。他之所以是一个讽刺性的形象，是因为他受骑士小说的毒害，沉浸在自己的幻想之中，处于一种宗教狂迷般的状态，他所看到的现实都是经过自己加工后的现实。寇尔列支说："堂吉诃德的感觉并没有错乱，不过他的想象力和纯粹的理性都太强了，感觉所证明的结论如果不符合他的想象和理性，他就把自己的感觉撇于不顾。"因此在他眼里，风车成了巨人，羊群成了军队。他时刻幻想着隐性的敌人向他扑来，以为处处都要他去伸张正义，结果却被打掉了牙齿，割掉了耳朵，打断了肋骨，遍体鳞伤。可他却顽固至极，从来不听劝告，不肯认错，一味蛮干胡为。幻想中的骑士的狂热就这样铸就了他荒唐而又自信、愚蠢而又固执的可笑性格，使他成为一个犯了时代错误的、夸张的、滑稽的、疯疯癫癫的极其可笑的人物形象。

但是这些令人忍俊不禁的一件件荒唐事的背后，却隐藏着一个善良的动机。堂吉诃德是个"疯子"，却是个善良而高尚的"疯子"。他的全身都浸透着对理想的忠诚，他的游侠冒险是建立在扫尽人间不平的伟大理想上和锄强扶弱、维护正义的善良愿望上的。清醒时的堂吉诃德是个学识渊博的人文主义者，对战争、道德、自由、人的意志等发表了有条有理、铿锵有力的言论，对人类美好的未来有那么坚定不移的信念。作者对堂吉诃德倾注了自己的全部美好的感情。

上海译文出版社 2007 年版封面

光明日报出版社 2008 年版封面

从这个意义上说，他不是一个讽刺性的人物，而是一个披着骑士外衣的理想性的人物。他的悲剧在于：他不是一个胜利的英雄而是一个失败的英雄；在思想上是个智者，在行动上却是个疯子；在精神上是个圣者，在生活中却是个小丑。屠格涅夫说：堂吉诃德有不可动摇的信仰，他坚决相信，超越了他自身的存在有永恒的、普遍的、不变的东西。这些东西须一片忠诚地努力争取方能够获得。堂吉诃德为了他信仰的真理，不辞辛苦，不惜牺牲生命。在他，人生只是手段不是目的，他活着是为了别人，为了锄除邪恶，为了反抗魔术家、巨人等压迫人类的势力。他的身上体现出人类最普遍、最美好、最崇高的感情。而过分地执着于一件事是要以理智为代价的。因此他按照他自己的原则，自己的理想来重新定义世界。正是这种执着带着他进入了一个想入非非的忘我之境。别林斯基说：“一个人的精神越崇高，他的分裂就越可怕。”崇高的堂吉诃德不幸掉入这样的分裂中，以疯子的形象定位了他的现实存在。

塞万提斯着意刻画的另一个人物是堂吉诃德的侍从桑丘·潘沙。他们主仆二人无论是在外表特征还是内在性格上都形成鲜明的对照。堂吉诃德有崇高的理想而桑丘却讲求实际，甚至有点目光短浅。全书的矛盾冲突就是在这么一“智”一“愚”的两个人的对话中发展起来的。桑丘贪图小利，胆小怕事。当初外出游侠，是妄想获得主人许诺的海岛。但读者从桑丘身上也看到了劳动人民的优秀品质：天真纯朴、善良、机智、乐观等。桑丘的性格又是发展变化、不断丰满的，在陪伴堂吉诃德行侠的日子里，他受主人美好理想的感染，心胸逐渐开阔起来。尤其是他在任总督期间体现出来的政治廉洁、爱憎分明、执法如山，以及他的言行，完全体现了无贵贱之分，只要有美德就可治理国政的人文主义思想。主仆二人互相影响，互相感染，逐渐融为一个不可分割的整体。

艺术上，为了达到戏拟荒诞的骑士小说的目的，塞万提斯讽刺地模拟骑士小说的手法，经过艺术的夸张和渲染，再现了骑士小说的荒谬，收到奇妙的喜剧效果。作者还巧妙地运用了一对对矛盾，如现实与想象，真实与虚幻，智慧与愚蠢，崇高与荒唐，勇敢与胆怯，诚实与虚伪，理性与疯癫。这些相互对立的矛盾紧密地交织在一起，使小说的哲理更加含蓄深刻。同时，他还使堂吉诃德与桑丘在对比中相辅相成，共同焕发出永恒的光彩。另外，全书一扫骑士小说惯用的华而不实的绮丽文体，采用西班牙人民能接受的口语形式，加工提炼了民间谚语，使这部小说的语言具有了浓厚的民族风格。

[英国] 莎士比亚

《哈姆莱特》

作者简介

英国诗人、剧作家威廉·莎士比亚(1564—1616)是欧洲文艺复兴时期最伟大的文学家之一。

莎士比亚在二十余年的创作生涯中共写了37部戏剧、154首十四行诗、两首长诗和其他诗歌。莎士比亚的创作分为三个时期。第一时期(1590—1600)主要创作历史剧、喜剧和诗歌,即历史剧和喜剧时期。当时正是伊丽莎白女王统治的鼎盛时期,民族国家统一、政治稳定、资本主义工商业迅速发展。莎士比亚为这种繁荣景象所鼓舞,幻想人文主义思想在现实中能够实现。乐观主义情绪在他的早期创作中占主导地位。《仲夏夜之梦》(1596)、《威尼斯商人》(1597)、《无事生非》(1599)、《第十二夜》(1600)等是这个时期的代表作品。第二时期(1601—1608)的作品以悲剧为主,这也是莎士比亚的创作颠峰期,即悲剧时期。伊丽莎白统治末年,社会的各种矛盾开始激化,时局动荡不安。莎士比亚对现实的认识不断深化,他看到了生活里的种种阴暗,深知戏剧唯有揭露恶势力及邪恶给人们造成的灾难,才能更加准确地反映社会现实,激起人们用人文主义理想去改造现实的勇气。《哈姆莱特》(1601)、《奥瑟罗》(1604)、《李尔王》(1606)、《麦克白》(1606)正是这一时期的力作。第三时期(1609—1612)的主要作品是浪漫传奇剧,因此被称为浪漫主义或传奇剧时期。詹姆士一世上台以后,加强了王权统治,莎士比亚清醒地感到人文主义思想和现实之间的矛盾无法调和,但由于阶级的局限使他无法沿着悲剧创作的批判方向前进,而是退居故乡田园,转向了传奇剧的创作。此时的剧本对黑暗现实间或有所揭露,但宽恕和谅解的精神贯串全剧,人物和背景都富于传奇色彩,机缘、巧合和偶然事件的运用突出。代表作有《辛白林》(1609)、《冬天的故事》(1610)、《暴风雨》(1611)等。

作品提要

丹麦王国艾尔西诺城堡的守望露台上,连续几夜,时钟刚过一点,一个酷似新故先王模样的鬼魂就会出现，它雄姿神武却沉默不语，每到鸡啼报晓时就隐去了踪迹。官兵们把这件奇怪的事情告诉了王子哈姆莱特的好友霍拉旭。霍拉旭在亲眼目睹了鬼魂的隐现过程后感到此事非同小可，可能预兆着国内将有一番非常的变故发生，他准备把所见详细地告诉年轻的哈姆莱特。

当时，先王刚刚过世不久，他的弟弟克劳狄斯旋即继承了王位并且娶了王嫂为妻。哈姆莱特在极短的时间内连续遭到失去父亲和母亲改嫁的双重打击，心情痛苦而神态沮丧。

听了霍拉旭的叙述，哈姆莱特当天夜里就来到了露台。果然，鬼魂再次出现，它全身甲胄，完全是先王的模样。它把哈姆莱特领到僻静无人处，开始述说自己的遭遇。它确实是他父亲的灵魂，因为生前孽障未尽，被判在晚间游行地上，白昼忍受火焰的烧灼，必须经过相当的时期，等生前的过失被火焰净化以后，方才可以脱罪。它要哈姆莱特替它报逆伦惨恶的杀身之仇。

根据鬼魂的讲述，原来，杀人凶手不是别人，正是新王克劳狄斯——哈姆莱特的叔叔。每天午后先王都有午睡的习惯，当他躺在花园里睡觉的时候，克劳狄斯乘其不备，悄悄溜了进来，拿着一个盛着毒草汁的小瓶，把一种使人麻痹的药水注入他的耳腔之内。那药性发作起来，就像水银一样很快地流过全身的大小血管，像酸液滴进牛乳一般把淡薄而健全的血液凝结起来。它一进入人的身体，就使原来光滑的皮肤上立刻产生无数疱疹，像害着癞病似的满布着可憎的鳞片。这样，哈姆莱特的父亲就在睡梦中，被一个亲兄弟同时夺去了生命、王冠和王后，甚至于没有来得及获得一个忏悔的机会，使他在没有领到圣餐，也没有受到临终涂膏礼以前，就一无准备地负着全部罪恶下了阴曹。哈姆莱特听完后盛怒难压，发誓报仇，他要在这个颠倒混乱的时代，肩负起重整乾坤的责任。

为了不贸然行事，哈姆莱特得先调查清楚鬼魂所言的真伪，于是他开始装疯卖傻起来了。他倾慕的大臣波洛涅斯的女儿奥菲利娅对于哈姆莱特的神经“失常”感到非常惊诧和心痛。大臣波洛涅斯开始以为是他让女儿拒绝王子的求爱而使哈姆莱特因为不得所爱发了疯。

但是狡猾的新王克劳狄斯却不这么认为，他感到哈姆莱特的突然发疯背后必然隐藏着些什么。于是，他首先招来了哈姆莱特的两个从小一起长大的朋友——罗森格兰兹、吉尔登斯吞。他让他们接近哈姆莱特，观察他的言行，探寻他近来在外表和精神上所发生的重大变化的真正原因。然而，哈姆莱特一眼就识破了罗、吉二人的伎俩，并极力嘲讽二人对于友谊的背叛。接着，波洛涅斯又安排女儿和王子交谈，他则和新王匿于一旁偷听，希望由此发现王子发疯的缘由，这次他们依然一无所获。

此时宫廷里来了一个戏班子，哈姆莱特心生一计，准备上演一出“戏中戏”——让演员在舞台上把他叔叔杀兄篡位娶嫂的经历如鬼魂所言那般表演一遍，并暗中和霍拉旭一起观察新王看戏时的神情。果然，戏还没有全部演完，克劳狄斯就没有勇气再看下去，他害怕地站起来，并叫人点燃火把，告病退席。事实再清楚不过了，鬼魂没有欺骗哈姆莱特。

克劳狄斯知道侄儿已经发现了真相，他的罪恶再也遮蔽不了了，因此决定杀人灭口。他派罗森格兰兹、吉尔登斯吞陪同哈姆莱特去英国，并让二人秘密带去了一封写给英王的公文，公文的内容是要英王为了丹麦和英国双方的利益，磨好利斧，立即砍下哈姆莱特的首级。

弑兄、夺权、乱伦，克劳狄斯的心理负担也不小。他感到自己罪恶的戾气已经上达于天，灵魂上负着一个元始以来最初的咒诅。他仰望上天，祈祷忏悔，请求上帝赦免他杀人的重罪。这时，哈姆莱特正好经过，他想现在恰是动手报仇的大好时机，但他看到了克劳狄斯祈祷的一幕，却迟疑了。因为一个人在祈祷洗涤灵魂的时候被杀等于被送入天堂，而把杀死父亲的恶人送上天堂简直是以恩报怨。他收起了他的剑，等待着下一次残酷的机会，期待着在叔父醉酒愤怒、乱伦纵欲或者赌博咒骂时向他复仇，让他幽深黑暗的灵魂永堕地狱。

波洛涅斯再一次藏于王后房间的帐幕后。他在试图偷听王子与母亲的谈话时，被哈姆莱特误以为是克劳狄斯而一剑刺死。然后，哈姆莱特以最恶毒的语言羞辱他母亲的再嫁，责难她的不贞，嘲弄她的淫荡，王后羞愧不已。

在此之前，波洛涅斯的儿子雷欧提斯去了法国。奥菲利娅一人面对这些重大变故，一时承受不了打击，失去了正常的理智而神经错乱。雷欧提斯秘密回国，带着一队叛军闯进了王宫，要克劳狄斯还他父亲。而此时，又一个噩耗传来，奥菲利娅溺水身亡。她用毛茛、荨麻、雏菊和长颈兰编了几个奇异的花环来到小溪边的柳树下，然后爬上一根横垂的树枝，想要把她的花冠挂在上面，就在这时，一根树枝折断了，她连人带花一起落入溪水里。她的衣服四散展开，使她暂时像人鱼一样漂浮水上，她嘴里还断断续续唱着古老的谣曲，好像一点不感觉到她处境的险恶，又好像她本来就是生长在水中一般。可是不多一会儿，她的衣服给水浸得重起来了，这可怜的人歌儿还没唱完，就已经沉到泥里去了。雷欧提斯一下子失去了父亲和妹妹，他极哀盛怒。

商务印书馆 2001 年版封面

哈姆莱特在被国王恶意遣送到英国并被十拿九稳地认定从此不归的情况下竟然回到了艾尔西诺。原来，途中哈姆莱特因为心中的斗争而无法入睡，他从舱里起来，把一件航海的宽衣罩在身上，在黑暗处摸索寻找国王那封公文，发现了那条严厉的命令。于是，他坐下来，另外写了一封国书，以国王的名义，向英王提出恳切的要求，请他在读完这一

译林出版社 2005 年版封面

封信以后，不要有任何迟延，立刻把那两个传书的来使处死，不让他们有从容忏悔的时间。而他的衣袋里恰巧藏着先王的私印，它跟丹麦的国玺是一个式样的。他把伪造的国书照着原来的样子折好，签上名字，盖上印玺，把它小心封好，归还原处，一点没有露出破绽。第二天，他们的船队受到了一艘很凶猛的海盗船的追击，因为船行太慢，只好勉力迎敌，在彼此相持的时候，哈姆莱特跳上了海盗船。海盗们对他很有礼貌，只要他一个人做人质，因为他们料定可以靠王子来取利。

克劳狄斯眼睁睁地看着他的另一个阴谋又再次彻底破产，但是，他借刀杀人之心依然不死。他看准了雷欧提斯替父替妹复仇的急切的心理，开始挑唆雷欧提斯和哈姆莱特比试剑法。他故意对雷欧提斯说，全国知名的勇士拉摩德极力称赞雷的剑术，这使得哈姆莱特妒恼交集，一心希望跟雷欧提斯比试高下，并且再三要求雷欧提斯以行动代替言语，不要犹豫延迟，以此表明他是他父亲的孝子。雷欧提斯当然同意，为了达到复仇的目的，他从一个卖药人的手里买到了一种致命的药油，只要在剑头上沾一滴，刺到人身上，一碰到血，即使只是擦破了一些皮肤，也会毒性发作，无论什么灵丹仙草，都不能挽救。所以，只要雷欧提斯用蘸上这种烈性毒剂的剑刺破哈姆莱特一点皮肤，就可以让他即刻送命。

哈姆莱特和雷欧提斯约定比剑。其间，国王请哈姆莱特饮一杯酒，哈姆莱特说赛完一局再喝，就暂时把它放到一边。这时，王后为儿子饮下了这杯酒，以此祝福他取得胜利。谁知，克劳狄斯已经预先在酒中下了毒，王后当场中毒身亡。雷欧提斯挺剑刺伤哈姆莱特，二人在争夺中彼此手中之剑各为对方夺去，哈姆莱特以夺来之剑再刺雷欧提斯，雷欧提斯也受了伤。哈姆莱特意识到这场比剑完全是一个阴谋，他要追查凶手。此时的雷欧提斯也恍然大悟，他毫不犹豫地揭发出了策划这幕悲剧的总导演，指出这一切的悲剧都是由国王一个人的罪恶造成的。哈姆莱特怒不可遏，把涂有毒药的剑刺向了国王，这个败坏伦常、嗜杀贪淫、万恶不赦的丹麦奸王因此得到了该有的报应。雷欧提斯和哈姆莱特在彻底明白真相后相互宽恕了。

再说先王英武一世，曾经接受骄矜好胜的挪威国王福丁布拉斯的挑战，在那一次决斗中间，他杀死了福丁布拉斯。按照双方根据法律和骑士精神所订立的协定，福丁布拉斯要是战败了，除了他自己的生命之外，必须把他所有的一切土地归对方所有。福丁布拉斯的儿子，在挪威四境召集了一群无赖之徒，试图通过他们，用武力和强迫性的条件，夺回父亲的土地。克劳狄斯派朝臣去和挪威国王——年轻的福丁布拉斯的叔父商谈，要求他从速制止福丁布拉斯的这种行动。后来福丁布拉斯借道丹麦进攻波兰，奏凯班师而归时来到艾尔西诺。

哈姆莱特临死前要求雷欧提斯将这整出宫廷悲剧的始末讲给福丁布拉斯听，这里有奸淫残杀、反常悖理的行为、冥冥中的判决、意外的屠戮、借刀杀人的狡计，以及陷人自害的结局。最后，福丁布拉斯让四个将士把哈姆莱特像一个军人似的抬到台上，因为他相信，要是哈姆莱特能够践登王位，一定会成为一个贤明的君主。为了表示对他的悲悼，他们用军乐和战地的仪式向他致敬。继而，他又命令众人把丧身于刚才那场宫廷悲剧中的所有尸体都抬起来，因为这种在战场上不足为奇的情形在宫廷内却是一场非常的变故。

重点提示

作为文艺复兴时期欧洲文学最杰出的代表，莎士比亚是一位拥有人文主义思想的作家。《哈姆莱特》创作于 1602 年，此时的英国正处于伊丽莎白女王统治的末年，英国社会的各种矛盾都尖锐起来。农村的圈地运动正在加速进行，失去土地的农民四处流浪，城市平民的生活情况也不断恶化。同时，资产阶级、新贵族的力量更加强大，深感专制王朝已成为他们经济发展的障碍。此时，莎士比亚创作了一批辉煌而又抑郁愤怒的悲剧剧作，揭露了资本主义原始积累时期已开始出现的社会罪恶与资产阶级的利己主义，表现了人文主义美好理想与残酷现实之间的矛盾。剧中的浪漫主义光辉越来越弱，现实主义描写日益突出，揭露批判的力量加强了。剧作的情调和风格也发生了变化，带上了悲愤沉郁的色彩。其悲剧的主要内容是人与社会、人与人、人的内心深处的冲突，被称作“性格悲剧”和“社会悲剧”的典范。

人民文学出版社 2008 年版封面

《哈姆莱特》是莎士比亚最重要的作品，这部悲剧就其表现的社会内容和哲学内涵来说都是最丰富的。它以精湛的艺术形式、博大的思想内容表现出主人公人文主义理想的幻灭，反映了作者对人生价值和意义的探索。哈姆莱特的时代是一个封建势力还很强大的时代，他的敌人是一个奸诈、善于笼络朝臣的封建国王，哈姆莱特的斗争与反抗也就具有了一种强烈的反封建的意义。但哈姆莱特作为一个人文主义者，不相信暴力，不相信群众，只是孤军奋战，终于抱恨死去。莎士比亚把社会斗争归结于抽象的善恶好坏的道德问题，仅仅看到思想的力量、个人的作用，而忽视了人民大众，因此在冷酷的、充满罪恶的社会面前，单枪匹马的个人主义英雄往往被碰得头破血流，悲观、茫然、幻灭，陷入不可解脱的内心矛盾与悲剧结局。

莎士比亚在反映生活的真实时，又受到时代的先进理想的鼓舞。在他的戏剧中，现实主义的描绘往往与浪漫主义的抒写浑然融合。诗人有时偏重于抒写理想，以大胆的想象创造高远的意境，抒发对理想世界的热烈幻想；他有时又偏重于描写现实，善于用精雕细琢的写实手法描绘生活，勾画出人物最细微的心理特征，以强烈的爱憎揭露社会的不合理现象。他的戏剧既有现实的深度，又有理想的光辉，二者相辅相成，表现出现实主义和浪漫主义这两种精神、两种艺术方法的不同程度的结合。

首先，莎士比亚的剧作是西方戏剧艺术史上难以企及的高峰。在他的戏剧中，展开了如此广阔的生活画面：上至王公贵族，下至生活在社会底层的贫民百姓，社会各个阶层的人物都在剧中婆娑起舞，而每个人又有各自的爱憎、伤悲与欢乐，每个人都具有鲜明的个性特征。其次，莎士比亚是无与伦比的戏剧结构大师，他的剧本固然有悲、喜剧之分，但在创作实际中又打破了悲、喜剧的界限，不受严格的传统体裁划分的限制，从而展现出更丰富饱满的人性和人物的精神世界。他善于描写几条相互平行交错的线索，来促进生动复杂的情节发展。在写作技巧上则表现出一种奇妙的戏剧紧迫感，逐渐加快的情节发展的节奏，往往有一气呵成的神来之笔，令观众惊叹不已。《哈姆莱特》中三条复仇的情节交织在一起，而以哈姆莱特为父报仇为主线，以福丁布拉斯和雷欧提斯为副线，三条线相互联系，又彼此衬托。再次，莎士比亚在《哈姆莱特》中还充分利用“独白”这一传统的手法，来揭示主人公的内心活动，使得他的性格更加深刻和丰富。剧中主人公的重要独白共有六次之多，有的戏剧性强，有的富有哲理，但都有助于揭示性格。例如，第三幕第三场临末了哈姆莱特有一段独白，既说明了哈姆莱特当时放弃这一行动的原因，又达到推动剧情进一步发展的目的，具有高度的戏剧性，使得观众的情绪随之起伏。又如，第三幕第一场那段“生存还是毁灭”的著名独白，不仅本身是首富有揭露性和哲理性的好诗，也是理解主人公性格的一个重要方面的钥匙。通过这段独白，我们看到了他对人生的思索，他的烦恼和失望，苦闷和彷徨以及他对周围现实的深刻揭露和批判。

莎士比亚还是语言的大师，他的语言丰富而富于形象性。他的戏剧主要用无韵诗体写成，不仅有音韵节奏之美，而且善于形容譬喻，描绘生动鲜明的形象，抒写大胆热烈的幻想。又结合了散文、有韵诗句和抒情歌谣等，不同的文体在剧中起着不同的作用。据拉法格回忆，马克思在 1848 年后为了想使自己的英语知识达到完善的境地，曾把莎士比亚特殊风格的词句都搜寻出来加以分类，进行学习。

[英国] 丹尼尔·笛福

《鲁滨逊漂流记》

作者简介

丹尼尔·笛福(1660—1731),生于伦敦,英国小说家,英国启蒙时期现实主义小说的奠基人,被誉为“小说之父”。笛福早年经商,1698 年出版了第一本书《计划论》,但他在文学上获得的第一次成功却是由于他的讽刺诗《地道的英国人》。1702 年,笛福又发表了一本小册子《惩治新教徒的捷径》。这部作品的发表因触怒政府而使笛福遭到迫害。笛福勇敢地面对迫害,又写了《颂站枷》。幸运的是,笛福最终得到了女王的赦免。

出狱后,为生计所迫,笛福创办了《评论报》(1703),每周三期,以自己撰稿为主,直至 1713 年。笛福 60 岁时结束了政治雇员的生活,开始文学创作。1719 年,《鲁滨逊漂流记》问世,引起了轰动。这巨大的成功促使他几个月后便完成了《鲁滨逊漂流记续集》(1719)和《鲁滨逊沉思集》(1720),尽管没有取得像前一部作品那样的成功,但从此以后,笛福的作品便相继问世。1720 年,笛福发表了《辛格尔顿船长》。这是一部描写海员经历的小说,其中对非洲中部的描写充满了冒险色彩。1722 年,小说《摩尔·弗兰德斯》发表。作品通过主人公一生的不幸遭遇揭露了 18 世纪初英国资产阶级的荒淫无耻和司法制度的黑暗残酷。笛福在这部小说中表现出比《鲁滨逊漂流记》更出色的人物刻画技巧,作品所反映的伦敦下层百姓生活,使它在英国早期现实主义文学中堪称典范。此后,笛福发表的小说还有《杰克上校》(1722)和《罗克珊娜》(1724)等。

1724 年至 1726 年,笛福发表了一部地理著作《不列颠全岛游记》。作者以伦敦为参照物,细致地观察了英国各地的建筑和商业发展的情况,歌颂了英国的繁荣和发展。此外,笛福的《瘟疫年纪事》(1722)和《保王党回忆录》(1724)也为 19 世纪历史小说的发展作出了贡献。笛福还有一些商贸方面的书,如《贸易通史》(1714),《英国乡绅大全》(1726—1727),《英国商业方略》(1728)。他还著有传记,如《聋哑人坎贝儿传》(1720)和《彼得大帝》(1726)及多部游记,如《新环球游记》(1724),《罗泊茨船长四次旅行记》(1726)等。

作品提要

鲁滨逊·克鲁索于1632年出生在英国约克郡的一户体面人家里。他是家里的小儿子，从小就向往能遨游四方。他的父亲一心想让他从事法律工作，可鲁滨逊想出海的念头却从来没有动摇过。他的父亲劝他应该留在家乡，凭自己的辛勤努力去挣一份家产，如果去海外冒险，就会遭到灾祸。青年鲁滨逊表面上听从了父亲的劝告，但心里却从未放弃过这个梦想。

有一天，鲁滨逊到赫尔城去，遇到一个朋友要乘船去伦敦，邀鲁滨逊同去。鲁滨逊竟然不同父母商量就私自离家出海了。这一天是1651年9月1日。可是船刚出航就遇上了大风浪，对海上生活一无所知的鲁滨逊对此充满了恐惧，甚至认为自己就要死了。第二天风浪平息后，面对美丽而平静的大海，鲁滨逊的退缩念头又消失了。可是到了第六天，船又遇上了风暴，船进了水，船主只好鸣枪求救，这时幸好有一只船路过，将他们救了起来。

脱险后的鲁滨逊在回家和继续航海的选择中犹豫着，他不希望父亲的预言实现，可若是就这么回家是一件很羞耻的事情。同时，鲁滨逊是一个厌恶因循守旧生活的人，他渴望冒险，渴望刺激，向往新的天地而不愿依靠遗产坐享其成。所以，鲁滨逊终于下定决心，继续自己的冒险生涯。他到了伦敦，向一个亲戚借了40英镑，置办了一些货物，去几内亚做买卖。这次生意很成功，鲁滨逊共赚得300多英镑。有了这次成功的经历，鲁滨逊野心勃勃地想依靠自己来发财致富。于是，他又出海经商了。可这一次鲁滨逊却没有那么幸运，他被摩尔的海盗抓去做了奴隶。但鲁滨逊是决不会就此罢休和屈服的。两年后，鲁滨逊得到了一个偶然的机会，终于凭自己的才智逃了出来。

历尽千辛万苦的鲁滨逊后来辗转到了巴西。他在这里开辟了一个种植园，当上了一个种植园主，靠种粮食、烟草和甘蔗赚了点钱。但鲁滨逊心中仿佛与生俱来的那种对冒险的渴望使他又在希望下一次远航。

在1659年9月1日这个不祥的日子，鲁滨逊在几个商人的怂恿下，抛弃了种植园，乘船去几内亚做生意。船行了12天，突然遇上了风暴，船在风浪中听天由命地被风浪卷来卷去。一天清晨，当他们偶然发现了陆地时，船突然搁浅了，船上的人为了逃命，匆匆上了船上的小艇，可一个大浪将小艇打翻了。鲁滨逊拼命在浪涛中挣扎，好不容易上了陆地，总算捡回一条命。可是，欣喜之余，鲁滨逊发现只有自己一个人脱险，而且可怕的现实让他意识到除了湿透了的一身衣服，自己什么也没有：没有吃的、喝的，也没有防身的武器。绝望的鲁滨逊爬上一棵大树，准备等到天亮再说，由于太累了，他很快便在树上睡着了。

第二天，当鲁滨逊醒来时，天已经大亮了。鲁滨逊发现那条大船又被冲到了岸边。伙伴们全都死了，只剩下自己孤零零的一个人，鲁滨逊十分难受，但他还是要顽强地活下去。鲁滨逊决定从船上尽可能多地弄些东西回来。

鲁滨逊来到荒岛上

鲁滨逊爬上船，发现船上还有不少有用的东西。于是，他做了一个木排，把一些面包、一点麦子、几件衣服、几箱酒，尤其重要的是一箱木工工具，还有一些枪支和弹药运到陆地上去。鲁滨逊上岸13天，到船上却去了11次。鲁滨逊把凡是自己双手能搬动的，统统拿到了岸上，包括船上的锚索、绳子、帆布和斧头等工具，还有衣服和吊床等。所以，一天早晨，当鲁滨逊发现船已经被风吹走了，他一点也不后悔，因为自己已经把船上一切有用的东西都搬了下来。

鲁滨逊发现自己所在的地方只是一个荒无人烟的小岛，所以，为了生存，他只有孤身奋斗了。鲁滨逊决定找一个有淡水、能遮荫、能避免野兽袭击和望见大海（如果有船经过就不会失去脱险的机会）的地方居住。于是，他选定一个山坡旁的一片平地作为自己的住所。鲁滨逊用木桩和绳索做成一道半圆形的栅栏，依靠一个短梯子做出入工具，又做了一个大帐篷来防雨。然后，鲁滨逊开始在岩壁上打洞，挖了一个洞穴当作自己的地窖和厨房。

为了不忘记时间，鲁滨逊在一个大柱子上用小刀刻下"我于1659年9月30日在此上岸"。他把柱子做成一个十字架，立在他第一次上岸的地方。在柱子的两边，他每天用刀刻一个短痕，每七天刻一个长痕，每个月刻一条更长的痕迹，这样，鲁滨逊就不会忘记日期了。

从此，鲁滨逊开始了岛上的孤寂生活。他用船上的木板做了一张桌子和一把椅子，并开始写日记，直至墨水用完。如果早上不下雨，鲁滨逊就出去打猎。由于中午炎热，他傍晚再继续工作。除了桌椅，鲁滨逊又开始做一些其他的工具，如铲子、鹤嘴锄等。鲁滨逊还加深加固了自己的岩洞。一次，鲁滨逊打伤了一只小山羊，就带回家养了起来，这样，即便弹药用完了，他也不用担心会挨饿。有一次，鲁滨逊发现地上长出几颗麦苗，他非常激动，起初他认为这是上帝的恩赐，但他终于想起自己曾在这里整理过一只曾装过谷物的袋子，于是，鲁滨逊认为是自己创造了奇迹。到了收获季节，鲁滨逊把麦子都小心地保存起来留做种子。到了第四年，他才吃上自己种的粮食。

由于长期风里来雨里去，鲁滨逊得了疟疾。他将烟叶浸在甘蔗酒里制成药酒，睡前喝下去，并用烤烟熏头，结果竟然恢复了健康。

病好后，鲁滨逊开始对小岛进行详细的勘察。他在树林深处发现许多瓜果和野葡萄。鲁滨逊开始晒制葡萄干做食物。为了充分利用山谷中丰富的物产，鲁滨逊在这里造了一间小茅屋。渐渐地，鲁滨逊摸清了岛上的旱季和雨季的规律。雨季时，他为了避免生病就尽量待在家里，鲁滨逊开始尝试在岛上种庄稼。他制作了一些陶罐来装粮食，并做了一只锅来煮汤。经过反复实验，鲁滨逊终于做出了面包。

鲁滨逊花了好几个月的时间终于做成了一只独木舟，可他无论如何也没法把小舟弄下水，只好十分绝望地放弃了。乘舟返回大陆的梦想破灭了，于是，鲁滨逊安下心来顽强地活下去。就这样，鲁滨逊在岛上生活了 11 年，他已经安于自己的境遇，甚至觉得自己过得很幸福。他烧陶器，编藤筐，挖陷阱捕猎，驯养山羊，鲁滨逊觉得自己已经成了这个小岛的国王。

一天中午，鲁滨逊忽然在海边发现一个赤脚的人的脚印。他吓坏了，三天三夜不敢出门。鲁滨逊鼓起勇气又去看那脚印，发现这个脚印比自己的脚印大得多，他认为这是野人或者土人的脚印。鲁滨逊感到十分恐惧，他赶紧跑回自己的家，采取一系列措施来保护自己。鲁滨逊筑起一道防御工事，又加固了外墙并种了很多掩护用的杨柳树。鲁滨逊又在墙上开了 7 个洞并安上了枪，最后他将出入用的梯子也收了进来。为了保护自己的山羊，鲁滨逊决定在树林深处找个地方把山羊藏起来。当他走下山岗，来到岛的西南角时，鲁滨逊惊恐地发现海滩上满地都是人的骨头，地上还有一个生过火的圆圈。显然，那些土人曾在这里吃过他们同类的肉。鲁滨逊赶紧回到自己的住处，检查了自己所有的武器，以防土人的袭击。鲁滨逊从此惶惶不安，但自那以后再也没有发现过土人的踪迹。日子一天天过去了，他在岛上已经生活了 23 年，对土人的恐惧也渐渐消失了。

又过了几年，一天清晨，鲁滨逊发现有 5 只独木舟在岛上靠了岸，下来 30 来个土人。他们生起火，准备烤肉。土人从独木舟上拖出两个俘虏，很快就打死其中一个，另一个俘虏发现自己的手脚被松了绑，立刻向树林里逃来。鲁滨逊决定救这个人。鲁滨逊用枪打死了追赶的两个土人，那个俘虏被枪声吓坏了，鲁滨逊用手势表示自己不会伤害他，那个土人跪在鲁滨逊面前，感谢他的救命之恩。鲁滨逊决定收留这个土人。

这是一个年轻结实的土人，面目也并不可憎。鲁滨逊决定让这个人做自己的同伴。于是，他开始教这个土人说英语。鲁滨逊给他取了一个名字叫“星期五”，因为这是他获救的日子。鲁滨逊教他称自己为“主人”，又教了他一些简单的词句。鲁滨逊还教给星期五文明人的生活习惯，给他衣服穿，给他羊奶和面包吃，并警告他从此不许再吃人肉。起初鲁滨逊对星期五还存有一丝戒心，但他很快就发现星期五是一个忠诚老实的仆人，而且对鲁滨逊也产生了依恋之情，不愿意离开他了。鲁滨逊不仅教会星期五英语和文明习惯，还向他灌输了基督教的观念，让星期五认识到上帝才是真正的万物之主。

星期五告诉鲁滨逊，自己的部落在这座海岛的西北面的一座大岛上。鲁滨逊想如果能到达那个大岛，也许就能回到大陆上去。于是，他和星期五开始制造一条大一点的船。选木材，挖船身，做桅杆和船帆，并把船推下水，这一切，如果没有星期五，鲁滨逊根本做不到。鲁滨逊又教会星期五使用帆和桨，并准备好粮食，只等雨季过后就可以出航了。

出海的日期一天天临近了，突然有一天，星期五发现又有一些土人上岛来了。鲁滨逊和星期五拿起武器，做好战斗准备。他们走到树林的边缘观察土人的行动，发现土人们正在吃一个俘虏的肉，还有一个俘虏手脚被绑着躺在海滩上。让鲁滨逊吃惊的是，这个俘虏是个白种人。就在土人们准备杀死那个白种人的时候，鲁滨逊和星期五的枪响了，土人们吓得赶紧划船逃走了。鲁滨逊赶快跑过去割开那个白人身上的绳索，得知那是个西班牙人。这时星期五还在继续追杀逃跑的土人。在一只土人未划走的独木舟上鲁滨逊又发现了一个俘虏，星期五一看，立刻大哭起来，原来这是星期五的父亲。鲁滨逊通过那个西班牙人了解到还有 16 个人被扣押在土人的手中，鲁滨逊决定派西班牙人和星期五的父亲去把那 16 个人接来。

在他们走后的第九天，鲁滨逊和星期五发现一条小船向小岛驶来，不远处还有一艘大船。小船靠了岸，下来 11 个人，其中 3 个人被绑着。鲁滨逊和星期五救下这 3 个俘虏，得知他们是大船的船主、大副和乘客。原来，大船上的一些船员发动了叛乱，准备夺取大船，并打算把他们的船长等三人丢在这个荒岛上。鲁滨逊凭着自己的才智，带领这些人经过一番苦战，终于平息了叛乱，夺回了大船。而那些叛乱的人则被留在岛上，鲁滨逊给他们留下了粮食和弹药，并教会他们如何在岛上生活。

就这样，1686 年 12 月 19 日，鲁滨逊乘着大船离开了荒岛。他在这座岛上一共住了 28 年 2 个月零 19 天。这离他第一次离开英国已经 35 年了。鲁滨逊回到家乡，他的父母早已去世。鲁滨逊结了婚，生了 3 个孩子。刚过了一段安定的日子，鲁滨逊又在侄子的劝说下去东印度群岛冒险了。

外语教育与研究出版社 2007 年版封面

重点提示

《鲁滨逊漂流记》问世时，正值资产阶级政权日臻巩固的时代，资产阶级正处于上升时期，崇尚冒险、个性解放和自由竞争。所以，当时的资产阶级都在以不屈不挠的精神四处冒险，八方进取，在短时间内创造了巨大的物质财富和精神财富。《鲁滨逊漂流记》正是体现了这种个性自由发展的时代精神。

世界图书出版公司 2008 年版

对劳动的颂扬是 18 世纪初英国社会的主旋律之一，是尚未和劳动脱节的新兴资产者与世袭贵族抗争的武器。《鲁滨逊漂流记》是笛福的代表作，它成功地塑造了鲁滨逊这个崭新的人物形象。这部以真实故事为素材，经过艺术加工的小说，不是冒险生活的简单再现，而是通过对主人公的思想活动的描写(极具冒险精神)以及对他在岛上生活时所做的一切的细节描写(个人的创业及劳动)，抒发了一个启蒙主义者的理想与豪情，歌颂了英国资产阶级为发财致富而艰苦创业的进取精神。鲁滨逊是欧洲文学史上第一位资产阶级的正面主人公形象。鲁滨逊流落到荒岛后，所表现出来的吃苦耐劳的精神、克服困难的勇气和智能，以及乐观自信的态度，不仅使他成为上升时期资产阶级的优秀代表，而且也体现了全人类的某些优秀素质；不仅是对否定人的作用的封建宗教观念的否定和反叛，同时也是对劳动及其价值的赞颂和肯定，具有历史的积极意义。鲁滨逊的形象跟其他任何一个成功的艺术典型一样，其客观意义超越了它的阶级内容，超越了时代。产生这种人物的时代已经过去了，但开拓者的精神对于奋进不息的人类却有着永恒的吸引力。

笛福在小说中采用的文字明白易懂、朴素、生动，语言具体而逼真，小说序言中声明：这个故事完全是事实的记载，毫无半点捏造的痕迹。小说不仅用第一人称“我”来表述，增强主人公的动作、心理描写的真实感，还用“日记”来加强这种真实感的效果。作者详细叙述了“我”一系列行动，用许多具体的细节表现鲁滨逊怎样顽强地与大自然作斗争。在“我”的每一个具体行动中的每个细小的环节都是那么逼真，有如亲临。虽然整篇文章看不见华丽的词藻，也没有大段的修辞，但还是可以使读者感觉到这就像发生在眼前一样，甚至可以把握到主人公的每一次脉搏——无论是行动的变化还是心理的感应。

在这部小说中，心理描写也得到了较多的运用。这也是用第一人称的最大好处。因为在这荒无人烟的小岛上，主人公无法与外界进行起码的思想交流，一切正常情况下的语言交流都只能在主人公的内心展开，所以心理描写显然是必不可少的。每时每刻的行动计划和思考，所看到的、听到的、想到的，包括这些对主人公孤独心灵所产生的波动，小说都给予了详细的描写，展示了人物的内心世界，揭示出鲁滨逊冷静求实的思想特点。

虽然这部小说在艺术上还不是十分成熟，例如结构上平铺直叙等缺点显而易见，但其中可贵的生气与创新对英国小说的现实主义发展无疑起到了积极的作用。

[英国] 乔纳森·斯威夫特

《格列佛游记》

作者简介

乔纳森·斯威夫特(1667—1745)是英国启蒙运动中激进民主派的创始人,18世纪英国最杰出的政论家和讽刺小说家。斯威夫特取得牛津大学文学硕士学位之后,被任命为一个教区的牧师。在担任牧师期间,斯威夫特已经写出了两部讽刺作品:《书之战》和《澡盆故事》,但到1704年才得以出版。后来斯威夫特卷入了伦敦的辉格党与托利党之争,受到托利党首领的器重。1714年托利党内阁倒台,斯威夫特退任都柏林圣帕特里克教堂主教。在爱尔兰期间,他不仅积极投身政治运动,还完成了自己最重要的作品《格列佛游记》(1726年出版)。斯威夫特晚年生活凄凉,亲人相继去世,自己头晕耳聋。虽然身体虚弱,但每逢清醒,他都坚持写作。斯威夫特终生未娶,身后与红粉知己约翰逊一同葬于大教堂的地下。

作品提要

格列佛是一个小庄园主的儿子,从小喜欢旅行,为了实现自己的愿望,他让父亲把自己培养成一个医生,为的是能够随船出海周游世界。作为船上的医生,格列佛很少待在陆地上,大半生都在海上度过。他有许许多多奇特的经历,但最奇的要算1699年那一次了。

起初的几个月,航行十分顺利,船已绕过了半个地球,可到了苏门答腊时,遇上了可怕的风暴,船被飓风吹到礁石上撞成了碎片,大半水手都丧生了,只有6人驾一条小船得以逃脱性命,格列佛便是其中之一。但他们仅仅划了数里,小船便又被巨浪掀翻。格列佛好不容易才游到岸上,发现自己来到了一个陌生、荒凉、杳无人迹的地方。这时,他又累又乏,顾不得许多,倒在草地上便睡着了。

醒来时已是早晨。格列佛想翻身起来,但发觉四肢像被绑在了地上一样不能动弹,甚至连头也不能转动,只听得一阵细小的嗡嗡之声,仿佛四周有人,但除了头上的天空,什么也没看见。正在惊讶的时候,格列佛忽然觉得左腿上有什么东西在移动,就像是一只大虫子朝他身上爬来。直到那东西进入视线,他才看见那是一个不足6英寸高的小人儿,握着弓箭，走在他的胸膛上。紧接着，又有几十个小人，排着战斗队列走了上来。格列佛吓得大叫一声，所有的小人便都跑开了，但没多久又重新跑了回来，登上了他的身体。格列佛挣扎了一下，想要移动身体，接着便有无数的小箭，如雨一般地向他射来，使他的身上像针刺般地作痛。他只好静静躺着，不敢轻举妄动了。这时，他的头已略可转动，他转过头来，看见有数百小人，在他右耳旁边建起一个 8 英寸高的平台。一个衣着华丽的官员登上台去，对着他的耳朵说了一些什么。格列佛自然是一句也听不懂，只重复地听到一个名字"利立普特"。他猜想，这或许就是小人国的国名。那官员的友好态度使格列佛放下心来。他忽然觉得很饿，便用手指着自己的嘴，表示要吃东西，接着就有无数扶梯搭在他身上，上百个小人抬着一筐筐的食物和一桶桶清水倒进他的嘴里。

格列佛哪里知道，小人们在食物里放了催眠药，吃过东西之后，他便昏昏入睡了。就在他熟睡的时候，小人国的 500 个民工和工程师赶造了一部巨大的马车，由 1 500 匹骏马拉着，把格列佛运到了利立普特的首都密尔登都。密尔登都是一座美丽的都市，街道、建筑、草地、花园，全都像木偶戏院的布景。市民们万人空巷，齐来观看格列佛这位"巨人"。国王经过亲自观察，认定此人没有危害性，才决定留下他来，并下令让市郊的村庄每天供应 60 头牛、40 头羊和许多面包、牛奶，以此作为巨人的食品。国王还派了 6 名教师，专教格列佛学习利立普特语言。作为恢复自由的条件，格列佛必须替国王递送快信，帮助工人搬运石头修建王宫。

格列佛被小人国的人攻击

渐渐地，格列佛才知道，在这个小人国里同样有着烦恼和危险。原来利立普特有两大政党——高跟党和低跟党，经常为了鞋跟的高低而争论不休。此外，在距离利立普特不远的海岛上，还有另一个小人国，名叫不来夫斯古，这两个相邻的国家结下了世代的冤仇，时常发生战争。利立普特的国王考虑到格列佛的力量，便决定派他去摧毁他们的敌人。

不来夫斯古帝国于利立普特的东南，两国之间隔着一片水域，水深约六七英尺。格列佛隔海观望，只见不来夫斯古的 15 艘战船如同儿童玩具排列在岸边。格列佛潜入水中，用一根长绳套了 15 个钩子，把 15 艘战船一齐拉到了利立普特这边。这袭击来得十分突然，不来夫斯古的兵士纷纷弃船跳水逃走。这一战，利立普特未发一兵一卒就大获全胜，格列佛成了利立普特举国称颂的英雄。

可是，国王的野心有增无减，他命格列佛要灭掉不来夫斯古，使之成为殖民地。格列佛拒绝了这一要求，他说："我不愿让一个自由勇敢的民族沦为奴隶。"

国王大怒，说他不忠。几天后，格列佛从一位朋友处得知，国王正与几个亲信密谋，准备先弄瞎他的眼睛，然后将他慢慢饿死。他只得给国王留下一封信，说是要离开几天，然后就奔向不来夫斯古，还把他掳来的15艘战舰也一并带了过去。不来夫斯古的国王热情地欢迎了他。

在不来夫斯古没住几天，他得到了一个天赐的良机，使他得以重返故里。那天，当他正闷闷不乐地在沙滩上散步时，忽见水面上浮起一件东西，走近一看，原来是一只小船（不是小人国的小船，而是足以载下格列佛的小船）底朝天搁浅在水里。不来夫斯古出动了上千的民工水手，由一位将军指挥，好不容易才帮助格列佛把船拖上岸，将它修好。在一个顺风的早晨，格列佛告别了国王和不来夫斯古人，乘着船到了海上。三天后，又幸运地搭上了一艘去英国的大船，回到了家乡。当他向人们讲起这次奇特的经历时，谁也不相信。幸好他离开不来夫斯古时带了几头活牛、活羊，人们见了这些实物，才相信世界上真有小人国的存在。

在家里没住上两个月，格列佛又想念起海上的生活，渴望到新的地方去，很快便作为"冒险号"的医生，再次乘船出海。不料他这一次的遭遇又比上一次更危险更奇特。

"冒险号"经过印度时，遇到海洋上的季风风暴，船在海上忽东忽西，最后不知漂到了什么地方。风暴平息后，为了补充淡水，大船驶向一块不知名的陆地。船长在近岸处抛锚，派遣了12人驾一条小船上岸找水，格列佛志愿参加了这个小组。上了岸，他就单独行动，东走西瞧，除了光秃秃的连绵起伏的山峦外，什么也未发现，也未找到水源。格列佛败兴而返，来到岸边，远远看见小船已离岸向大船驶去。他一阵狂呼大叫，可船上的伙伴头也不回。格列佛正感惊疑，忽见一个无比高大的巨人，在后面追赶小船，深深的海水只淹到他的膝部。要不是海边峭拔的山崖有所妨碍的话，小船早就被他抓在手里了。见此情景，格列佛哪敢怠慢，转身就朝陆上跑去。

他奔上一座小山，这才把当地的景象看得比较清楚：前面显然是一片田园，但不像家乡的田园那样，这里的浅草足有一丈多深，田里的谷物也更为高大。为了躲避巨人，格列佛直朝那片田地跑去，足足花了半个小时才跑到田边。这时他又看到一伙前来收割庄稼的巨人，每个人都有教堂的尖塔那样高，讲起话来像是天上打雷。格列佛连忙钻进庄稼地里，躺在地上不敢动弹。那伙人开始收割，很快就来到他身边。一只大脚迎面朝他踏来，眼见自己将变成一团肉泥，格列佛吓得大叫一声，那脚又缩了回去。一个农民好奇地看了看他，然后用两根手指夹着他的腰部，把他从地上拾起来，他觉得自己好像立刻升到了半空中。这时他心里充满了恐惧，深怕

四川美术出版社 2006 年版封面

那人一松手，自己就会跌得粉身碎骨。不过还好，那农民没有把他扔下来，而是用一条手巾把他从头到脚包了起来，提回了家里。

农民的妻子见到格列佛时，就像格列佛的妻子见到一只老鼠时那样，吓得尖叫了一声。可是，没有多久，她就喜欢上这个小东西了。吃饭时，他们坐在 30 英尺高、20 多英尺见方的桌子旁，把格列佛放在桌上，用指尖掐了一小块面包放在他面前。格列佛从怀中掏出刀子，费了好大的劲才把面包切开吃了起来。正在这时，忽听一声巨吼，像是 10 个工厂一起开工一样，原来是 1 只比公牛还大 3 倍的小花猫跳到了女主人的膝上。格列佛大吃一惊，深怕那猫会伤害自己。饭后，农民外出干活去了，女主人把格列佛放在自己的床上，用一张比帆还大还粗糙的手巾盖着他。格列佛睡得正熟时，两只像狗一样大的老鼠爬上床来东嗅西嗅，他被惊醒了，站起来用刀子同老鼠战斗。幸亏女主人及时赶到，才把老鼠吓跑。

那农民受了别人的怂恿，决定将格列佛带到市场上去展览卖钱。每到赶集的日子，他就用一个盒子把格列佛装在里面，带到集市上去，强迫他用各种姿势进行表演。农民因此赚了不少的钱，格列佛却感到受了莫大的侮辱。但那农民还不满足，后来又把他带到首都去，引起全城轰动。王后见了这个彬彬有礼的小人，感到非常高兴。她问起格列佛的家乡和来历，格列佛回答得十分得体。于是，她用 1 000 个金币从农民那里把他买了下来。

王后把格列佛托在手上去见国王，国王起初还以为他是某个智者制造的机器人，经过一番仔细盘问，才相信他确实是人类。王后非常喜欢和格列佛在一起，每餐饭都让他陪伴着自己。她在桌上为他准备了一张小桌，常常把一小块一小块的食物赏赐给他。王后喜欢看他一口一口地吃东西的样子，而她自己吃起东西来却像一个粗鲁的英国农民。在国王的寝室里，国王常常问起欧洲。可是，每当格列佛兴高采烈地介绍着欧洲的一切时，国王总是要嘲笑他，说他是个自命不凡的小东西。对于格列佛讲到的政府、宗教、法律、风俗，国王都嗤之以鼻。他对火药的发明、武器的制作尤其不感兴趣，他认为，谁要是能使本来只能每株出产一串谷穗的土地都能每株长出两串谷穗，那才是对人类真正的贡献。

格列佛在巨人国一住就是三年。他多次想到家乡，怀念亲人，可是要逃走却非常困难。有一次他陪国王和王后巡视边疆，被装在小木箱里被人带到海边上呼吸新鲜空气。当他在小木箱里睡得正熟时，天空中的鹰错把木箱当成乌龟叼了起来，几只鹰在天上争夺，木箱掉进海里。格列佛躺在木箱里在海上漂流了一段时间，才被路过的一艘船打捞上去，得以重返英国。

归家后不久，格列佛又随“好望号”出海。船在海上遭贼船劫持，格列佛被单独放在小帆船里漂流到几座小海岛上。一天，他忽然发现空中有一座叫“勒皮他”的飞岛，岛上的人用绳子系住把他吊到飞岛上。飞岛上的人相貌异常、衣饰古怪，整天沉思默想。国王和有钱人都得雇一个“拍手”，用一个吹胀的尿泡拍他们的口、耳、眼，这样才能提醒他们交谈和看东西。国王和贵族都住在飞岛上，老百姓则住在巴尔尼巴比等三座海岛上。格列佛离开飞岛后，来到巴尔尼巴比进行访问，并参观了岛上的拉格多科学院。这所科学院研究的都是些荒诞不经的课题，如从黄瓜里提取阳光，把粪便还原成食物，把冰烧成火药，盖房先盖屋顶后打地基，利用蜘蛛来纺织，软化大理石当枕头或针毡等，结果造成全国遍地荒凉，房屋坍塌，人民无衣无食。

接着，格列佛来到巫人岛上。岛上的总督精通魔法，能随意召唤任何鬼魂，格列佛因此会见了亚历山大大帝、汉尼拔、凯撒等古代名将、著名学者和贤人，并与他们交谈，结果发现史书上的记载很多不符合史实，甚至是非颠倒。尔后，格列佛又游览了拉格耐格王国，见到了一种长生不老人“斯特鲁布鲁格”。离开该国后，格列佛来到日本，然后乘船回到英国。

格列佛回到家中五个月后，受聘为“冒险家号”船长，再次乘船出海。途中水手叛变，把他囚禁了几个月，然后放逐到一块不知名的陆地上，这便是“慧骃国”。在这里，格列佛遭到一种形状像人的名叫“野胡”的畜牲的围攻，他们没有理性，用手和脚行走。幸亏一匹“慧骃”（马）的到来才给他解了围。原来马是该国有理性的居民和统治者，而野胡则是马所豢养和役使的畜牲。格列佛的举止和言谈在慧骃国的居民马看来是一只有理性的野胡，因此引起了他们的兴趣。格列佛很快学会了该国的语言，应主人的邀请，他谈到在世界其他地方马是畜牲，并要服各种劳役，而像他那样的野胡则具有理性，并且是马的主人。这使慧骃们感到震惊。格列佛还谈到英国的情况：奥伦治亲王发动的英法战争；律师的颠倒黑白、敲诈勒索；安女王生活的奢侈和人民所过的悲惨生活。他还谈到谋取首相职位的手段之卑鄙及首相往往受制于一位年老女仆或亲信的跟班等。因此，慧骃们认为像格列佛那样的人类的所谓理性，只能助长他们“天生的罪恶特性”；而所谓“保护人民的法律”，则只会使人民家破人亡。

世界图书出版公司 2007 年版封面

格列佛受到慧骃各种美德的感化，决心要在慧骃国过一辈子。但是在慧骃国全国代表大会上一致通过要消灭全国的野胡而用较温驯的驴子来代替它们。格列佛由于是一只具有理性的野胡而得以免死，但必须立即离开慧骃国。格列佛无奈，只好乘小船离开了该国。他在海上获救后回到英国。从此，格利佛看破红尘，终生与马为友。

人民文学出版社2008年版封面

重点提示

英国小说家斯威夫特的代表作《格列佛游记》是英国文学史上最优秀的讽刺小说之一。虽然格列佛起初以为小人国与英国毫不相像，但实际上小人国却是英国的写照。透过那看似荒谬的逻辑，我们看到的是：国王比他的臣民只高出一个指甲，却狂妄地自命为头顶天的宇宙统治者，以其无常的喜怒决定老百姓的命运。官吏们也无需德才兼备，只要跳绳跳得高，就可得到高官厚禄。小人国的两党以鞋跟高矮为区分标志，这里影射的是当年英国的托利党（即保守党的前身）和辉格党（后来发展成自由党）两党政治；而吃鸡蛋时是从大头敲开还是从小头敲开，则指的是天主教与新教（亦称清教，即加尔文教派）之间关于教会仪式的无稽之争。为了这一区区争端，竟导致了小人国的内战，甚至殃及邻国。由于小人国里的警察制度和诬告成风，格列佛不得不逃离那里。

大人国的人无论体力还是理智都超过了那群“小人”：大人国里实行的是理想化的、有教养的君主政体，国王贤明而正直，经常关怀臣民，法律也是自由和福利的保障。在大人国国王的要求下，格列佛向他介绍了英国的社会及制度，他的溢美之词在国王的追问下破绽百出。国王对英国存在的营私舞弊、侵略战争和法律不公大加指责，并指出其原因就在于人心的卑劣自私。《格列佛游记》不但具有深刻的思想内容，而且具有比较完美的艺术形式。斯威夫特的艺术技巧有许多地方是值得我们借鉴的。首先，斯威夫特利用虚构的情节和幻想手法刻画了当时英国的现实。同时，他也是根据当时英国的现实才创造出一个丰富多彩的、童话般的幻想世界。斯威夫特的幻想世界是以现实为基础的，而现实的矛盾在幻想世界中则表现得更为集中突出。比如1688年政变后，托利党和辉格党争权夺利，互相攻击，而实际上他们都代表贵族和资产阶级的利益。斯威夫特抓住了议会党派斗争的本质特点，创造了小人国的高跟党和低跟党。这些虚构的情节就把现实表现得更为强烈、更为集中、更为典型，而且更带普遍性。

《格列佛游记》让人开阔眼界，在娱乐中品尝到“神奇”的滋味，从而获得一种至高的精神享受。书中大人国、小人国的故事几乎家喻户晓。斯威夫特是在古典主义的哺育下成长起来的作家，他的文字功底极深，表现手法十分新颖。其超常的想象、恰到好处的夸张、渊博的知识以及幽默自然的语言充实着整本书。

[法国] 巴尔扎克

《欧也妮·葛朗台》

作者简介

奥诺雷·德·巴尔扎克(1799—1850)是19世纪法国伟大的批判现实主义作家,欧洲批判现实主义文学的奠基人和杰出代表。一生创作96部长、中、短篇小说和随笔,总名为《人间喜剧》,它是19世纪法国生活的一部百科全书。其中代表作为《欧也妮·葛朗台》《高老头》。100多年来,他的作品传遍了全世界,对世界文学的发展和人类进步产生了巨大的影响。马克思、恩格斯称赞他"是超群的小说家""现实主义大师"。

巴尔扎克出身于法国大革命后致富的一个资产阶级家庭。法科学校毕业后,拒绝家庭为他选择的受人尊敬的法律职业,而立志当文学家。为了获得独立生活和从事创作的物质保障,他曾试笔并插足商业,从事出版印刷业,但都以破产告终。但他并未消沉,在他书房中布置了一座拿破仑的小像,并写下了激励自己一生的座右铭:"我要用笔完成他用剑所未能完成的事业。"这一切都为他认识社会、描写社会提供了极为珍贵的第一手材料。他不断追求和探索,对哲学、经济学、历史、自然科学、神学等领域进行了深入研究,积累了极为广博的知识。

1829年,巴尔扎克完成长篇小说《朱安党人》,这部取材于现实生活的作品为他带来巨大声誉,也为法国批判现实主义文学奠下第一块基石,巴尔扎克将《朱安党人》和计划要写的一百四五十部小说总命名为《人间喜剧》,并为之写了《前言》,阐述了他的现实主义创作方法和基本原则,从理论上为法国批判现实主义文学奠定了基础。在短短20年内,他每年要写4~5部小说,每天伏案至少18个小时。他的《赛查·皮罗多》是在25小时内写成的。《乡村医生》用了72小时,而长达几十万字的名著《高老头》竟是在三天内一气呵成的。为保证写作时清醒,巴尔扎克嗜浓咖啡如命,他曾说过:"我将死于3万杯咖啡。"果然,慢性咖啡中毒成为他死因之一。

巴尔扎克在艺术上取得巨大成就,他在小说结构方面匠心独运,小说结构多种多样,不拘一格,并善于将集中概括与精确描摹相结合,以外形反映内心本质等手法来塑造人物，他还善于以精细入微、生动逼真的环境描写再现时代风貌。恩格斯称赞巴尔扎克的《人间喜剧》写出了贵族阶级的没落衰败和资产阶级的上升发展，提供了社会各个领域无比丰富的生动细节和形象化的历史材料，“甚至在经济的细节方面，我学到的东西也要比从当时所有职业历史学家、经济学院和统计学家那里学到的全部东西还要多”。

巴尔扎克以自己的创作在世界文学史上树立起了不朽的丰碑。在巴尔扎克的一生当中，他的作品大部分以反映人性、社会的丑恶为主。他的作品无论是描写哪个层次，对人性的揭示都是非常深刻的，而且这一切都非常自然。但是，虽然巴尔扎克将其创作称为《人间喜剧》，然而他的生活却是悲剧性的，最后他不得不在穷困潦倒中离开人世。

作品提要

在法国外省的索漠城的老城区，有一条古色古香的街道。在街的尽头，有一座阴暗而陈旧的房子，这就是索漠城里很有名望的葛朗台先生的公馆。

在 1789 年，葛朗台还只是一个富裕的箍桶匠，但他能读能写，精于算账。后来，葛朗台娶了一个木材商的女儿，他用妻子的陪嫁和手中的现款从共和国政府的手中廉价购得当地最好的葡萄园、一座修道院和几块分种地，又通过为共和军供应一两千桶白葡萄酒，向政府换得了几片肥沃的草场。在拿破仑上台后，葛朗台当上了市长。他借口为民谋利，修了好几条出色的公路直通自己的产业。葛朗台还依仗职权在地产登记时占尽便宜，只需交极其微薄的税。不久，葛朗台又连得他的岳母、妻子的外公、自己的外婆的三笔遗产而成为当地的新贵。葛朗台非常善于做生意，算起账来精确得好比天文学家，从来不曾打错算盘。他通过控制市场、操纵价格等手段大发横财，索漠城没有人没尝过被葛朗台的利爪狠抓一下的滋味。他与人商谈问题时总是装聋作哑，从不给人明确的答复，也从不落下什么把柄在别人手里。短短几十年的工夫，葛朗台就成为索漠城的首富，无人不知，无人不晓。他的一举一动都成为人们行动的准则。

葛朗台从不买肉和面包，他的佃户每星期都会给他送来阉鸡、鸡蛋、黄油、面粉、蔬菜和木柴，而面包则由家里唯一的女佣拿侬亲自去做。葛朗台全家的被服和内衣都由他的妻子和女儿欧也妮亲手缝制。面包、蜡烛等日用品也由葛朗台每天早上亲自分发。葛朗台规定只有每年的 11 月初到 3 月 31 日才能使用壁炉，根本不管春寒和秋冻。女佣拿侬每年只能从葛朗台那儿领到 60 法郎的工钱，而且 20 年来她从主人那里得到的唯一的一件礼物就是一块旧表，但心地善良的大高个拿侬却对葛朗台忠心耿耿。在葛朗台的卧室里，设有一个内室，里面藏着他的田契、房契和黄金。只有在夜深人静的时候，当葛朗台把玩着他的金子时，他才是最快乐的。

1819年11月中旬的一天，是葛朗台的独生女儿欧也妮的23岁生日。葛朗台一早便来到女儿的房间，送给她一枚金币作礼物，这是13年来的老规矩了，葛朗台把这些金币看成女儿日后陪嫁的压箱钱。这一天也是克罗旭和格拉珊两家人熟记在心的日子。公证人克罗旭和他的兄弟克罗旭神父一心想让当初级法庭庭长的侄子与欧也妮结婚，而银行家德•格拉珊夫妇则希望儿子能娶欧也妮为妻。索漠城中只有这两家人能有资格出入葛朗台的公馆，而城里人都很清楚他们明争暗斗的目标就是欧也妮的巨额嫁妆。所以，欧也妮的婚事也成为索漠城里人们常常议论的话题。

国际文化出版社公司2006年版封面

在格拉珊太太的建议下，大家摆开牌桌开始玩摸彩的游戏。客厅里欢声笑语不断，但只有欧也妮和她母亲的笑声才是发自内心的，包围着她们母女的人们的心中却各自打着如意算盘。站在旁边的葛朗台则得意地打量着这些可笑的人们，因为他知道他们来这儿只是为了自己的钱，而这些人只是葛朗台用来钓大鱼的鱼钩。

这时，葛朗台的侄子查理从巴黎来了，游戏不欢而散，而葛朗台却只顾看侄子带来的一封信。原来，葛朗台的弟弟在巴黎由于经营不善破产了，他在自杀前把儿子打发到索漠来，希望葛朗台能提供一笔资金将查理送到印度去经营。

查理的英俊和巴黎人的潇洒触动了欧也妮少女的心弦，她兴奋地帮母亲与拿侬给堂弟铺床，并亲自张罗卧室里的陈设。她拿出自己的私房钱让拿侬为查理买来白蜡烛和糖，还自作主张地让人把壁炉的火生旺。看完信后，尽管葛朗台强装镇定，却依然掩饰不了内心的激动与盘算。查理的到来使克罗旭与格拉珊两家人暂时联合起来，决定千方百计阻止欧也妮爱上查理。那天晚上，拿侬被查理奢华的睡衣惊呆了，欧也妮则第一次梦见爱情，而葛朗台却在他的秘密金库里踱来踱去，盘算着如何不花一分钱把侄子打发走。

第二天，欧也妮很早就起床了，对她来说，从那天起，梳妆打扮就有了一种特殊的意义。她仔细地梳洗着，但纯洁朴实的欧也妮并不真正懂得如何修饰自己。她自卑地觉得自己配不上查理。欧也妮让拿侬调些鲜奶油并做些薄饼给查理吃，但葛朗台只让拿侬用佃户打来的乌鸦熬汤给侄子喝。早餐前，葛朗台带欧也妮去河边自己的草地上散步。在路上，他们遇到克罗旭公证人，当公证人问葛朗台是否从巴黎招了一个女婿来时，葛朗台毫不犹豫地说宁可把女儿扔进河里也决不把她嫁给她的堂弟。欧也妮两脚发软地随父亲回到家里。

葛朗台与妻子、女儿一边吃着早饭，一边淡淡地将查理的父亲破产的消息告诉了大家。欧也妮悲痛地哭了，可葛朗台却像往常一样出门去了。

趁父亲不在家，欧也妮偷偷地向母亲袒露了自己的心事。为了给查理张罗一顿像样的午餐，欧也妮冒着被父亲责打的危险，费了两个小时的心血才准备好。可查理对这样简单的饭食并不在意。正当他们闲聊的时候，葛朗台回来了，他看了看桌子，又望望查理，一切都明白了。葛朗台决定把那个不幸的消息告诉侄子，省得妻子、女儿再做出这种极度冒犯家规的事。

听到噩耗，查理控制不住自己的感情，悲痛地冲进自己的房间。葛朗台太太、欧也妮和拿侬都被这凄惨的哭声感动得哭了，而葛朗台却认为侄子只惦记死人不惦记钱，太没有出息了。夜里，葛朗台在自己的密室里处心积虑地谋划如何玩弄一下巴黎人来保住亡弟的名声，更重要的是自己不花一分钱就可以把查理打发到国外去，自己也可以做个讲义气的哥哥。

葛朗台太太和欧也妮无微不至的关心和爱护，让早已熟悉了巴黎的世态炎凉的查理感动不已。而葛朗台却立即让银行家格拉珊去巴黎帮他料理亡弟的事情，单纯的欧也妮为父亲的行为感到由衷的敬佩。

半夜，在拿侬的帮助下，葛朗台悄悄地把金子用马车运到安茹抛售，因为黄金的价格涨了一倍，然后趁价低时买进公债，等市价涨了后再抛出公债。葛朗台已经发现通过投机公债可以获得成倍的利润。

夜里，欧也妮悄悄走进查理的卧室，发现了查理写给他的情妇的信。在激动和好奇心的驱使下，她偷偷地读了那封信，了解到查理目前的状况，欧也妮决定帮助查理。欧也妮将自己的全部积蓄都给了查理。查理被欧也妮高尚的心灵感动了，流着泪接受了资助。出于对欧也妮的报答和信任，查理把自己母亲留下的一只黄金首饰匣送给欧也妮做纪念。从此，纯洁的爱情把二人联系在了一起，他们利用早晨的时间偷偷地约会，而分别的日子就快要来了。查理在葛朗台的授意下签了一份放弃继承权的文书，然后怀着凄凉悲伤的心情去了印度。

光明日报出版社 2008 年版封面

元旦那天，葛朗台听说女儿把金子都送了人，气得暴跳如雷，命令欧也妮待在房间里不许出来，每天只许吃面包和冷水，而葛朗台太太则惊吓过度生了病。葛朗台太太的病情一天比一天重，可葛朗台还是不愿与女儿讲和。终于有一天，公证人提醒葛朗台，欧也妮有对母亲的继承权，如果葛朗台太太死了，欧也妮就可以要求拍卖财产，除非欧也妮放弃继承权，但这样就不能亏待她。这时，葛朗台才决定向女儿屈服，以便到死都控制着数百万的家当。1822 年 10 月，葛朗台太太去世了，她最后的目光仿佛暗示了欧也妮日后的苦命。在葛朗台的软硬兼施下，天真的欧也妮终于放弃了对母亲遗产的继承权。

葛朗台开始逐步教会女儿持家的方法，也慢慢地让欧也妮参与田庄的事务。1827 年，葛朗台得了风瘫，但他对金子的热情却丝毫没有减少。他临终前，叮嘱欧也妮把一切都要管好，以后到那边向自己交账。父亲死后，欧也妮成了 1700 万法郎的继承人。但是，财富并没有使 30 岁的欧也妮感到幸福和安慰，仍然没有让她体会到人生的乐趣，八年了，欧也妮无时无刻不在惦念着远方的查理。

此时，查理在印度靠放高利贷、走私偷税和贩卖人口而发了财。他渐渐变得狠毒、贪婪、刻薄和冷漠，沉溺于花天酒地的生活，在索漠的美好回忆早被他忘得一干二净，而欧也妮充其量不过是他 6000 法郎的债主罢了。查理回到巴黎后，为了追求贵族的头衔和门第，便决定与一位奇丑无比的侯爵小姐结婚。所以，他随随便便地给欧也妮写了一封信，请她将那个首饰匣交驿站邮寄，并附上一张可以兑 8000 法郎的汇票。

欧也妮看到信，顿时觉得天崩地裂，她想起母亲的临终遗言，感到痛不欲生。万念俱灰的欧也妮终于答应嫁给庭长，但她仍不忘替查理偿还其父尚欠的 120 万法郎的债务。而庭长则担心生出孩子来分享葛朗台家的财产，所以同意不与妻子同房。

半年后，庭长凭借雄厚的经济实力成为安茹法院推事，几年后又当上高等法院的院长，但是当他当上国会议员后才几天就病死了。欧也妮又继承了丈夫的财产，33 岁时成了寡妇，尽管年收入高达 80 万法郎，但欧也妮仍然保持了父亲当年的生活习惯，住在阴暗而凄凉的老屋中。这时，欧也妮又开始被求婚的人包围起来，如同当年一样。

重点提示

1829 年到 1835 年是巴尔扎克文学创作逐渐走向成熟的时期，1833 年完成的《欧也妮·葛朗台》是他这一时期的代表作之一，属“风俗研究”中的“外省生活场景”。这部小说生动地描绘了 19 世纪初法国的外省生活，揭露了人与人之间赤裸裸的金钱关系。

《欧也妮·葛朗台》(1833)的情节其实十分简单，就是一个痴情女子负心汉的故事，但作家却把这样一个普通的故事写成一部现实主义的杰作，其主要原因是塑造了一个世界文学舞台上典型的守财奴的形象——葛朗台。通过这个吝啬鬼的形象及其发家史，作品揭示了新的历史条件下资产阶级的发家特点以及资本主义社会人与人之间的金钱关系。

葛朗台与以往的守财奴不同。莫里哀笔下的阿巴贡虽然爱财如命，但他仅仅热衷于守财，连放高利贷都舍不得。《高利贷者》中的高布赛克也只是把放高利贷作为获得利润的唯一方式。葛朗台则不然，他不仅善于守财，更善于发财，守的多，赚的更多。此外，葛朗台的敛财高明之处还在于他已经懂得通过商品流通和投机生意来获得利润。当法国外省的人由于闭塞保守，对投机公债还知之甚少的时候，葛朗台就已经发现公债投机可以赚大钱。葛朗台的形象充分体现了19世纪初法国资产阶级的特征。

葛朗台的身上最显著也最有代表性的特征是他的吝啬。作者用一系列耐人寻味的细节来描述葛朗台的悭吝。葛朗台的家是一幢典型的守财奴的房子，结实、简朴、耐用又不起眼。全家的内衣和被服都由妻子和女儿亲手缝制；每天的面包、蜡烛等日常用品都由葛朗台亲自分发；他严格限制壁炉的使用时间而根本不管春寒秋冻；来了客人，葛朗台居然让人用乌鸦熬汤来招待；妻子生了病，他首先想到的是又要花钱，甚至当他的侄子由于父亲的去世而悲痛万分时，葛朗台还认为他太没出息，“只惦记死人不惦记钱”。在葛朗台的心中，金钱是高于一切的，只要看到金子，他就觉得心里暖和。当他瘫痪后，尽管平时看起来浑浑噩噩，但一到收租的日子，他就清醒了。甚至临死前，他还力图抢走神父的镀金十字架。葛朗台爱钱如命，却又不懂得享受金钱能带来的乐趣，他既是金钱的主人又是金钱的奴隶。对葛朗台来说，世界上没有一样东西不是为了金钱而存在的。他活着就是为了赚钱，除了快快发财，他不知道还有别的幸福，除了金钱的损失，也不知道还有别的痛苦。葛朗台就是这样一个一辈子为占有金钱而活，为如何更多地占有金钱而生的资产者的突出代表。

人民文学出版社2008年版封面

巴尔扎克非常善于塑造典型环境中的典型人物。受到拉瓦特和迦尔骨相学的影响，巴尔扎克十分注重描绘人物的外貌，通过肖像描写来揭示人物的内心世界。

除了肖像描写外，巴尔扎克还擅长通过语言和细节描写来刻画人物。例如：当女仆拿侬对是否能用乌鸦熬汤表示怀疑，认为乌鸦是吃死人的时候，葛朗台却反驳道：“你真笨，拿侬！它们跟大家一样，还不是有什么吃什么。咱们就不吃死人了吗？什么叫遗产？”活脱脱是一个贪婪凶狠的守财奴的语言。

与典型人物塑造紧密相连的是对典型环境的描写。《欧也妮·葛朗台》真正的故事情节是从欧也妮的生日会开始的，但在小说的一开头，作者对索漠城的街道、房屋、风俗人情以及对葛朗台的身世背景、家庭、社会关系有长达几十页的细致描述。虽然有些过分冗长，甚至有点妨碍情节的展开，但对整部小说来说却是必不可少的。这段环境描写真实而生动地反映了时代和社会的风貌，是小说人物性格的重要载体。

巧妙的结构布局和情节构思也是《欧也妮·葛朗台》的艺术特色之一，当然也是《人间喜剧》的长处之一。小说从描绘索漠城的风情开始，围绕欧也妮的婚姻问题展开，主要人物在富翁千金的生日会上逐一登场。小说情节一环扣一环，逐层推进，时而高潮突起时而急转直下，在小小的葛朗台公馆里上演着一幕幕悲剧，而金钱则是这出悲剧的总导演。

[俄国] 普希金

《普希金诗选》

作者简介

亚力山大·谢尔盖耶维奇·普希金(1799—1837)是俄国浪漫主义文学的杰出代表,现实主义文学的奠基人,现代标准俄语的创始人。他的作品是俄国民族意识高涨以及贵族革命运动在文学上的反映。

普希金出身于莫斯科的一个日渐走向衰落的没落贵族家庭。其父母很少关心孩子的教育,把他们交给家庭教师去照料。普希金小时候受到民间口头创作的熏陶,从小就接触到拉伯雷、高乃依、拉辛、莫里哀、布瓦洛、伏尔泰、莎士比亚等人的作品,也熟读了俄国的罗蒙诺索夫、杰尔查文、卡拉姆辛、德米特里耶夫等人的著作。1811—1818年普希金就读于彼得堡皇村学校,受到法国资产阶级启蒙思想的影响,并和一些十二月党人接近。

普希金从学生时代就开始写诗。他一生写了800多首抒情诗,内容丰富,形式多样。

普希金的政治诗当时在进步的贵族青年中间广泛流传,对解放运动起了促进作用,引起了沙皇的惊恐。亚历山大一世曾愤恨地说:“应该把普希金流放到西伯利亚去。他弄得俄罗斯到处都是煽动性的诗,所有青年都在背诵这些诗。”由于皇村学校一些教师的说情,诗人才免于流放西伯利亚,而被放逐到南俄。从1820年起,他在那里度过了四年放逐的生活。

在南俄期间,他同十二月党人的联系更加密切,结识了“南社”的领导人彼斯杰尔,参加了他们的秘密集会,并写了号召反对农奴制、杀死暴君的著名诗篇《短剑》(1821)。此外,还写了不少浪漫主义的抒情诗,如《囚徒》(1822)、《致大海》(1824)等,以及一组叙事长诗:《高加索俘虏》(1822)、《强盗兄弟》(1822)、《巴赫奇萨拉伊的泪泉》(1824)、《茨冈》(1824)。这些诗篇表达了诗人渴望自由的思想感情,反映了进步贵族青年寻求社会出路的情绪,充满着对上流社会的愤懑和对纯朴的山民、茨冈人的同情。

1824年,诗人因和南俄总督发生冲突,被放逐回父亲的领地米哈依洛夫斯科耶村,过了两年幽禁的生活。这时他钻研俄国历史,搜集民歌、故事和童话,从而大大丰富了他创作的内容和民族特点,这对于他现实主义创作方法的形成有极大的帮助。1825年,现实主义的历史剧《鲍利斯·戈都诺夫》问世。

诗人于1826年回到莫斯科。那是在1825年12月14日十二月党起义失败以后，刚即位的尼古拉一世为了收买人心而把普希金召回。沙皇曾问普希金，假如起义时他在彼得堡，他将会做什么，诗人明确回答，他会在起义者的行列里。

1830年9月普希金到波尔金诺村住了三个月，这是他创作上有重大收获的季节。在这里他完成了被称为俄国批判现实主义文学奠基作的诗体小说《叶甫盖尼·奥涅金》，还写了《别尔金小说集》、四个小悲剧(《石客》《吝啬的骑士》《莫扎特和沙莱里》《瘟疫流行日的宴会》)和近30首抒情诗，等等。

1831年2月18日，普希金和莫斯科一位19岁的少女娜·尼·冈察罗娃结婚，随后即迁居彼得堡，重入外交部任职。但家庭生活很不愉快。由于与官方的矛盾加剧，引起沙皇和当局的不满，于是当局唆使法国流亡人士丹特士不断追求普希金的妻子，彼得堡上流社会中流言纷起。诗人常常收到来自彼得堡的侮辱诗人名誉的匿名信，诗人在忍无可忍的情况下向丹特士提出决斗，最后，普希金于1837年2月8日和丹特士决斗，身负重伤而于当月10日逝世，享年39岁。报上刊出这个噩耗时说："俄罗斯诗歌的太阳殒落了。"

作品提要

普希金抒情诗内容之广泛，在俄国诗歌史上前无古人，既有政治抒情诗《致恰达耶夫》(1818)、《自由颂》(1817)、《致西伯利亚的囚徒》(1827)等，也有大量爱情诗和田园诗，如《我记得那美妙的一瞬》(1825)和《我又重新造访》(1835)等。普希金一生创作了12部叙事长诗，其中最主要的是《鲁斯兰和柳德米拉》、《高加索的俘虏》(1822)、《青铜骑士》(1833)等。普希金剧作不多，最重要的是历史剧《鲍里斯·戈都诺夫》(1825)。此外，他还创作了诗体小说《叶甫盖尼·奥涅金》(1831)、散文体小说《别尔金小说集》(1831)及关于普加乔夫白山起义的长篇小说《上尉的女儿》(1836)。

上海译文出版社2003年版封面

普希金在自己的作品中提出了时代的重大问题：专制制度与民众的关系问题，贵族的生活道路问题、农民问题；塑造了有高度概括意义的典型形象："多余的人"、"金钱骑士"、"小人物"、农民运动领袖。这些问题的提出和文学形象的产生，大大促进了俄国社会思想的前进，有利于唤醒人民，有利于俄国解放运动的发展。

普希金一生的创作，可以说就是19世纪最初几十年间俄国社会前进运动的形象的历史记录，是一幅包括社会生活各个方面的生动的长卷。1814年的《皇村回忆》充满了爱国主义精神。1817年的《自由颂》就像是向专制农奴制度宣战的号角，使当时社会上沉滞郁闷的空气顿时变得活跃起来：

去吧，快躲开我的眼睛，
你西色拉岛娇弱的皇后！
你在哪里呀，劈向沙皇的雷霆，
你高傲的自由的歌手？
来吧，揪下我头上的桂冠，
把这娇弱无力的竖琴砸烂……
我要向世人歌颂自由，
我要抨击宝座的罪愆。
…………
颤抖吧，世间的暴君！
轻佻的命运的养子们！
而你们，倒下的奴隶！
听啊，振奋起来，去抗争！

这是多么像子弹一样凌厉的诗句！在一些革命知识分子的鼓舞下，普希金少年气盛，对前途充满信心。

在青年时代，他为反拿破仑战争的爱国激情所鼓舞，并受十二月党人的思想影响，写了不少反对专制暴政、歌颂自由的政治抒情诗。如《自由颂》(1817)、《童话》(1818)、《致恰达耶夫》(1818)、《致普柳斯科娃》(1818)、《乡村》(1819)等，都具有浪漫主义精神，反映了十二月党人的革命理想和决心。在《致普柳斯科娃》一诗中，作者这样写道：

我只愿意歌颂自由，
只向自由奉献诗篇，
我诞生到世上，而不是为了
用羞怯的竖琴讨取帝王的欢心。

在《自由颂》中，诗人则以极大的仇恨谴责暴君：

你专制独裁的暴君，

我憎恨你，憎恨你的宝座！

我以严峻和欢乐的眼光，

看待你的覆灭，你儿孙的死亡。

1818年的《致恰达耶夫》更是踌躇满志，热气腾腾：

趁胸中燃烧着自由之火，

趁心灵向往着荣誉之歌，

我的朋友，让我们用满腔

壮丽的激情报效祖国！

同志啊，请相信：空中会升起

一颗迷人的幸福之星，

俄罗斯会从睡梦中惊醒，

并将在专制制度的废墟上

铭刻下我们的姓名！

然而，一接触底层的实际生活，诗人也会有所收敛。1819年在米哈伊洛夫斯克写的《乡村》一诗中，看到田园的美是那样令人陶醉，而农民却遭受着那样非人的压迫和苦难，诗人不禁万分感慨：

朋友们啊，我是否能够看见——

人民不再受压迫，农奴制尊圣旨而崩陷，

那灿烂的霞光最终是否能够升起——

在文明的自由的祖国的九天？

普希金的优秀作品达到了内容与形式的高度统一，他的抒情诗内容丰富、感情深挚、形式灵活、结构精巧、韵律优美。他的散文及小说情节集中、结构严整、描写生动简练。

普希金的创作对俄罗斯现实主义文学及世界文学的发展都有重要影响，高尔基称之为“一切开端的开端”。

在被流放的第六个年头，即1825年，普希金写了《饮酒歌》这样具有高度乐观主义精神的诗：

欢声笑语，为何静息？

响起来吧，祝酒的歌曲！

祝福爱过你们的各位妙龄妻子，

还有那些温柔的少女！

把一个个酒杯斟满！

把你们珍藏的戒指都拿出来！

扔进浓郁的酒里，

沉入作响的杯底！

大家把酒杯举起，一饮而光！

祝福缪斯，祝福理智万寿无疆！

你，燃烧吧，神圣的太阳！

在理智的永恒的阳光下

骗人的聪明明灭无常，

如同在灿烂的朝霞中

这盏油灯暗淡无光。

祝福太阳永在，但愿黑暗消亡！

高尔基对这首诗评价很高，说不但在当时，即使现在也没有人能够写得出这样的诗。

在莫斯科时期，普希金曾一度希望沙皇对十二月党人能采取宽大措施。但不久他便抛弃了幻想，写出《阿里昂》(1827)和《致西伯利亚的囚徒》(1827)等著名诗篇，在后一首诗中写道：

在西伯利亚矿坑的底层，

望你们保持着骄傲忍耐的榜样，

你们悲惨的工作和思想的崇高意向，

决不会就那样消亡……

沉重的枷锁会掉下，

阴暗的牢狱会覆亡，

自由会愉快地在门口迎接你们，

弟兄们会把利剑送到你们手上。

这首诗托一个十二月党人的妻子带到流放地去，在十二月党人中广为传诵，起了很大的鼓舞作用。在流放中的十二月党人奥陀耶夫斯基立即写了一首诗应和，诗中说道："我们悲惨的工作不会就这样消亡，行看星星之火即将燃成熊熊的烈焰。"

长诗《茨冈》是诗人过渡到现实主义创作以前的最后一部浪漫主义叙事诗。它写的是贵族青年阿乐哥同城市"文明"社会发生冲突，因"衙门里要捉他"而出走；到了茨冈游牧群中间，和他们一起流浪，并同茨冈姑娘真妃儿结为夫妻。但两年以后，却发生了阿乐哥和茨冈人的新冲突。他发现真妃儿另有新欢，于是怀着报复心理杀害了真妃儿和她的情人。阿乐哥由此遭到茨冈人的唾弃，孤零零地留在草原上。长诗表现了俄国贵族青年寻找出路的主题。诗的前半部写阿乐哥对城市社会的厌恶，“回到自然”，在茨冈游牧群中自由自在地过日子。诗人以浪漫主义的情调把茨冈人的生活理想化，用以对照城市文明的虚伪，增强对当时社会的批判力量。但诗人也揭示，一个贵族阶级的知识分子想脱离本阶级，摆脱本阶级的传统影响，同以劳动为生活基础的普通人融为一体，这是很困难的。诗的后半部分暴露了阿乐哥由于贵族阶级的思想习惯所养成的个人主义劣根性。诗人用老茨冈纯朴的原始民族的美德同阿乐哥的利己主义相对照，对贵族社会进行了深刻的批判。长诗展示了阿乐哥性格的复杂和矛盾，他作为 19 世纪初俄国贵族青年的形象具有一定的典型意义。

北京燕山出版社 2005 年版封面

普希金是俄罗斯民族文学中第一个“发现”大海的诗人，因为他，俄国这块大陆的歌喉第一次咏叹了大海的魅力。

普希金在第二次被流放时，来向大海告别，他的感情是复杂的，“再见吧，自由的元素！这是你最后一次在我的眼前，滚动着蔚蓝色的波涛，和闪耀着骄傲的美色。”普希金想秘密逃往海外，大海是他的“心愿之乡”，可是他只能望洋兴叹，“你等待着，你召唤着……而我却被束缚住；我的心灵在徒然地挣扎：我被一种强烈的热情所魅惑，独自留在你的岸边。”诗人彷徨无依，他从大海身上看到了与自己相同的禀性，在《致大海》中他写道：

我多么爱你的回音，
爱你阴沉的声调，你悠远无尽的音响，
还有黄昏时的静寂，
和那反复无常的激情！（戈宝权译）

灵魂找到了它的伴侣，大海成为精神之源，诗人向大海汲取能量，缅怀刚刚逝去的两位巨人拿破仑和拜伦——没有比在海边更适合做这件事了。他提到拜伦时说：“自由之神所悲泣的歌者消失了，他把自己的桂冠留给了世界。”谁来继承这自由歌者的桂冠？普希金心中显然已有答案。

精神博大的人才会爱上海洋。它的荡涤万物的力量，它的汹涌澎湃的激情，它的呼风唤雨的声音，它的孕育新生的神奇，无不与浪漫派诗人蓬勃的生命张力和改造世界的恢宏的理念一一呼应，他们不爱上大海谁会爱上大海?大海不选择他们作嫡亲血子派往人间又该选择何人? 大海，是浪漫派诗人的精神之父。

爱情的主题在普希金的抒情诗以及长诗里占有很大的分量。他从开始写诗时起，就写爱情诗，从未间断。还在年轻时，他就已把爱情看成一种神圣的感情:

我流泪，泪水使我得到安慰；
我沉默，我却不抱怨，
我的心中充满忧烦，
忧烦中却有痛苦的甜味。
生活之梦啊! 飞逝吧，我不惋惜，
在黑暗中消失吧，空虚的幻影；
爱情对我的折磨我很珍重，
纵然死，也让我爱着死去!

这首写于1816年的诗，仿佛给他一生写的爱情诗定了调子。他的爱情诗里不大出现暴风雨般的激情，更多的是表现藏在内心深处的柔情蜜意。一见倾心的爱慕、长相思的痛苦、嫉妒的折磨、欲言又止的羞怯、绝望中的倾吐、回忆中的甜蜜等常人都会有的感情，都恰如其分地、真切地化成他优美动人的诗句。诗人流放在米哈伊洛夫斯克村时写下的脍炙人口的《致克恩》一诗，常常作为他的爱情诗的代表为我国读者反复诵读。

1819年普希金与19岁的克恩第一次相遇。那次普希金与克恩(她已经是一位年届56岁的将军的夫人了)只用法语交谈了几句话，但临别时她记住了普希金的目光。普希金在诗中写道:

我记得那美妙的一瞬:
在我的面前出现了你，
有如昙花一现的幻影，
有如纯洁之美的天仙。
在那无望的忧愁的折磨中，
在那喧闹的浮华生活的困扰中，
我的耳边长久地响着你温柔的声音，
我还在睡梦中见到你可爱的倩影。

许多年代过去了。暴风骤雨般的激变

驱散了往日的梦想，
于是我忘却了你温柔的声音，
还有你那天仙似的倩影。

在穷乡僻壤，在囚禁的阴暗生活中，
我的日子就那样静静地消逝，
没有倾心的人，没有诗的灵魂，
没有眼泪，没有生命，也没有爱情。

如今心灵已开始苏醒，
这时在我的面前又重新出现了你，
有如昙花一现的幻影，
有如纯洁之美的天仙。

我的心在狂喜中跳跃，
心中的一切又重新苏醒，
有了倾心的人，有了诗的灵感，
有了生命，有了眼泪，也有了爱情。（戈宝权 译）

这首情诗是普希金1825年写给安娜·彼得罗夫娜·克恩（1800—1879）的。几年过去了，普希金的诗成了众人谈论的话题。爱好诗歌的克恩一直幻想再次见到他。1825年6月，她客居三山村奥西波娃姑姑家的庄园时，普希金也前来造访。两人重逢，相隔六年，不胜欣喜。从那天起，那一年的夏天，整整有一个月的时间，他们几乎天天见面。同辈人在一起无拘无束，普希金兴致勃勃地为伙伴们朗诵自己的新作。

普希金和克恩后来有过多次通信，情意相投，满纸幽默和戏谑，可惜克恩的很多封信都没有保存下来。

普希金写给克恩的这首诗，是他创作高峰时期的代表作，是爱情诗中最迷人的一朵鲜花。难怪后来很多作曲家为它谱了曲。

普希金流放南方在敖德萨供职期间与沃隆佐娃相识，沃隆佐娃比普希金大7岁，是敖德萨总督沃隆佐夫公爵夫人，普希金一直对她十分钟情。普希金写的《阴霾的白天逝去了》（1824）、《焚烧的情书》（1825）、《渴望荣誉》（1825）、《为了怀念你》（1825）、《保护我吧，我

的护身法宝》(1825)、《永诀》(1830)这些诗歌都是献给沃隆佐娃的。在《为了怀念你》中他写道:

为了怀念你,我把一切奉献:
那充满灵性的竖琴的歌声,
那伤心已极的少女的泪泉,
还有我那嫉妒的心的颤动。
还有那明澈的情思之美,
还有那荣耀的光辉、流放的黑暗,
还有那复仇的念头和痛苦欲绝时
在心头翻起的汹涌的梦幻。(乌兰汗 译)

这首诗是献给伊·克·沃隆佐娃(1792—1880)的。沃隆佐娃是一位善于交际的风流女性。她很有教养,通晓诗歌与绘画,一直招引很多异性的青睐。

普希金除了作诗之外,还为沃隆佐娃画过30多幅速写像。19世纪30年代沃隆佐娃去彼得堡时,他们也见过面。沃隆佐娃对普希金也一直保持着美好的回忆。据说,她在弥留之际销毁了一捆珍藏多年的普希金寄给她的书信与情诗。

1828年夏天,普希金很想和奥列尼娜结为夫妻,但却遭到了她的父亲的拒绝。普希金遭到拒绝后,很快就离开了彼得堡。后来,普希金与奥列尼娜一家关系大大疏远了,其中很重要的原因是她的父亲越来越靠近沙皇,而且这位要人对社会上流传的普希金的讽刺短诗极为不满。

普希金1828年的爱情诗《她的眼睛》《你和您》《美人儿啊,不要在我面前唱起》《豪华的京城,可怜的京城》《唉,爱情的絮絮谈心》《我曾爱过你》……都是由奥列尼娜引发出来的。

据奥列尼娜的孙女说,1833年普希金在《我曾爱过你》这首原来写在她祖母纪念册上的诗的下边,用法文加了一句话:“这是很久以前的事情了。”诗中写道:

我曾经爱过你:爱情,也许
在我的心灵里还没有完全消亡,
但愿它不会再打扰你,
我也不想再使你难过悲伤。
我曾经默默无语、毫无指望地爱过你,
我既忍受着羞怯,又忍受着嫉妒的折磨,
我曾经那样真诚、那样温柔地爱过你,

但愿上帝保佑你，另一个人也会像我爱你一样。（戈宝权 译）

这首诗是献给奥列尼娜的。奥列尼娜（乳名安涅塔）是美术学院院长、彼得堡公共图书馆馆长、考古学家奥列宁的千金小姐。

奥列尼娜生活在著名学者家中，受到文学艺术的熏陶，文化素质较高，同时又颇多魅力，相当活泼，惹人喜爱。奥列尼娜和普希金接触之后，她曾表白说：普希金是“当时她所见到的最有趣的人”，普希金对她也充满了情意。他们一起在沙龙见面，在郊外同游，在彼得堡夏园幽会。

1929年冬天，普希金在莫斯科一个舞会上看到了身穿轻盈纱裙的冈察罗娃，并被她那古典的标致和文雅的举止所征服。可是，冈察罗娃对这位青年偶像并不像众多少男少女那么热烈崇拜，相反她表现出来的是毫无特殊的兴趣，也许是她的内心的谦虚和严格的教养使她不愿感情外露。普希金在《当我紧紧拥抱着》（1830）中写道：

当我紧紧拥抱着
你的苗条的身躯，
兴奋地向你倾诉
温柔的爱的话语，
你却默然，从我的怀里
挣脱出柔软的身躯。
亲爱的人儿，你对我
报以不信任的微笑；
负心的可悲的流言，
你却总是忘不掉，
你漠然地听我说话，
既不动心，也不在意……
我诅咒青年时代
那些讨厌的恶作剧：
在夜阑人静的花园里
多少次的约人相聚。
我诅咒那调情的细语，
那弦外之音的诗句，
那轻信的姑娘们的眷恋，

她们的泪水,迟来的幽怨。(丘琴 译)

这首诗是普希金写给自己的未婚妻冈察罗娃的。娜塔丽亚·尼古拉耶夫娜·冈察罗娃(1812—1863)是位绝世佳人。无论从同时代人的回忆录中,还是从当时人为她完成的画像上,都可以得到证实。

认识不久,普希金向她求婚,但没有得到明确的答复。一气之下,普希金当天夜里怀着难以忍受的悲痛就出发去了高加索,参加了正在那里进行的与土耳其的战争。9月间,普希金回到莫斯科,立刻去看望冈察罗娃,但冈察罗娃接待他时显得十分冷淡。普希金绝望了,他又离开莫斯科去了彼得堡,他写信告诉别人:"当时我丧失了足够的勇气表白自己,我觉得我扮演了十分可笑的角色,这是我生平第一次显得如此胆怯,而人到了我这个年龄的,胆怯决不会博得少女的喜爱。"过了半年,普希金去莫斯科再次向冈察罗娃求婚,终于得到同意。1830年5月6日订婚,这期间他对未婚妻的赞扬达到了登峰造极的地步。《我们一起走吧,我准备好啦》(1829)、《圣母》(1830)、《当我紧紧拥抱着》(1830)、《是时候啦,我的朋友》(1834)都是献给冈察罗娃的。

关于诗人一生的创作,在他逝世前一年,1836年写的《纪念碑》一诗里,就为自己作了总结:

我将长时期地受到人民的尊敬和爱戴:
因为我用竖琴唤起了人们善良的感情,
因为我歌颂过自由,在我的残酷的时代,
我还为倒下者呼吁同情。

重点提示

普希金的诗,无论是长诗还是短诗,都很简洁质朴,他把俄罗斯语言的表现力发挥到了极致。大作家果戈理说:"一提起普希金,立刻就使人想到他是一位民族诗人……在他身上就像在一部辞典里一样,包含着我国语言的一切财富、力量和灵活性。他比任何人都更多更远地扩大了我国语言的疆界,更多地显示了它的全部疆域……在他身上,俄国大自然、俄国灵魂、俄国语言、俄国性格反映得如此明晰,如此纯美,就像景物反映在凸镜的镜面上一样。"

普希金的政治诗热情洋溢。他是时代的歌手。他把许多真挚优美的诗篇,献给了那个时代的先进人士。他在学生时代的抒情诗,由于当时还年轻,生活面窄,阅历不足,除少数政治抒情诗外,没有触及到更多的现实问题。他走出校门后接触了社会,对生活的了解和认识加深了，特别是他与十二月党人的接触，参加“绿灯社”的活动，成为他革命力量的源泉。因此，他这时的抒情诗政治主题深化了，对专制农奴制的批判显得更加锐利。从他一系列光辉的政治抒情诗可以看出，他确实无愧于“十二月党人歌手”这一光荣称号。他用他的诗歌服务于十二月党人的事业。他的诗反映了十二月党人的理想、愿望和高尚的革命气节。在《致娜·雅·波柳斯科娃》中，作者这样写道：“我只学着颂扬自由，为自由奉献我的诗篇，我生来不为用羞怯的缪斯去取媚沙皇的心欢。”在《致大海》中，作者表达了永远忠于自由的理想：“你的形象充满了我的心坎，/ 向着丛林和静谧的蛮荒，/ 我将带走你的岩石，/ 你的港湾，你的声浪，/ 你的水影波光。”

普希金的友谊诗和爱情诗包含着深沉的忧郁和光亮透明的感情。普希金对十二月党人和事业的忠贞，是那个时代友谊的最高表现。在十二月党人起义前，他以自己的诗篇传播十二月党人的纲领，为革命制造舆论。在起义失败后，他仍然忠于十二月党人的理想，冒着入狱、流放，甚至杀头的危险，写下了《给伊·伊·普欣》《在西伯利亚矿山的深处……》等光辉诗篇，送给在西伯利亚服苦役的友人，照耀着他们流放的生活。他的热情和质朴的友谊诗是他美好心灵的动人表现。

普希金还是爱情的歌者。他的爱情诗题材广阔，内容丰富。他从自己一生所接触的女性身上发现美、摄取美。初恋的激动，相会的欢喜，思念的焦灼，生离的苦痛，死别的哀伤，构成了他的爱情诗的广阔天地。

长征出版社 2005 年版封面

他的爱情诗情感真挚、热烈而又深沉。思想的高尚、纯洁，是他爱情诗的突出特点。他的爱情诗中有一种特别高贵的、优雅的东西，能给人一种美的享受和鼓舞力量。《致克恩》能引起人们精神的觉醒和心灵的净化。爱情能使人精神振奋，感情丰富，充满活力。爱情和友谊的主题，在普希金坎坷而丰富的生涯中，发出一种深沉而动人的音调，具有一种很强的感染力。

普希金的风景诗真实净美。普希金的一生无时不在观察、聆听、描摹大自然的美。他诗中自然景物的色调总是与诗人的心境密不可分。同是冬日情景，1825 年在《冬天的晚上》中所描绘的是满目凄凉，而在 1829 年《冬天的早晨》中则是一派明媚景象。普希金善于观察大千世界的千变万化和瞬间即逝的美，也善于以简练、准确、生动的语句表达自己的内心感受。他的自然景物诗描写了广大的乡村、浩瀚的草原、静静的顿河、雄伟的高加索群山、波澜壮阔的

华夏出版社 2007 年版封面

大海、南方迷人的夜晚、北方漫天的风雪。人们通过这些景物诗，不仅可以领略到俄罗斯的大好河山，也可以领略到艺术大师的情趣和心境。

普希金一生写了 12 部长诗(另有两个重要的断章)，他的长诗经历了一个从浪漫主义向现实主义的转变。戏谑长诗《鲁斯兰与柳德米拉》一举轰动了俄国诗坛。南方组诗充满了浪漫主义精神，南方组诗的主人公都有美好的理想和憧憬，但冷酷的现实使他们的理想破灭，他们用不同的方式抗议现实。他们的理想是朦胧的、空想的，找不到出路的。南方组诗的浪漫主义精神还体现在作者用夸张的手法和奇异的情节来塑造人物的性格。《茨冈人》是普希金南方叙事诗的代表作，是他的浪漫主义长诗的总结，它标志着诗人的创作由浪漫主义向现实主义的过渡。1825 年以后，现实主义已取代浪漫主义，变成了他创作的主流。《努林伯爵》《波尔塔瓦》已是现实主义长诗了。

普希金十分重视民间的创作，他的第一部长诗《鲁斯兰和柳德米拉》就取材于民间文学。他的童话诗的特点，首先是形象鲜明、思想突出。《神父和他的长工巴尔达的故事》嘲笑和鞭挞了神职人员，热情地歌颂了被压迫被剥削人民的聪明才智，作者用性格突出、互相对立的两个人物——聪明机灵的长工和贪婪愚蠢的神父，表现了勤劳正直的农民对剥削者的痛恨和惩罚。语言的朴素、简练、准确是普希金童话的另一特点。在《金鸡的故事》中，作者用粗鲁的字句描写沙皇达顿的形象，“达顿气得都流泪”“打着哈欠”“国王又打他的盹了”，简练的字句表现了达顿的无能和粗野。马尔夏克指出：“他的童话诗和他的抒情诗一样，所用的字眼是简练的，感情是豪放的。”

以上引文均引自《普希金文集》(时代出版社 1954 年版)。

[法国] 雨果

《巴黎圣母院》

作者简介

维克多·雨果(1802—1885)是举世闻名的法国诗人、剧作家、小说家、散文家、政论家和文艺理论家,也是诗歌的革新者、浪漫派戏剧的创建者,法国人民最喜爱的作家之一,是19世纪前期积极浪漫主义文学运动的领袖,法国文学史上卓越的资产阶级民主作家。贯穿他一生活动和创作的主导思想是人道主义、反对暴力、以爱制“恶”。他的创作期长达60年以上,作品包括26卷诗歌、20卷小说、12卷剧本、21卷哲理论著,合计79卷之多,给法国文学和人类文化宝库增添了一份十分辉煌的文化遗产。其代表作是:《巴黎圣母院》《悲惨世界》《九三年》《笑面人》等长篇小说。

雨果1802年生于法国南部的贝尚松城。祖父是木匠,父亲是共和国军队的军官,曾被拿破仑的哥哥西班牙王约瑟夫·波拿巴授予将军衔,是这位国王的亲信重臣。

雨果天资聪慧,少年时期的雨果受母亲影响较大。9岁就开始写诗。15岁写的《读书乐》受到法兰西学士院的奖励;20岁时因发表诗集《颂歌与杂诗》,国王路易十八赐给他年金。

雨果的创作可分为三个阶段:1820—1827年为第一阶段。这时期他政治上保守,文学上受古典主义和夏多勃里昂影响较深,他曾在《颂歌集》中公开表示拥护波旁王朝。1827—1848年是第二阶段。这时期他写有剧本《克伦威尔》和《欧那尼》,还有长篇小说《巴黎圣母院》。《克伦威尔》因剧本不合舞台表演艺术的要求,未能上演,但其《序言》却成为浪漫主义运动的重要宣言,对法国浪漫主义文学的发展起了很大的推动作用;《欧那尼》的上演成功是浪漫主义在法国胜利的标志。

1830年,雨果的剧本《欧那尼》在法兰西大剧院上演,产生了巨大的影响,确立了浪漫主义在法国文坛上的主导地位。《欧那尼》写的是16世纪西班牙一个贵族出身的强盗欧那尼反抗国王的故事,雨果赞美了强盗的侠义和高尚,表现了强烈的反封建倾向。

1830年7月,法国发生了“七月革命”,封建复辟王朝被推翻了。雨果热情赞扬革命,歌颂那些革命者,写诗哀悼那些在巷战中牺牲的英雄。

电影《巴黎圣母院》中美艳的埃斯梅拉达剧照

1831 年发表的《巴黎圣母院》是雨果最富有浪漫主义色彩的小说。小说情节曲折离奇，紧张生动，变幻莫测，富有戏剧性和传奇色彩。

“七月革命”之后，法国建立了以金融家路易·菲力浦为首的大资产阶级统治的“七月王朝”。七月王朝不断对雨果进行拉拢，1841 年雨果被选入法兰西学士院，1845 年，路易·菲力浦封他为法兰西贵族世卿，还当上了贵族院议员。雨果创作中的斗争热情减弱了，1843 年，他写了一个神秘主义剧本《卫戍官》，上演时被观众喝倒彩，遭到了失败。雨果为此沉默了将近 10 年没有写作。

1848 年 6 月，巴黎人民举行革命，推翻了七月王朝，成立了共和国。最初，雨果对革命并不理解，但当大资产阶级阴谋消灭共和国时，雨果却成了一个坚定的共和主义者。1851 年 12 月，路易·波拿巴发动政变，雨果参加了共和党人组织的反政变起义。路易·波拿巴上台后建立了法兰西第二帝国。他实行恐怖政策，对反抗者无情镇压。雨果也遭到迫害，不得不流亡国外。

流亡期间，雨果一直坚持对拿破仑三世的斗争，他写政治讽刺小册子和政治讽刺诗，猛烈抨击拿破仑三世的独裁统治。这时期，他先后发表了长篇小说《悲惨世界》《海上劳工》和《笑面人》。

《悲惨世界》是雨果的代表作。小说揭露了资本主义社会的尖锐矛盾和贫富悬殊，描写了下层人民的痛苦命运，猛烈抨击了资产阶级法律的虚伪，全面反映了 19 世纪前半期法国的社会政治生活。

1870 年普法战争爆发，法国在色当兵败之后，普鲁士军队直逼巴黎。在这国家危亡的紧要关头，雨果在流亡了 19 年之后回到了祖国。他到处发表演讲，号召法国人民起来抗击德国侵略者，保卫祖国。他还用他的著作和朗诵诗歌得来的报酬买了 2 门大炮，表现出崇高的爱国精神。

巴黎公社起义时，雨果并不理解这次革命。但当公社失败后，反动政府疯狂镇压公社社员时，雨果又愤怒谴责反动派的兽行，他呼吁赦免全部公社社员，并在报纸上宣布将自己在比利时首都布鲁塞尔的住宅提供给流亡的社员作避难所。为此，他的家遭到反动暴徒的袭击，他自己险些丧命，但他仍然坚持自己的立场。

1885年，雨果逝世。法国人民为这位伟大的诗人举行了国葬。他的遗体被安葬在专门安葬伟人的先贤祠。

作品提要

1482年1月6日，巴黎城沉浸在“愚人节”的欢乐气氛中。穷诗人甘果瓦的宗教剧正在上演。观众选出巴黎圣母院的敲钟人加西莫多作为节日的“丑人之王”。加西莫多奇丑无比，耳聋、背驼、跛足、独眼。人们给他穿戴上面具和穿上可笑的袍子，抬着他游行取乐。但在格雷弗广场上，卖艺的吉卜赛少女埃斯梅拉达的精彩表演更受观众们的青睐。她美貌出众、舞姿动人，赢得了围观人群一阵阵的掌声。人群中有一个身穿黑袍的中年男子，他一边用火热的目光注视着少女的一颦一动，一边发出低沉而又不详的诅咒。他那魔鬼般阴沉的面孔使少女不寒而栗。

这个人就是巴黎圣母院的副主教克罗德·弗罗洛。他自小受教会教育的熏陶，怀着虔诚的热情和如饥似渴的求知欲，抛弃杂念一心苦修，以渊博的知识成为教会的头面人物和大学者。他蛰居在教堂之中，研究炼金术等学问，过着严格的禁欲生活。他拒绝一切世俗的欢乐和享受，以一种近乎冷酷和令人生畏的面目出现在世人面前。16年前，他出于怜悯收养了一个被遗弃在圣母院门口的畸形婴儿，这个孩子就是加西莫多。因为长相丑陋，加西莫多一直饱受屈辱和冷漠。他视抚养自己长大的克罗德为唯一的亲人，对其感恩戴德、唯命是从。加西莫多长大后，副主教让他做了钟楼的敲钟人。

自从克罗德看见了在广场上翩翩起舞的埃斯梅拉达，立刻就被这位绝色少女所迷倒。他身上多年被压抑和潜藏的情欲一下子像汹涌的火山喷薄而出，不可抑制。他自己也知道，放任这种欲望的恣肆会把他推向毁灭的深渊。他曾试图忘掉埃斯梅拉达，可却办不到，淫邪的念头越来越强。他认定自己只有两条路可走：要么占有她，要么杀了她，越快越好。这样的美人活在世上却不为自己所有，令他无法安宁。

电影《巴黎圣母院》中埃斯梅拉达和加西莫多

夜幕降临之后，少女收拾了道具，带着她心爱的会玩杂耍的小羊回家。走到一个黑暗的街角时，突然被一双强壮有力的手抓住。来人把她扛在肩上飞快逃跑。埃斯梅拉达大声呼救，拼命反抗。劫人者就是加西莫多，他受主人的指使来绑架少女。在附近巡夜的近卫弓箭手队长弗比斯率手下闻声而至，抓走了敲钟人，救下了埃斯梅拉达。获救的少女对这位外表英俊的军官感激之余，心生爱慕。当她回到自己的住处——巴黎流浪汉和乞丐们的聚居地“奇迹王朝”时，却意外发现可怜的穷诗人甘果瓦正要被送上绞架。原来这个倒霉的家伙误入了乞丐的地盘，不懂他们的暗语，又不能证明自己不是个小偷。按照“王国”的“法律”他要被吊死，除非有“王国”的妇女愿意嫁给他，使之成为“王国”的一员。好心的埃斯梅拉达出于同情，同意与他结婚，但实际只是假夫假妻。

第二天，法庭审问加西莫多。聋子法官和聋子被告之间进行了一场牛头不对马嘴的“审判”，随后敲钟人被带到广场当众受笞刑。克罗德路过广场，却不闻不问。被打得皮开肉绽的敲钟人口渴难耐，向围观人群要水喝，结果惹来的只有嘲笑和羞辱。只有善良的埃斯梅拉达可怜他，拨开人群给他水喝。受尽欺凌的加西莫多平生第一次流下了感动的眼泪。

劫持失败的克罗德并没有放弃对埃斯梅拉达的邪念。随着时间的流失，这种念头越来越激烈地折磨着他。埃斯梅拉达却对弗比斯越来越爱恋，终于在一次偶遇之后，少女向弗比斯表白了心意。两人约定当晚在一家小旅店幽会。纯洁的姑娘一片真情，而放荡的军官不过是风月老手的逢场作戏罢了。可是两人的秘密被克罗德无意间得知。

妒火中烧的副主教乔装打扮，尾随弗比斯到旅店，躲在隔壁的暗间里。两人拥抱时，狂怒的克罗德用匕首刺伤了弗比斯，随后逃之夭夭。埃斯梅拉达则吓得昏死过去。

黑暗的宗教法庭一口认定埃斯梅拉达是女巫，是她驱使魔鬼刺伤了军官。此时，残忍的克罗德却坐在了审判席上！埃斯梅拉达被屈打成招，判了死罪，定于次日执行绞刑。当夜，克罗德来到监狱，跪在少女面前坦白了一切，乞求她与自己一起出逃。他遭到少女痛斥，被推出房外。

次日，埃斯梅拉达被押往教堂前的广场行刑。克罗德独自来到郊外，像疯子一样乱跑乱叫。他还不知，加西莫多乘死囚在圣母院门前作“临终忏悔”之机，已把少女抱进了圣母院。因为圣母院是不受法律管辖的“避难地”，所以刽子手们一时也没有办法。

加西莫多把姑娘安顿在最高的钟楼上，成了她忠实的朋友和奴仆。他对她有深深的感激和纯真的爱情，愿意为她作任何牺牲。即使是原来的养父和主人克罗德也别想再伤害她。一天深夜，克罗德想强占埃斯梅拉达，却受到加西莫多的阻拦。那以后，加西莫多就睡在门外的石板上，寸步不离地守护她。他找到已经伤愈的弗比斯，希望他去见见埃斯梅拉达，但负心的花花公子根本不屑一顾，还鞭打了他一顿。

气势恢宏的巴黎圣母院

两个月后，宗教法庭声称圣母院是圣地，不容女巫亵渎，要求不顾“避难权”予以捉拿。国会批准了这个要求。巴黎的流浪者和乞丐闻讯，在他们的首领克罗班的带领下，当夜出发攻打圣母院，营救他们的姐妹。不明真相的加西莫多还以为是来捉拿自己心上人的官兵，与之激战，全力阻挡乞丐们进来。

正在双方混战之际，狡猾的克罗德用黑衣蒙面，利用甘果瓦出面劝说埃斯梅拉达，从后门渡河逃走。

法国国王路易十一躲在巴士底狱中，他原以为平民暴乱的目标是对他的王权有所妨碍的巴黎的法院执事，所以暗自幸灾乐祸，按兵不动。当他了解真实情况之后，立即下令军队镇压。圣母院前顿时血流成河，惨不忍睹。

上海译文出版社 2006 年版封面

落在克罗德手中的埃斯梅拉达被带到广场的绞架前，克罗德让她在绞架和屈服于他之间选择。少女宁死不屈，说：“它还没有你使我更害怕……”

彻底绝望的克罗德气急败坏，把埃斯梅拉达交给了一个女隐士看管，自己去向官府报信。这个女隐士住在广场暗处人称“老鼠洞”的黑塔里。因为 16 年前她可爱的小女儿被一个吉卜赛人用畸形儿偷换，所以对所有吉卜赛人都切齿痛恨。她常常咒骂在广场上卖艺的埃斯梅拉达。这次，当她诅咒着抓住少女的手时，突然间发现在她颈上挂着一支精致的刺绣小鞋，而这正是当年她的女儿丢失时所挂的物件。这时，可怜的女人才发现自己一向敌视的姑娘正是自己的亲生女儿。这对可怜的母女就在这样悲惨、危急的时候重逢了。可此时，克罗德已经带着官兵前来捉拿少女。刚刚相认的母女竟又要永诀，他们从母亲的怀里抢走了女儿。

第二天早上，刽子手把可怜的少女送上了绞架。姑娘的母亲奋力要救女儿，被刽子手一脚踢开，头部触石而亡。站在巴黎圣母院钟楼上的克罗德眺望着整个行刑过程。当绞索套在无辜女子的脖子上时，一阵魔鬼才有的可怕狞笑从他的嘴上响起。绝望的敲钟人加西莫多看到了这一切，他忍无可忍，大哭着把过去的恩人、如今变成了魔鬼的副主教从顶楼上推了下去。加西莫多也失踪了，没有人知道他去了哪里。

两年之后，人们在埋葬被绞死者的坟窟中发现了两具紧抱着的奇怪尸骨。一具是男尸，显然是个畸形者，另一具则是女尸。当人们试着将其分开时，尸骨化作了尘土。

重点提示

《巴黎圣母院》创作于1831年，是一部思想和艺术均十分成熟的作品。它的发表，标志着作家的浪漫主义小说艺术已趋于炉火纯青，是雨果创作中“具有巨大的思想力量和艺术力量”的浪漫主义代表作。

小说通过埃斯梅拉达的形象向我们展示了无辜者在专制制度下受到压迫、摧残的悲剧。女主角埃斯梅拉达是一个善良纯洁的姑娘。她富有同情心，舍己救人。在穷诗人甘果瓦即将被吊死的千钧一发之际，挺身而出。虽然她并不爱他，却表示愿意与之结婚，使甘果瓦得以脱险。加西莫多劫持了她，被抓到烈日曝晒的广场上受鞭刑。口渴难耐之际发出哀求，别人都辱骂他，只有埃斯梅拉达送给他水喝。她天真纯洁，以为世人同她一样。弗比斯欺骗了她，可她至死都没有对这个花花公子有一丝怀疑，对其仍保持忠诚的爱情。这个外表柔弱的少女却有着不屈的品格。面对克罗德的威逼利诱，她宁死不屈。作者就是把这样一个外表内心都非常美丽的人物放在中世纪黑暗的时代背景之下，以浪漫主义的笔法描写专制主义、教会势力是如何以令人发指的手段对之进行残酷迫害的，表现了作者反封建的思想。

在作品中，作者对教会势力摧残人性尤为憎恨。教会的代表是克罗德，他外表道貌岸然，内心却阴险毒辣。表面上他过着严肃、清苦、刻板的生活，标榜高尚的德行，摒弃世俗的情欲，但实际上却贪恋女色，对享乐生活充满嫉妒。他身为神职人员，上帝的仆从，却在现实生活中干着罪恶的勾当。埃斯梅拉达的悲剧是他一手策划的：是他指使加西莫多劫持少女；是他刺伤弗比斯又嫁祸于埃斯梅拉达；是他煽动宗教狂热，与官府沆瀣一气诬陷埃斯梅拉达是“女巫”，操纵法庭判处她死刑。雨果通过对他的外貌、心理和行为的描写，突出了以克罗德为代表的封建教会的黑暗本质。当然，在雨果看来，克罗德本身也是教会禁欲主义的牺牲品。一心钻研的宗教并不能给他带来真正的智慧和解脱，相反长期禁欲生活的枯燥乏味严重扭曲了他的心灵。当终于有一日看见埃斯梅拉达时，长期积聚的欲望像潮水般汹涌喷发，不可抑制。这种畸形的爱欲终于使他走向疯狂和残暴，最终害死了少女，也毁掉了他自己。作者通过这个形象的塑造力图从另一个角度批判宗教禁欲主义对人心灵的戕害。

北京燕山出版社 2007 年版封面

《巴黎圣母院》的批判锋芒还指向了专制制度的国家机器。雨果通过对埃斯梅拉达被审，被官兵追捕，最后被送上绞架的描写，集中反映了封建国家机器的黑暗、凶残。作者在小说第一卷里，把法官称为“黑猫”，把法庭录事称为“野猪”，把律师称为“鳄鱼”，称法院开庭就是“法官们吃人肉”。这个开庭的场面借助埃斯梅拉达天真、惊愕的反应更显得荒谬、阴森。当她最终要被吞没时，发出了绝望的呼号：“这真是地狱啊！”甚至在她被判死刑之后，无耻的法庭居然还向她索要“三个金里尔作为招认费”！最后一卷埃斯梅拉达母女重逢，刚刚有一刻欢乐瞬间又被追捕而来的官兵打碎，短暂的重逢立刻变成了死别，绝望的母亲保护女儿不成反被打死，这些更显示了封建统治的残暴。

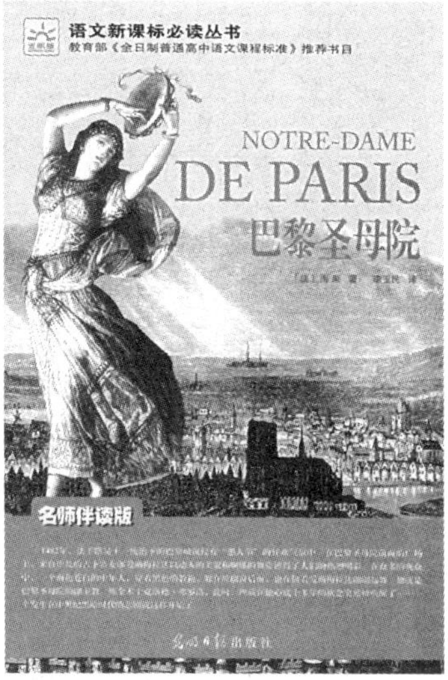

光明日报出版社 2008 年版封面

在艺术上，《巴黎圣母院》典型地反映了雨果浪漫主义文艺思想的核心：美丑对照原则。雨果认为：“滑稽丑怪作为崇高优美的配角和对照，要算是大自然给予艺术最丰富的源泉。”因而美就在丑的旁边，善良总伴随着丑恶而存在。这部小说的主要情节就是围绕美的代表埃斯梅拉达与丑的代表克罗德之间的矛盾展开的。在埃斯梅拉达五次遇险的过程中，她的纯洁善良对照着克罗德的虚伪丑恶，刻画出两个截然不同的人物形象。

除了埃斯梅拉达与克罗德，出身下层的加西莫多与上层人物克罗德、弗比斯等也形成了对照。克罗德表面上道貌岸然、修身养性，骨子里却是衣冠禽兽。他疯狂地迫害以图占有埃斯梅拉达，他对埃斯梅拉达的“爱”是一种兽欲的占有、自私的征服。弗比斯则是少女唯一爱着的男人。他英俊潇洒，举止斯文，还救过埃斯梅拉达。但实际上，他只是个轻薄的花花公子，他对埃斯梅拉达的“爱”只是玩弄女性的逢场作戏。当姑娘遇难，加西莫多请求他去看看她时，他根本就无动于衷，而是与有钱的贵族小姐结婚了。在弗比斯漂亮的外表下是自私肮脏的灵魂。加西莫多则与他们不同，他身体畸形、又聋又哑，是个被人当作笑料的“钟楼怪人”。但是，在这个残缺的身体里却隐藏着高尚的心灵。他对埃斯梅拉达由感恩而生出爱情，始终在埃斯梅拉达身边爱护她、保护她。他冒死把少女救离刑场，抵挡攻打圣母院的乞丐，最后随她而死。他默默爱着埃斯梅拉达，从不为自己要求什么。比之克罗德的兽欲、弗比斯的轻薄，加西莫多的爱是高尚的奉献。当埃斯梅拉达终于被克罗德害死后，是他处死了这个恶魔，伸张了正义。外表丑陋却内心高尚的加西莫多与表面上道貌岸然、英俊潇洒的克罗德、弗比斯之流形成了鲜明的对照。

此外，小说的情节也具有典型的浪漫主义特征，现实中不太容易出现的巧合、夸张和怪诞，在作品中比比皆是。如加西莫多独立抵抗进攻圣母院的人潮，母女二人在临刑前的重逢等等。另外，雨果在小说中对巴黎城市壮丽图景和生活风貌的出色描绘，也显示了浓郁的浪漫主义风格。高大的哥特式建筑、此起彼伏的屋脊和纵横交错的街道、阴森的巴士底狱和乞丐们居住的怪厅，构成了奇特的景象。巴黎圣母院巍峨壮观，好像是巨大的石头交响乐，每一块石头都生动地表现出艺术家用千百种形式表达出的劳动者的幻想，仿佛是一个庄严肃穆、壮丽而又神秘的生命，注视着历史和眼前的悲剧。这些更增添了小说的浪漫主义气氛。

总之，《巴黎圣母院》不仅是雨果第一部具有极大思想性和艺术力量的作品，也最为集中地反映了雨果的浪漫主义创作风格。它是浪漫主义文学的代表作品。

[俄国] 果戈里

《死魂灵》

作者简介

尼古拉·瓦西里耶维奇·果戈里(1809—1852),是19世纪俄国现实主义文学的杰出代表和奠基人。1834年至1835年间,他被聘为圣彼得堡大学世界通史副教授,一年多以后他就弃职专门从事文学创作。在此期间,他相继出版了《密尔格拉德》(1835)和《小品集》(1835)两部文集。《密尔格拉德》取材于乌克兰现实和历史,《小品集》包括一组美学和史学论文以及三篇彼得堡故事:《涅瓦大街》《肖像》和《狂人日记》。这三个故事与后来发表的《鼻子》(1836)、《马车》(1836)、《外套》(1842)、《罗马》(1842)组成《彼得堡故事集》。《彼得堡故事集》取材于现实,展示了生活在专制制度下"小人物"的悲剧,尤以《狂人日记》和《外套》最为突出。作家一改在《狄康卡近乡夜话》中对恬静的田园生活的迷醉之情,将讽刺的笔触转向揭露社会的丑恶、黑暗和不平,对社会底层的小人物的命运寄予了深切的同情。上述作品标志着他的创作走上了一个新阶段。特别是1837年普希金不幸逝世之后,他将批判现实主义的创作方法推向了新的高度,无愧地站在普希金遗留下的位置上。

在写作小说的同时,果戈里也开始了戏剧的创作。1836年4月,著名喜剧《钦差大臣》在彼得堡亚历山大剧院上演,轰动了整个京城。它改变了当时俄国剧坛上充斥着从法国移植而来的思想浅薄、手法庸俗的闹剧的局面。《钦差大臣》描写纨绔子弟赫列斯达可夫与人打赌输得精光,正一筹莫展,从彼得堡途经外省某市,却被误认为"钦差大臣",在当地官僚中引起恐慌,闹出许多笑话。果戈里用喜剧这面镜子照出了当时社会达官显贵们的丑恶原形,逼真地反映了俄国专制社会的种种弊端和黑暗。

1836年6月,《钦差大臣》公演后遭到官僚社会和反动文人的猛烈攻击。果戈里很受打击,加上病魔缠身,遂决定到国外去治病。此后来来去去,多在国外,少在故土。在国外,他一边养病,一边从事早在1835年就已开始的小说《死魂灵》的创作。《死魂灵》的第一部于1842年问世,极大地震撼了整个俄罗斯。

由于远离祖国,脱离生活,果戈里的创作思想发生了危机。他的世界观中根深蒂固的宗教赎罪思想、神秘主义和害怕变革的情绪迅速膨胀起来，他幻想回到宗教和宗法制度中去拯救自己的灵魂和寻找社会的出路。最后十年他埋头创作《死魂灵》第二部，试图描绘道德高尚、善于管理、促进社会进步的官僚和地主形象，但觉得在艺术上未能成功。作为一种弥补，他发表了《与友人书信选》(1847)，劝说官僚地主们进行道德自我完善，以东正教的虔诚和谦卑自律，摆脱虚荣和腐败，为国为民谋利，等等。其中的维护沙皇专制等观点，受到以别林斯基为代表的革命民主主义朋友们的严厉批评。果戈里于1848年回国定居，晚年多病，常有神经痛发作。在极度的苦闷中他将先后两次写成的《死魂灵》的第二部手稿，也先后两度付之一炬，于1852年3月4日溘然长逝，终年43岁。

果戈里终身未娶，几乎是在穷困中度过了短暂的一生。他在20年的创作生涯中，以一系列脍炙人口的佳作丰富了俄罗斯文学的宝库，成了19世纪俄国现实主义文学的一代宗师。在他的创作影响下，出现了涅克拉索夫、屠格涅夫、冈察罗夫、赫尔岑、陀斯妥耶夫斯基等一大批现实主义作家。果戈里对俄国小说艺术发展的贡献尤其重大，因而，他被车尔尼雪夫斯基誉为“俄国散文之父”。

作品提要

省会N市一家旅馆的大门口，跑进了一辆讲究的轻便折篷马车。车里坐着绅士巴维尔·伊凡诺维奇·乞乞科夫，他自称是五等官，因私事来这里旅行。还没安顿妥当，他就向伙计和侍者打听本地的大官，尤其是地主和他们的农奴的情况，总之，他对一切问题都表现得如此关心，看来并非像爱管闲事，这里面一定大有文章。午膳后，他就出去闲逛了，在市立公园里，他找警察，问教会，打听去达官家的便路。

第二天一早，乞乞科夫先到知事那里致敬，接着访检事、审判厅长、警察局长、专卖局长……连卫生监督和建筑技师那里，他都去表示了敬意。他对谁都很恭维，称赞所有的官员，并且由于在谈话中故意喊错了副知事和审判厅长两回“大人”，因而知事邀请他参加家庭夜宴，其他的官员也纷纷接待他。关于自己，这位旅客避而不谈，他显得惊人的谦虚，说自己是一条无足轻重的可怜虫，并没有什么令人注意的价值。为了参加知事家的夜宴，他在旅馆里专心致志地足足化了两个小时的妆。

当乞乞科夫跨进知事府大厅时，只见乌黑的燕尾服，或者一个，或者一群，像聚在白糖块上的苍蝇。邮政局长、审判厅长，他们都像见了老朋友似的欢迎他。在这里他结识了一个高雅可爱的绅士、地主玛尼罗夫，以及乡绅梭巴开维奇。他们都热情地请他光临自己的村庄。

第三天，乞乞科夫又应邀参加了警察局长家的夜宴，这回他认识了地主诺兹德廖夫。

次日他又在审判厅长家里做客，后来还赴副知事家、专卖局长和检事家的宴会，连市长都请他参加茶会。一句话，他几乎没有一刻工夫的停歇，在N市里，他成了最体面和最入时的客人。他是一个精通人情世故的人，应酬自如，他总是与别人谈得很投机，他的智慧和才能，博得了官员们的赏识和赞扬。连最不喜欢说人好话的梭巴开维奇，在上床睡觉时，也对他太太说："乞乞科夫是一个很好的绅士。"

在N市里过了一个多礼拜的快乐日子以后，乞乞科夫终于决定要到市郊的各个地主庄园去访问。

访问的第一个人是玛尼罗夫，他很体面，年纪不大，抽着一根长烟杆，微笑动人，相貌亲切可爱，但仿佛过多地掺杂进一些甜味儿；他的举止和措辞带着一股子要讨人喜欢、攀个交情的阿谀谄媚劲儿。他慷慨好客，喜欢谈学问，常常沉湎于幻想。安逸、舒适的生活养成了他懒散的习性：他经营田产，却从没查看过自己的田地；书房里总放着一本书，书签永远夹在第14页上；家具、厨房、储藏室乱七八糟；仆人也都满不在乎、胡作非为……

乞乞科夫的到访，令主人异常兴奋。两个人热烈地接吻，在客厅门口，他们站了几分钟，互相谦让，要请对方先进门去，最后终于并排走着，一起挤进客厅。待到吃过饭，乞乞科夫询问死农奴的情况，玛尼罗夫不知道，就叫来经理作答。当听说乞乞科夫想要购买死去的农奴时，玛尼罗夫惊愕地把烟杆掉在了地上，他想这个客人莫非发了疯。乞乞科夫又保证这项交易既合法又有利国库，是一件好事。玛尼罗夫似乎放了心。谈到价钱，玛尼罗夫立刻决定要把死农奴白送给乞乞科夫，而且还自己承担签契约的费用。乞乞科夫高兴得像山羊似的蹦跳起来，对主人千恩万谢，弄得对方窘困不堪，被感动得一塌糊涂，连说死农奴是毫无价值的废物，根本算不了什么。乞乞科夫起身告辞，两个朋友长久地互相握着手，长久地互相默默凝视着对方热泪盈眶的眼睛。马车都看不见了，玛尼罗夫还沉浸在亲密友谊之中。

Dover Publications 2003 年版封面

夜晚下了雨，什么也看不见，乞乞科夫主仆迷了路，来到柯罗博奇卡庄园借宿。女主人是个一心扑在农务上的老太太，闭塞、迟钝，生活十分朴素节俭，家里的摆设很寒酸。她是一位小地主婆，喜欢哭穷，悲叹收成不好，亏损太大，同时却悄悄地把现钱一个一个塞到藏在五屉柜里的钱包里去。乞乞科夫见状，准备次日立即离开。但第二天他发现庄园里禽畜满栏，大麻、蜂蜜、荤油等什么都经营，又了解到女主人的一些为人，便直接提出要付5卢布购买她家的死农奴。见识浅薄的柯罗博奇卡十分惊奇，问他买这个有什么用。乞乞科夫避而不答，只把留着“死魂鬼”的坏处说了一大堆。柯罗博奇卡既怕为“死魂灵”交纳人头税，又担心会因出卖“死魂灵”而吃买主的大亏，虽然觉得这买卖不错，但毕竟太新鲜、太离奇，她想也许还能卖高价呢。在乞乞科夫威逼利诱、连哄带骗了一番之后，终于以15卢布的价钱成交了，并且答应以后“办差”时多照顾她家的生意。交易妥当，柯罗博奇卡才摆出宴席，殷勤地招待客人。

马车继续前进，到了一家客店，乞乞科夫停车休息，在这里他意外地碰上了地主诺兹德廖夫，他向人炫耀自己在城里打牌输得精光，还邀请乞乞科夫到他家作客。诺兹德廖夫已经35岁了，酗酒、赌博、斗殴、玩乐是他的终生嗜好，吹牛撒谎更成了他的天性。他家里养着各色各样的狗，主人一回来，它们总是摇首摆尾地迎接他，他在它们中间完全像家庭里的父亲一般。家里一匹极为平凡的栗色雄马，本来值不了几个钱，他硬赌咒发誓地说花了一万卢布买来的；池子里是否有鱼还很难预料，他却用手势比划着说，里面有着这么大的鱼，倘要把它拉上来，至少也得用两条大汉；还说他的田野里兔子多得连地面都遮满看不见了，甚至自己用手抓过一只兔子的后脚……他撒起谎来不问场合，不假思索，荒谬绝伦，仿佛是人生一大乐趣。由于整日东游西逛、狂饮烂赌，诺兹德廖夫的家业早已破败萧条。乞乞科夫满以为这种人很好应付，便直言不讳地表示要买他庄上的“死魂灵”。当他问到购买“死魂灵”的意图时，乞乞科夫先说是为了增加名望，又说为了结婚的需要。狡猾的诺兹德廖夫认定其中藏着什么坏点子，不同意卖给他；倘若要做生意，可以买他的马、狗或者摇琴，“死魂灵”作为饶头白送，乞乞科夫不答应。两人争吵起来，诺兹德廖夫便命令仆人不给乞乞科夫的马喂燕麦。第二天，诺兹德廖夫提议用赌博或下棋的输赢来处理这笔交易，乞乞科夫同意和他下棋。诺兹德廖夫耍赖，偷偷移动棋子，被乞乞科夫发觉，和他争执，却激怒了这个蛮横狂野的家伙。他歇斯底里地挥拳舞脚，还叫来家丁一起动手，乞乞科夫眼看要遭一场毒打。在这千钧一发之际，当地法院院长坐着马车前来处理诺兹德廖夫酒后打人的案子，乞乞科夫趁机落荒而逃。

乞乞科夫终于来到梭巴开维奇的庄园。这个地主给乞乞科夫的印象，好像是一只“中等大小的熊”，甚至他的燕尾服也跟熊皮一样的颜色，其外形、举止、性格无不与熊相似：笨拙、贪食而又残忍。他的存在使人感到一种威胁。屋里的陈设、家具什么的都和主人差不多，显得结实、粗笨。每一件东西都仿佛在说：“我也是个梭巴开维奇！”主人不大说话，乞乞科夫为了打破沉闷的空气，就提起往事，赞扬市里的官员；梭巴开维奇却破口大骂审判厅长是世上无双的驴子，知事是强盗，警察局长是骗子……一句话，N市里没一个好人，原来他是不喜欢说人们一点好处的。但他招待客人却不含糊，菜如果是烧猪或烧鹅，那就拿一只全猪或全鹅来，一定要让客人吃个饱。在饭桌上，乞乞科夫得知大地主泼留希金有很多饿死的农奴，便暗下决心去拜访。接下来，乞乞科夫转弯抹角，从俄国的广大，说到人口普查，说到蓄奴人的负担……末了，没等乞乞科夫提出来，梭巴开维奇就问他是否想买"死魂灵"，他似乎已经看穿了这买主是要去赚一笔大钱的。因而，他漫天要价，每个"死魂灵"100卢布，乞乞科夫只肯出80戈比一个。梭巴开维奇开始滔滔不绝地介绍起"死魂灵"们生前的本领和重大作用，一句话，他想把死人当做活人卖出去。经过一番激烈的讨价还价，最终以每个"死魂灵"两个半卢布的价格达成了交易。不过乞乞科夫还有些不平，心里骂他居然拿一些废物来卖钱，实在是个地道的刮皮鬼。拿到了名册，乞乞科夫就往泼留希金庄园赶去，听说那里的农奴像苍蝇一样大批地死去。

Dodo Press Books 2007 年版封面

来到荒凉破败、阴森沉闷的泼留希金庄园，乞乞科夫注意到一个不男不女的身影，断定她是一个女管家，向她询问主人在哪里，可没想到这个人竟然就是他要拜访的男主人。他的房舍昏暗陈旧，要不是桌上有一顶破旧的睡帽，谁也不相信这里还住着人。泼留希金是一个瘦削的老头，浓眉下两只小眼睛，恰如两匹小耗子，浑身褴褛不堪，脖子上围着莫名其妙的东西，不知是旧袜子还是破腰带。他纯粹像个乞丐，可身份却是拥有上千农奴的大地主。他一生最大的嗜好就是积聚财物：库房、地窖里堆积了几代也使用不完的东西；粮食都发霉变质，面粉结成了石块，布料一碰就会化成飞尘……可他还嫌不满足，每天跑到外面去捡废品：一块旧鞋底，一片破布，一个铁钉，一片碎瓦……谁丢了什么，总可以在他家的废物堆上发现。为了将开支缩减到最小限度，他吃得半饱半饥，拒绝和任何人交往，以免招待客人。妻子死后，他六亲不认，对儿子、女儿一毛不拔，过着与世隔绝的生活。

乞乞科夫以富商的姿态出现在这个吝啬老头面前，声称可以帮助他减轻负担，要购买他的120个"死魂灵"，而且连合同费也不要他出。这样的好买卖让泼留希金高兴得激动万分，连称乞乞科夫是他的救命恩人，还破天荒第一次把发霉的饼子和变质的脏酒拿出来招待客人。

在购得大批"死魂灵"后，乞乞科夫心满意足地返回住地。他购买"死魂灵"的事在N市里传开，他被说成是百万富翁，一时达官贵人们奉他为上宾，大家闺秀们都巴不得他来求婚。但在一次舞会上，诺兹德廖夫揭穿了他购买"死魂灵"有不轨意图，人们又纷纷猜疑起来。有人说他是拿破仑化装隐藏在俄国的特务，有人说他伪造钞票，还拐骗了知事的女儿……谣言四起，官员们的府第已不许他造访，眼看事情要闹大，机警的乞乞科夫不得不放弃这项赚大钱的买卖，溜之大吉了。

重点提示

《死魂灵》以主人公乞乞科夫游历外省省城和地主庄园收购死农奴（俄文中“农奴”与“魂灵”同词）的怪诞情节，巧妙地将19世纪30年代至40年代的俄国城乡社会生活图景联接起来，尤其鲜明地描绘出农奴制下地主和官僚的心理面貌，反映出了极其深广的社会内容。乞乞科夫是小贵族地主向新兴资产者过渡的典型形象，他在小说的结构上起着穿针引线的重要作用。他出身于没落贵族之家，一心想着飞黄腾达、荣华富贵。在官场混迹多年，几经挫折之后，他磨练了投机钻营、招摇撞骗的本领，发现收购“死魂灵”是积累财富的捷径。因为当时俄国每十年进行一次人口登记，两次登记之间死去而未被注销的农奴仍被视为活人，需交纳人头税，乞乞科夫决定到偏僻省份以低价收购“死魂灵”，再把他们当做活农奴向政府取得证明，以便南迁，尔后他可以享受政府的优待在南俄得到土地，得到土地后他就打算再高价转卖出去，从中可以牟取暴利。乞乞科夫形象的塑造精细而逼真，他讲究整洁，应酬得体，善于博得人们的好感。他随身带着一个红木匣子，里面装有梳妆用品和钞票。所有这些细节都是官僚社会的通行证，使他在省城官场上备受款待，得以结交许多官僚和地主。在购买“死魂灵”的过程中，他抓住对方的特点，施展不同的手法：或甜言蜜语，彬彬有礼；或恐吓利诱，软硬兼施；或张牙舞爪，凶相毕露。

在寻访五个地主收购“死魂灵”的中心情节中，果戈理既塑造了形形色色的地主群丑，又使其与乞乞科夫形象形成对照。玛尼罗夫外表显得温文尔雅，笑容可掬，实际上智力衰退，精神空虚。他生性懒惰，从不过问农事，饱食终日，耽于幻想。他把乞乞科夫当做文雅的绅士，将“死魂灵”白送给他，还幻想皇上或许会为他们的友谊而奖赏他们。柯罗博奇卡是一个被蝇头小利消磨了人生的女地主。她苦心经营，拼命积聚财富，虽孤陋寡闻，浅薄愚昧，却贪婪自私，生财有道。在“死魂灵”的交易中，她胆战心惊，生怕在价格上吃亏。买卖成交后，她又担心上当受骗，直到乞乞科夫答应她在“办差”的时候，一定购买她家田地里的出产，才稍稍得到一点安慰。诺兹德廖夫爱吹牛撒谎，赌博、斗殴、酗酒他是好手，整日里花天酒地，为非作歹，任凭自己的庄园荒废，家产破败，是个蛮横霸道的恶棍。他猜测乞乞科夫购买“死魂灵”必有图谋，便试图以“死魂灵”为赌注赢取现金，还公然作弊。不肯认账的乞乞科夫差点挨一顿痛打，瞅准一个机会便匆忙逃命去了。梭巴开维奇对待农奴凶残狠毒，是一个像熊一样粗壮笨重、精力充沛的地主典型。他明白乞乞科夫的意图，在交易中，分文必争，以好价钱卖掉了“死魂灵”，连乞乞科夫都骂他是“刮皮鬼”。大地主泼留希金是个猥琐而贪得无厌、吝啬到近于病态的守财奴和“吸血鬼”。他有成千农奴，家里财物堆积如山，却衣衫褴褛，让人不辨男女，饮食粗劣，过着乞丐般的生活。他贪财如命，六亲不认，眼见庄园凋敝，农奴大批死亡或逃亡，他却不遗余力地到街上捡破烂，甚至还偷农奴的东西。人性的毁灭在他身上达到了极点。

人民文学出版社 1999 年版封面

小说从地主生活这一角度描绘的俄罗斯生活画面，强有力地展示了农奴制度的腐朽和没落，形象地揭示出社会变革的必要性和迫切性。这种制度既导致农奴死后还像商品那样被拍卖的悲惨境地，也导致了地主人性的扭曲和毁灭。这是《死魂灵》揭露批判的力度之所在。

《死魂灵》在艺术上的突出之处是作者用写实笔法，调动多种艺术手段，刻画地主群丑，使之各具个性特点。小说不以故事情节的发展取胜，而以人物性格刻画见长，从小处落墨，一针见血，用日常生活中具体的、典型的细节，描绘地主的丑态，剖析他们的灵魂。果戈里不求面面俱到，而是抓住人物性格最主要的特征，着意渲染，不断强化，入木三分。如对泼留希金，用浓墨重彩描绘他性格中贪婪、吝啬的本质特点，一再加以重复、补充，浮雕般地将一个世界文学画廊里的吝啬鬼典型呈现在读者面前。作者没有单独描写人物心理变化，而是注重肖像刻画，绘形描神，以此显现人物的精神世界。果戈里准确把握了人物外貌和性格特征之间的内在联系，或作漫画式的勾勒，或予以工笔般的描摹，使肖像成为表露人物个性的手段。如为了突出梭巴开维奇的粗野，作者着意写他奇特的长相、粗壮的身躯，把他比喻成“一只十足地道的熊”，燕尾服的颜色像熊皮，走路的姿势、平时的神态更像熊。再加上富于个性化的语言的点染，就使人物呼之欲出、跃然纸上。

《死魂灵》在尖锐的批判讽刺中还糅合着作者强烈的爱憎和深沉痛苦的议论与抒情，作品不限于描写人物和事件，而是把对作家使命的思考，对人生问题的探索，对祖国前途的展望等，均融入小说的字里行间，使其成为作品的有机组成部分。在作品结尾，果戈里把祖国比喻为飞奔向前的、谁也赶不上的三驾马车，希望她摆脱污泥浊水，奔向光明的未来。

小说中，果戈里运用了奇特的夸张、生动的比喻、逻辑上的异变以及反语、双关语和俏皮话等表现手法，形成了自己独创的幽默讽刺特色，引人入胜，妙趣横生。

[英国] 狄更斯

《匹克威克外传》

作者简介

查尔斯·狄更斯(1812—1870)是19世纪英国现实主义文学的主要代表。他于1812年2月7日出生于英国朴资茅斯的波特西地区。

狄更斯最初为《记事晨报》写一些特写,署名"鲍斯"。1837年他写成了第一部长篇小说《匹克威克外传》。这部作品发表以后,风行一时,畅销全国,顿时成为街谈巷议的资料,并使他得以靠写作维持生活,开始了著作生涯。以后他又写了许多作品,主要是长篇小说,获得极大的成功,终于成为英国文学史上伟大的作家之一。狄更斯曾长期居住在法国、意大利,并曾到美国游历。游记体小说《美国札记》和长篇小说《马丁·朱什尔维特》都对美国社会的黑暗和丑恶作了有力的揭发。

狄更斯是欧洲19世纪少数杰出的批判现实主义大师之一。他的伟大不仅在于他深刻地揭露了英国各个社会阶层的生活实况,而且也在于他掀起了真正的文学革命。另外一方面,他以讽刺的笔法,对新兴的工厂主、银行家等资产阶级以及资产阶级社会,资产阶级虚伪的"民主政治"和"党派活动",资本主义制度下的不平等和不合理现象,资产阶级法律的非人道本质,都作了无情的揭露和抨击。

1870年6月9日,狄更斯与世长辞,享年58岁。临终时他的第一部侦探小说《艾德温·德鲁德之谜》未能完成。他去世后被安葬在西敏寺的诗人角,他的墓碑上如此写道:"他是贫穷、受苦与被压迫人民的同情者;他的去世令世界失去了一位伟大的英国作家。"

作品提要

独身的老绅士匹克威克是一个"名流",又是一个"学者",而且还是以他的姓氏命名的一个社团——匹克威克通讯社的创办人。他那光秃的头,加上一副圆框大眼镜,笑容可掬,红红的滚圆的脸蛋总是发出善的光彩,温暖人心。1827年5月12日那天,俱乐部里举行了一次重要会议。为了增加见识,开阔眼界,俱乐部决定让匹克威克先生带着三个同事:特普曼先生、温克尔先生和斯诺德格拉斯先生，到远离伦敦的地方去游历，记下所见所做的趣事，并定期向俱乐部作出有关此类冒险经历的报告。特普曼先生的唯一乐趣就是谈情说爱，他遍尝珍馐，大腹便便，胖得连从黑绸背心口袋里挂出来的金表链，自己也瞧不到了；温克尔先生就是一副运动员模样，身着绿色猎人上装，系着一条花领带；斯诺德格拉斯先生具有诗人般的气质，穿着一件狗皮翻领的蓝上衣。他们准备把自己的行程，对人物和风俗的观察，全部奇遇，以及有关地方景色或社团的一切故事和文件，都确实地予以记载，随时向伦敦的匹克威克通讯社汇报。

匹克威克一行的第一个旅行目标是洛彻斯特。在马车站，匹克威克先生拿出笔记本，正要记录采访马车夫得到的新闻，却被误当做密探，遭到一群马车夫的围攻。幸亏一个叫金格尔的青年出面调停，给他们解了围，并和他们结伴同行。这个青年中等个儿，身子瘦削，两腿修长，他那件绿上衣新的时候倒蛮时髦，不过显然是给个子比他矮得多的人穿的，衣服很脏，全部绷得紧紧的，仿佛随时都会爆裂开来。他脸庞清瘦，面带倦容，不过举止倒十分轻快，充满自信。他们到达后，金格尔唆使特普曼趁温克尔喝醉酒的机会，取来温克尔的礼服给自己穿上，一起参加了旅馆里的舞会。在舞会上，金格尔向史伦漠医生所爱慕的女子大献殷勤，被激怒的医生提出要与他决斗。由于金格尔拒绝说出自己的名字，医生就记下了天蓝色燕尾服和礼服上匹克威克俱乐部的徽章，上面有匹克威克先生的头像和P·C两个字母。第二天，礼服的主人温克尔被误认为是昨晚的挑衅者，为了俱乐部的荣誉，他只好被迫同意参加决斗。就在温克尔买好手枪，胆战心惊地准备决斗时，他脱衣服的一个小动作让史伦漠医生认出他并非昨晚那个挑衅者，这才避免了一场流血事件。

《匹克威克外传》初版封面

翌日，有一场盛大的阅兵典礼，匹克威克社的成员们也挤在黑压压的人群中观看，可他们却站到了用作攻防演习的小城堡前。一会儿人群散开，他们还不明原委地站在原地，演戏士兵们朝着他们的方向开枪、冲锋，吓得匹社成员狼狈乱窜，多亏华德尔一家的马车及时把他们搭救离开。他们还被邀请访问华德尔家在马诺的庄园。在去马诺的路上，难以驾驭的马给他们添了不少麻烦，致使四人只得弃了马匹，在近黄昏时才风尘仆仆地步行到目的地，带着撕破的衣服、划伤的脸和满是尘土的鞋子与华德尔家的人见了面。为了款待旅行者们，主人请他们第二天外出打猎。温克尔想在众人面前露一手，展示一下好枪法，却偏偏失手伤了同伴特普曼。华德尔先生的妹妹主动热情地提出愿意照料“伤员”。其

上海译文出版社 2003 年版封面

余的人则去看板球赛了。说来也凑巧，他们在那儿又遇见了金格尔，并把他带回了马诺庄园。从不安分守己的金格尔乘机勾引上了有钱的老处女华德尔小姐，竟诱骗她私奔了。怒气冲天的华德尔先生和匹克威克立刻追踪而去。一对“情人”被追上了。金格尔无耻地勒索了 120 英镑，才答应放弃华德尔小姐。

返回伦敦后，匹克威克先生与房东巴德尔太太商量雇佣精明能干的山姆做仆人的事宜。由于他谈吐过于亲切，竟让巴德尔太太误认为匹克威克先生在向她求婚，而闹了个大笑话。

接着，匹克威克一行去了伊顿斯威镇。他们到达的那天，恰逢这个古老又爱国的市镇竞选国会议员。镇上有“蓝党”和“浅黄党”两个互相敌对的党派。不论在市政厅，还是在公共集会上，只要两党的人相遇，就要发生争吵。报纸有“蓝党”的《新闻报》和“浅黄党”的《独立报》，甚至连教堂里也有“蓝党”和“浅黄党”的过道。竞选前夕，《新闻报》警告选民们说，不仅英格兰的眼睛，而且整个文明世界的眼睛都在注视着他们。《独立报》却断然地提出质问，镇上的选民到底是好好先生呢，还是被人利用的工具？双方用激烈的言词彼此攻击，把全镇搞得不得安宁。在投票期间，全镇居民兴奋和发狂的状态达到了顶峰，以致选民中头晕病大为流行，随处可见发病的人毫无知觉地躺在人行道上。

选举后的第三天，一位善于结交名流的亨特尔夫人送来名片，请匹克威克先生出席她的田园早宴会。怎奈冤家路窄，匹克威克先生在此又意外地发现了骗子金格尔。他和山姆赶忙追了过去，金格尔却消失在人群中。当匹克威克听说金格尔恶行不改，又在设法拐骗女子寄宿学校的一位有钱的小姐时，他决心挺身而出，营救这个无辜的女孩。他上了金格尔仆人的当，中了金格尔的圈套，深夜隐藏在寄宿学校的花园里等候，想当场抓获这个流氓。结果他不但扑了个空，淋了一夜雨，得了风湿病，还被校方怀疑是盗匪，遭到扣押。

这天，匹克威克先生正在房中休息，忽然法院送来一张传票控告他毁弃婚约。原来两个贪婪狡诈的律师道孙和福格替巴德尔太太出面，说他答应过要和她结婚却不履行，向匹克威克要求赔偿金 750 英镑。匹克威克义正词严地申明：即使入狱，他也决不毫无道理地付半点“罚金”。随后，他按原定的计划去了巴斯。在那儿，他们遇到两个医科学生艾伦和索耶。艾伦想把自己的妹妹艾拉白拉小姐嫁给自己的同学索耶，可是，艾拉白拉不同意。兄妹两人因此有了隔阂。当温克尔先生知道艾拉白拉小姐之所以拒绝索耶是因为她另有所爱的时候，他立刻觉得自己就是这个幸运的意中人。因为他记得过去他们在马诺庄园见面时，艾拉白拉小姐曾对他发生过兴趣。好心肠的匹克威克先生为这一对情人安排了一次花园幽会,使温克尔有机会向艾拉白拉倾诉衷情。他俩决定不顾双方亲人的反对而私下结婚。

正当匹克威克先生忙于这件婚事的时候,他自己却因拒付"罚金"而被投入了伦敦的债务人监狱。忠实的仆人山姆设法把匹克威克先生的狱中生活安排得舒适安逸。然而,这个地方毕竟不是长久安身之地。

别有用心的律师道孙和福格,在料理寡妇巴德尔太太的"诉讼"时,没有向她索取手续费。因为他们想把这笔开支记在匹克威克的账上。后来,他们看到匹克威克先生坚持不付"罚金",就把巴德尔太太也抓进了债务人监狱。

事已如此,大家都劝匹克威克先生干脆认倒霉,付了"罚金"出狱算了。温克尔和他的新夫人艾拉白拉也恳求他早些获得自由,因为只有匹克威克先生才能胜任这对新婚夫妇与双方亲人的调解工作。与人为善的匹克威克接受了大家的劝告,付了"罚金"。出狱后,匹克威克说服了新娘的哥哥艾伦先生,接着又去找老温克尔商谈。但老温克尔先生十分固执,他不但不答应这门亲事,还扬言要中断温克尔的经济来源,取消他的继承权。一天,老温克尔到儿子家串门,他看到艾拉白拉的确十分可爱,果然是个贤淑的妻子,于是就回心转意,对儿媳妇表示了友好的态度,承认了儿子的婚姻,还收回了取消其继承权的决定。

就在这时,华德尔先生也带着女儿艾米丽来伦敦找匹克威克先生,告诉他斯诺德格拉斯和艾米丽之间也是一个有情,一个有意。匹克威克先生欣然促成了这门亲事。这样,又一对有情人成了眷属。

流氓金格尔在匹克威克先生善行的感化下,终于改邪归正,不再胡作非为了。而匹克威克先生本人,在经历了两年的社会调查后,决定带着忠仆山姆在伦敦近郊一个风景区隐居,度过幸福的晚年。他答应了做小温克尔和小斯诺德格拉斯的教父。

据说,这个老绅士一心积德行善,受到了周围人们的尊敬和爱戴。而他那一段不平凡的旅游经历,却 直成为人们谈笑的资料。

重点提示

作为一部现实主义小说,《匹克威克外传》以生动的笔触向人们展示了19世纪初期英国广阔的社会生活,从各个方面刻画了当时英国上流社会的各色人等,也描绘了许多受尽苦难的下层善良人们,还用大量的篇幅抨击了资本主义的法律、司法制度、监狱等上层建筑。正如萨克雷所说的,"《匹克威克外传》比起某些堂而皇之的或纪实的史书更能帮助我

中华书局2002年版封面

们了解当时人们的状况和习俗"。

但是,《匹克威克外传》又不同于一般暴露性小说,全书充满了丑恶又到处洋溢着荒唐与滑稽。这与狄更斯后期的作品不同,这部小说是以一种生机勃勃的乐观主义态度来看待现实生活的。它所描绘的不是一个充满尖锐矛盾的冷酷的社会,而是一个带有田园生活色彩的和谐的生活环境,是作者对"古老而快活的英格兰"中世纪宗法社会的理想化表现。狄更斯在创作这部小说时只有 25 岁,青春的热情使他对生活充满了信心,那种抑制不住的欢快情绪和向上的精神弥漫在整部作品中。狄更斯主要是一个小说家,但在这部作品中却表现出无与伦比的幽默和惊人的喜剧才能。他善于发现生活中的谐谑之美,把一切具有可笑性的人物、事物都串进他的艺术构思中。

《匹克威克外传》是一部流浪汉小说体裁的作品,写老绅士匹克威克带领以他本人命名的俱乐部的三位成员——年迈多情的特普曼、附庸风雅的斯诺德格拉斯和纸上谈兵的温克尔走出伦敦,到英国各地漫游。小说情节围绕匹克威克等人在旅途的见闻和遭遇展开,一些故事虽然有相对的独立性,但是故事的进展又能自然地衔接起来,这正适合以分期连载的形式发表。作者的艺术构思和发表形式决定作品的某些艺术特征。这也表明《匹克威克外传》的创作还深受英国 18 世纪流浪汉小说的影响。《匹克威克外传》的情节大体上有四条线索:房东巴德尔太太状告匹克威克毁弃婚约;山姆·维勒的父亲同骗吃喝的伪善牧师史得金斯的纷争;俱乐部几位成员的爱情故事;匹克威克和山姆·维勒主仆同流氓金格尔的冲突。全书以最后一条线索贯穿始终,金格尔因受到匹克威克的道德感化最后改邪归正,形象地宣扬了善良战胜邪恶的道德信条。

北京燕山出版社 2005 年版封面

在匹克威克和他的俱乐部成员一行出游途中,不仅有许多令人忍俊不禁的滑稽故事的精彩描述,还以喜剧的手法对法官、律师、法庭、监狱、议会、选举等作了深刻的揭露和无情的嘲讽。小说中对于田园生活的描写带有理想的浪漫色彩,是作者心中向往的不受封建压迫和资产阶级剥削的人间乐园,反映作者心目中古老的美好的英格兰;而对于尔虞我诈的城市生活的讽刺和谴责,正表现了作者对当时社会制度弊端的认识和愤懑。

作者怀着鲜明的爱憎,运用引人入胜的讲故事的写作技巧和精彩无比的喜剧手法,成功地塑造了不同性格的人物。匹克威克和他的俱乐部成员虽然是有产者,但作者没有赋予他们本阶级的恶习,却予以平民阶层的习性,都循规蹈矩地遵守道德原则。

匹克威克在出行途中陷入多重困窘的境地，作品尽力渲染他的天真，幼稚，不懂生活，处处碰壁。匹克威克总是好心肠办傻事，到处吃亏出洋相，在屡遭挫折的情况下仍保持乐观开朗的性格，让人觉得可笑，又逗人喜爱。作者不仅给正面人物都敷上一层喜剧色彩，而且对反面人物和丑恶现象也都采用喜剧的艺术手段，加以夸张、漫画化，令人看到他们的可鄙又可笑，达到尖刻嘲讽和愤怒谴责的艺术效果。

浙江文艺出版社 2007 年版封面

小说中凡写到与法律有联系的人，不是被金钱收买，就是罪犯。匹克威克被一心想嫁给他的房东巴德尔太太莫名其妙地起诉子虚乌有的毁弃婚约，匹克威克因拒付赔偿费入狱，而律师由于因此无法从赔偿费中拿酬金，就把巴德尔太太也抓进监狱。这真是极其荒诞不经的审判。对于暗无天日的监狱中的场景和人物的描绘，让人觉得那简直是人间地狱。这些荒诞的情节是对法庭和监狱的极端挖苦和嘲讽。书中还绘声绘色地描绘了伊顿斯威镇荒谬绝伦的选举场面，镇上两个敌对的党派在竞选国会议员时相互攻击，弄得镇上居民也兴奋到发狂的境地，结果在选民中晕病大流行，许多人毫无知觉地躺在人行道上。对于资产阶级两党制和民主选举如此丑化漫画化，是对当时英国政治制度最辛辣的嘲讽。

《匹克威克外传》在英国文学史上最主要的贡献是最早以当代现实生活为创作素材，并把平民当做小说的主人公。小说描写了当时社会生活的各种场景，如街道、广场、客店、旅馆、公寓、别墅、学校、法庭、监狱，肯定了当代生活素材的美学价值。人物方面有马车夫、穷学生、仆人、流氓、狱吏、房东、牧师、绅士、律师、主笔、政客、法官等，几乎描绘到当时社会上不同阶层的人物。匹克威克虽然是位老绅士，但他不谙世事、打抱不平、助人为乐，作者有意把他塑造成仁慈和博爱的典型，客观上他具有小人物的品格，是平民的化身。匹克威克的仆人山姆·维勒在书中占重要位置。他出身贫苦人家，是在城市下层人民中混出来的，社会大学堂造就他通晓世故，一次次为他的主人解围，充分表现出机智多谋、勇敢干练。他们主仆一愚一智，相映成趣，不仅添加了许多笑料，而且更重要的是使作品增强了艺术感染力。

狄更斯是一位十分关注社会问题的作家，他这第一部长篇小说虽然写了许多滑稽的冒险故事，不同阶层的读者都赞赏这部雅俗共赏的小说，甚至一度出现过《匹克威克外传》热，但它不是供人消遣的闲书，而是具有丰富而深刻内容的严肃文学作品。这部小说所以能畅销至今，是因为它植根于现实生活，书中尽管宣扬善良终归战胜邪恶的道德理念，但看不到抽象的说教，作者的道德理念渗透到天才的多姿多彩的艺术世界，使作品的思想性和艺术性达到高度的统一。

[英国] 狄更斯

《双城记》

作者简介

参见《匹克威克外传》简介。

作品提要

1757年的一个夜晚，巴黎青年医生梅尼特被贵族埃佛瑞蒙德侯爵兄弟秘密接走，去诊治一名性命垂危的病人。病人是侯爵领地上佃农的妻子，侯爵的弟弟觊觎她的美貌，想把她霸占到手，就想尽办法折磨死了她的丈夫，将她抢回家中。此时农妇已怀有身孕，但侯爵的弟弟全然不顾她的苦苦哀求，把她侮辱了。农妇的父亲知道后，心碎而死。她的弟弟把家中唯一的小妹妹偷偷送到外乡后，提着剑来找侯爵兄弟报仇，但不幸被刺成重伤。临终前，他画下血十字诅咒侯爵全家，并预言侯爵家将最终为这笔血债付出代价，直到这个家族的最后一个人。饱受蹂躏的农妇在遭受了一连串打击后精神崩溃，她彻夜不眠，周而复始地尖声喊叫"我的丈夫，我的爸爸，我的弟弟！"接着就从"一"数到"十二"，因为她的丈夫正是呜咽了十二声后在她怀中死去的，不久农妇也含恨而死。

梅尼特医生亲眼目睹姐弟二人的死亡，心中悲愤不已。然而，最让他不能容忍的是侯爵兄弟对这些佃农的死丝毫没有悔罪之心。在他们眼中，这些佃农的生命就像狗一样低贱。耿直的梅尼特医生拒绝了侯爵的贿赂，他虽然知道在贵族等级社会中，侯爵兄弟也许不会为他们的罪行承担责任，但他仍在良心和正义感的驱使下写了一封秘密揭发信给大臣，希望正义和公理能得到维护。但事与愿违，这封信最终落入了侯爵兄弟手中。就在信件寄出的当晚，未经任何法律手续，梅尼特被侯爵兄弟"秘密"拘捕，他们利用手中的特权将他非法囚禁在巴士底狱的"北塔105"号单人牢房。梅尼特失踪后，他的英国妻子四处奔波求助，请求调查丈夫的下落，但毫无结果。两年后她因伤心过度去世，夫妇俩幼小的女儿露西由医生的朋友、当时在英国台尔森银行驻巴黎办事处任职的罗瑞先生带回国。露西在善良的女仆普洛丝的精心照料下长大。

梅尼特医生被“活埋”在暗无天日的巴士底狱中。在被囚禁的第十个年头，他的直觉敏锐地意识到自己的神智已遭到极大损害，即将精神崩溃。为了让冤案有朝一日得到昭雪，梅尼特趁着自己神志还比较清醒，用生锈的铁钉蘸着和了鲜血的烟灰，写下一封对埃佛瑞蒙德侯爵兄弟的控诉书，他在控诉书中揭发了侯爵兄弟对佃农一家四口和他本人所犯下的罪行，并要求侯爵兄弟、他们的家族以及后裔为这两桩罪行承担责任。

在度过长达 18 年不见天日的苦难生活后，梅尼特于 1775 年被释放出狱。他以前的仆人德伐日先生将他暂时收留在自己经营的小酒店中。这家位于巴黎圣安托万区的小酒店实际上是革命党“雅克”的秘密联络点，面无表情的德伐日太太整日坐在酒店的柜台里，一刻不停地编织毛线，她用一种特殊的针法将贵族们犯下的罪行记录在案，以便在将来的某一天作为指控他们的呈堂证供。

得知“死人复活”的消息后，罗瑞先生和露西一起从伦敦赶到巴黎。他们在德伐日家的阁楼上见到了梅尼特医生。令他们感到震惊的是，出现在他们眼前的是一个满头白发、形容枯槁的老鞋匠。经过 18 年的牢狱生涯，梅尼特的肉体和精神受到极大创伤，他神志错乱，丧失了全部记忆，只记得“北塔 105”。他失去了和外界沟通的能力，整天浑浑噩噩，不知疲倦地做鞋。美丽善良的露西目睹此景不禁潸然泪下。她将父亲拥在怀中，承诺从今往后要好好照料他，她和罗瑞一起把梅尼特带回伦敦家中。

露西是一根“金丝”，她把梅尼特被打断的生活重新连接起来。在女儿温暖的关爱和悉心照料下，医生逐渐恢复了健康和神智。他重操旧业，开了间诊所，凭着精湛的技术和高尚的品格，他逐渐在人们心中树立起了良好信誉。然而，温馨舒适的家庭生活并没能完全抹去梅尼特心头的阴影，他一直对往事讳莫如深，露西也一直不知道父亲入狱的前后始末。

梅尼特出狱五年后的一天，父女俩被要求出庭作证。遭到指控的是个名叫查尔斯·达尔内的法国青年，他被控往返于英法两国间刺探情报。五年前，达尔内曾和梅尼特父女搭乘同一艘船从法国前往英国，在船上他帮助露西照顾身心交瘁的父亲。在旅途中这对青年男女都给对方留下了美好印象。虽然梅尼特父女想竭力帮助达尔内，但无奈提供不了任何有利的证词。就在审判的紧要关头，一个头戴假发、双眼一直瞪着天花板、看似漫不经心的青年递给辩护律师一个小纸卷。在这张小纸条的提示下，辩护律师注意到达尔内和这个青年间几乎相似的面容。他以此作为反驳指控的切入点，最终达尔内被无罪释放。

其实，查尔斯·达尔内的真实身份是埃佛瑞蒙德侯爵的独生子，他深受母亲和民主思想的影响，反对贵族特权，尤其对家族所犯下的累累罪状深恶痛绝。在父母双亡后，他放弃了世袭贵族称号和财产，让他的叔叔承袭了爵位。一天，叔叔埃佛瑞蒙德侯爵驾车在路上

《双城记》插图——起义的人群

狂奔，碾死了一个贫民的孩子。然而，这位傲慢冷酷的侯爵反而责怪穷人自己不会照管孩子，惊伤了他的马，他扔下一枚金币后扬长而去。回到府邸后，叔侄俩就贵族特权问题争论起来。达尔内认为贵族犯下的暴行终究会受到民众惩罚，而叔叔却大肆宣扬暴力统治和镇压哲学。当晚，埃佛瑞蒙德侯爵被人杀死在床上。叔叔死后，达尔内放弃财产和爵位回到英国。他改名换姓，过着自食其力的生活，经过刻苦努力，他成为一名优秀的法语教师和翻译。

在这场间谍诉讼案结束后，达尔内和卡尔顿与梅尼特一家成了好朋友。卡尔顿就是那个递纸条的青年。在常人眼中，他嗜酒如命，放荡不羁，其实他是个富有才华、感情深厚的人。由于缺乏在社会上积极钻营和左右逢源的聪明圆滑，卡尔顿一直没有发挥才干、崭露头角的机会。他总在别人背后默默工作，为他人所利用，郁郁不得志。久而久之，他愈发沮丧颓废，终日借酒消愁。在和梅尼特一家的来往中，他与达尔内同时爱上了露西，但卡尔顿深知自己懒散放荡的习性，终将一事无成，无法带给露西幸福。他向露西坦白了自己对她的真挚感情，并承诺为了露西和她所爱的人的幸福，将不惜牺牲自己的生命。

随着时间的推移，达尔内与露西的感情日渐成熟，他们决定结婚。梅尼特在婚前就知道达尔内是埃佛瑞蒙德侯爵的后代，但为了女儿的幸福，他仍同意了他们的婚事。不过，他要求达尔内承诺在任何时候都不公开自己的真实身份。婚礼结束后，梅尼特再度旧病复发，他失去知觉和思维能力，又成了个鞋匠。在罗瑞先生和普洛丝小姐的精心照料下，九天后他又恢复了正常，只是似乎不记得发生了什么事。婚后不久，露西生下了女儿小露西。达尔内夫妇依然与梅尼特住在一起。露西就像一条金线，用爱把家人缠绕在一起。在她无微不至的照料下，梅尼特再也没旧病复发过。

1789 年 7 月，巴黎人民爆发了大规模的武装起义，法国大革命由此开始。起义者和反革命军展开了激战，贵族阶级遭到严酷镇压，大大小小的庄园被相继焚毁，一批批贵族被投入监狱，送上断头台。德伐日夫妇在起义中成为革命领导者。尤其是德伐日太太，她率领妇女们冲锋陷阵，在革命中表现得异常勇敢顽强，很快在革命者中建立起极高的威信。就在法国大革命进行得如火如荼之际，远在伦敦的达尔内意外收到管家的求救信。管家遵照达尔内的吩咐管理产业，豁免了佃农的赋税和地租，但他仍被当作替罪羊抓住，行将处决。达尔内不忍心让无辜者代他受过，决定前往法国营救老仆，但是他一到法国就被当做外逃贵族关进巴黎的监狱。

梅尼特和露西得知消息后，带着小露西与普洛丝一起赶到了巴黎。梅尼特相信因为自己曾是巴士底的囚徒，贵族特权下的牺牲品，所以不仅不会遭到伤害，还能使他获得革命者的信任与支持，因而他自信一定能帮助达尔内脱离危险。梅尼特带着一家人在城内住下，他担任了三个监狱的巡查医师。在监狱医院中，他不管病人的身份地位，只是认真地履行自己的职责。在梅尼特的努力和保护之下，达尔内在狱中平安度过 1 年零 3 个月。在这 15 个月中，露西每天都带着女儿到关押达尔内的监狱附近去，希望丈夫能有机会看到她们。

终于等到了法庭审判。在庭审中，达尔内申诉自己早已脱离贵族家庭，在国外过着劳动者的生活。同时，梅尼特作为贵族家族的受害者也证实了达尔内的言辞和行为。凭着医生的威望和证词，达尔内被释放了。然而，他们还未来得及庆祝团圆的喜悦，当天晚上达尔内再次遭到新的指控，他被当做“共和国的囚犯”再度被捕入狱。

直到第二天开庭时，梅尼特才明白这次行动是德伐日夫妇在背后秘密策划的，他自己也成为三名原告之一。原来，在攻陷巴士底狱后，德伐日秘密搜查了梅尼特曾经住过的“北塔 105”，他在那里找到了梅尼特对埃佛瑞蒙德侯爵兄弟的控诉书，这份手稿成为指控达尔内的供词。在法庭上，这份控诉书一经宣读就激起了广大群众狂热的复仇情绪。没人理会达尔内的清白无辜，梅尼特也失去了申辩余地。投票伴随着一阵阵咆哮声结束，达尔内被判处死刑，并将在 24 小时内执行。梅尼特竭尽全力为达尔内奔走呼号，但毫无用处，绝望之中他再次精神病发，成了神志不清、疯疯癫癫的老鞋匠。然而，梅尼特一家的厄运并未就此结束。德伐日太太此时又在策划一轮新的复仇，她这次把目标投向了露西母女。事实上，德伐日太太就是那个佃农家庭的唯一幸存者、农妇的小妹妹。德伐日希望她能体恤一下无辜可怜的梅尼特，但是，儿时起就在德伐日太太心中繁殖起来的、根深蒂固的仇恨已把她变成毫无怜悯之情的猛兽，她要斩草除根，把露西母女送上断头台，因为她们一个是达尔内的妻子，一个是埃佛瑞蒙德家的后裔。为了达到目的，她利用手中的特权，和一个锯木匠串通起来，准备诬陷露西母女为达尔内暗中通风报信。

在这千钧一发的危急关头，卡尔顿出现了。他早已来到巴黎，一直在暗中关心和帮助梅尼特一家。当他看到达尔内被判处死刑，听见德伐日太太的阴谋后，他决心实践对露西

上海译文出版社 2006 年版封面

的爱的承诺。卡尔顿把自己的和梅尼特一家的通行证交给罗瑞，吩咐他立即备好马车将梅尼特一家送回英国。随后，他一人来到关押达尔内的监狱，因为手中握有监狱看守的把柄，他轻易地进入了达尔内的牢房，在达尔内迷昏后和他交换了衣物，让看守把不省人事的达尔内带走，自己则代替达尔内平静地在牢中等待死亡到来。

此时，德伐日太太还不知道达尔内已被救出，并已和梅尼特一家逃出巴黎。她胸前藏着手枪，腰间插着一把锋利的匕首，气势昂然地来到露西的寓所，企图阻止他们外逃。在寓所中，德伐日太太遇到了露西的保姆普洛丝小姐，双方由于语言不通，态度敌对而扭打起来。护主心切的普洛丝小姐将德伐日太太拦腰抱住，混乱中枪擦走火，德伐日太太应声倒下，当即毙命。惊慌失措的普洛丝锁上房门后匆匆逃离巴黎。

此时卡尔顿已被押上囚车，送往断头台。行刑前他神态平静，态度从容。他想到耶稣的话："主说，复活在我，生命也在我，信我的人虽然死了，也必复活；凡活着信仰我的人，必永远不死。"他仿佛看到用他的生命所拯救的露西一家从此过着幸福、平静的生活，他看到露西怀中以他的名字命名的婴儿，看到已是垂暮之年的露西在他的祭日为他哭泣，他将从此被露西和她的后代们长久地怀念着。他想："我现在已做的远比我所做过的一切都美好；我将获得的休息远比我所知道的一切都甜蜜。"

重点提示

《双城记》是以法国大革命为历史背景的虚构小说。小说中的"双城"分别指伦敦和巴黎，它们分别代表了两个不同的叙述主题，其中一个是围绕伦敦梅尼特医生一家的生活展开，它代表了爱与宽恕的人道主义精神；另一个围绕巴黎圣安托万区德伐日夫妇的生活展开，它代表的是恨与复仇的强烈情感。这两条叙述线索同时进行，在小说的最后一部分"风暴的轨迹"中合二为一，将小说故事情节推向高潮。

《双城记》最显著的特色在于它集中体现了狄更斯的人道主义思想，这首先体现在人物形象塑造上。小说的主人公梅尼特医生是理想的人道主义者化身。青年时期的梅尼特正直，善良，富有同情心，当他亲眼目睹了埃佛瑞蒙德侯爵兄弟虐杀农民的惨案后，在良心和正义感的驱使下，他勇敢地向朝廷告发，但反遭侯爵毒手，被投入巴士底狱。在经历了 18

年冤狱后，梅尼特精神彻底崩溃，他丧失了记忆，神志不清，成了浑浑噩噩的老鞋匠，后来在女儿露西的精心照料下才恢复了健康。当他得知女儿的爱人达尔内是埃佛瑞蒙德侯爵的独生子，自己仇人的后代后，出于对女儿的爱，他不记前嫌，宽容地接纳了达尔内。后来女婿身陷囹圄，他又为营救他而多方奔走。梅尼特这个形象代表了人道主义的爱和宽恕的精神。他同情一切遭受苦难的人，他爱女儿，用爱化解了仇恨，并把这种爱作为生活的信仰。他活着不是为了仇恨，而是为了他人的幸福。

与梅尼特形成鲜明对比的是德伐日太太。她与梅尼特一样，也和埃佛瑞蒙德侯爵兄弟有着不共戴天的仇恨，但狄更斯对这个人物却更多持否定态度，因为这是一个和人道主义原则相背离的形象。作为贵族特权产物的牺牲品，德伐日太太的遭遇是值得同情的。革命爆发后，她把所有的仇恨和狂热倾注到革命运动中，成了冷酷无情、滥施暴力的复仇女神。她从一个受压迫者变成了压迫者，利用手中的特权去杀害无辜的人，人的生命在她眼中如同草芥，其所作所为和当年的埃佛瑞蒙德侯爵兄弟不相上下。狄更斯指出，是恨与复仇的感情把她变成了野兽和压迫者。最后，这个革命干将在和露西保姆的扭打中死于自己的枪口下，这一结局体现了狄更斯“爱终将战胜恨”的人道主义原则。“爱终将战胜恨”的人道主义精神的另一个忠实代表是律师卡尔顿。这个富有才华、精神颓废的青年，心中埋藏着异常深厚的纯洁情感。他为了露西的幸福和爱情，甘愿牺牲自己的性命。他用自己的生命换来了露西一家人的幸福生活，用自己对露西的“爱”战胜了德伐日太太的“恨”。卡尔顿将他人幸福置于自我幸福之上的利他精神，达到了狄更斯的人道主义关怀的顶峰。

燕山出版社 2007 年版封面

在《双城记》中，狄更斯的人道主义思想不但体现在人物形象的塑造上，还体现在作者对待法国大革命的双重标准上。一方面，狄更斯肯定了法国大革命的正义性，指出大革命的爆发是贵族统治者残暴腐朽、飞扬跋扈的结果。他在小说中突出刻画了以埃佛瑞蒙德侯爵兄弟为代表的贵族形象。这兄弟俩冷酷无情，残忍自私，贫民的生命在他们眼中和狗一样，他们是暴力哲学和镇压主义的积极维护者，恣意践踏他人性命。埃佛瑞蒙德侯爵兄弟是贵族残暴统治的代表，而小说中另一位出场不多的“大人”却生动地表现了贵族的骄奢淫逸。当巴黎圣安托万区衣衫褴褛、食不果腹的贫民们爬在泥地上争抢着喝着泼洒出来的红酒时，显赫的“大人”却需要

Tor Books 2007 年版封面

四个衣着华丽的侍从的伺候，方能咽下他幸福的巧克力，如果少一个侍从就是对他的尊严和生命的侮辱。狄更斯对贵族的凶残暴戾、穷奢极侈极为憎恶和蔑视，深切同情下层百姓的非人命运，对他们的反抗精神予以充分肯定和理解。但是另一方面，这种人道主义思想也使狄更斯对大革命怀有恐惧和厌恶。在作者看来，丧失了理性控制的大规模群众运动和暴力革命是场可怕的浩劫，它把无数无辜者送上断头台，造成了更多的伤害。梅尼特一家在革命前是特权暴力下的牺牲品，在革命中又再次遭到暴力的威胁。因此，作者虽然肯定法国大革命的正义性，但他却极力反对这种以暴制暴的手段。狄更斯认为，以暴力的途径去颠覆一个不合理的社会，只能又创造出一群新的压迫者。

另外，《双城记》在艺术表现上也很有特色。小说中大量象征手法的运用，使全书自始至终弥漫着一种哥特式小说的阴郁、紧张和恐怖。比如在描写法国大革命前后，作者运用了很多与血色相关的意象。在小说开头，作者描写一桶红酒泼洒在路上，人群争抢饮酒的场面，红色的酒染红了地面，染红了人们的手、脚、脸和头发，一个男人用酒在墙上写下“血”。这似乎在预言即将到来的革命将充斥着暴力与鲜血。埃佛瑞蒙德侯爵的马车碾死了一个孩子后，作者描写他在傍晚的晚霞映照下，脸色通红，好像全身都浸入了一滩猩红中，这暗示了侯爵将为他的暴行付出血的代价。此外，小说中埋下许多伏笔，设置了很多悬念，带有侦探小说的色彩，有强烈的戏剧性。

《双城记》虽是以历史事件为题材，但并不缺乏现实意义。狄更斯有感于国内日趋尖锐的社会矛盾，贫富悬殊不断扩大，便把法国大革命作为历史借鉴，向当时的英国政府发出警告：如果不关心下层人民的疾苦，不及时改良，社会矛盾一旦爆发，后果将不堪设想。

[英国] 艾米莉·勃朗特

《呼啸山庄》

作者简介

艾米莉·勃朗特(1818—1848),英国女作家。1818年7月30日出生,父亲是个爱尔兰教士,家里有6个孩子。艾米莉与她的姐姐夏洛蒂、妹妹安妮并称为勃朗特三姐妹,在19世纪的英国文坛上占据了一席之地。夏洛蒂以其代表作《简·爱》闻名于世,在生前就获得了成功。艾米莉的《呼啸山庄》同时出版,但却遭到了迥然不同的命运,它完全不为同时代人所注意,因为当时的读者不能理解,认为它只是青年女子一种仿佛脱离现实的不切实际的天真幻想,甚至连夏洛蒂也无法理解妹妹的思想。但此后这部小说却越来越引起人们的重视,到20世纪终于获得了正确的评价,在英国小说史上获得了特殊的地位。

作品提要

本书讲述了一段动人心魄的悲剧性爱情故事。在偏僻的山区居住着恩萧家和林顿家。恩萧夫妇有一子辛德雷和一女凯瑟琳,居住在呼啸山庄。附近的画眉山庄居住着更为富有的林顿一家,夫妇俩也有两个孩子,儿子埃德加和女儿伊莎贝拉。一天,恩萧先生在利物浦街上收留了一个无家可归的吉普赛男孩并把他带回家来抚养,取名为希斯克利夫。从此,往日平静的生活被打破了。希斯克利夫孤独阴郁,行为粗野,性格倔强,但恩萧先生对其十分宠爱,这引起了辛德雷的嫉妒,埋下了仇恨的种子。没多久,恩萧先生去世了,辛德雷成了家里的主人并结了婚,他把希斯克利夫降为仆人,中断了他的教育,强迫他在地里辛苦地干活,并且,他还阻止妹妹凯瑟琳与其交往。但是,凯瑟琳和希斯克利夫却很能合得来,他们渐渐长大,产生了炽热的爱情。一次,他们在旷野里游荡,偶然间到了画眉山庄,凯瑟琳结识了林顿一家。与林顿一家人的交往使凯瑟琳发生了一些变化,她爱打扮了,举止文雅,像个小贵夫人了,可她对希斯克利夫的情意没有改变。林顿少爷埃德加也爱上了凯瑟琳,他虽娇生惯养但却教养良好,相比之下,希斯克利夫由于整日的劳作加之被剥夺了受教育的机会,显得更加迟钝,落落寡合,他甚至开始自暴自弃了。在埃德加的追求下,凯瑟琳的心理也发生

朱丽叶·比诺什在1992年拍摄的电影《呼啸山庄》中出演女主角凯瑟琳

了一些微妙的变化，但在她的内心深处，仍然深深爱着希斯克利夫，而希斯克利夫更是以其全部的精神力量爱着凯瑟琳。

埃德加向凯瑟琳求婚。凯瑟琳向女仆耐莉坦陈了自己的心迹，她心里虽然爱的是希斯克利夫，可他毕竟只不过是个仆人，和他结婚会降低她的身份，往后只有穷贱在等着他们。她想自己嫁给埃德加之后，可以借埃德加的财产来帮助希斯克利夫，使他得以摆脱目前的处境，并脱离她哥哥辛德雷的控制。怀着这样天真的想法，加上门第和财产的诱惑，凯瑟琳决定嫁给埃德加。可同时凯瑟琳也知道自己一定做错了，在她的内心深处，她知道自己是怎样深深地爱着希斯克利夫。希斯克利夫无意中听见了凯瑟琳的话，可他没有听完，他只听到凯瑟琳说嫁给他会降低自己的身份，于是自尊心受到了极大的伤害。当晚，他就离开了呼啸山庄，从此不知去向。

当凯瑟琳知道希斯克利夫可能听到了她和耐莉的谈话之后非常担心，她在大雨中等待着希斯克利夫的回来，可是没有等到。她因为淋雨得了一场大病，差点危及到生命。病好后，凯瑟琳的性情发生了很大的变化，变得更骄傲，也更暴躁了。林顿夫妇为了照顾凯瑟琳，先后感染了热病，很快相继去世了。埃德加成了画眉山庄的主人。在老林顿去世三周年后，埃德加娶了凯瑟琳，以为自己是世界上最幸福的人。他们一起居住在画眉山庄里，埃德加十分爱凯瑟琳，对她依赖顺从，凯瑟琳虽然偶尔也会情绪低落，但日子过得总还算幸福美满。

希斯克利夫在外面闯荡了三年，这三年里，对凯瑟琳的爱和对辛德雷的恨使他拼命去挣钱。三年后，他回到了呼啸山庄。这时他已是一个富翁了，他在外形上更果断了一些，脸上的表情也更老成了一些，看上去很有才干，而且失去了所有的过去被贬低的痕迹。虽然一种半开化的野性还潜伏在他的眼睛里，可是他举止庄重，甚至是文雅，完全没有半点粗鲁。他已经完全长成为一个成熟的男人了。希斯克利夫怀着忐忑不安的心情去见凯瑟琳，因为他不知道她会怎样接待他，可是凯瑟琳对他的归来发自内心的喜悦，使他几乎忘记了往日的仇恨。他告诉凯瑟琳，他只是为了她才奋斗的。希斯克利夫的归来引起了埃德加的不安。希斯克利夫在呼啸山庄住下，辛德雷自妻子死后，一直陷在绝望中，生活放荡，酗酒，赌博。他因为希斯克利夫有钱，所以不顾旧恨，让他住在呼啸山庄。

希斯克利夫仍然深爱着凯瑟琳，可是他不愿放过那些曾经侮辱和伤害了他的人，他不会向凯瑟琳报复，可他要向除了她之外的所有的人报复，甚至是一些无辜的人，他也不愿放过。他渐渐张开了可怕而周密的复仇之网。

对于曾虐待过他的辛德雷，希斯克利夫利用他好赌的弱点，怂恿他把田庄的产业抵押成现金用来挥霍，而接受抵押的人就是他自己，这样，呼啸山庄的产业一点一点地落入了希斯克利夫手中。终于辛德雷发现了自己处境的危险，在一次酩酊大醉之后他想杀死希斯克利夫，但他根本不是强壮的希斯克利夫的对手，结果自己倒在了血泊中。辛德雷死后，希斯克利夫向律师出示了抵押单，证明他已将山庄的每一码土地都抵押给了自己，如今，他希斯克利夫成了呼啸山庄的主人了。辛德雷的独子哈里顿原该是大宗地产的继承人，却落得身无分文，还有一笔债务。他完全落到了希斯克利夫的手里，靠他来养活，并且全然不知他是自己的敌人，还把他当作最好的朋友和保护者来看待。

同时，希斯克利夫经常到画眉山庄看望凯瑟琳。他的老练和风度使埃德加的妹妹，年仅 18 岁的伊莎贝拉疯狂地爱上了他，为此伊莎贝拉甚至嫉恨起凯瑟琳来。凯瑟琳一方面仍想保持希斯克利夫对自己的爱情，另一方面，她深知希斯克利夫的为人，知道伊莎贝拉对他的爱会引起怎样危险的后果。她明确警告了伊莎贝拉，可后者根本听不进去。希斯克利夫得知了伊莎贝拉对他的爱情后，觉得可以利用这一点来实现自己的报复计划。他开始有意识地接近伊莎贝拉，诱骗她的感情，这使得凯瑟琳十分痛苦，她和家人大吵了一架之后就病倒了。埃德加知道了这件事之后，对伊莎贝拉说她要是再和希斯克利夫交往下去，他就断绝和她的兄妹关系。可伊莎贝拉已完全被她那天真的爱情冲昏了头脑，一天深夜里，她和希斯克利夫私奔了。他们在呼啸山庄结了婚，可怜的伊莎贝拉从她到呼啸山庄的第一天起就发现自己受了骗，山庄里的每一个人，辛德雷、小哈里顿，甚至包括仆人全都阴郁而疯狂，希斯克利夫对她完全没有爱，甚至没有怜悯，他冷酷而残暴地虐待她，因为他娶她只是为了得到埃德加的财产。伊莎贝拉在这样的环境下很快就被折磨垮了。她偷偷给哥哥埃德加写信求援，可埃德加并不理会她。在这期间，凯瑟琳的病一直没有康复，她几近神经错乱，始终处于癫狂状态，尽管埃德加悉心照料她，可医生断言她再也好不了了。希斯克利夫从耐莉口中得知凯瑟琳的病情后，不顾一切来到了画眉山庄，这对往日的恋人紧紧拥抱在一起，在万分痛苦和灼热的激情中，相互哀诉和求饶，当晚凯瑟琳在生下一个女儿——小凯瑟琳，又名凯蒂之后就死去了。极度的痛苦使希斯克利夫几乎发了疯，他没日没夜地守在凯瑟琳灵前，陪伴着自己心爱的人。

凯瑟琳死后，希斯克利夫对林顿家和恩萧家的仇恨更加深了，他变本加厉地报复他们。伊莎贝拉终于忍受不了他毫无人性的虐待，逃出了呼啸山庄，在南方靠近伦敦的地方躲了起来。几个月后她生了个儿子，取名为林顿·希斯克利夫。

一转眼13年过去了。凯蒂长成了一个美丽、甜蜜、快乐的小姑娘。她父亲埃德加十分宠爱她，亲自教育她，而凯蒂也具有好奇与颖悟的天资，学习很快。她像一缕阳光，给这个不幸的家庭带来了温暖与欢乐。可埃德加从来不让她走出画眉山庄的园子，只是偶尔带着她在附近一两里外走走。凯蒂满足于这样的隐居生活，对于呼啸山庄和希斯克利夫完全不知道。一天，埃德加接到了伊莎贝拉的来信，说她快要死了，请他把小林顿·希斯克利夫接回家来抚养。凯蒂乘父亲出门的机会跑到了庄园外面，误入了呼啸山庄，在那里认识了哈里顿。这时哈里顿已是一个18岁的青年了，他魁梧，健壮，天性善良。希斯克利夫没有虐待他的肉体，但他这些年来始终扼制他智力的成长，他把全部精力用来不使哈里顿开化，从来没人教哈里顿读书写字，从来没人纠正他的任何坏习惯，也从来没有人带他向好习惯走一步。希斯克利夫就是用这种刻毒的方式来向辛德雷报复，他要看看被同样的风吹的话，一棵树会不会像另一棵树那样扭曲地长大。正如当年辛德雷剥夺了他的教育一样，他也要让哈里顿永远也不能从他那粗野与愚昧无知中解脱出来。希斯克利夫很快就知道了他的儿子小林顿被埃德加接回家来的消息，他向埃德加要这个孩子，埃德加虽然不忍心把娇弱的小林顿交给希斯克利夫，但为了避免进一步的纠缠，还是把他送到了呼啸山庄。小林顿惧怕希斯克利夫，惧怕这幢阴沉沉的房子。而希斯克利夫也不喜欢这个儿子，因为他一点儿也不像自己，他太过娇嫩、文弱，像伊莎贝拉，可没有他的那份野性。虽然希斯克利夫没有亏待小林顿，还让他接受教育，可打心眼里瞧不起这个孩子。

一天，凯蒂在女仆耐莉的陪伴下出门散步，她们走到了呼啸山庄的地界，被希斯克利夫撞见了。希斯克利夫把她们带回了呼啸山庄，凯蒂对希斯克利夫毫无戒心，还有一种本能的亲近。在呼啸山庄，她们见到了久违的小林顿和哈里顿，凯蒂很喜欢他们的陪伴，可当她发现哈里顿不识字的时候，她和小林顿一起嘲笑了他，这使哈里顿非常伤心。直到这时候，哈里顿也还完全没有意识到自己的悲剧是由希斯克利夫一手造成的，他无限信任他，并且非常维护他，不许任何人在他面前说希斯克利夫的坏话。

Penguin Books 1992 年版封面

凯蒂与小林顿之间产生了纯真的友情，回到画眉山庄后，他们还设法通信，可这种秘密关系很快被耐莉警觉到并中止了它。然而，他们还是想方设法地经常见面，小林顿身体很弱，脾气也坏，而凯蒂却是个善良的女孩，她尽力陪伴小林顿，希望他能好起来。凯蒂和小林顿的交往继续了下去，周围的人都希望这只是两个孩子之间纯洁的友谊，可谁能想到,这一切都是希斯克利夫一手操纵的,他威胁儿子必须要和凯蒂保持这种交往并尽力留住她,小林顿软弱无能,他害怕父亲,只能照他的命令去虚情假意地与凯蒂交往。这期间,埃德加的病渐渐加重了,他对小林顿抱有美好的幻想,认为这个外甥既然在外表上像他,那么心地也应该像他,要是凯蒂和他在一起,也许会幸福的。可他不知道,小林顿病弱的身体其实也正和他自己一样在迅速地向死亡滑去。一天,小林顿照希斯克利夫的意思,又把凯蒂约了出来,这次凯蒂再也没能回画眉山庄去,她被希斯克利夫强行带回了呼啸山庄,囚禁了起来,尽管凯蒂爱着小林顿,可小林顿对她却表现出了真正的铁石心肠,他对她的痛苦、哀告完全视而不见,而希斯克利夫也并没有因为她是凯瑟琳的女儿而对她有一丝怜悯,他粗暴地对待她,并在第二天就强迫她和小林顿结了婚。埃德加在焦虑和对女儿的思念中死去了,凯蒂从呼啸山庄逃了回来,见了父亲最后一面。埃德加死后,凯蒂就一无所有了,因为根据老林顿先生的遗嘱,家产全部传给伊莎贝拉的儿子也就是小林顿,而不是她,这样小林顿就成了画眉山庄的主人。凯蒂被希斯克利夫又带回了呼啸山庄,在那儿,她照顾病重的小林顿,除了她,没有任何一个人关心小林顿的病情,连希斯克利夫也从不过问,只有凯蒂帮助他与死亡搏斗,可他最后还是死了,他把全部财产留给了父亲,一分钱也没有给凯蒂。希斯克利夫,这个过去受尽屈辱的孤儿,现在终于成了这两座古老庄园的主人。可怜的凯蒂,她一文不名,无亲无靠,在荒凉的呼啸山庄里受着希斯克利夫的虐待,她曾经温暖的心变得僵硬了,她变得极其不友好,不允许任何人接近她。没有人关心她,只有哈里顿,虽然仍是那么无知而笨拙,可他深深爱着凯蒂,就像当年希斯克利夫爱着凯瑟琳一样。渐渐地,两颗年轻的心靠近了,哈里顿满怀崇敬地爱凯蒂,他的关爱使凯蒂恢复了往日的光彩,而凯蒂也爱上了哈里顿,她教他认字,鼓励他上进,哈里顿那诚实、温和、懂事的天性很快摆脱了把他带大成人的那种无知与贬辱的乌云,他的思想开朗也使他的面貌开朗了,而且在表情上也增添了神采与高贵。希斯克利夫一开始还想阻止他们的爱情,可当他发现他们俩的眼睛都像他日夜思念的凯瑟琳,而哈里顿的处境又多么像他自己当年的处境时,他放弃了继续去伤害他们。这些年来,他竭力去策划毁掉这两家,等到一切准备好了,他发觉采取行动的意志却已消失了,现在谁也不能阻止他向两家的后代复仇了,可他已经失掉了欣赏毁灭他们的欲望,他已懒于做无谓的破坏了。他在完成了他的全部报复计划后便失去了生存的理由,他日夜思念着凯瑟琳,在荒野上游荡,而凯瑟琳的鬼

Simon & Schuster 2004 年版封面

魂仿佛也在不断地召唤他。终于,希斯克利夫在爱或痛苦的狂野中呼唤着凯瑟琳的名字死去了。他的尸体埋葬在凯瑟琳的墓旁。呼啸山庄又恢复了往日的宁静。

重点提示

这是一部浪漫主义的小说,其中所蕴含的强烈的激情令所有的读者为之震颤。作品中给人们印象最深的无疑是凯瑟琳和希斯克利夫刻骨铭心的爱情。他们俩尽管地位相差悬殊,所受教育也大不相同,可在灵魂最深处却是相通的。在世俗的眼光中,凯瑟琳是一个富家小姐,美丽、文雅、有教养,也喜欢华丽的衣服和舒适的生活;可是在精神的层面上,她和希斯克利夫一样的富于野性,热爱自由,毫无顾忌,蔑视世间的礼法和约束。这样的两个灵魂一旦结合在一起,是任何力量都无法分开的。但爱情却因为希斯克利夫的卑贱地位而失败了,报仇的决心像爱情的力量一样巨大,悲剧由此产生了。除了男女主人公之外,作品中其他人物也无一不是个性鲜明,有血有肉。辛德雷的骄傲、埃德加的软弱、伊莎贝拉的天真幼稚、哈里顿的质朴、小林顿的冷酷以及凯蒂的单纯与热情纷纷跃然纸上。他们也都具有强烈的感情,在命运的漩涡中与生活顽强地搏斗。

作家对自然景色的生动描绘也增强了作品的浪漫主义色彩。英国外省偏僻角落特殊的地域风貌作为小说的基调,首先就给读者造成一个阴森、恐怖的印象。坐落在草木丛生、暴风肆虐的山丘上的呼啸山庄,黑夜里在荒野中呼喊的凯瑟琳的鬼魂,都使作品笼罩在一种诡异、黑暗的气氛中。而这种气氛也进一步衬托出爱情的绝望和痛苦。

人民文学出版社 1999 年版封面

小说的叙述方式也别具一格。小说一开始,房客洛克伍德先生在呼啸山庄借宿,他发现山庄里的人物关系十分奇怪,还有很多难以理解的怪事,他从管家艾伦·丁太太(即小说中的耐莉)口中听说了呼啸山庄的故事,这时,故事其实已经接近尾声,希斯克利夫的报复计划基本完成了。这就挑起了读者的好奇心,想知道其中的秘密和各种复杂的原因。一年后,洛克伍德先生再次路经呼啸山庄,惊讶地发现这里发生了巨大的变化,通过他的视角描绘了山庄由原先的人间地狱变成了现在的甜蜜家园,然后再次从耐莉口中叙述出事情的来龙去脉。这种并不完全按照直线型时间顺序进行的叙述方式,虽然令当时的一部分读者困惑不解,但它无疑使情节更富于悬念,更加引人入胜。而且,采用这种老管家及房客讲故事的方法使一个几乎令人难以置信的离奇故事变得十分真实、可信,增强了作品的艺术效果。

尽管作者在小说中使用的是质朴无华的，几乎完全没有外来语的盎格鲁-撒克逊来源的语言，但作品所具有的强烈的感情还是使它在当时的文坛上显得与众不同。这部小说无法用一种风格去涵盖，它的恐怖、怪诞类似于哥特小说，它在创作技巧和艺术风格上无疑属于浪漫主义小说，然而它又确实体现了英国 19 世纪现实主义的许多特征，更令人惊讶的是，作者的某些表现手法竟然与 20世纪现代主义小说的风格颇为相似。因此，这部小说被誉为“最奇特的小说”。这正是艾米莉耐人寻味的地方。

长江文艺出版社 2007 年版封面

在所有 19 世纪中叶小说家中间，艾米莉·勃朗特在最大的程度上接近于浪漫主义。然而，这部浪漫主义小说的主题却具有深厚的现实生活的基础，并与这个时代现实主义小说的最有重大意义的主题相呼应。艾米莉与狄更斯、萨克雷等作家的不同之处在于，她对于生活的悲剧性的理解以及对那些为畸形的社会所糟蹋的人们那种恐怖的心理悲剧的揭露。因此，她不对社会作忠实而刻板的记录，但透过她作品中人物扭曲的心灵折射出的时代和社会的痼疾同样真实而深刻。这部《呼啸山庄》就是以艺术的想象形式表达了 19 世纪资本主义社会中的人的精神上的压迫、紧张与矛盾冲突。凯瑟琳和希斯克利夫的爱情悲剧就在于凯瑟琳意识到了他们社会地位的悬殊，她没有勇气和希斯克利夫结婚而去当乞丐，却幻想借助自己的婚姻来帮助希斯克利夫摆脱卑下的地位，她背叛了自己的心，这就铸成了大错，导致了希斯克利夫对周围人的疯狂的报复。希斯克利夫被阶级社会所摒弃，却仍旧用阶级社会的手段来进行反抗。过去他没有财产，现在他掠夺了仇人的财产，成了庄园主；他幼时被辛德雷侮辱、嘲笑，降到仆人的地位，若干年后他反过来以同样的方式来对付辛德雷的儿子，这样以牙还牙、以眼还眼的报复方式，决定了他的胜利实际上等于他自己精神的失败。最后他终于发现这一切是一个糟糕的结局，复仇没有带来满足的快感，却走向寂寞与空虚。希斯克利夫的反抗是一种特殊的反抗，是那些在肉体上和精神上被这同一社会（指维多利亚时期的社会）的条件与社会关系贬低了的人的反抗。希斯克利夫后来的确不再是个被剥削者，然而也正因为他采用了统治阶级的标准，以一种甚至使统治阶级本身也害怕的残酷无情的手段，在他早期的反抗和他与凯瑟琳的爱情中所包含的人性价值也就消失了。尽管如此，就那个时代来说，希斯克利夫仍是值得同情的，他和凯瑟琳因为爱而对整个时代的反抗虽然是无力的，但他们的爱情却最终战胜了死亡，两颗深深相爱的灵魂永远在一起了。

[俄国] 列夫·托尔斯泰

《复　活》

作者简介

列夫·尼古拉耶维奇·托尔斯泰(1828—1910),俄罗斯最杰出的文学家之一,也是世界文学史上最杰出的作家之一。

托尔斯泰的家庭系名门望族,像所有贵族家庭中的孩子一样,托尔斯泰早年接受的是典型的贵族家庭教育。1844 年秋,托尔斯泰考入喀山大学东方语文系,由于学习成绩不理想,次年他又转到了法律系。这段时间的托尔斯泰迷恋于上流社会生活。与此同时,他对文学和道德哲学也极有兴趣,大量阅读了卢梭、孟德斯鸠等人的著作,深受卢梭思想的影响。后来托尔斯泰回到家乡庄园,购买了大量农业机器,力图改善农民的生活,但托尔斯泰的改良措施因没能得到农民的支持而终告失败。克里米亚战争爆发后,托尔斯泰奔赴战事最为激烈的前线参战。1855 年 11 月,他应《现代人》杂志的邀请到彼得堡,在那里受到屠格涅夫等人的欢迎。在《现代人》杂志的作家中,托尔斯泰因直言不讳和行为粗犷而被视为怪人。1859 年,因为在农奴制和艺术问题上的意见分歧,他与《现代人》杂志决裂。1856 年,托尔斯泰以中尉军衔退役,回到庄园从事农事改革,但又遭到失败。1857 年初,托尔斯泰前往西欧诸国游历。这次旅行使他丰富了知识,拓宽了视野。

19 世纪五六十年代的俄国,农民问题日益严峻,这个时期的托尔斯泰同情农民,厌恶农奴制,但又认为土地应归地主所有;他看到沙皇政府自上而下的农奴制改革充满了虚伪,却又反对以暴力革命的方式推翻农奴制。托尔斯泰的思想中充满矛盾,幻想能有第三条路解决农民问题。70 年代末 80 年代初,受全国性大饥荒和剧烈的社会变革影响,托尔斯泰内心矛盾加剧,经历着新的精神危机。他广泛接触社会现实,大量阅读哲学、道德、宗教方面的书籍,经过紧张激烈的思考,他的世界观发生根本转变,他和贵族阶级彻底决裂,站到宗法制农民的立场上。80 年代、90 年代,托尔斯泰积极参加社会活动。托尔斯泰晚年致力于"平民化",持斋吃素,从事各种体力劳动,并希望放弃贵族称号和私有财产。1910 年 11 月,托尔斯泰秘密离家出走,在途中患肺炎逝世。

托尔斯泰的主要作品有自传体小说《童年》(1852)、《少年》(1854)和《青年》(1857),短篇小说《卢塞恩》(1857)、中篇小说《哥萨克》(1863)、长篇小说《战争与和平》(1869)、《安娜·卡列尼娜》(1877)、《教育的果实》(1891)、《复活》(1899)等。

作品提要

在一个阳光和煦的四月早晨,26 岁的女囚犯玛丝洛娃被押往法院受审。玛丝洛娃的身世极其平凡,她的母亲在两个地主老姑娘的田庄里干活,后来与一个过路的吉卜赛男人生下了她。在玛丝洛娃三岁那年,母亲病故了,她被那两个地主老姑娘带回家中抚养。这两姐妹性格迥异,一个心地善良,把玛丝洛娃当做养女对待;一个脾气急躁,一心想把玛丝洛娃培养成训练有素的侍女,对她极为严厉。就这样,玛丝洛娃以半养女半侍女的身份在地主家生活到 16 岁。在满 16 岁那年,两个老姑娘的侄子,正在大学念书的聂赫留朵夫来到她们家,两个年青人在朝夕相处中渐渐互相萌生了爱意,但他们都没有向对方吐露真情。两年后,已成为军官的聂赫留朵夫在奔赴战场的途中再次来到姑妈家。在临行前夜,他诱奸了玛丝洛娃。不久,玛丝洛娃发现自己有了身孕,她满心期待着聂赫留朵夫归来。在一个凄凉的秋夜,玛丝洛娃冒雨到火车站寻找聂赫留朵夫,但她却发现,那个坐在头等车厢中玩牌的聂赫留朵夫早把她忘得一干二净了。黑暗中,玛丝洛娃孤独地追赶着火车,却得不到回音,那一刻她真想跳到车轮下了却此生,但腹中胎儿的蠕动激起了她的母性,挽救了她的生命。从那时起,玛丝洛娃的心灵发生了巨大变化,她再也不相信上帝和善良了。

当两个地主老太婆发现玛丝洛娃不再像以前那样服侍她们时,就把她撵出了家门。分娩时,玛丝洛娃感染了产褥热,刚生下的男婴不久就死了。在以后的一段日子中,玛丝洛娃在许多人家做过女佣,但总是躲避不了男人的骚扰与欺侮。从小玛丝洛娃就习惯于地主家舒适的生活,对于洗衣妇的艰苦窘困的生活环境,她又觉得自己实在难以适应。经过一番思想斗争后,玛丝洛娃交出身份证,领到了一张黄色执照。在妓院生活的第七个年头中,因为一个嫖客中毒死亡,玛丝洛娃成了嫌疑犯被关进监狱。

正当玛丝洛娃随着押解兵长途跋涉,累得筋疲力尽之时,她养母的侄儿,当年抛弃了她的聂赫留朵夫公爵正穿着干净考究的睡衣,躺在床上吞云吐雾,想着心事。30 多岁的聂赫留朵夫身材微胖,过着空虚奢华的贵族享乐生活,此时他正为要不要娶有钱有势的柯察金小姐而犹豫不决。另外,他早已厌倦了和首席贵族的妻子玛丽雅之间的私情,正为如何了结它而大伤脑筋。聂赫留朵夫不慌不忙地起身后坐马车前往法院履行他陪审员的职务。在法庭上,审讯玛丝洛娃的庭长、法官和书记们,个个志趣浅薄,精神低下,他们对受审者的命运漠不关心，只是一心想着自己的私事。庭长虽然已结过婚，但私生活污秽不堪，此刻他正想着早点审完案子好到旅馆与情妇幽会。副检察官和朋友通宵夜宴，刚从玛丝洛娃以前待过的那家妓院里出来，卷宗还没来得及看。

当审到毒害人命案时，坐在陪审席上的聂赫留朵夫认出了名叫柳波芙的受审妓女，正是他以前在姑妈家一度热恋过的卡秋莎·玛丝洛娃。他回忆起初到姑妈家生活的那段日子。那时的聂赫留朵夫健康，善良，富有理想。他信奉斯宾塞的理论，把从父亲那继承来的土地送给了农民。而两年后，当聂赫留朵夫再度与玛丝洛娃重逢时，他已不再是那个充满激情的纯朴青年。沙俄军界糜烂放荡的风气腐蚀了他，他丧失了对异性的纯洁感情，变成了一个不折不扣的利己主义者。在兽性情欲的驱使下，聂赫留朵夫诱奸了玛丝洛娃，为了弥补良心上的愧疚，他给了玛丝洛娃一百卢布。如今在法庭上再次看到玛丝洛娃，悔恨、怜悯与愧疚在他心头激烈交织，他认识到自己过去的生活是自私而残忍的。在陪审员们商讨案情时，虽然聂赫留朵夫深信玛丝洛娃是无辜的，但他却十分心虚，不敢为她辩解。由于陪审员的疏忽，玛丝洛娃被判发送西伯利亚流放，服苦役四年。当聂赫留朵夫看到玛丝洛娃听到宣判后失声痛哭，大喊冤枉时，内心受到震动。他感到自己就是造成玛丝洛娃不幸的罪魁祸首，他决不能让这个案子就这样了结。

聂赫留朵夫对自己进行了一次“灵魂的净化”。他回忆起自己前几次的灵魂扫除、振作精神的尝试，这次他感到自己清除了灵魂的污垢，获得了真正的精神觉醒。他决心冲破束缚精神、虚伪庸俗的生活罗网，从今往后以诚实的态度生活。他要向玛丝洛娃忏悔，减轻她的痛苦，请求她的宽恕，必要时，就和她结婚。聂赫留朵夫像儿时那样向上帝祷告，请求上帝帮助他实现心愿。

漓江出版社 2007 年版封面

下定决心后，聂赫留朵夫开始了新的生活。他打消了和柯察金小姐结婚的念头，辞去了陪审员职务，不再参加荒唐而愚蠢的审讯。他还打算辞去佣人，退掉奢华的房子，并开始为玛丝洛娃案件的上诉奔走。

聂赫留朵夫前往监狱探望玛丝洛娃，但玛丝洛娃沦落妓院后，堕落的生活方式已使她性情大变。她酗酒抽烟，不相信善和上帝，认为人与人之间只有欺骗。在她看到聂赫留朵夫的最初一刹那，她只是模模糊糊地记起了那个曾经充满了感情和理想的新奇世界。但紧接着她又回忆起他的不可理解的残忍，以及她此后生活中一连串的屈辱和苦难。玛丝洛娃对此感到痛苦，竭力想把这些事从回忆中驱除。她无法把眼前这个衣冠楚楚、保养得当的老爷和她曾经爱过的青年聂赫留朵夫联系在一起。对于她来说，现在这个人和那些玩弄女人的有钱人一样，而像她这样的女人就得想方设法从他们身上牟利。在这种念头的支配下，玛丝洛娃要求聂赫留朵夫为她雇个好律师，另外给她十卢布买些烟酒。当聂赫留朵夫把钞票递给她时，看到那双黑眼睛中射出的贪婪目光，他内心动摇了。聂赫留朵夫不知道是否该为这个外表还是玛丝洛娃，但灵魂却已经死去的女人赎罪。但是，心中强烈的道德感让他坚定了信心。聂赫留朵夫觉得自己有责任去在精神上唤醒玛丝洛娃的本性。他为玛丝洛娃请了律师，着手办理上诉手续。

不久，聂赫留朵夫再次来到监狱。他迫不及待地告诉玛丝洛娃，他已经请好了律师，他要用自己的行动来赎罪，并决定和玛丝洛娃结婚。聂赫留朵夫的这番话又把玛丝洛娃带回那些与她现在生活格格不入、令她痛苦不堪的往事中。玛丝洛娃既不宽恕他，也不感激他，她愤怒地对聂赫留朵夫破口大骂，然后伤心地哭了。直到此刻，聂赫留朵夫才真正认识到自己对玛丝洛娃所犯下的罪有多严重。如果说此前他还对自己的悔罪行为存有孤芳自赏的得意与满足，现在他才完全摆脱了为忏悔而忏悔的心理。第三次见面时，玛丝洛娃仍然不同意与他结婚，但当她看到聂赫留朵夫在真心实意地为穷人的冤案进行调查时，内心受到感动，情绪缓和了许多。她答应以后不再酗酒抽烟，并同意到监狱医院当看护。聂赫留朵夫高兴地察觉到玛丝洛娃内心的转变，疑虑消除了，他相信爱的力量不可战胜。

玛丝洛娃的上诉书寄往彼得堡再审。律师认为这次上诉可能毫无结果，如果这样，玛丝洛娃将随同苦役犯前往西伯利亚。聂赫留朵夫决定，如果是这样，他和她一起去。他来到自己的田庄料理事务。聂赫留朵夫把一处田庄的土地以低微的租金租给佃农，但农民们并不满意。接着他又前往另一处田庄。在那里，聂赫留朵夫走访了一些农户，农民的赤贫生活令他震惊不已，尤其是那个模样像小老头，胳膊细得像蚯蚓，脸上不时露出古怪微笑的奄奄一息的婴儿。他清楚地认识到，农民遭殃的根本原因在于他们赖以为生的土地被地主们抢走了。聂赫留朵夫决定把土地交给农民，把地租用作农民交税的公益款项。然而，祖祖辈辈饱受地主剥削的农民并不信任他，认为聂赫留朵夫又在用什么狡诈的手段从他们身上谋取更大利益。

为了玛丝洛娃的案子，聂赫留朵夫到彼得堡上诉。他在那里走亲访友，但亲友们都认为他思想危险，不可理喻。在上诉过程中，聂赫留朵夫接触了沙皇政府中的大小官僚们。姨夫查尔斯基伯爵是前任大臣，属于典型的无原则官僚，他的一切行动都无关道德与爱国，他唯一的信念是要年年支取大笔款项，获得各种勋章，并尽可能多地与皇亲贵戚来往。枢密院大法官沃尔夫喜欢标榜品德，他以家庭和睦的名义霸占了妻子与姨妹的财产，以爱国

北京燕山出版社 2007 年版封面

主义的名义屠杀无辜百姓。在彼得堡逗留期间，聂赫留朵夫还遇到了青年时期的朋友谢列宁，原来教养有素、待人诚恳的谢列宁变得淡漠冷酷。聂赫留朵夫目睹了整个沙皇政府官僚贵族的腐败、昏聩与黑暗后，他得出这样的结论：在当今俄国，正直公民的唯一出路就是监狱。

枢密院最终驳回了玛丝洛娃的上诉。在酷热的七月里的一天，玛丝洛娃和一大批囚犯动身前往西伯利亚，聂赫留朵夫跟随他们一起出发。在旅途中，聂赫留朵夫生平第一次乘坐火车三等车厢，与仆役、工人、农民们坐在一起。他看到他们干瘦强壮的四肢，疲倦亲切的面孔，想到柯察金之流的游手好闲的生活和无聊猥琐的兴趣。他感到这些过着劳动生活，有严肃兴趣的人，才是真正的上等人。

玛丝洛娃走了 5 000 俄里之后，通过聂赫留朵夫的疏通，被安排到政治犯的队伍中。在那里，她的处境有所改善，受到的待遇不那么粗暴，尤其是不会受到男人的无礼骚扰，这让她精神上舒畅了许多。政治犯大都思想纯洁，品德高尚，玛丝洛娃不知不觉接受了他们的影响，他们那种为他人服务的美好习惯和高尚的情感，荡涤了玛丝洛娃在过去堕落的生活中所积累起来的污垢。尤其是政治犯西蒙松的爱，使玛丝洛娃内心起了巨大变化。聂赫留朵夫向她求婚是出于宽宏大量和赎罪心理，而西蒙松是因为她这个人而爱她。在西蒙松眼中，玛丝洛娃是一个品德高尚、苦难深重的不平凡的女子。他的爱情唤起了玛丝洛娃的自信心，促使她去努力成为一个最好的女性。西蒙松向玛丝洛娃求婚，但玛丝洛娃认为首先要征得聂赫留朵夫的同意。当西蒙松向聂赫留朵夫说明他娶玛丝洛娃是为了减轻她的痛苦后，聂赫留朵夫表示很高兴玛丝洛娃能遇到像他这样一个好的保护人。

正在这个时候，皇帝"恩准"的减刑通知书下来了，苦役改成了流放。在和玛丝洛娃的最后一次会面中，聂赫留朵夫把减刑的消息告诉她，她可以在西伯利亚附近的任何一个地方住下，不必服苦役了。此时，玛丝洛娃的精神已经"复活"了，她决定和西蒙松结婚，并跟随他到任何地方。从玛丝洛娃古怪的斜睨的黑眼睛中，从她含着眼泪的微笑和伤感的语气中，聂赫留朵夫明白玛丝洛娃是爱他的。正因为爱，她才不愿他为她牺牲，不愿毁了他的一生，选择和西蒙松在一起，就可以让聂赫留朵夫恢复自由。

聂赫留朵夫因为玛丝洛娃不再需要他而感到痛苦，然而更让他痛苦的是，他目睹了成千上万的人在狱中遭受折磨，慢慢死去，骇人听闻的罪恶与暴力在世上恣意横行，但他却不知该如何战胜它们。聂赫留朵夫感到筋疲力尽，心灰意懒，他偶然翻开《福音书》，从中领悟到了人生的真理和社会的出路。要克服使人们饱受苦难的骇人听闻的罪恶，唯一可靠的办法，就是在上帝面前承认自己总是有罪的，因此既不该惩罚别人，也无法纠正别人，要永远饶恕一切人，要无数次地饶恕人，因为世界上没有一个无罪的人，可以惩罚或纠正别人。同时，他领悟到只要执行《福音书》中的戒律，人类社会就能确立新秩序，从而建成幸福的人间天国。

重点提示

《复活》是托尔斯泰晚年呕心沥血十余载的长篇巨著，也是他一生思想和艺术的结晶。这时作家世界观已经发生激变，抛弃了贵族阶层的观点，用宗法农民的眼光重新审视社会现象。托尔斯泰以最清醒的现实主义态度对当时的国家进行了激烈的抨击。托尔斯泰在作品中采用了对比手法，加强了文章感染力；他通过细致入微的心理描写，让读者不由自主地投入进去，与作品中的主人公们同呼吸、共命运。《复活》充满对劳苦大众和弱小者的同情和爱护之心，对统治者的憎恨，对革命者的敬意，由此感动了全世界一代又一代的人，作为一部人性的赞歌，《复活》以高超的艺术所表达的思想已超越了国界。

《复活》不愧是一部史诗，一部 19 世纪俄国生活的百科全书。托尔斯泰探索卡秋莎·玛丝洛娃和全体苦难人民不幸的根源，发现罪魁祸首就是沙皇制度，就用锐利的笔锋进行无情的揭发。他以玛丝洛娃的悲剧为中心，气势磅礴地描写人民的苦难，因此《复活》在某种意义上也可以说是俄国人民水深火热的受难图。

《复活》结尾引用了大量《圣经》章节，这反映托尔斯泰晚年一方面彻底否定沙皇制度，同上流社会决裂，另一方面他在精神生活上极端苦闷，找不到一条出路，在无可奈何的情况下不得不从他长期矛盾的宗教观中寻求慰藉。这是托尔斯泰——19 世纪最复杂的伟人的大悲剧。

光明日报出版社 2008 年版封面

卡秋莎·玛丝洛娃形象丰满、真实，在俄国文学史的女性画廊中独具一格。她的典型意义很是深刻。她是个普通平民女性，她身上反映了下层人民的朴素、纯洁和善良，也表现出不合理社会对她的肆意蹂躏和残酷迫害。她原是个纯洁的姑娘，天真活泼，聪明伶俐，对生活充满美好的憧憬。她对聂赫留朵夫最初的感情是一种少女朦胧的初恋，但这种感情不久就被贵族少爷糟蹋了。她怀孕后被驱逐出贵族之家，历尽人间沧桑，沿着社会的阶梯不断往下滚，最后滚进火坑，过了七年非人的生活。但苦难还没有到头，她又被诬告谋财害命，进了监狱，押上审判台。

尽管历尽了苦难，饱尝了辛酸，卡秋莎·玛丝洛娃并没有丧失可贵的人性。她始终是那样善良，那样厚道。即使在地狱一般的牢房里，她还是时时关心别人，帮助难友。聂赫留朵夫残酷地毁了她的一生，她恨聂赫留朵夫，但一旦发现他确有真诚的悔改之意，她还是从心底里饶恕了他，并为聂赫留朵夫日后的生活着想，拒绝了他的求婚。这是多么崇高的精神境界！

但是，卡秋莎·玛丝洛娃又确实是个复杂的很有个性的人物。除了善良之外，她又有极强的自尊心。这种自尊心使她格外不能忍受人家对她的蹂躏，从而产生反抗和报复的念头。她作践自己，当上妓女，以为这样就是对所有欺侮过她的男人进行报复，特别是对一度爱过她的聂赫留朵夫的报复，殊不知那些男人根本没有什么廉耻心，她这种可怜的行为并不能使他们感到丝毫内疚，而她自己却只能不断地堕落下去。

当她作为女犯被士兵押往法庭时，她对路人的轻蔑目光满不在乎，可是一个卖煤的乡下人走到她身边，画了个十字，送给她一个戈比时，她却脸红了，低下头去。这个羞涩的表情像一道闪电，虽然微弱，却照亮了她的灵魂，豁露出她纯洁的天性。

玛丝洛娃灵魂的觉醒，正好是在她堕落到谷底的时候。当聂赫留朵夫喋喋不休地说什么要赎罪，要拯救她，要同她结婚时，玛丝洛娃绝对不相信他的这番表白，对他非常反感，以致按捺不住心头的怒火，骂道："你今世利用我作乐，来世还想利用我来拯救你自己！我讨厌你，讨厌你那副眼镜，讨厌你这个又肥又丑的嘴脸。走，你给我走！"正是在这种狂怒之下，卡秋莎·玛丝洛娃恢复了她的人格尊严。

聂赫留朵夫是托尔斯泰式的主人公，他原先精神空虚，无所事事，过着穷奢极侈、荒淫无耻的生活，不过，在他的心灵深处却还潜藏着一颗追求正义的种子。他年轻时真的把一小块从上代继承来的土地分给农民。如今，他继承了大量土地，但他既不能放弃产业，又不能否定年轻时的理想，他为此感到苦恼。

长江文艺出版社 2008 年版封面

事实上，聂赫留朵夫玩弄和抛弃了玛丝洛娃之后，对自己的行为也有过内疚。为了使自己快快活活地活下去，他迫使自己不去想它，努力把它忘记。表面上他做到了这一点，但内心深处却无法做到这一点。他得知怀孕的玛丝洛娃被他的姑妈从家里赶出来，感到十分难受。尽管姑妈说玛丝洛娃生性放荡，自甘堕落，但他还是无法逃避良心的谴责。所以聂赫留朵夫在陪审席上认出玛丝洛娃之后如坐针毡，内心展开了一场复杂而痛苦的斗争。

人民文学出版社 2008 年版封面

聂赫留朵夫“精神的人”与“兽性的人”常在他内心发生冲突，他还几次进行“灵魂的净化”。他在法庭上认出玛丝洛娃后，主动上监狱去求她饶恕，并愿意同她结婚，以此来赎罪，但这些行动还不是他精神上真正的觉醒和复活。后来，聂赫留朵夫鼓起勇气去监狱探望玛丝洛娃，这是他迈出的重大一步。这个空想的精神探索者终于采取了切实的行动，走上告别旧我的第一个台阶！通过重逢后的谈话，他所看到的玛丝洛娃的行为，他逐步看到被他坑害的女人精神上堕落之深，她不仅不以当妓女为耻，“似乎还觉得心满意足，甚至引以为荣”。而在玛丝洛娃的精神完全觉醒之后，他的心灵才受到真正的触动。他觉得这一切简直可怕。他的精神觉醒从这时开始。

从此以后，聂赫留朵夫开始了他背叛贵族上流社会的“苦难历程”。他先是彻底否定了自己，然后否定了自己的贵族朋友，甚至否定了自己的父母，否定了整个上流社会。为了解救玛丝洛娃，聂赫留朵夫四处奔波，目睹俄国社会的种种丑恶，感触很深。他从解救玛丝洛娃的行动中，逐渐产生和增强了背叛上流社会的决心，他愤怒抗议沙皇专制制度，揭发上层官僚的血腥罪行。

托尔斯泰在情节安排上注意曲折细腻，引人入胜。这种创作特色在《复活》中可说达到了高峰。例如，聂赫留朵夫在法庭上同玛丝洛娃邂逅，他心情紧张，唯恐被对方认出，当众出丑，可是玛丝洛娃却偏偏盯住他的脸失神地瞅了好半天，其实她并没有认出他来。又如，在定案时，除了那个愚蠢而恶毒的副检察官外，无论法官或陪审人员都想对玛丝洛娃从轻发落。可是，由于腐朽的官场作风，办案轻率马虎，那些主宰人民命运的官僚根本无视别人的苦难，糊里糊涂地加重了玛丝洛娃的刑期。玛丝洛娃的苦难不断加深，她性格的复杂特征也愈益显露出来。她身处社会最下层，却又自认为高出于其他苦难人之上。她天资聪颖，阅历丰富，能看清许多严酷的社会现象，识透上层人物的丑恶灵魂，但有时又天真得要命，容易轻信别人的花言巧语，结果受骗上当。她在苦难的深渊中感到绝望，以致自暴自弃，但这样也只是为了要麻痹自己，要不然她就无法生活下去。这一情况也说明天性纯洁的玛丝洛娃并没有完全灭亡，一旦时机成熟，她在精神上就会“复活”。托尔斯泰塑造这一迷人的艺术形象，深刻反映他对下层人民怀着极其真挚的感情，因此能那么强烈地震撼读者的心灵，从而对暗无天日的旧俄社会发出“我控诉！”的呐喊。

小说历经十年的经营，其叙事的完整与统一，浑然天成，而情节的集中，结构的紧凑，细节的细腻，肖像的生动，足见托尔斯泰对艺术的追求，老来更显精纯。再现意识活动的语言天地里，心理叙述占据了叙述的前台，内心独白似乎起着点缀的作用，但它无疑又是叙述中最为活跃的话语部分，或者换言之，是最为活跃的意识层次，而且是聂赫留朵夫心理活动的直接展示。这种适时的心理展示，画龙点睛，为其叙述平添了生动之感。

《复活》作为托尔斯泰后期叙事中最重要的作品，以“外部表现、动作、行为、场面”表现内心活动和心理叙述，自然成为托尔斯泰心理描写的主要原则。在结构上，为了表现人物的醒悟，常常采用倒叙的方法；为了集中，长篇小说也不再用多线索，而用单线索逐渐展开的方式。

[俄国] 列夫·托尔斯泰

《安娜·卡列宁娜》

作者简介

参见《复活》简介。

作品提要

斯捷潘·阿尔卡季奇·奥布隆斯基公爵的妻子达里娅·亚历山德罗夫娜发觉丈夫和他们家以前的法国女家庭教师有暧昧关系。她向丈夫声明她不能和他再在一个屋里住下去了。奥布隆斯基已经不爱他的妻子了,但他不想打破生活的平静与舒适。他写信请他的妹妹安娜·阿尔卡季耶夫娜·卡列宁娜到莫斯科来劝他的妻子与他重归于好。

吵架后的第三天,奥布隆斯基照常到衙门办公。他的朋友康斯坦丁·德米特里奇·列文来找他打听谢尔巴茨基家的消息。列文家和谢尔巴茨基家都是莫斯科的名门望族。列文从乡下赶来,打算向基蒂·谢尔巴茨基公爵小姐求婚。他从奥布隆斯基那儿得知弗龙斯基是他的情敌,但奥布隆斯基鼓励他赶快提出婚事。当天晚上,列文早早来到谢尔巴茨基家,趁别的客人还没到时,羞怯地向基蒂求婚。可是基蒂想起了殷勤的弗龙斯基,就迅速拒绝了他。老公爵却很喜欢列文,亲热地和他说话。老公爵刚一离开,列文就悄悄地走了。那晚留给他的最后印象是基蒂面对弗龙斯基的微笑的、幸福的神情。

弗龙斯基伯爵是彼得堡的贵族子弟,皇帝的侍从武官。他一直过着奢华放荡的生活。对于基蒂,他只是在享受着向一个可爱纯洁而倾心于他的少女调情的快乐,并无意与她结婚。

第二天早上,弗龙斯基驱车到火车站接他的母亲。在车站他碰见了奥布隆斯基,他在等候坐同一班车来的他的妹妹安娜。安娜是彼得堡的一位重要人物阿列克谢·亚历山德罗维奇·卡列宁的妻子,是一位贵妇人。火车到了,弗龙斯基到车厢门口接他的母亲,看见了一位非常美丽、风度优美文雅的夫人,她走过他身边时她那迷人的脸上带着几分特别的柔情蜜意。当他回头再看她的时候,她也掉过头来,在她的脸上,仿佛有一股压抑着的生气。她就是安娜。她和弗龙斯基的母亲在同一个车厢,一路上她们愉快地谈论各自的儿子。弗龙斯基帮安娜叫来了奥布隆斯基。正当他们准备离开车站时，有人卧轨死了。安娜以为这是不祥之兆。奥布隆斯基在回家的马车上把吵架的事告诉了安娜。

到了她哥哥家，安娜走进房间，达里娅看见她又健康、又幸福的样子，不禁有些嫉妒。达里娅已经被孩子和家庭琐事累得憔悴干瘦，往日的青春美丽都失去了。安娜并没有直接安慰达里娅，而是拉住她嫂嫂的手，真心为她难过。安娜告诉达里娅，她的哥哥十分悔恨，他爱她胜于世界上的一切，他把家庭和妻子看得很神圣。在安娜的劝解和安排下，达里娅和奥布隆斯基和解了。午饭后，达里娅的妹妹基蒂来到姐姐家。安娜已经从她哥哥那儿得知基蒂和弗龙斯基正在恋爱，她向基蒂表示祝贺，并告诉她，据他母亲所说弗龙斯基简直是一位英雄。基蒂告诉安娜下星期有一个盛大的舞会，她真想在舞会上见到安娜。到了晚上近十点钟的时候，弗龙斯基来到奥布隆斯基家询问关于计划中的宴会的细目。安娜觉得他来得奇怪而蹊跷。

计划中的舞会开始了。年轻漂亮的玫瑰色的基蒂非常自信地来参加舞会。她看见了身穿黑色敞胸天鹅绒衣裳的安娜，那身黑衣服使优美自然而又有生气的安娜更加引人注目。弗龙斯基向安娜鞠躬，但安娜故意不理睬他，急忙和别人跳舞去了。弗龙斯基走到基蒂面前，和她说着客套话，却不请她跳舞。在基蒂惊异的目光中，他才连忙请她共舞，但他不再回应基蒂情意绵绵的凝视。基蒂逐渐发现安娜和弗龙斯基说话时，喜悦和幸福就抑制不住地从她脸上流露出来，而弗龙斯基的眼睛里只有顺服和恐惧的神情。在好几年后，基蒂还为这场痛苦的羞辱而伤心。

那天列文从谢尔巴茨基家出来后，就去了他哥哥尼古拉·德米特里奇的寓所。他哥哥在大学时代和毕业后的一年中，不顾人们的讥笑，过着修道士般的生活。后来，他却突然变得放荡起来，沉溺于荒淫无度中，还和兄弟们吵架，人们又都厌恶他。但是，列文觉得尼古拉的灵魂却并不比轻视他的人们坏多少。见过尼古拉后，第二天早晨，列文离开莫斯科，傍晚就到了他在乡下的家。这是一所宽敞的房子，他曾梦想和他的妻子一同建立完美的家庭生活，而现在他却不能不抛弃这个梦想了。很快他又陷入了繁琐的农务中。

舞会后第二天清早，安娜就开始忙着做动身回彼得堡的准备。她难过地告诉达里娅舞会上发生的事情，觉得自己破坏了基蒂的婚事。达里娅却不这样想，她认为要是弗龙斯基能在一天之内就对安娜钟情，这门婚事还是断了的好。安娜和达里娅依依惜别。

安娜终于坐上了火车。在车上，她读一本英国小说，可读书只是追踪别人生活的反映，她自己想要生活的欲望太强烈了。她回想起舞会上弗龙斯基脉脉含情的顺从的面孔，觉得很温暖，简直太热烈了。火车到了一站，她下车想透一透气，又遇见了弗龙斯基。他坚定地告诉她，他要追随她，永远不能忘记她。她虽然假装严厉的表情，心里却洋溢着幸福激动的感觉。一夜过后，天亮时，火车到了彼得堡。安娜一下车，就看见她丈夫的面孔，她很惊异她丈夫的耳朵怎么会是那样的大，更使她惊异的是她意识到在他们的夫妻关系中，她有一种作假的感觉。见到丈夫，安娜的第一句话是问儿子谢廖沙是否很好。

弗龙斯基一路上都在想着安娜，他要以全部的精力追求到这个幸福的目标。下车后，他看见安娜和她丈夫在一起，但他还是走上前向他们鞠躬问好，并表达了希望登门拜访的请求。卡列宁冷淡地欢迎他来拜访。然后，就完全撇开弗龙斯基，劝安娜去看看利季娅·伊万诺夫伯爵夫人，她老是关心着奥布隆斯基夫妇和解的事。

家中第一个跑来迎接安娜的是她的儿子，可儿子也像丈夫一样在她心中唤起了一种近乎失望的感觉。随后前来拜访的是利季娅·伊万诺夫伯爵夫人，安娜以前很喜欢她，但今天她仿佛第一次看出了她的一切缺点。伯爵夫人愤愤地说了一些关于宗教的不愉快的事情就匆匆走了。接着又来了一个朋友。在她习惯的生活环境中，她又感觉到自己很坚定，无可指责了。虽然妻子刚回家，可卡列宁还是坚持他严密的工作时间表。一切仿佛都和往常一样，安娜心中激情的火花似已熄灭。弗龙斯基却没有，他打算到军队报到后，就拜访几个地方，以便开始去那些可以见到安娜的交际场所。

冬末，谢尔巴茨基家为基蒂举行了一次医生会诊。她病了，医生建议她到国外疗养。会诊之后，达里娅来了，她的生活也并不愉快，安娜促成的家庭和睦又在老地方破裂了，达里娅几乎习惯了自己受骗。可她还得去安慰基蒂，基蒂在激怒中说出了关于姐姐的屈辱处境的话，姐妹俩在眼泪中互相理解了。基蒂到达里娅家里帮她照顾生病的孩子们。孩子们痊愈后，基蒂却没有康复，于是，谢尔巴茨基一家就出国旅行去了。

彼得堡的上流社会分为一个个小团体。安娜原来接近的团体是以利季娅·伊万诺夫伯爵夫人为中心的，可是自从她从莫斯科回来后，这个集团的虚伪让她不能忍受，她也就尽量地少去拜访伯爵夫人。同时，安娜频繁地参加以她的表嫂贝特西·特维尔斯基为中心的一个地道的社交集团的活动，因为在那些大交际场所，她经常遇见弗龙斯基，而每次相逢她都体验到激动的喜悦。原来贝特西是弗龙斯基的堂姐。凡是可以遇见安娜的地方，弗龙斯基都去，他抓住一切机会向她倾诉爱情。弗龙斯基的追求开始成为安娜生活的全部乐趣。在贝特西等社交界人们的眼里，

Oxford University Press 2008 年版封面

弗龙斯基这种大胆追求已婚妇人的角色是带有几分优美和伟大气概的。一次在社交场合，卡列宁看见他的妻子和弗龙斯基热烈地谈话，并不在意他的到来；本来他不觉得这有什么有失体统的地方，但他注意到别人都觉得这有点有失体统，他也就这样认为了。回家后，他想找安娜谈谈他的疑虑，可是安娜却用迷惑的态度挡住了他。就连安娜自己都奇怪自己怎么会如此流利地说谎。从此，他们夫妇表面上一切照旧，但他们内在的关系完全变了。缠绕了弗龙斯基整整一年的欲望终于如愿以偿，在安娜看来这欲望是可怕的，因而也更加迷人幸福。

春天的到来使忙于农务的列文可以稍微平静一点地想起基蒂。奥布隆斯基来到乡下出售他妻子的树林，他把基蒂的病情告诉了列文。这消息使列文又有了希望。奥布隆斯基要把树林廉价卖给商人里亚比宁，列文为贵族的容易收买感到难受。

弗龙斯基和安娜的恋情传遍了全城，青年人羡慕弗龙斯基能追到卡列宁的夫人，嫉妒安娜的年轻妇人幸灾乐祸，大多数中年人和某些大人物为此感到不快。弗龙斯基报名参加了士官障碍赛马。就在赛马开始之前，弗龙斯基抽空去看安娜，安娜告诉他自己怀孕了。弗龙斯基表示要结束这样虚假的处境。当天贝特西邀了安娜去看赛马。卡列宁也去看了，他发现他的妻子一直在注视弗龙斯基。比赛快结束时，弗龙斯基翻下马来，安娜大叫了一声，完全失去了控制。她两次拒绝了她丈夫回家的要求，听说弗龙斯基没有受伤后，她不禁哭了出来，终于和她丈夫上了马车。在车上，卡列宁提醒安娜，她的举动有失检点；安娜再也不能忍受了，坦白了自己和弗龙斯基的关系。卡列宁要求安娜严格遵守外表的体面，直到他能用适当的办法保全自己的名誉的时候。

卡列宁夫妇仍住在一幢房子里，但是彼此完全是陌生人了。卡列宁每天和妻子见面，但避免在家吃饭；弗龙斯基从不到卡列宁家里来，但和安娜在别的地方会面，她的丈夫也知道这事。有一次，安娜违反了丈夫不准她在家接待情人的禁令，让弗龙斯基到家里来见她，被卡列宁碰见了。卡列宁就去找律师咨询不让妻子带走儿子的秘密的离婚办法。随后，他就去了莫斯科。可是，他很快又返回了彼得堡，因为安娜发给他一封电报，说她快死了，请求他回来宽恕她。原来，安娜生下一个女孩后，得了产褥热，随时可能死去。他饶恕了她，并告诉弗龙斯基他不能放弃他作为丈夫的义务。弗龙斯基回到家里觉得一切都完了，他开枪自杀，但只受了重伤，并没有死。两个月后，安娜逐渐康复，但是她还是感觉到自己不能和卡列宁一起生

安徽文艺出版社 2004 年版封面

活,她还是爱着弗龙斯基。奥布隆斯基劝说卡列宁离婚,后者同意了。一个月后,安娜坚决拒绝离婚,和弗龙斯基出国去了。

谢尔巴茨基一家回国后,基蒂恢复了健康。列文再次向基蒂求婚,基蒂同意了。谢尔巴茨基公爵及夫人都很满意这门婚事。列文和基蒂很快举行了婚礼,当天晚上,新婚夫妇就到了乡下。婚后的生活很幸福,但也完全不像列文所期待的那样。

弗龙斯基和安娜一道在意大利旅行了三个月,安娜感到不可饶恕的幸福。可是在国外的生活也开始乏味了,他们打算回国,到弗龙斯基的大田庄度夏。他们先到了彼得堡,弗龙斯基准备和哥哥把家产分开,而安娜想去看她的儿子。自从安娜走后,利季娅·伊万诺夫伯爵夫人承担了管理卡列宁家务的职责,并且告诉谢廖沙他的母亲死了;听说弗龙斯基和安娜回到了彼得堡,她通过关系,竭力使卡列宁看不到他们。可是,安娜写信给她请她帮助自己见到儿子。伯爵夫人把此事告诉卡列宁并唆使他拒绝安娜的请求,他本不想拒绝,却又同意了伯爵夫人的建议。

安娜收到伯爵夫人带有恶意的拒绝的信,便决定在第二天,即谢廖沙的生日那天,直接到她丈夫家去看孩子。第二天早晨她以谢廖沙教父的名义,走进了她曾住过九年的房子,看到了还未醒来的谢廖沙,她把他唤醒,贪婪地看着他。可是,保姆告诉她,主人九点钟要来看孩子,她只好伤心地匆匆走了。回到她所住的旅馆,看见她的小女孩,她心里就更加想念谢廖沙,她对儿子的爱远远超过了对小女孩的关心。

彼得堡社交界对安娜是封闭的,但是安娜还是在他们去乡下的前一天晚上去了剧院,在剧院她受到了侮辱,很快就不得不回到旅馆。她责怪弗龙斯基在剧院的镇静,他则反问她为什么要到剧院去,使自己难堪。第二天,他们和解了,就动身到乡下去。

在弗龙斯基的大田庄,他们过着奢华的生活。然而安娜越来越害怕弗龙斯基会离开她,不再回来,而弗龙斯基并不想失去自由行动的权利,因此每次弗龙斯基单独外出,他们都要大闹一场。弗龙斯基为他们不合法的处境感到烦恼,但安娜又不愿意给她丈夫写信要求离婚。因为写信给他可能是自取其辱,即使他同意离婚,她也得不到她心爱的儿子。但是后来,安娜为了能和弗龙斯基永不分离,终于给她丈夫写信要求离婚。然后她和弗龙斯基迁居到莫斯科,天天盼着卡列宁的回信和随之而来的离婚,他们现在像已婚夫妇一样定居下来。

可是,卡列宁在以利季娅·伊万诺夫伯爵夫人为代表的社交界人们的影响下,拒绝离婚,更不用提把儿子交给安娜了。安娜和弗龙斯基之间也出现了越来越频繁的争吵,安娜是为了他对她爱情的减退,而弗龙斯基是懊悔为了她的缘故使自己置身于苦恼的境地。在一次激烈的争吵之后，弗龙斯基去了火车站，安娜心慌意乱地去了奥布隆斯基家，看了达里娅和基蒂，很快又回家看弗龙斯基有没有消息送回来，但是没有。她觉得一切都在压迫着她，她难以忍受。她赶到火车站，希望能追到弗龙斯基。她坐上火车，到了第一站就下来打听弗龙斯基的消息，却听说了索罗金公爵小姐被弗龙斯基家的人接去了的消息，弗龙斯基的母亲正在极力促成这位小姐和弗龙斯基的婚事，这一点安娜是知道的。她再也不想让任何人来压迫她，就卧轨自杀了。

重点提示

《安娜·卡列宁娜》写于1873至1877年，反映的是农奴制改革后的俄国社会生活。构成小说的是两条平行的线索：安娜的线索和列文的线索。作家让安娜和列文——两个真诚地希望生活更美好的人物在当时的社会寻找个人的幸福：安娜和弗龙斯基相爱，受到彼得堡上流社会的排挤，最后毁灭了；列文回到农村，在保持宗法制遗风的环境里和农民一起劳动，不断进行自我道德完善，他似乎找到了出路。实际上，作家想通过家庭关系的变化影射整个社会在农奴制改革后的巨大变动：一是贵族阶级接受了资产阶级的自由主义思想，导致传统的家庭关系瓦解；二是农业受资本主义的破坏，贵族经济没落，农村中阶级矛盾激化。

人民文学出版社2008年版封面

作家在艺术上的高超之处在于：首先，作家没有直接描写社会变革的现实，而是通过一个女人的爱情悲剧巧妙地反映了广阔的社会生活和人们的思想变化。在小说里，作家以伟大的艺术才能把他所观察到的并使他激动的社会问题，同人物的活动精巧地组织在一起，从而展示了当时社会矛盾的方方面面，涉及家庭、伦理、经济、政治、教育、宗教和哲学等众多问题。这一点使小说获得了“现代史诗”的赞誉。

其次，作品显示出了令人震撼的现实主义力量。主人公安娜和弗龙斯基的相遇和相爱在作家的笔下充满了激情。尤其是安娜强烈的想要生活的愿望和行动，具有极强的艺术感染力。同时，这也是受了资本主义个性解放思想影响的贵族，想要摆脱原来的虚伪生活的真实而鲜明的反映。

再次，作家对人物形象的刻画，从外貌到内心都栩栩如生。以安娜为例，作家有几次直接描写安娜外貌的美，但他更多的是通过不同性别、年龄、经历、品德的人对安娜的观察和感受来写安娜的美，如弗龙斯基第一次见到安娜就发现有一股压抑着的生气流露在她的脸上，在她那亮晶晶的眼睛和把她的朱唇弯曲了的隐隐约约的微笑之间掠过；再如在舞会上，基蒂虽然因为安娜而受到了弗龙斯基的冷遇，但她还是不由自主地叹赏她迷人优雅的风姿。作家对安娜复杂的心路历程的描写，体现了心灵的辩证法。安娜心理过程的表现形式和变化的规律都被作家详细地加以描述，达到了人物外貌、语言、动作和心理的高度协调，使安娜这样一个真诚地生活和爱的女人形象蕴涵了无穷的魅力和深远的意义。

总之，《安娜·卡列宁娜》集中体现了托尔斯泰炉火纯青的艺术功力，以及他对俄国社会的敏锐而深刻的洞察力。

[挪威] 易卜生

《玩偶之家》

作者简介

19世纪挪威杰出的戏剧家、诗人易卜生(1828—1906)被誉为“现代戏剧之父”。1828年3月20日,他出身于挪威南部希恩镇的一个木材商人家庭。父亲克鲁特是个家道殷实的木材商人,母亲喜爱绘画艺术和读书。希恩镇依靠海外贸易来繁荣经济。易卜生从小就作为“大海的人”,接受了传统文化和外来文化的熏陶。1834年,他父亲破产后,全家迁到小镇附近的文斯塔普村居住。16岁时他到格里姆斯塔镇上的一家药材店当学徒。工作余暇,经常阅读莎士比亚、歌德、拜伦的作品,随后自己也动手写诗,并学习拉丁文。六年艰苦的学徒生活,磨练了他的斗争精神,同时也培育了他的创作兴趣,这在他一生中是一个重要阶段。

1850年,易卜生前往首都克里斯蒂安尼亚(今奥斯陆)参加医科大学入学考试,因希腊文、数学和拉丁口语成绩不佳而未被录取。1848年,欧洲各国民主革命运动和民族解放运动蓬勃发展,易卜生结交了文艺界的一些有进步思想倾向的朋友,积极地为《工人协会报》等刊物撰稿,并和两位朋友合作,出版讽刺周刊《安德里姆纳》。他还以《觉醒吧,斯堪的纳维亚人》为题,写了一组十四行诗,号召挪威和瑞典共同出兵支援丹麦,抗击普鲁士侵略者。他在第一部历史剧《卡提利那》(1850)中,一翻旧案,把罗马历史上的“叛徒”写成了一个为维护公民自由而斗争的优秀人物,剧本反映了1848年的革命,也表现了他个人的反抗精神。1851年秋,他为卑尔根剧院创作了一首序曲,得到剧院创办人奥莱·布尔的赏识,被聘为寄宿剧作家,兼任编导,约定每年创作一部新剧本。1852年,他奉派去丹麦和德国各地剧院参观。他在卑尔根剧院创作的剧本有《仲夏之夜》(1853)、《勇士之墓》(1854)、《埃斯特罗的英格夫人》(1855)、《索尔豪格的宴会》(1856)和《奥拉夫·利列克朗》(1857)。这期间易卜生参加编导的剧本不少于145部。他在戏剧创作方面的实践经验,可以和莎士比亚、莫里哀媲美。

1857年,易卜生转到首都剧院担任编导。翌年和苏姗娜·托雷森结婚。1862年,剧院破产，他不得不借债度日，但仍孜孜不倦地进行创作。他在这所剧院先后写出了《海尔格兰的海盗》(1858)、《爱的喜剧》(1862)、《觊觎王位的人》(1863)等剧本。提倡自由恋爱、反对旧式婚姻的《爱的喜剧》，遭到社会上保守势力的恶毒攻击，他为此感到痛心。同时，1864年丹麦和普鲁士之间的战争，引起他对整个半岛的独立前途的忧虑。于是他决定出国远行。就在这一年，他离开挪威到意大利。飘泊异乡，疟疾缠身，又有家室之累，使他债台高筑，生活极为窘迫。他怀着绝望的心情写了一部诗剧《布兰德》(1866)，这是他旅居国外的第一个创作成果。随后他又创作了《彼尔·英特》(1867)。这两部剧本都表现了“个人精神反叛”的主题。通过《布兰德》，他谴责资本主义社会的丑恶现实，痛斥宗教道德，并提出了他自己的道德理想，激愤地鼓吹精神上的极端个人主义，表现出不妥协的精神。

1864 年以后的 27 年间，易卜生一直侨居在罗马、德累斯顿、慕尼黑等地。1873 年，他完成了《皇帝与加利利人》，在剧中提出了沟通情绪和精神的“第三境界”的概念。

1847 和 1885 年，他曾两度回挪威作短暂的逗留。在国外期间，他创作了下述几部著名的社会问题剧:《社会支柱》(1877)、《玩偶之家》(1879)、《群鬼》(1881)和《人民公敌》(1882)。他从小市民家庭生活入手，解剖了罪恶的资本主义社会及其道德，塑造了要求自由行动的人的形象。他摒弃了当时舞台上流行的乔装、误会和谋杀、决斗等惊险场面，而在戏剧情节发展中着意安排“舞台讨论”，从而引导观众思考现实问题，更好地表现人物性格，加强戏剧效果。此外，他还创作了《罗斯默庄》(1886)、《海上夫人》(1888)、《海达·加布勒》(1890)等富于象征主义风格的作品。

1891 年，易卜生以名作家的身份回到祖国。他后期创作的《建筑师》(1892)和《当我们死而复醒时》(1899)，都是自传性质的作品。易卜生于 1900 年中风，长期卧病后，于 1906 年 5 月 23 日去世。挪威议会和各界人士为他举行了国葬。

易卜生的剧作对世界各国戏剧的发展产生了深刻的影响。易卜生作品在中国的传播，则是同中国人民反帝反封建的斗争紧密联系在一起的。他的《玩偶之家》在我国妇女解放运动中曾发挥了积极作用。

作品提要

《玩偶之家》，又译作《娜拉》或《傀儡家庭》，发表于 1879 年，是易卜生的代表作之一。此剧共三幕，主要人物有托伐·海尔茂、娜拉(海尔茂的妻子)、阮克医生、林丹太太、尼尔·柯洛克斯泰、海尔茂夫妇的三个孩子、安娜(以前是娜拉的奶妈，现在是孩子们的保姆)、爱伦(女佣人)。三幕戏发生在连续的三天内，都以海尔茂家为场景。

当剧幕第一次拉开时，是圣诞节的前一天，海尔茂家里充满了节日的欢欣气氛，娜拉真的像一只快乐的小鸟，为准备过圣诞节而高兴地忙碌着。旧日同学林丹太太的来访，更是让她有机会痛快地说说自己现在的好日子：丈夫海尔茂原来当律师，生活不稳定，现在当上了合资股份银行的经理，新年后就要上任，可以拿大薪水，往后的日子将更加美满。

林丹太太的丈夫三年前就去世了，没有给她留下任何钱财，他们也没有孩子。三年来，她孤身奋斗，开小铺子，办小学校，想尽办法维持生活，为母亲养老并抚养两个弟弟。如今，她的母亲已经安然去世，两个弟弟也都可以自立了，没有人再需要她操心，她感到说不出的空虚。她来到这儿，想请海尔茂帮她找个机关办公室之类的工作。娜拉佩服她能够自己挣钱赡养母亲，照顾两个弟弟，尽了自己做人的责任。她也把自己做过的一件"又得意又高兴的事情"告诉了林丹太太。

原来，在海尔茂和娜拉结婚后的头一年，海尔茂的地位不高，收入也不多，为了多点收入，他起早贪黑地拼命工作，日子长了，累出了重病。医生说必须去南方疗养一年，这需要一大笔钱。那时，娜拉的父亲得了重病，帮不上忙，娜拉刚生下第一个孩子，而海尔茂又坚决不同意借钱。为了治好海尔茂的病，娜拉只好瞒着他跟别人借了钱。林丹太太认为娜拉不应该向海尔茂隐瞒这件事，可是娜拉觉得：海尔茂要是知道自己受了她的恩惠就会感到惭愧和难受，他们夫妻的感情就会冷淡，美满的家庭生活就会变了样。

《玩偶之家》的演出现场

正当她们聊着这件事的时候，柯洛克斯泰上门来找海尔茂。林丹太太急忙回避，娜拉则有点紧张，低声地问他有什么事。柯洛克斯泰告诉她自己是合资股份银行的小职员，找她的丈夫有公事要谈，于是柯洛克斯泰进了海尔茂的书房。本来和海尔茂一起待在书房的阮克医生来到客厅，暗示娜拉：柯洛克斯泰是那种喜欢搜罗别人的缺点，相机挟制的人。

果然，当海尔茂打算辞去柯洛克斯泰的职务，让林丹太太顶替的时候，柯洛克斯泰要求娜拉为他在海尔茂面前求情，使他不至于失去这个职位；因为当年娜拉正是向柯洛克斯泰借的钱，并且娜拉假冒父亲签名的事情也被他发现，他就以此相要挟。娜拉无奈，只好为他说好话，但海尔茂认为：柯洛克斯泰曾经伪造签字，且逃避惩罚，是无法挽救的堕落的人，这种人还会给自己的儿女产生坏的影响。娜拉由此联想到自己假冒父亲签名的事，心里非常不安。第一幕就在娜拉的忧虑中拉上了帷幕。

第二幕开始时，正是圣诞节当天，娜拉正忙着准备参加第二天晚上在楼上斯丹保领事家举行的化装舞会。海尔茂给她出了主意，让她打扮成一个意大利南方的打鱼姑娘，跳她在意大利喀普里岛学会的塔兰特拉土风舞。安娜找出了化装衣服，娜拉请来了林丹太太帮她整理这套衣服。但是，娜拉因为有心事，做什么都有点儿心不在焉。林丹太太发现了这一点，正当她问娜拉出了什么事的时候，海尔茂从银行回来了。娜拉以海尔茂不爱看人缝衣服为由，请林丹太太先到孩子们的房间里。她则再次试图为柯洛克斯泰求情，海尔茂还是坚持要辞退柯洛克斯泰并道出了另一个理由，那就是柯洛克斯泰经常随便叫他的小名托伐，他受不了。娜拉以为海尔茂在开玩笑，说他这种看法太小心眼了。谁知这句话竟促使海尔茂果断地寄出了辞退柯洛克斯泰的那封信。娜拉吓坏了。这时，阮克医生来了，告诉娜拉自己的生命快要走到终点了，还有最后一次检查，他就可以知道自己身体的崩溃会从哪天开始，等他确实知道了最后的消息，他会给娜拉寄一张名片，如果上面画着黑十字，那就意味着他的死期快到了，他将把自己关在家里等待死亡的来临。娜拉问他要一件纪念品，实际上，是想让阮克医生给她帮帮忙，出个主意。但是，阮克医生竟向娜拉表白了自己对她的爱慕之情，娜拉便不再愿意对他说自己的事。

柯洛克斯泰收到海尔茂辞退他的信后，很快来到海尔茂家告诉娜拉他已经被辞退，他不得不直接要挟海尔茂。他给海尔茂写了一封信，把娜拉向他借钱并假冒签名的事都一一说明，临走时他将信投入了信箱。娜拉指着信箱里的那封信，告诉林丹太太那是柯洛克斯泰写给海尔茂的信，还把自己借钱的真实情况告诉了林丹太太，并请她将来为自己作证人，证明所有事情都是她自己一个人做的，与别人无关。因为天真的娜拉一直都相信：要是自己出了麻烦，海尔茂会替她把所有的罪责都承担下来，她称之为“奇迹”，但她不愿意海尔茂真的为她牺牲自己。娜拉暗暗下决心，准备在事情无可挽回时，就跳水自杀。

林丹太太看出娜拉准备做傻事，于是说出自己和柯洛克斯泰曾经有过非同寻常的感情，自己可以去劝他收回那封信，并且让娜拉拦住海尔茂，暂时不要让他去开信箱看信。林丹太太急急忙忙地出门以后，娜拉便缠住海尔茂陪她练习塔兰特拉土风舞。海尔茂答应了她，为她弹钢琴，阮克医生就站在他后面观看。娜拉拿着一面手鼓，裹着一块杂色的长披肩，在屋子当中快速地舞蹈。海尔茂让她慢一点，她却慢不下来。阮克医生提出由他弹琴，海尔茂就腾出手来专门指导娜拉，可是娜拉跳得越来越疯狂，仿佛没有听见海尔茂的提醒。她的头发也跳得松开来了，披散在肩膀上，可她还是不停地跳。林丹太太走进屋里，看见娜拉如此舞蹈，在门洞里呆住了。海尔茂说娜拉的跳法好像是到了生死关头似的，简直是胡闹。娜拉趁机要求海尔茂今明两天都要陪她练习，不许看信或开信箱；海尔茂答应不工作，陪着她，直到明天晚上开完跳舞会。

晚饭时间到了，爱伦通知他们去饭厅吃饭，海尔茂和阮克医生一起往饭厅走，阮克医生看到娜拉今天的表现，有些担心；海尔茂却不以为然，认为娜拉只是有小孩子爱发愁的脾气。娜拉仍留在客厅，请林丹太太帮她整理一下头发，并借此机会询问她劝说柯洛克斯泰的结果如何。林丹太太说柯洛克斯泰出城去了，明天晚上回来，她给他留了个字条。娜拉有些失望，同时又仿佛希望看到"奇迹"的发生。她默默地为自己计算出还可以活的时间——从现在到明天半夜——三十一个小时。

幕布第三次拉开时，海尔茂家楼上传来跳舞的音乐声，斯丹保领事家的舞会开始了。海尔茂家的客厅里坐着林丹太太，她在焦急地等待柯洛克斯泰前来赴约。柯洛克斯泰回家看到林丹太太留给他的字条后，来到了海尔茂家。一开始，柯洛克斯泰不愿多谈，他埋怨林丹太太当年因为有了更好的机会，就把他这个旧情人给抛开了。林丹太太为自己作了解释。那时候，林丹太太要奉养自己的母亲，还要抚养两个小弟弟，她无法等待当时收入不高的情人——柯洛克斯泰来帮助他们，只好给柯洛克斯泰写了一封绝情的信，然后嫁给了一个自己并不爱却收入颇丰的男人。事到如今，她和柯洛克斯泰都成了单身，她愿意与独自带着孩子过日子的柯洛克斯泰组成一个家庭，愿意为这个家庭而工作。柯洛克斯泰本来也不是没有良心的人，他之所以成为现在这样一个不受欢迎的人，与他以前所受的那次情感打击确实有很大的关系。林丹太太真诚的愿望使他从绝望中振作起来，决心努力做好人，不再威胁海尔茂一家了。他想向海尔茂要回他的信，但是林丹太太阻止了他。因为在这一天里，她在海尔茂家看到了许多意想不到的事情，她认为海尔茂应该知道这个秘密，他们夫妻之间应当彻底了解，不应该躲躲闪闪。

很快，林丹太太听出楼上舞会结束了，她让柯洛克斯泰到外面街上等她，自己整理了一下屋子，把自己的衣帽归在一起。她很高兴自己的工作又有了目标，生活又有了意义。正当她兴奋地自言自语时，门外传来了海尔茂和娜拉说话的声音。门上锁一转，娜拉几乎硬被海尔茂给拉进来了。可娜拉还在门洞里跟海尔茂挣扎，不愿意回家，海尔茂一边劝她一边把她轻轻地拉进来。林丹太太主动和他们打招呼，海尔茂很惊讶她这么晚还上这儿来。林丹太太说她是一心想看看娜拉怎么打扮的才等在这儿的。于是，海尔茂把娜拉的披肩揭下来，请林丹太太仔细鉴赏他漂亮的小宝贝；并且说舞会上，娜拉跳塔兰特拉土风舞时，虽然表情有点过火，但重要的是她跳得很成功，赢得了一片热烈的掌声。说完，他发现屋子里很黑，便进去点蜡烛。娜拉就提心吊胆地急忙问林丹太太和柯洛克斯泰谈得怎么样。林丹太太让娜拉不必害怕柯洛克斯泰，但是一定要对海尔茂说实话。然后，她和海尔茂道别，海尔茂提醒她落下了编织活计，还兴致极好地建议她应该刺绣，因为刺绣的姿态比编织的样子要好看得多。林丹太太不置可否，再次和他们道别。

燕山出版社 2004 年版封面

林丹太太走后，海尔茂不停地对娜拉说着甜言蜜语。他说他在舞会上故意避开她是因为他觉得这样做他们就好像在偷偷地恋爱，偷偷地订婚，而到了要回家的时候，他又觉得仿佛是在他们的新婚之夜，他第一次把他的新娘带回家。娜拉心情复杂，根本不愿听这些话。这时，有人敲门，是阮克医生，海尔茂不太乐意地开了门。阮克医生也参加了舞会，刚从楼上下来，他显得很轻松，实际上，他最后的检查结果出来了：他的总崩溃开始了。在他和娜拉的谈话中，他暗示了自己的检查结果，可是海尔茂一点儿也没有听出来。阮克医生聊了几句就走了。海尔茂终于去开信箱了，娜拉很紧张。在海尔茂拿出的那堆信中，有柯洛克斯泰的那封信，还有阮克医生的两张名片，是刚扔进去的，上面画着黑十字。娜拉告诉海尔茂这两张名片的意思就是阮克医生跟他们告别了，以后他就在家关门等死。将阮克医生的痛苦和自己的幸福作了比较后，海尔茂更是感觉到自己的幸福，又对娜拉作了一番表白：他常常盼望有件危险的事情威胁着娜拉，好让他拼着命，牺牲一切去救她。听了他的这番表白，娜拉下定决心让他去看信。于是，她劝海尔茂去看信，自己却准备跑出门去跳水自杀。

正当娜拉往门厅跑去的时候，海尔茂猛然推开书房的门，手里拿着他刚读完的那封信，大声地叫娜拉，并把她拉回来，质问她信里说的事是不是真的。娜拉说自己做的事不用他担当，他却说她是装腔作势。接着，海尔茂把他原来叫作我的小鸟儿、小松鼠、小宝贝的娜拉骂作伪君子、撒谎的人、犯罪的人；说她沾上了她父亲的坏德行，不信宗教，不讲道德，没有责任心；还说正是娜拉这个下贱女人，把他一生的幸福都葬送了。甚至，当他知道娜拉准备自杀的时候，他不但不同情，反而责备她在骗人，就是死了，对他也没有好处。海尔茂打算尽量掩盖这件事，表面上和娜拉照样过日子，但是不再把孩子交给娜拉。刚才还在甜言蜜语、信誓旦旦的海尔茂，现在却用如此多的丑恶字眼来形容娜拉。看着海尔茂前后判若两人的表现，娜拉逐渐冷静下来。事情很快有了新的转机。柯洛克斯泰送来一封信给娜拉，并把借据夹在信里还给了她。海尔茂看了信，知道柯洛克斯泰不再威胁他们了，就把借据和两封信都烧了，并开始安慰起娜拉来。可是娜拉已经完全看清了海尔茂的真实面目，不再相信他的花言巧语。她要求和海尔茂好好谈一谈。娜拉告诉海尔茂，她不愿再做"玩偶老婆"，她要离开这个家庭。她认识到自己首先是一个人，要学做一个人，不能完全相信书本上的话；她要重新思考宗教、道德、法律等问题，通过学习去弄清究竟是社会正确，还是她正确。海尔茂的虚伪和自私让娜拉觉得：八年来，她好像在和一个陌生人共同生活，现在再也不能待下去了。于是，娜拉走了，楼下"砰"的一响传来关大门的声音。

重点提示

《玩偶之家》通过娜拉和她的丈夫海尔茂从虚伪和谐到尖锐对立的故事，深入地探讨了家庭、婚姻、法律、宗教、道德等社会问题，可以说是易卜生的剧作中社会影响最大的一部。这部社会问题剧塑造了一个觉醒中的女性形象——娜拉，并围绕着她又塑造了海尔茂、林丹太太等人物，从而提出了妇女解放问题，发出了世纪的碰门声。"首先我是一个人，跟你一样的一个人——至少我要学做一个人。"剧中娜拉的这句话成了妇女解放的著名宣言。

在这部剧作中，娜拉是妇女解放中一个积极的代表。她是一个有着坚强性格和独立行动能力的女性形象。虽然从小她就是父亲的玩偶，结婚后又是丈夫的玩偶，但她真诚地生活，真心地爱，为了家人的幸福，不惜牺牲自己。可是，事实终于使她逐渐醒悟过来，她认识到海尔茂的极端自私和虚伪，家庭中男女之间的不平等。同时，她更进一步地认识到社会的法律、宗教、道德等都打上了男权社会的印记，是不合理的。她愤慨地抨击那不许女儿给重病的父亲省烦恼，不许老婆救丈夫性命的法律；对于宗教，她除了行坚信礼时牧师对她说的那套话，别的什么都不信；至于海尔茂所说的一个妻子和母亲的责任，她认为首先她是一个人，她要学做一个人。娜拉的出走具有积极的进步意义，提出了妇女从男权的奴役下解放出来的问题。许多评论认为，娜拉出走后究竟该怎么办是剧作家没有解决的问题，但剧中人物林丹太太似乎已经给出了一定的答案。

林丹太太是一个善良而坚强的女性形象，可以说，她和娜拉的形象形成了互补。她也曾屈从于男权社会的规则，为了金钱牺牲了自己和柯洛克斯泰的爱情。但是，当她那有钱的丈夫死后，她还是完全靠自己的力量，在社会上立足谋生，赡养母亲，培养两个弟弟。她可以在社会上独立生存，那么同样坚强的娜拉为什么就不能呢！

同娜拉相对立，海尔茂是一个自私虚伪的男性形象。以男权社会的观点看来，他是一个正人君子、模范丈夫。但是，他在柯洛克斯泰的威胁下，为了保住自己的地位和名誉，就轻言妥协，根本没有正义感。在家庭中，他把妻子当作装饰品和私有财产，也谈不上是模范。说到底，他只是男权社会的法律、宗教、道德的维护者。

易卜生还塑造了柯洛克斯泰和阮克医生的形象。这不仅是剧情的需要，而且这两个人物的出现加深了戏剧的悲剧色彩。柯洛克斯泰被情人抛弃，从此接受了金钱至上的资本主义价值观，并学会了为自己的利益不择手段，在他堕落的原因中，社会因素是很重要的。阮克医生善良温和，由于他父亲的荒淫无度，他患上了遗传性的绝症，成为一个坐等死期的可怜人。通过他的不幸，该剧从侧面谴责了千疮百孔的资本主义社会。

《玩偶之家》不仅主题突出，人物形象鲜明，而且结构严密，艺术上也很有特色。易卜生把复杂的社会问题提炼为三天的故事情节，把社会问题在人心人性上的反映表现得淋漓尽致。在戏剧手法上，易卜生把剧情安排在矛盾发展的高潮时期，然后用回溯的手法把前面的事情交代清楚，使得剧情的发展既合情合理，又有条不紊，毫不拖沓。尤其值得一提的是，易卜生在传统构剧应该结尾的地方，也就是柯洛克斯泰放弃威胁海尔茂，把收据还给娜拉的时候，安排了讨论，让人物各自表达自己关于妇女解放问题的观点。这不仅推动了情节的进一步发展，而且引导观众思考剧中提出的社会问题，使戏剧的现实意义更加深刻。

[英国] 哈代

《德伯家的苔丝》

作者简介

托马斯·哈代(1840—1928),英国诗人、小说家,他的早期、中期创作以小说为主,发展了维多利亚时代的英国文学,晚年他的诗作开启了英国20世纪的文学,堪称英国文学史上的又一座丰碑。他的创作为他在世界文学史中奠定了不朽的地位,使他成为同莎士比亚、狄更斯等著名作家齐名的人物,曾被誉为"英国小说中的莎士比亚"。

哈代一生共创作15部长篇小说(出版14部),他自己将它们分为三组。第一组为"性格与环境小说",包括《绿荫下》(1872)、《远离尘嚣》(1874)、《还乡》(1878)、《卡斯特桥市长》(1886)、《林地居民》(1887)、《德伯家的苔丝》(1891)、《无名的裘德》(1895)7部。第二组为"浪漫与幻想"小说,包括《一双蓝眼睛》(1873)、《号兵长》(1880)、《塔上的两个人》(1882)、《心爱的》(1892—1897)以及《一群贵妇人》。第三组被哈代统称为"爱情阴谋故事",由《计出无奈》(1871)、《埃塞尔伯特的婚姻》(1876)和《一个冷漠的女人》3部构成。在这三组小说中,第一组代表了哈代长篇小说创作的最高成就。由于这些小说都以英国西南部威塞克斯广大的农村地区为背景,所以又称为"威塞克斯小说"。

《绿荫下》是哈代篇幅最短,也最具喜剧色彩的小说。作品充满了乡村的风土人情和自然风光,被誉为用文字写成的一幅"荷兰画派的乡村画"。《远离尘嚣》的成功,使哈代放弃了建筑职业,从此完全致力于小说创作。值得注意的是,这部小说表现出了一种明显的悲剧倾向,性格与环境的冲突已初见端倪。从《还乡》开始,哈代的创作发生了重大的变化。作品以"一片苍茫,万古如斯"的爱敦荒原作为其人物活动的背景,荒原一开始就为全篇小说奠定了悲凉凄戚的基调。在"性格与环境小说"中,《卡斯特桥市长》是最典型的性格小说。它始终以人物的性格作为冲突的基础。主人公亨察尔因酗酒卖掉妻女,铸成大错,此后无论他怎样努力赎罪,仍逃脱不了命定的厄运。1891年出版的《德伯家的苔丝》是哈代最优秀的长篇小说,引起了巨大反响。从社会角度而言,这部小说的内涵大大加深了,社会意义也更为深刻了。它表明哈代的悲剧观逐步完善,创作也日臻成熟。《无名的裘德》在哈代的小说中最具批判的锋芒。哈代在小说中对 19 世纪英国社会进行了全面而又彻底的揭露和抨击，其笔锋之犀利，揭露之深刻，批判之有力，使小说发表后立刻招致资产阶级利益卫道士们的强烈不满。有些评论家甚至把这部小说称为“诲淫诲盗的亵德”，有人还把此书烧成灰寄给哈代，以示“抗议”。在这样的压力下，哈代便愤然停止了长篇小说写作，重新致力于诗歌创作。

出乎哈代自己的意料，他在此后 30 多年间的诗歌创作却使他声名大振，被称为其同时代人中最有创见、最能打动人心的抒情诗人。他出版了 8 卷诗集，近千首抒情诗。尤其是他的长篇史诗剧《列王》(1903—1908)，被誉为堪与歌德的《浮士德》相媲美的长篇巨制。

作品提要

美丽的布蕾谷是一处群山环抱的幽静地方，苔丝·德伯家所在的马勒村就坐落在这片沃土上。尽管家境贫寒，17 岁的苔丝依然出落得亭亭玉立，光彩照人。她那两片娇艳生动的嘴唇，一双大而天真的眼睛，更使她的容貌增添了一种动人的光彩。

苔丝的父亲约翰·德伯是个经济困窘、生活潦倒的农民和小商贩。除了老德伯做一点小买卖外，全家 9 口人只靠仅有的一匹老马耕种土地来勉强维持生计。

5 月的一个傍晚，约翰从牧师那儿得到一个意外的消息，说他是英国最古老的贵族之一——武士世家德伯氏的嫡系子孙。穷困潦倒的老德伯不由得沾沾自喜起来，当晚就将手头仅有的几个钱换了酒，喝得酩酊大醉，以致无法按指定计划赶到镇上送蜂蜜。为了及时地把蜂蜜卖掉，家中的大女儿苔丝只好替父亲承担起这个任务。她让弟弟做伴，凌晨两点驾着老马拉着货车出发了。

星斗闪烁，路面崎岖不平，马车摇摇晃晃地前进，姐弟俩不知不觉地睡着了。突然，一阵可怕的响动声把苔丝惊醒了。她睁眼一看，了不得啦！原来货车与一辆邮车相撞，老马倒在地上，胸口鲜血如注，很快就死掉了。

家里唯一的生活支柱没有了，贫困压得苔丝一家更加抬不起头来。苔丝的母亲便要苔丝去纯瑞脊一个有钱的德伯老太太那里认本家，想以此来找个工作，设法重新买一匹马。纯朴善良的苔丝本来不愿意做这种事，但一想到家庭经济十分困难，老马又是自己送货时死去

电影《德伯家的苔丝》中女主角苔丝的剧照

的，“乱子是自己惹的”的想法老是压在她的心头，于是不得不答应去试一试。

其实，德伯老太太这一家同古老的武士世家并无任何关系。已经故世的德伯老先生，本是英国北方一个商人，发财以后，一心想在英国南方安家立业当个乡绅，就来到纯瑞脊附近定居，并在英国博物馆里的文献中，挑了“德伯”这个世族的姓加在他的本姓之上，冒充世族乡绅。他去世以后，留下瞎眼、怪癖的“德伯”老太太和一个独生子亚雷·德伯。这些情形，苔丝和她的父母一点也不知道。

由于两家根本就没有任何亲缘联系，因此苔丝的到来本是没有任何希望的。但是，亚雷是个放荡轻浮的纨绔子弟，他一见到纯朴美丽的苔丝就心存不良。他邀请苔丝去他家的养鸡场干活。在随后的日子里，他经常跟她逗趣，称她“那么美丽，人间少有，画里难寻”。他还不断捉弄苔丝。苔丝心中充满疑惧，处处拒绝他的殷勤，却无法回避他。

9月里一个星期六的晚上，恰好是当地赶集和赶会的日子碰在一起，苔丝随女工们去二三里外的一个集镇。她买好自己所需的东西，原想等伙伴们跳舞完后一起回去，但等到深夜还不能成行。她干了一天活，又走了许多路，疲乏极了。正在焦急之时，亚雷邀她一起回去，起初被苔丝拒绝，后来苔丝无端遭到一些醉酒女人的侮辱，不得不跨上亚雷的马背。

他俩骑着马跑了一阵，亚雷早把马引向了远离纯瑞脊的岔道。半夜 1 点钟，待苔丝发现时，他们已来到英国很古老的一片树林围场。苔丝十分恐惧，她想独自走回去，但这是办不到的，因为四周都被雾气包围，什么东西也看不见。苔丝坐在一堆树叶上，亚雷去辨路。等他摸黑回来时，他绊着了一样东西。这模糊的灰白色正是穿着白纱衣服躺在干树叶上的苔丝。亚雷伏身下去，他的脸触到她的脸。她正睡得很沉，睫毛上的眼泪还没干呢。昏暗和寂静笼罩了四周……

苔丝又气又恨，说什么也不愿意再呆在亚雷家，就执意回到自己家。苔丝把这件可怕的事情告诉了母亲，母亲听完了她的叙述，不但不支持她，反而埋怨她不想办法让亚雷娶她。苔丝欲哭无泪。更糟糕的是，她发现自己怀孕了。苔丝回家来的消息很快在村里传开了。随着德伯氏儿子放荡名声的传布，苔丝遭到了村里人的讥笑和背后议论，她躲在家里不敢出门了。后来，她生下了一个婴儿。她从阳光、花儿和婴孩身上吸取了快乐和力量，不再理会别人的歧视和冷言冷语，穿戴得跟从前一样地干净整齐，坦然走到田里劳动，休息时还敢于给初生的婴儿喂奶，连她自己也没想到她会有这么大的勇气。

正当她在道德方面的悲痛渐渐消失的时候，那个不幸的孩子却患了重病。在她的私生婴儿死去后，她时常自问：“女人的贞节，真是一次失去了就永远丢失了吗？一切有机体都有恢复原状的能力，为什么单单处女的贞节就该没有呢？”她体内没有耗尽的青春和寻求欢乐的不可抑制的本能促使她下决心离开这个知道她过去、使她感到窒息的家乡，到一个陌生的地方去开始她的新生活。

电影《德伯家的苔丝》剧照

从纯瑞脊回来以后大约两年到三年之间的工夫，苔丝第二次离开了家，到遥远的一个牛奶场当挤奶女工。在那儿她看到一个受过教育、眉清目秀，神情与众不同的青年男子，他也跟其他工人一样在挤牛奶。他叫安玑·克莱，是一个颇有名望的牧师的儿子。他不肯按父亲的意志继承父业当牧师，不愿意“为上帝服务”，而要“替人类服务”，将来在殖民地或是在本国做个农场主。在此以前，他已在别人的几处田庄上学完了几种技术，如今又来塔布篱奶牛场学习养奶牛的本领。除了劳动，他看书，看杂志，弹竖琴。通过日常劳动和生活的接触，他发现不爱言语的苔丝有许多与别的乡下姑娘不同的地方，是多么新鲜、多么纯洁的一个自然女儿呦！便逐渐注意她，有意无意地和她接近。在这座奶牛场里，起得最早的差不多老是他们两人，他们不断地相会，而且每天总是在那朦胧的晨光，那紫罗兰或粉红色的黎明时刻。他们来到室外，空旷的草原上一片渺茫，晓光和雾气混合不分，使他们生出一种遗世孤立的感觉，好像他们就是亚当和夏娃。

在共同的劳动生活中，他俩逐渐产生了恋情，而且渐渐地像火一样炽热。克莱对苔丝的爱情改变了他对生活的设想，他要放弃家里为他安排的门当户对的婚姻，娶苔丝这个内心充满诗意的大自然的女儿为妻。苔丝那花一样的嘴唇，温柔迷人的眼睛使他陶醉。他心想，她太可爱了，简直是从全体妇女里提炼出来的最美丽的化身。克莱的真情和体贴既使苔丝体验到了从未有过的幸福，又使苔丝感到从未有过的恐惧和痛苦。苔丝虽然心里也很爱克莱，可是过去失身的耻辱压得她透不过气来，内心十分痛苦。她虽然身在光明之中，但是她却知道，暗中老有一些黑魆魆的东西在那儿蠢蠢欲动。她几番想把过去的事告诉克莱，但却没有勇气说出口。苔丝生活在极度的矛盾之中，因此当克莱和她讨论结婚日期时，她都借故推迟。直到进入冬天，苔丝才答应在 12 月 31 日除夕那天结婚。离结婚的日期越来越近，苔丝总想把过去的事告诉克莱，可又觉得难以启口，于是鼓起勇气给他写了一封信，把三四年前的事情简单明了地写了出来，塞到克莱住的房门底下。过了几天，她见克莱毫无异样，便急忙上楼，看到那封信在匆忙之中塞到了地毯底下。显而易见，他没有发现过那封信。这时场里已忙忙碌碌地给他俩预备婚礼了，这封信不能再叫他看了！她只得把信毁了。

婚礼很简单。他们租用的新房，原先是德伯家祖上一座邸宅，如今却成了一座农舍。那是一个迷人的新婚之夜，一对伴侣紧紧握着对方的手，沉浸在无比的幸福和温馨之中。苔丝正在下最后的决心，想把自己的"罪过"统统告诉克莱。正在这时，克莱首先开口了。他说他以前在伦敦的时候，曾跟一个素不相识的女人过了 48 小时的放荡生活。他恳求苔丝饶恕他的罪行。苔丝立刻就原谅了他，并感到了一种说不出的轻松和喜悦，觉得自己犯下的"罪过"并不比克莱的大。她增加了勇气和信心，相信克莱一定也会原谅她的。她把头靠在克莱的太阳穴上，开始把她和亚雷的事原原本本地说了一遍。

她说的时候一点也不畏缩，没有说为自己开脱的话，也没有掉眼泪。但万万没有想到，一向"思想开通"的克莱，听完苔丝倾心诚实的自白，却不肯原谅原本无辜的苔丝。他埋怨苔丝为什么不早说，还冷酷地说："我原来爱的那个女人并不是你……是另一个模样跟你一样的女人。"听到这话，苔丝如五雷轰顶。她带着最后一线希望乞求："我当时还是孩子呀！我什么都不懂……"克莱却依旧无情地宣布："不要再辩解了，身份不一样，道德观念也就不同，哪能一概而论呢！你是乡下女子，不知道什么叫体面。"苔丝知道她从前害怕的事，现在果然应验了：克莱把她看成了一个骗子！看成一个外表纯洁、内心淫邪的女人了。经过痛苦的思想斗争，克莱决定撇下妻子到巴西去开辟农场。

苔丝为了保全克莱的名誉，回娘家后不愿对父母说出丈夫出走的事，对外也隐瞒自己是克莱太太的身份。她把克莱留给她的生活费都补贴了家里，自己生活无着，只好到处给人家打短工、做零活，最后不得不在寒冬腊月到贫瘠的高原上一个叫做棱窟槐的地方当苦工，被东家派到地里去干男人的粗重活。内心纯洁的她默默地忍受着人们对她的歧视以及恶劣的环境对她的双重逼迫，等待克莱的消息，希望有一天能重修旧好。

一天，苔丝听说克莱已远走巴西，决心进城去见公婆，了解丈夫的情况，并且表达一下她对他杳无音信的悲哀心情。但她在镇上偶然听到克莱的两个哥哥谈论弟弟不成功的婚姻，埋怨克莱轻率结婚的谈话，感到十分伤心，放弃了求见公婆的打算，返回山村。半路上，她看到一个穿着半牧师半俗人衣服的人在讲道。他说他原先生活放荡，罪孽深重，后经一牧师点化，悔过自新。苔丝一看，那教徒竟是害了她一生的亚雷·德伯。

苔丝刚一看见他的时候，不敢相信就是他，《圣经》上那些庄严的字句滔滔不绝地从他嘴里讲出来，只觉得不伦不类、非驴非马，令人毛骨悚然。四年前，那张嘴净说秽言淫语，现在却满口仁义道德，听起来令人作呕。与其说他洗心革面，不如说他改头换面。亚雷见了苔丝后，把他的讲道、教义统统抛开，死乞白赖地纠缠起来。他一次两次地跑到农场来找苔丝，到第四次再来时，已恢复到原来花花公子的模样。他声称要给苔丝"帮助"，要和她结婚，并无耻地说，是苔丝引诱他放弃了宗教，不得不重新堕落。苔丝气愤已极，用坚硬的手套朝他脸上打去，打得亚雷鲜血直流。苔丝骂道："你把我的一生都毁灭了，我恨透你了！"但亚雷并不甘休，他凶狠地威胁道："你记住了，我的夫人，你从前没逃出我的手心，你这回还是逃不出我的手心。你只要做太太，你就得做我的太太！"面对亚雷的无耻行径，苔丝忍无可忍，只得给克莱写了一封言词恳切的长信，哀求他快来"把我从威胁我的大难里拯救出来"。

克莱在巴西事业上惨遭失败，不仅没有能够安逸地独立谋生，还得了一场重病，瘦得皮包骨头。经历了这番辛酸之后，他想起苔丝对他的爱，后悔自己不该那么冷酷。苔丝的来信更使他旧情复萌，于是从巴西回英国寻找自己的妻子。到了马勒村，他看到了苔丝父亲的墓碑，并从她母亲那儿打听到苔丝的住址。几经周折，在海滨城市沙埠的一座公寓里，他终于找到了苔丝，承认过去自己的错误，恳求苔丝的饶恕。苔丝凄婉地说："太晚了！我等你，等了又等，可是你老不回来！"原来苔丝家住的房子，典约只限三辈，苔丝父亲这辈正好期满。父亲忽然死去，一家人无处安身，又无经济来源，生活无着。面对重重困难与窘迫，百般无奈的苔丝在亚雷的利诱、花言巧语和威逼下，又落入亚雷的圈套。

克莱的归来使苔丝万分痛苦，她觉得自己的一生都被亚雷毁了。亚雷非但不承认自己的错误，反而百般嘲笑、侮辱她和克莱。苔丝愤怒已极，一跃而起，用刀子扎死了这个花花公子，然后匆匆逃走，追上即将登火车的克莱。她脸色惨白，气息急促，全身的筋肉都在震颤，像在梦里一样嘟囔着说："我已经把他杀啦！"她说，"因为亚雷挖苦我，取笑我，并且还骂你。我受不了，就把他杀啦，跑出来找你"。

克莱听了很感动，用惨白的嘴唇没完没了地亲着苔丝，紧握着她的手说："我永远也不再抛弃你！我要用全力来保护你！

燕山出版社 2005 年版封面

最亲爱的爱人！”于是两人避开大路，躲避追捕，在荒野的一所空房子里经历了五个白天和黑夜的奇特而快乐的生活，享受着婚前的甜蜜和现时的恩爱。最后，他们来到原来古代人祭祀太阳神的祭坛旁。疲乏的苔丝躺在祭坛上，对克莱说，希望他能在自己死后娶自己的妹妹丽莎·露为妻，这样，无论是在人间和地下，她都永远和他在一起，克莱听罢，心里一阵凄楚，不禁低头沉思起来。克莱感到苔丝握着的那只手软软地松开了，原来她香甜地睡着了。黎明时刻，16 个武装人员到来，包围了悬石坛，克莱请求警察等到苔丝醒来。苔丝睁开眼睛，看见这些陌生人，并不惊慌，因为这是她预料中的事情。她站起来，抖抖身上的土，平静地对那些人说："我停当了，走吧。"

7 月的清晨，到处都布满了温暖和光明。一对年轻人站在城外的山顶上。城里的钟声打了八下，他们听了这声音全都一惊，瘫痪了似的静静地等候。几分钟后，城里监狱楼阁高杆上慢慢升起了执行死刑的黑旗。这对手拉着手，无言注视着的年轻人，好像祈祷似的，立刻把身子低伏在地上，一动不动地停了许久。这对年轻人就是克莱和苔丝的妹妹丽莎·露。他们站起来后，手拉手往前走去。

重点提示

《德伯家的苔丝》于 1891 年出版，它不仅被视为哈代最伟大的小说，而且也被看成是英国文学中的伟大杰作之一。

这部小说的杰出成就之一就在于作者以生动的笔触、深挚的情感塑造了一个纯朴美丽的农村少女苔丝的形象。这个形象被刻画得极为成功，性格也鲜明丰满，在精神生活、思想感情、外部肖像等方面，都写得栩栩如生，令人叹服，成为世界文学画廊中最优美迷人的女性形象之一。

苔丝的本质特征首先在于她的纯洁。正如本书副标题"一个纯洁的女人"所下的定义。哈代认为，副标题中的"纯洁"二字是"一个胸怀坦荡的人对女主人公所作的评判"。这个生长在古老的威塞克斯土地上的乡村少女，周身洋溢着大自然的清新气息，有着"大自然女儿"的优秀品德，自食其力，朴实顽强，不慕虚荣，心地善良，热爱生活，感情真挚，并且有着无私奉献的精神。在哈代的笔下，苔丝无疑是"纯洁之美"的化身。

其次在于她的反抗性。在英国文学史上，司各特、狄更斯、乔治·爱略特等都写过以诱奸为题材的小说，但在这些故事中的不幸姑娘都是弱者，她们是小说中处于中心地位的女主角的陪衬人物，在比她们强大得多的姐妹面前黯然失色。而苔丝身上闪烁着坚定、大胆的反抗精神，在短暂的一生中不懈地追求和争取爱的权利。她坚忍地承受着生活对她的一连串沉重打击和世俗道德的压力，在艰难困苦之中从不乞求神灵，也不向邪恶势力屈服。她不再是小说中的陪衬者，而是完完全全统治整个小说的女主人公。较之前辈作家，哈代在更高的层次上创造性地塑造了一个被侮辱的、具有反抗性的女性形象。

长江文艺出版社2007年版封面

《德伯家的苔丝》也是一部震撼人心的悲剧作品。苔丝的悲剧，历来是研究哈代创作时为人深刻关注的课题。哈代揭示了这一形象及其悲剧原因的全部复杂性。

苔丝的悲剧首先是社会悲剧。社会悲剧，是人同社会环境的冲突造成的。苔丝生活的时代是19世纪80年代，即英国资本主义侵袭到农村并毒化社会气氛的维多利亚时代。随着资本主义的入侵，家长制统治下的英国农村一步步趋向崩溃，造成个体农民的破产。苔丝作为一个贫苦农民的女儿，尽管聪明美丽，勤劳善良，但家贫如洗，经济拮据，负担沉重，处于低下的社会地位，而后又作为一个雇佣劳动者，自然会受到资本主义社会的种种压迫和凌辱，其命运必然是悲惨的。

造成苔丝悲剧的第二个原因，也是其悲剧的直接原因，即她是暴力、恶势力及维护它们的法律、国家机器的受害者。这种暴力、恶势力的集中代表就是亚雷·德伯。这个阔少凭借父亲的金钱、权势称霸乡里，为非作歹。他第一次见到苔丝，荒淫好色的嘴脸就暴露无疑，并设下圈套，蹂躏、玷污了苔丝，毁坏了少女的贞洁和一生的幸福。亚雷之所以敢称霸四野，为非作歹，为所欲为，不仅是因为他有钱、有势，而且更主要的是有资产阶级国家机器、法律的保护。社会和法律都认为侮辱和迫害苔丝的人是正当的，而受迫害的苔丝则是有罪的。苔丝一生都必须逆来顺受，忍辱含垢，不能自卫。而当她有生以来第一次起来自卫的时候，“典刑”明正了，埃斯库罗斯所说的那个众神的主宰，结束了对苔丝的戏弄。苔丝成了资产阶级国家祭坛上的祭品。

如果说亚雷是造成苔丝悲剧的元凶的话，那么以安玑·克莱为代表的传统伦理道德观念对苔丝的摧残则是一种无形的、更可怕的精神戕害。

克莱是一个较为复杂的艺术形象。在他身上，既有一定的开明思想，也保留着传统的道德偏见。他勤奋好学，文雅有礼，不受宗教束缚，厌恶城市生活，向往自然、纯朴、清新的乡村生活。但他偏于理想，耽于空幻，其实是在和自己构想出来的精神上的苔丝形象恋爱。在他眼里，苔丝是“大自然的新生女儿”，纯洁的象征，完美无暇的杰作。然而，当苔丝在新婚之夜向他坦白自己过去所受的凌辱时，他感到心中的偶像倒塌了，他的生命，他的一切，全都给改变了。他不能接受现实，始终不肯原谅原本无辜的苔丝。他心灵深处的传统伦理道德观念根深蒂固，从传统的贞操观来看待一个女人纯洁与否，这给了苔丝以毁灭性的打击，摧毁了她的精神支柱（因为苔丝真心爱他、崇敬他）。他的归来，只能加深苔丝的不幸，使她更感到自身所受的屈辱，从而使其痛苦、悔恨、绝望之情达到顶点。苔丝最终手刃亚雷，不仅是要证明自己的无奈，同时也是要向所爱的人证明自己的无罪。

苔丝的悲剧，在社会悲剧的总前提下，同时又是性格悲剧。造成苔丝不幸的还有其自身原因。苔丝是勇敢的，她敢于大胆地反抗传统道德、追求幸福，然而她却不能彻底摆脱传统道德对自身的羁绊。苔丝明白自己是社会暴力和伦理道德的受害者，但在受到乡里人非议的同时，她也认为自己是"有罪"的。当她按照传统的贞操观来衡量自己清白与否时，她比别人似乎更不能忘记自己的"耻辱"。被克莱抛弃后，她仍认为是自己的罪过，毫无怨言地默默忍受命运加在身上的不公。作者正是在此写出了苔丝性格的矛盾性和悲剧性，从而在更深层次上表现了传统道德对苔丝人性的迫害、心灵的扭曲。唯其如此，作品的批判力量才更强烈，苔丝的悲剧才更加震撼人心。

在哈代看来，苔丝的悲剧也具有神秘莫测的命运作祟的因素。哈代有着一种"宿命论"思想，认为宇宙间存在一种冷漠、无情、不知善恶的"无意识推动力"或"内在意志"，它主宰大自然，统治人的命运，其表现形式为巧合和偶然事件等，并通过这种形式决定人的命运。因而在哈代的笔下，苔丝的一生都充满着偶然性和命定的色彩：如她家身世偶然地被发现、老马的死、违心去亚雷家认本家并遭奸污、与克莱结婚前夕给他的信被插入地毯下面、访公婆未遇而在归途中偶遇亚雷等，仿佛在她人生的每一个时期，都有偶然因素的出现，从而一步步将其推向悲剧的结局。同时，小说中还不时出现一些神秘的因素，如德伯家神秘的马车、令人恐惧的十字手路标等，这些似乎也都在表明着苔丝的悲剧是命定的，难以解脱的。

总之，苔丝的不幸既是社会悲剧，同时也是性格悲剧与命运悲剧。哈代将这三种悲剧浑然天成地融合在一起，奏出了一首震撼心灵的悲剧交响诗，感染了一代又一代的读者。

[法国] 莫泊桑

《莫泊桑短篇小说精选》

作者简介

居伊·德·莫泊桑(1850—1893)于1850年8月5日生于法国诺曼底一个破落的贵族家庭。他的父亲是一个游手好闲的花花公子,母亲是一个极富文学修养的女子,不仅熟读古今名著,而且通晓希腊文、拉丁文、意大利文和英文。莫泊桑从小就受到母亲的文学熏陶。1854年,莫泊桑一家迁居到勒阿弗尔城附近的戈代维尔区的格兰维尔·伊芙维尔堡。据说莫泊桑的第一部长篇小说《一生》里的白杨山庄就是以此为原型的。年幼的莫泊桑常常跑到附近的农户家里去玩,童年的这段经历造就了他日后以诺曼底农村生活为题材的数十篇中短篇小说。1859年10月,莫泊桑一家迁往巴黎。母亲悉心地培养小莫泊桑在文学方面的兴趣,还特地请了一位神父来给儿子当老师。这位神父的形象日后多次出现在莫泊桑的小说里。

1863年,13岁的莫泊桑被送进伊弗托的一所教会学校。他对教会学校中虚伪而严酷的宗教戒律越来越反感,终于因为写了一首讽刺诗而被赶出校门。1868年10月,莫泊桑进入里昂的高乃依中学学习。在这里,他见到了已故舅舅青年时代的好友:诗人和戏剧家路易·布耶和法国文坛巨匠居斯塔夫·福楼拜。在路易·布耶的指导下,莫泊桑向文学创作的道路上又迈进了一大步。

1869年10月,莫泊桑去巴黎学习法律。1870年,普法战争爆发,莫泊桑被征召入伍。法军的腐败无能和普鲁士军队的凶狠残暴给莫泊桑留下了极其深刻的印象。普法战争成为日后莫泊桑小说的重要题材之一。

从1872年起,莫泊桑先后在海军部和教育部担任小职员。单调、机械、乏味的伏案工作使他深刻地体会到小职员的生活状况和精神境界。描写"办公牢房"里小职员的生活成为他日后创作的重要主题。他还染上了嫖妓的恶习,这种放浪形骸的生活是他英年早逝的原因之一,但也为他描写妓女等下层妇女生活的小说提供了素材。

1873年,莫泊桑开始在福楼拜的指导下创作小说。1875年,莫泊桑以"约瑟夫·普吕尼埃"的笔名发表了短篇小说《人手模型》。这是一篇受到美国作家爱伦·坡和德国作家霍夫曼明显影响的作品。但福楼拜却劝戒莫泊桑应立足于现实生活，尽力表现自己的独创性，要善于观察，发现别人没有注意到的东西，还要注意对语言的锤炼。在大师的教诲下，莫泊桑勤奋地写作。1879 年《西蒙的爸爸》发表，这是莫泊桑第一篇出色的小说。

1874 年，莫泊桑结识左拉。1876 年，莫泊桑与莱昂·艾利克、保尔·阿莱克斯等五人出于对这位自然主义大师的景仰，每周四都前往左拉在巴黎西郊的梅塘别墅聚会，世称"梅塘集团"。在左拉的建议下，梅塘集团的六个成员每人以普法战争为题材写了一篇小说，并于 1880 年结集出版，这就是《梅塘之夜》。而其中写得最好的就是莫泊桑的《羊脂球》。凭借这篇作品，莫泊桑一夜成名。小说生动地展示了法国各个阶层对普法战争的态度，表现了对底层人民的同情，也对贵族资产阶级的腐化虚伪进行了鞭挞。《羊脂球》的发表，是莫泊桑在福楼拜的细心指导下，经过自己长期的写作锻炼达到成熟的标志。

1881 年 4 月，莫泊桑辞去公共教育部的职务，成为一名职业作家。1880 年至 1891 年十年间，莫泊桑创作了 300 余篇中短篇小说和 6 部长篇小说。法国作家法朗士认为莫泊桑是当之无愧的"短篇小说之王"。

莫泊桑的短篇小说生动地向人们展示了 19 世纪后期法国社会的风俗画卷。他的短篇从题材上看大致有三个方面：普法战争、巴黎小公务员的生活和诺曼底的乡村生活。

由于莫泊桑亲自参加过普法战争，所以他比同时代的作家更有资格描述这次战争。莫泊桑的成名之作《羊脂球》就是这类题材的代表作。同一背景的作品还有《菲菲小姐》(1882)、《两个朋友》(1883)、《米隆老爹》(1883)、《索瓦热老婆婆》(1884)、《俘虏》(1884)等。在这类小说中，莫泊桑歌颂了法国人民的民族气节和爱国主义精神，揭露了法国军队的腐朽无能和普鲁士入侵者的残暴。

莫泊桑曾是小公务员这一小资产者中的一员，他对这一阶层人民的生活和精神面貌了如指掌，所以，莫泊桑在描绘小公务员生活方面的短篇小说也非常多。如《一家人》(1881)、《骑马》(1883)、《项链》(1884)、《我的叔叔于勒》(1883)、《勋章到手了》(1883)和《遗产》(1884)等。《项链》是莫泊桑小说中的名篇，它讽刺了小资产阶级的自私、虚荣和势利，也谴责了那个嫌贫爱富的社会。

莫泊桑自幼生活在法国北部的诺曼底，童年的美好回忆使作者把这一地区的自然风光和风土人情也带进了法国文学。他在这一方面的作品有《泰利埃公馆》(1881)、《一个女雇工的故事》(1881)、《皮埃罗》(1882)、《一个诺曼底人》(1882)、《绳子》(1883) 和《小酒桶》(1884)等。

此外，莫泊桑还有一些描绘其他方面社会现实的小说。如反映妓女的悲惨生活的《衣橱》(1884)和《港口》(1889),揭露上流社会荒淫生活的《一个儿子》(1882)和《橄榄园》(1890),歌颂劳动人民优秀品质的《西蒙的爸爸》(1881)及讽刺病态的社会现象的《怪胎之母》(1883)等。

除了短篇小说外,莫泊桑还创作了 6 部长篇小说:《一生》(1883)、《漂亮朋友》(1885)、《温泉》(1886)、《皮埃尔与若望》(1888)、《如死一般坚强》(1889)和《我们的心》(1890)。其中,《漂亮朋友》是莫泊桑长篇小说中的代表作。

莫泊桑从 19 世纪 70 年代起就开始被心脏病、神经痛和视力衰退所困扰。1884 年起出现了神经性疾病的先兆,但莫泊桑仍坚持创作直至 1891 年。1892 年 2 月,他精神病发作,自杀未遂被送入巴黎郊外的精神病医院。1893 年 7 月 6 日,莫泊桑逝世于一家疗养院。

作品提要

《项链》是莫泊桑的代表作之一。一个公务员的妻子玛蒂尔德·罗瓦尔泽长得非常漂亮,非常羡慕上层社会的生活方式,但现实是她的丈夫只是一个小公务员而已。为了能够盛装出席部长举办的聚会,玛蒂尔德向自己的闺中密友借了一条华美眩目的项链。不幸的是,当她带着舞会上的陶醉回到家里时,却发现项链丢失了,于是只好买了另一条价值高昂的项链还给朋友,为此他们欠下了大笔债务,历经十年的节衣缩食和辛苦工作才得以还清。最后当玛蒂尔德告诉自己的朋友真相时,她的朋友却告诉了她最残酷的真相:那条项链是假的。

对于《项链》主题的评价是非常困难的事情,因为其中蕴涵的过于复杂的意义已经远远超出了短短篇幅。有的人认为这是对贪慕虚荣者的绝好讽刺,这样理解固然有一定道理,但是莫泊桑想要说的绝不仅止于此。作为玛蒂尔德个人来说,她的美貌在当时的社会风气下是可以让她过上更好生活的,然而现实是她嫁给了一个小小的公务员,这和她的愿望有极大的差距。这种愿望和现实之间巨大的落差以及所伴随的浓重的挫败感,在每一个人的心中都是可以找到的,正如一句哲言所说:"天下不如意事十有八九。"对玛蒂尔德来说,这种现实的不如意是感触良深的,而我们并不能以一种圣人的标准来要求玛蒂尔德清心寡欲。玛蒂尔德希望自己的生命能有所不同,虽然她追求的内容有些浅薄,但是她所犯的错误也不过和绝大多数人一样而已。如果王子、公主的

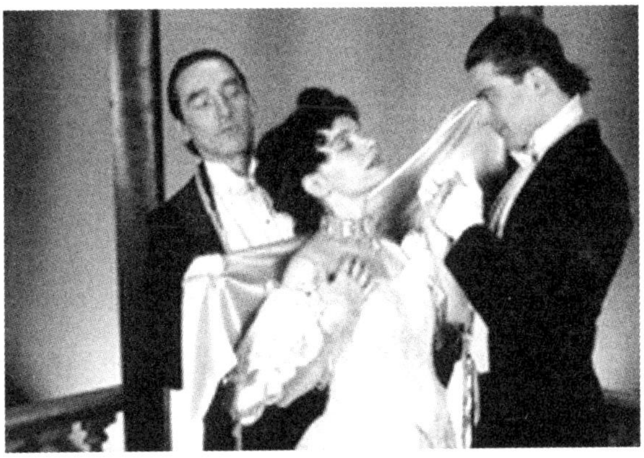

话剧《项链》剧照

童话是每一个人都曾有过的幻想，那么就很难找到玛蒂尔德应该被指责的理由。幸运的是她自己获得了一次机会——部长举办的聚会——终于可以实现过去隐藏在心中的、期盼已久的愿望了，我们可以想象这种狂喜对玛蒂尔德来说是多么的必要。不幸源于项链的丢失，源于玛蒂尔德和她的丈夫为此而负担的沉重债务，但是我们仔细读一下小说就能发现，玛蒂尔德并不在意这种沉重的代价，她有足够的勇气和诚信来为自己的愿望买单。十年的辛酸是难以尽数的，但是玛蒂尔德心中并没有怨恨，她一遍又一遍地回忆自己在那个美丽的夜晚曾经是多么的成功。现实的生活比此前的生活更加困苦，但是玛蒂尔德却获得了一种平静，一种曾经拥有的平静，在她看来，这是值得的，毕竟，她实现了自己的愿望，哪怕仅仅是短暂的一个夜晚，却给了她足够的动力面对十年的更加不如意。这样的生活是自己的选择，是为了自己的愿望而必须付出的代价，玛蒂尔德有着清醒的认识，她并没有四处宣扬自己的不幸，因为她认为这理所当然。不幸恰在于此，可以想象，如果她对自己的辛劳感到不值，那么她就会到处诉苦，而这样一来，她就可以早日得知真相，可以早日从困苦的生活中稍稍解脱一些。所以，最后的见面才是如此的具有震撼力：玛蒂尔德终于在还清了所有债务之后，满足而自豪地告诉了自己的朋友关于项链的真相——那是自己另外购买的而非原物。满足是为了什么？自豪又是为了什么？如果仅仅理解为是对还清债务之后的解脱，就未免过于浅薄了。玛蒂尔德是为了自己终于实现了自己的愿望，而且代价也已经全部付清而自豪、满足，甚至还可以说，玛蒂尔德对自己的朋友心存感激，因为是她的朋友帮助她在最年轻、最漂亮的时候实现了自己的愿望，从而加倍地具有意义。然而，残酷的事实终于出现了：朋友告诉她，丢失的项链是假的，她为自己的梦想而付出的代价本可以不用这么多的。500 法郎与 36 000 法郎之间的差距有多大？又怎能比的上玛蒂尔德此时的感受？暴露真实价值的项链，使得玛蒂尔德如此珍视的梦想也随之落地，而这种梦想恰恰是玛蒂尔德一生为之追求、努力并无怨无悔付出代价的。十年的困苦比起愿望的实现是微不足道的，但是，她却突然发现愿望的实现是如此的不值，这种梦想的跌落才是最致命的。

顺便说一说文中描述不多的玛蒂尔德的丈夫罗瓦尔泽。有句俗话说“巧妇偏伴拙夫眠”，相比于玛蒂尔德出众的美貌来说，罗瓦尔泽只是一个小小的公务员，当他娶了如此漂亮的妻子之后，也一定是不断地感谢上天对自己的厚爱。当玛蒂尔德对现实的事物——简陋的家具、粗劣的食品等——感到不满时，没有理由认为罗瓦尔泽会笨拙到连妻子的感受都看不出的地步，但他依然神采飞扬地对食品大加赞颂，这中间何尝不是包含了对自己无法实现妻子愿望的内疚感呢？所以，他才会对妻子如此地溺爱，放弃自己的愿望——打猎——而将费用交给妻子制作一件漂亮的衣服。而当项链丢失、残酷出现时，他宁愿为此付出后半生的代价。可以说，他也一样为错误——即使是妻子的错误——而无悔。十年辛劳而必然伴随着的辛酸，对罗瓦尔泽来说，心中也是一种平静。因为在许多时候，他可以用这种辛劳来弥补对美丽妻子的内疚。对他来说，让美丽的妻子发现自己对她的浓浓爱意，从而真心对待自己，又何尝不是一种深藏于心的愿望?他用十年的辛劳来换取自己这种愿望的实现，当他知道项链的真相之后，他的感受又将如何呢?

《悔恨》是一篇很奇特的小说，我们没有办法说它的主题有多么的高尚，甚至勉强说一句立意深远都似乎不太恰当，但是它恰好可以和《项链》对比着看，所以我们有必要在这里分析一下。小说里淡淡地讲述了一个老人——萨瓦尔先生——在回忆自己的过去时，后悔自己当初没有将一位老朋友的美丽的妻子勾引上手，于是老泪纵横。这样的主题显得很低俗，因为这种事情本身就并不高尚，更不要说为此悔恨，难道他悔恨的是自己当年没做过下流的事情么?如果这么理解就是错误的了。他所悔恨的并不是自己当初没有把朋友的妻子勾引上手，他所悔恨的是自己的生命里程竟然是如此的平淡，竟然寻找不到一点可供自己在年老时候回忆的亮点。可是他却又曾经真的爱过——如果单相思和暗恋也可以称为是爱的话——爱过自己老朋友的美丽的妻子。所以，当萨瓦尔再也坐不住而急切地跑去追问那位自己当年暗恋的对象时，他所渴望得到的答案是什么呢? 恐怕他自己也说不清楚。如果对方的答案是“不”，从来没有对萨瓦尔动过情，那么，萨瓦尔的心中也许会好受一点，他可能会觉得自己一生确实是没有过机会来做些让自己回忆的事情，错不在我。然而，答案偏偏是“是”，生活曾经给过萨瓦尔机会，虽然是一个根本就是应该羞愧的(按照我们社会的想法，法国社会有所不同)的机会，但是，却由于他自己的胆怯而轻易放过了。著名的印度诗人泰戈尔感叹说“天空中没有翅膀的影子，而我已经飞过”。萨瓦尔找不到自己曾经生活在这个世界的证据，对他来说，这才是最值得悔恨的，甚至当他已经把要求降低到了“一夜情”这样的低俗的标准时，仍发现因为自己的原因而无法达到，悔恨已经到了无以复加的地步了。同《项链》中的玛蒂尔德相比，后者显得如此幸福，因为在漫长的十年辛酸中，依然有一个曾经的美丽夜晚温暖她的心灵，使得她感觉自己曾经活过，所以在《项链》中，我们曾经发现玛蒂尔德对那十年的辛劳无怨无悔，原因就在于此。而这位萨瓦尔呢?他没有付出过如玛蒂尔德那样的十年辛劳，但是他也不曾有过玛蒂尔德那美丽夜晚的回忆，他只能呆坐在那里，老泪纵横。对于今天的读者来说，特别是对于青年读者来说，之所以要重点介绍这篇文章，并

上海译文出版社 2003 年版封面

不是鼓励大家如年轻的萨瓦尔一样，去梦幻什么一夜风流，而是要提醒大家：趁着年轻，尽量做些事情，比如学习、比如做人、比如做事，这样，才能证明自己曾经活过，才可以在将来自己也老去的时候，能够真正的告诉自己：我，曾经活过。

《巴黎艳遇》的主角是一位外省（相对于巴黎来说）的年轻女子，由于从没到过巴黎而对繁华都市的生活抱有一种好奇心。在充分发挥了她全部想象力与智慧的想象中，巴黎是如此的美妙，流光溢彩、纸醉金迷，甚至连其中的腐烂恶臭都充满着一种邪恶的诱惑力。这种隐秘的热情不断折磨着她，她问自己会不会就这样死去，而死前连一次都没有经历过那该死的让人心醉神迷的灯红酒绿。这种狂热的感情冲动折磨着她，使得她终于巧妙地瞒过了家人、为自己设计了一次巴黎之行。她的愿望实现了，她到了巴黎，她见到了一位大明星——一位大名鼎鼎的作家，虽然很老，不过毕竟是明星——而且通过巧妙的手段使得自己结识了他。生活会如此精彩吗？她装做一副老马识途的样子、凭借自己对社会新闻的描述的理解，和老作家聊天交谈，甚至拿出斩钉截铁的神态对他下命令，到了最后甚至以一种半强迫的姿态命令那位老作家把自己带到他的家中去。如此的行动，实在可以用疯狂来形容，应该说她实现了自己的愿望，但是结果呢？最初的冲动过去，她发现事情一点也不像自己想象中的那么富有浪漫色彩或者其他，恰恰相反，她只能感觉到对自己的厌恶。她逃走了，她觉得自己刚刚也被扫除了某样东西，她那些兴奋过度的梦想也被推进了河里，推进了阴沟，她一回到自己的房间，就呜呜地哭了起来。为什么而哭？是为了自己的天真与荒唐，更是为了自己一个曾经如此美丽的梦想的破灭。过去对一种生活状态的渴望，直到亲身参与其中才发现并不如自己想象中的美妙，对她来说，是一种愿望的破灭，更是一种对自己的绝望。

《父亲》一文提出了深刻的拷问，拷问我们灵魂最深处的秘密。弗朗索瓦·特西埃住在巴地尼奥尔，因为工作的关系，他必须每天坐公共马车到巴黎市中心去上班。和他同车的有一位年轻姑娘，也因为工作关系必须每天搭乘同一辆公共马车，两个人就这样相识了。弗朗索瓦从第一眼起就爱上了这位姑娘，他是如此热烈地爱着这位姑娘，千方百计要引起她的注意，而她好像也并不讨厌弗朗索瓦。时间久了，年轻姑娘终于答应了弗朗索瓦的邀请，去拉菲特共进午餐。约会是如此的美妙，两个人沉醉在了爱情的气氛之中，端庄守规矩的女孩终于陶醉在这样美妙的气氛中，被弗朗索瓦征服。事情过去，姑娘为自己的所作所为感到一种罪恶，离开了弗朗索瓦。但是爱情的魔力又使得她回到了弗朗索瓦的身边，做了他的情妇，而且她怀孕了。不幸的是，弗朗索瓦对她的爱已经冷淡了，他只有一个念头：不惜任何代价与她断绝关系。于是，他在一个夜里搬家了，连一句话都没说，就这么残忍地离开了这位姑娘。时间一天天过去，然后是一年年地过去，弗朗索瓦慢慢变老了，他孤独一人生活在这个世界上，过着简单而孤独的生活，没有了情感，每个月存一百法郎用来养老。命运却使得他再次碰到了这位姑娘，这时姑娘已经从弗朗索瓦带给他的耻辱中走了出来，嫁给了一位善良的人，而当初她和弗朗索瓦的孩子也已经长大了。弗朗索瓦看着这一切，看着自己的孩子活泼可爱地在公园中玩乐，看着这种洋溢着幸福家庭气息的生活展现在自己的面前，而自己却孤独地生活在没有感情、没有幸福的黑暗之中。他终于忍不住走到姑娘面前，那位姑娘震惊地躲开了。对于亲情的渴望是如此的强烈，他终于向姑娘现在的丈夫发出了请求，那位善良的人答应让他见自己的儿子一面。弗朗索瓦鼓足勇气前去看望自己的亲生儿子，可怜的孩子却根本不知道这位对自己表现得如此亲密的男人是谁，慌乱地想要躲开他。弗朗索瓦拼命地亲吻着自己的孩子，最后，像一个小偷一样逃走了。弗朗索瓦的选择和逃避是由于什么呢？他引诱了那位姑娘，并且使得她怀孕，可是他却不愿意承担自己行为的后果，卑劣地从姑娘身边逃跑了。对于弗朗索瓦来说，当他选择逃跑的时候，他不可能不知道这将给那位姑娘带来怎样的伤害，可是他依然选择了逃跑。最后当他发现自己孤独地生活在这个世界上，没有感情，没有亲情，远离了幸福生活时，他还能埋怨谁呢？上天曾经将一个可能的幸福现实地摆在了他的面前，可是他却因为自己的原因而轻易地放弃。巨大的悔恨给了他重重的一击，生活的苦果只能够由自己来吞下，而没有办法逃避。虽然他已经开始忏悔，但是生活已经不可能回到从前。我国的古话说：一失足成千古恨。对于弗朗索瓦而言，如果生活真的可以重新开始，他一定会做出不同的选择，可是，这一切已经只能是冷酷的现实。对于我们来说，能够认识到生活只是一次单程旅行，没有人可以再次回到起点，是多么的必要。只有这样，我们才能够避免将来的悔恨，慎重地对待自己的每一次选择。可以选择是幸福的，千万不能等到无法选择的时候再来后悔，那时候，悔之晚矣。

《懦夫》的主人公西诺尔子爵是一个各方面条件都极为优越的人，不管是从他所拥有的财产角度来说，还是从他那优雅的举止、高贵的派头、温情脉脉的眼神上，他都是一个令周围的人羡慕不已的角色。尤其是，他的剑法非常好，而他的枪法比剑法还要好。但是，西诺尔真的像他所表现出来的那样优越吗？虽然周围的人都是如此认定，虽然西诺尔子爵自己也这么看待自己，但是，当真正的考验和困境来临时，隐藏在意识最深处的西诺尔子爵的本质却展现出完全不同的风貌。一次西诺尔在酒店邀请客人吃饭，一位陌生的先生和西诺尔发生了争执，于是，按照当时的习俗——以西诺尔平时的表现和身份所应该遵循的习俗——两个人互相交换了名片，这意味着西诺尔将和对方展开一场决斗。西诺尔以他一贯的表现方式表现自己的勇气和胆量，虽然，当天晚上他已经失眠了。难道说自己是一个胆小的懦夫吗?西诺尔周围的朋友没有人会这么认为,包括西诺尔自己都不相信。可是,夜深人静,当所有朋友都不在身边,所有外界的压力、所有外界有形或无形的规则都已经远离时,西诺尔不得不面对自己,真实地面对自己。当自己问自己:“我会害怕吗?”西诺尔惶惑了。他觉得自己应该不是一个胆小害怕的懦夫,毕竟他平时的表现就是勇敢者的形象,毕竟他良好的剑术和枪法使得他几乎不可能会输掉这场决斗——连公证人都认为西诺尔占了绝大多数的优势——那么还有什么可以担心的呢?西诺尔问自己,可是他得不到清楚的答案。日子在逐渐过去,决斗的时刻即将来临了,而在这一个又一个继续表演勇敢和豪情的白天之间,西诺尔度过的却是一个又一个痛苦地面对自己的怯懦的不眠之夜。最后,对于对手的疑惑占据了西诺尔心灵的全部:“他是不是一个比自己更加厉害的对手呢?否则他为什么会如此轻易答应了决斗呢?”西诺尔无法判断,他能够清楚的只有一件事情:如果他不能在别人面前继续保持该有的高贵、勇敢、平静的姿态,如果他在决斗的现场表现出了怯懦,那么,他会声名狼藉,留下可耻的污点。但是,这种平静和胆量他不会有,他心里明白得很。西诺尔自己把自己逼上了绝路:决斗是他自己首先提出的。是的,他曾经非常勇敢地提出过决斗……他曾经非常勇敢……没有办法说清楚这个时候的西诺尔究竟是一种怎么样的思想状态,因为他一方面清楚地了解自己并不是一个真正勇敢的人,可是另一方面,他却如此地渴望和羡慕自己曾经表现出来的勇敢,于是,这种怪异的“勇敢”终于使得他举起了枪——塞进了自己的喉咙……他自杀了。《懦夫》的主题究竟想说明什么呢?是对未知事物的恐惧吗?当西诺尔在一种自我幻想的状态下来考察自己对其一无所知的对手时,他下意识地为自己编造出了一个巨大的敌手形象,并最终被这个形象压垮。虽然连公证人都认为就决斗的内容来看,西诺尔在枪法和剑术上都超越对手,可是西诺尔并不这么看。当对于对手一无所知的时候,就下意识地将对手夸大,这种恐惧并不是对对手实力的恐惧,而是对未知事物的恐惧,就其本质而言,和许多人对死亡的恐惧一样,都是因为未知而产生的担忧焦虑。是对社会的控诉吗?看起来好像如此,如果不是因为西诺尔所处的阶级地位对他有着要求,也许西诺尔根本就不会提出决斗这样的解决问题的方式,如果不是周围朋友对他一贯的看法和信赖——认为他是一个枪法高明、勇敢坚强的人——西诺尔也不会为维护自己的形象而选择自杀。前面的两种说法都有道理,但是《懦夫》最想要说明的,其实是感叹一个人想要真正认识清楚自己是多么的困难。虽然西诺尔一直认为自己是一个勇敢坚强的人,他

江苏译林出版社 2005 年版封面

周围的人也抱有同样的想法和观念，但是这一切就好像清晨的朝雾，迷离而不真实，当太阳出现时就烟消云散了。决斗是西诺尔自己提出的，当他按照自己以为的心愿和信念去做了之后，却被迫发现自己原来并不是这样勇敢坚强。是他周围的人对他提出强制性的要求了么？没有，束缚西诺尔行为的是他自己。每个人都对自己有幻想，认为自己有多么的伟大或者杰出，这是正常的。但是，以这种经过自我美化之后的形象去面对真实的世界，所得到的结果也只能是被迫面对真实的自己。西诺尔自杀了，他无法容忍的是自己可能会在决斗中失利吗？绝非如此，因为即使是决斗失败，最糟糕的结果也无非是一死而已，所以他无法容忍的绝不是战死的结局，甚至也不是维护自己的形象，他无法容忍的是发现自己真实的面目竟然是如此的一个懦夫！他无法接受这样一个残酷的事实：原来他是一个懦夫！残酷的真实以无可回避的姿态摆在了西诺尔的面前，而他却无法承受，他只能选择逃避，他只能选择继续欺骗自己。当他选择自杀时，他所想要欺骗的并不是周围的人，而是要欺骗自己，即使，是以生命为代价。古希腊帕特农神庙的立柱上刻着一句箴言：认识你自己。我们能够认识自己吗？如果对回答有所犹豫，那么，我们就还没有真正认识自己。更需要特别指出的是，对于正处在青春岁月的人来说，一切未来的可能都还没有被消耗，所以自身的成长还具有很大的可塑性。认识清楚自己，了解自己的长处和短处，在未来的日子里进一步完善自己，这是必须要去做的事情。也许，在这个过程中，面对残酷的现实，我们会发现自己暴露出这样或者那样的不足，甚至是暴露出过去一直隐藏在意识最深处的种种丑恶，我们所应该做的，绝不是像西诺尔那样去逃避，而是要勇敢地面对，面对自己，去承认它，去克服它，这才是正确的做法。如果做不到这一点，那么，我们也就只能是和西诺尔一样，成为一个不能正确认识和面对自己的懦夫了。

上海人民美术出版社 2008 年版封面

从整体上说，莫泊桑是一位伟大的小说家，他的作品注重对人的灵魂深处进行拷问，同时加以感情的波动，从他笔下的一个个鲜明的形象中，我们不难发现作家那种对人类苦难、对处在社会底层人民生活艰难的深深同情。有人曾经认为这种悲天悯人的情怀是错误的、不切实际的，但是我们今天重读莫泊桑的著作，作者在很久以前提出的问题依然会令我们震撼，这也许就是我们为什么要对莫泊桑保持足够敬意的原因吧。

重点提示

莫泊桑的文学成就以短篇小说最为突出，被誉为“短篇小说之王”，对后世产生了极大影响。短篇小说布局结构的精巧、典型细节的选用、叙事抒情的手法以及行云流水般的自然文笔，给后世作家提供了楷模。莫泊桑短篇小说的风格，如果用几个词简单加以概括的话，那就是：简练、精致和优美。

第一，莫泊桑以有限的篇幅、少许的人物和比较单纯的背景及事件，在不同程度上反映时代的某一侧面或片段本质。他常常把确定的主题，高度凝练地集中到几个场景和场面中去表现。在选材上，莫泊桑对特殊的、奇特的事件不感兴趣，他的短篇都以日常生活故事或图景为内容，摹写日常生活中的人情世态。平淡准确一如现实生活，没有人工的编排与臆造的戏剧性，不以惊心动魄的开端或令人拍案叫绝的收煞取胜，而是以一种真实、自然的叙述艺术与描写艺术吸引人。作者本人基本上不直接表达自己的倾向，而是通过故事本身表达这种倾向，尽力做到客观、冷静。但是小说并不是完全没有激情，它的激情隐藏在内容之中。

第二，巧妙的构思和布局是莫泊桑短篇小说的又一大特点。取材于平凡的日常生活，巧妙、引人入胜的情节结构和布局使莫泊桑的小说生动而富有吸引力。他的短篇小说常常像故事一样娓娓动听，给人亲切自然的感觉。在似乎平淡的叙述中，早已埋伏了精心设计的妙笔。莫泊桑在有的作品中，甚至不用情节作为短篇的支架与线路，他总以十分纤细、十分隐蔽、几乎看不见的线索将一些可信的小事巧妙地串联起来，聪明而不着痕迹地利用最恰当的结构上的组合，形成意想之外的场面。有时先制造重重迷雾，故意将读者引入歧途——对故事的发展和结局做出种种猜测，而结果却全然相反。几乎每篇都新颖别致又存在一个共同点：入情入理，真切可信，十分自然朴实。有的采取矛盾“层递法”，通篇小说起伏跌宕，或一开始就造成极大的悬念，然后出人意料地急剧转折，多姿多彩、生动有趣。他的结构，从叙述方式看，既采用由原因推向结果的顺叙式，又采用由结果溯原因的倒叙式，还有插叙之中再杂倒叙。从结构手段看，许多篇章在情节的主干以后，还在开头设有“引子”，结尾也多有照应。这不是莫泊桑的独创，而确实是他结构小说时最喜欢用的一种手段。

第三，采用自然朴素的白描手法，描写事物能抓住神髓，细致、准确、传神。莫泊桑在短篇小说的细节描写方面表现了非凡的才能。他的短篇小说里，细节的描写既准确又传神，他的短篇小说里许多人物之所以能够“站起来”，给人留下经久不灭的印象，在很大程度上跟他细致的细节描写有关。

[德国] 艾克曼

《歌德谈话录》

作者简介

此书是由歌德的朋友艾克曼辑录整理而成的。艾克曼是伟大作家歌德的一位忠实的崇拜者，也可以说是一个“歌德迷”。他一生追随歌德，成了一名作家，也成了一位理解歌德、深得歌德之心的朋友。因此，这本《歌德谈话录》虽非歌德本人撰写，却相当真实地记下了伟大作家的思想、情感、言论。

约翰·沃尔夫冈·歌德(1749—1832)是18世纪末19世纪初德国的伟大诗人、作家和思想家，他的创作把德国文学推向了一个前所未有的高峰，并对欧洲文学的发展作出了巨大的贡献。1749年歌德生于法兰克福，父亲约翰·卡斯帕尔·歌德是皇家顾问、法律博士，母亲是当时法兰克福市长泰克斯托尔的女儿。童年的歌德已显现出惊人的理解力。8岁时，他已能把文科中学中最高学年的拉丁文练习题译成德文，并开始学习法语、英语、意大利语以及希伯来语。10岁时他广读伊索、荷马等人的作品，11岁时又博览拉辛和莫里哀的名著。1765年8月，在父亲的坚持下，歌德违背自己学习古典文学的意愿，到莱比锡学习法律。1770年4月前往斯特拉斯堡继续完成学业。歌德的写作生涯是从10岁开始的。1774年秋，《少年维特之烦恼》的出版使他一举成名。1775年11月，歌德来到魏玛，次年进入魏玛公国宫廷参政，开始了他近10年的官宦生涯，曾任枢密顾问官、军事长官，主持过税务署，等等。1786年9月，他开始为期数年的意大利之游，专心研究自然科学，从事绘画和文学创作。1788年，他回到魏玛后只任剧院监督，政治上倾向保守，艺术上追求和谐、宁静的古典美。1794年，歌德与席勒相遇，开辟了“以歌德和席勒的友谊为特征”的德国古典文学全盛时期。随着欧洲民主、民族运动的高涨和空想社会主义思想的传播，他的思想和创作也随之出现了新的飞跃，在10年时间里，他们在创作上互相

伟大的作家歌德

帮助，各自写出了他们的名作。在席勒的促进下，歌德创作了他的毕生巨著《浮士德》。两位文学巨人 10 年的相处与合作把德国古典文学推向了高峰，并使魏玛这座小小的公国都城一跃成为当时德国与欧洲的文化中心。

歌德一生的恋爱生活丰富而曲折，充满浪漫主义色彩。1775 年，他在法兰克福与 16 岁的莉莉·斯温曼订婚，使他度过一段“一生中最激动、最幸福的时光”，但终因家长反对，两人未能结成连理。1806 年 10 月，经过多次恋爱挫折之后，歌德与克里斯蒂涅结婚，10 年后妻子先他去世。歌德在晚年又经历了一次传奇式的爱情——74 岁时爱上了 19 岁的莱维佐夫。社会舆论的反对，使他的最后一次爱情遭到失败。歌德生活的最后 20 年是相对平静的，他竭尽全力从事创作和自然科学研究。这位文学伟人在完成他的巨著《浮士德》的第二部后，于 1832 年 3 月 22 日与世长辞。

作品提要

艾克曼辑录的《歌德谈话录》的内容极其丰富，包括以下几个方面。

1．宇宙观

歌德的宇宙观是相当复杂的。从自然观而言，他的宇宙观基本上是唯物的。1831 年 2 月 30 日，歌德在与艾克曼的谈话中，驳斥了自然科学领域的目的论。歌德认为：人以外的自然物之所以产生和存在，自有它自身的原因，而绝不是为了人；自然物之所以如此，自然都有其存在的理由，但绝不是为了自身的什么目的。他反驳说：“人甚至想不到就连一棵小草也不是为他而设的。”但是，他又推崇康德的《纯理性批判》，承认康德的先验论和超验论。

从政治观上看，1824 年 2 月 4 日，歌德与艾克曼谈到法国革命，他时而拥护时而厌恶。1830 年 3 月 14 日，歌德在与艾克曼的谈话中反对文艺要为政治服务，反对文艺做政党的喉舌。1831 年 5 月 2 日，他在与艾克曼的谈话中继续否定文艺要为政党服务的观点，他认为有的文艺家是靠为党派服务才红起来的。他们丧失了足够的独立品格。

从宗教观来看，歌德的宗教观主要表现在对基督教的看法上。1832 年 3 月 11 日，歌德与艾克曼的谈话中涉及了他对基督教的看法。歌德认为，基督教会只是靠人们的信仰来支撑的，基督教会的权力是为了统治人民，为了维护它的统治，它制定了荒谬的规章并且制造了人民对它的迷信。1829 年 4 月 3 日，歌德在谈话中又揭露了天主教徒们的丑恶行径。对于《浮士德》里灵魂升天的描写，歌德解释那只是借用基督教的神话传说而不是什么迷信。

在民族文化的问题上，歌德认为，民族文化不只是一个中心，要多元化。歌德在经济方面充分提到了德国统一的必要性,但是在谈到文化时,歌德认为不应只有一个中心。一个国家只有一个中心点是不利于文化发展的,因为一个中心点无法把它的光辉辐射到边远的各地。在谈到中国文化时,歌德认为中国文化与德国文化有同等价值,有些地方甚至超过德国文化。

安徽教育出版社2006年版封面

2. 天才论

歌德认为,天才是一种创造力,是一种长久发生作用的创造力。他说:“天才和创造力很接近。”歌德把“天才”看成是长久起作用的因素,看成是长久起作用的创造力,认为没有发生长久创造力的就不是天才。歌德说:“我们在文学领域里也有些要人在世时曾被捧为伟大的天才,身后却没有发生什么影响,他们比自己和旁人估计得要渺小。因为我说过,没有发生长远影响力的就不是天才。”谈话中,歌德突出强调了身体对于天才创造力的重要。歌德把拿破仑看成是一个身体强壮的天才,他十分具体地描述了拿破仑的强健,以及这种强健在创造事业过程中的作用。在衡量一个人是否是天才、是否具有天才创造力时,歌德认为这不能只凭他创造事业的数量,还要看他事业成就的质量。歌德之所以把拿破仑看成是天才,是因为他创造事业的质量高,因为无论在什么场合,无论在和平时期生活还是在军事艺术中,无论是面对钢琴还是站在大炮后面,他都能显出灵巧。

歌德还认为,天才具有集体性。歌德所说的集体性,是指天才的成功是有集体的助手在里面的。也就是说,无论是天才的产生,还是天才在事业上的成就,都有集体的助手在里面,都有群众的帮助在里面。他说:“事实上我们全都是些集体性的人物,不管我们愿意把自己摆在什么地位,严格的说,可以看成我们自己所特有的东西是微乎其微的,就像我们个人是微乎其微的一样。我们全都要从前辈和同辈学习到一些东西。就连最大的天才,如果他单凭他所特有的内在自我去对付一切,他也决不会有多大成就。”歌德还批评了一些当时自恃高明的人,因为这些自恃高明的人不懂得天才具有集体性的道理,“他们醉心于独创性这种空想,在昏暗中摸索,虚度了半生光阴”,结果一事无成。在谈到自己时,歌德认为自己“只不过有一种能力和志愿,去看去听,去区分和选择,用自己的心智灌注于生命中所见所闻,然后以适当的技巧把它再现出来,如此而已”。

歌德还有一种“精灵”理论,他说:“精灵在诗中到处都可以显现,特别是在无意识状态中,这时一切知解力和理性都失去作用,因此它超越一切概念而起作用”“精灵在拜伦身上大概是活跃的,所以他对广大群众有很大的吸引力,特别是能使妇女们一见倾心”。歌德还认为，音乐里显出最高度的精灵，高到非知解力所能追攀的程度。

3. 美学思想

歌德认为，美是一种本原现象，它是可以目睹的。首先，就自然美来说，它存在于美的自然物体本身。歌德认为，美的自然物往往展示出一种“可望而不可攀的魅力”，但是他又说，“他并不认为自然的一切表现都是美德”，在他看来，自然物的美，是需要一定条件的，是需要有环境来配合的。美具有和谐的属性，以美的橡树来说，它必须和环境和谐起来、统一起来，它才可能是美的。其次，就美的社会事物来说，歌德认为它同样存在于美的社会事物中，例如道德美。至于艺术的美，按照歌德的逻辑，它当然也是存在于艺术品的题材之中，它只能是艺术品的本原现象。

歌德认为，美有它的“自然定性”，要“符合它的目的”，这实际上就是美的规律和美的法则。他所说的橡树美需要与周围环境相配合的问题，实际就是说形式中的多样统一规律，也就是和谐统一规律。歌德认为，事物达到自然发展的顶峰就是美，因为那样“事物就会完全显示它特有的性格”，实质都是指事物符合了它的自然定性。

在残缺美和缺陷美的问题上，歌德认为，一切残缺事物和缺陷事物都是不美的。对于一些人所认为的残缺美和缺陷美，他则认为那是庸俗人的“美的教条”。

4. 文艺理论

在自然与艺术的关系上，歌德认为，自然是艺术的源泉，世人所要表现的“现实生活”和“思想感情”，都属于艺术创作的题材范围，都来自于自然，歌德还说自己一向瞧不起空中楼阁的诗。歌德认为诗人在选择题材、处理题材时，要有一种老实认真的态度。同时歌德还认为，艺术高于自然。艺术高于自然的规律，具体技巧就是虚构，不仅画家可以使用，文学家也一样可以使用。

上海译文出版社 2008 年版封面

歌德认为，艺术创作要从个别入手，在歌德看来，“艺术真正高大的难关”，就是对于个别事物的掌握。为此，他劝艾克曼“必须费大力挣扎，使自己从观念中解脱出来”；必须对个别事物进行仔细观察，因为这样才能发现个别事物的特征，才能开始进入创作过程。为了强调写作必须从个别入手，歌德在阐述从个别入手的重要性时，极力反对从定义和观念出发的做法。他说：“有什么必要下那么多的定义？对情境的生动情感加上把它表现出来的本领，这就形成诗人了。”

在对待古典主义和浪漫主义的问题上，歌德在理论上一直坚持古典主义，但是在创作实践中，歌德实际上经常把两者结合起来。他把古典的看成是“健康的”“通体完美的”“具有鲜明轮廓的”，浪漫的就是病态的。1826年1月29日，歌德在与艾克曼的谈话中认为，近代作品存在着“软弱、感伤和忧郁的现象”。这里说的软弱、感伤和忧郁的近代作品，指的就是浪漫主义的作品。

歌德还站在世界文学的高度，来认识和评价各国各民族文学。他从民族文学里看到了存在于其中的共同性和普遍性，看到了世界性。1826年7月26日，歌德在与艾克曼的谈话中说，“莎士比亚是一个伟大的心理学家，从他的剧本中我们可以学会懂得人类的思想感情”。这种“人类的思想感情”就是民族文学的共同性和世界性。另外，他还认为，在民族文学世界性的基础上，必将出现更高级形态的世界文学，因此，歌德一方面提倡世界文学的发展，一方面呼唤世界文学的来临。

歌德与艾克曼的谈话，涉及的理论问题是多方面的，除了上述主要问题之外，还有其他几个问题说得很精粹，例如文艺形式的独立作用、文艺家的创作风格、文艺评论和文艺遗产的继承等。

歌德认为，文艺作品的形式是具有相对独立作用的。1824年2月25日，歌德与艾克曼的谈话中说，“不同的诗的形式会产生奥妙的巨大效果。如果有人把我在罗马写的一些挽歌体诗的内容用拜伦在《唐·璜》里所用的词语和音律翻译出来，通体就必然显得靡靡之音了”。

歌德认为，作家的风格是作家内心生活在创作中的表现。他还对风格作了一个定义性的说明。歌德说：“一个作家的风格是他的内心生活的准确标志”；还说“一个人如果想写出明白的风格，他首先就要心里明白；如果想写出雄伟的风格，他也首先就要有雄伟的人格”。

他还认为，文艺批评应该在比较研究中进行。如果离开比较研究，就会“不公正，就会把事情弄糟。如果你想正确，想让每一种作品都摆在正确的地位，你必须拿它和一般德国文学摆在一起衡量，这就要费不少工夫去研究”。

在继承文学遗产的问题上，歌德主张要吸取前人精华。这个继承不是全盘吸收，而是批判的继承，并且继承遗产不能厚古薄今。

5. 戏剧管理

歌德认为，戏剧演出好比是一顿无与伦比的盛宴。1625年3月22日，歌德在与艾克曼的谈话中说：“那里(戏剧演出)有的是诗，是绘画，是歌唱和音乐，是表演艺术，而且还不止这些哩！这些艺术和青年美貌的魔力，都集中在一个晚上，高度协调合作来发挥效力，这就是一顿无与伦比的盛宴啊!”

歌德认为,管理剧院可能遇到两个敌人,一个是对才能的偏爱,一个是女人的引诱。作为一个剧院领导,只有战胜上述两个敌人,才能把戏剧工作搞好。

在 1825 年 3 月 27 日歌德与艾克曼的谈话中,歌德谈到解决剧院经济问题的一个方法,那就是星期天也要演戏。他认为,星期天演戏,每年至少可以多演 40 个晚场,财库可以增加 10 000 多元。

他还认为在挑选新演员上,要根据情况采取各式各样的方式。还可以通过剧本提高演员在社会评价中的地位。

重点提示

《歌德谈话录》曾被惯于挑剔的尼采誉为用德文写出的最重要的散文。它真实地记下了歌德晚年最成熟的思想和实践经验,涉及哲学、美学、文艺理论、创作实践,以及日常生活和处世态度,字里行间透露出歌德的实践的眼光、艺术的眼光和世界的眼光,这三种眼光交相辉映,构成了歌德的智者之言,给人以精神的启迪、洗礼和提升。

先来说一说歌德的实践的眼光。歌德曾经说过,对于任何理论来说,实践是试金石。他借浮士德之口说出了“理论是灰色的,生命之树常青”的警句。他厌倦脱离实际的一切学问,告诫世人“人必须每天每日去争取生活与自由,才配有自由与生活的享受”。他说,真理并不是“上帝”恩赐给你的,而是靠你自己去独立地发现的。靠“上帝”赐给真理的人,在精神上仍然是个奴隶。他指出,“所有时代的科学家都有一种心向, 即认识生气勃勃的形成物,在联系中把握它们外在的、可见的和可以触摸的部分,把它们作为内在的东西的预兆加以接受,这样就能通过观察在一定的程度上掌握整体”。

歌德的实践的眼光与他艺术的眼光是密不可分的。他强调艺术应以自然和现实生活为基础,他说,诗人要做的事,是根据由现实生活提供的动机,把有待表现的要点组织成为一个优美的、生气勃勃的整体。他认为,艺术创作活动决非“天设”与“神授”。虽然他相信“天赋”和“天才”是艺术创作所不可缺少的条件,提出了“精灵”说,但他特别强调“精灵只显现于完全积极的活动力中”。其实,他是在告诉我们,“天才”只有在积极的创作活动中才能发挥作用。此外,歌德还着重提醒我们,要十分重视文化的传承,即继承前辈作家而超越之。他非常崇拜莎士比亚,但他又认为不能让传统的大艺术家、大作家“压垮”了自己的创造精神,应该在学习大家的同时,有所创新,提供艺术的精品。他有一个生动的比喻:“莎士比亚给我们的是用银盘装的金苹果。我们通过学习他的作品得到了他的银盘,但我们装入银盘的只是土豆，这太糟糕了！”歌德领略了太多的人生与艺术生命的问题，他多次提到人格对艺术创作的至关重要的作用。他说，“作家本人的人格较之他的艺术才能对读者要起更大的影响”“一些个别的研究者和作者人格上的欠缺，是我们当今文学界一切弊病的根源”。与此相联系，歌德主张寓知识于娱乐，用真正伟大和纯洁的东西去影响和教育读者，“凡是病态的、萎靡的、哭哭啼啼的、多愁善感的，以及恐怖的、令人毛骨悚然的、伤风败俗的东西，都一概排除”。歌德这些平凡而极有深意的话，犹如一股清泉那样沁人心脾，这是因为许多至今还困扰着我们的问题，似乎早就被他审视过、回答过了。

在《歌德谈话录》中，歌德开阔的世界眼光也十分耀眼夺目。这位智者在一百七十多年前的话表露出十分宏大的世界眼光，不能不使深受狭隘、封闭的民族主义文化情结所束缚的我们感到震惊和鼓舞。他多次提到“世界文学”这一概念，在他的心目中，世界文学有两层含义：欧洲范围内的世界文学，世界范围内的世界文学。他不仅主张欧洲两种对立的流派，即古典派和浪漫派之间的结合，而且十分关心东西方文学的结合。当时许多西方人把中国人看成“另类”之人，而歌德在谈到中国的一部长篇小说（可能是《风月好逑传》）时却说：“中国人在思想、行为和情感方面几乎和我们一样，使我们很快感到他们和我们是同类人，只是在他们那里一切都比我们这里更明朗、更纯洁，也更合乎道德。”在他看来，善、高尚和美是超地区和超国度的，因此他说：“我愈来愈相信，诗是人类共有的精神财富。民族文学在现在算不了什么，世界文学的时代已快来临了。”在歌德说这番话的二十一年后，马克思、恩格斯在《共产党宣言》中也提出了“世界文学”的概念。歌德不仅以世界的眼光审视人类文化的开放性，而且以世界的眼光预示全球地理文明的发展。就在 1827 年，他期望开凿巴拿马运河，打通从大西洋到太平洋的最近航道；把多瑙河与莱茵河连接起来；开凿苏伊士运河，缩短从西欧到印度洋的航程。在他逝世以后，他的预见都成为了现实。

四川文艺出版社 2008 年版封面

《歌德谈话录》是歌德和艾克曼两人的谈话录，不管图书馆把它列入传记类还是文学类，实际都属于纪实文学的范畴，因而它在艺术上的最大特点就是真实。《歌德谈话录》的内容，有些就是艾克曼当时记录下来的，即使有些内容不是当时的记录，但在后来的记录中也是经过认真回忆的，目的同样是“尽量忠实”。艾克曼作了最大的努力，以便“使过去的经历仍带着新鲜的色彩活跃在目前”。第三部的辑录，还借助了瑞士人梭勒的笔记，使真实性得到进一步的保证。

《歌德谈话录》中的歌德形象，不仅具有高度的真实性，还具有完整的人格。艾克曼不仅记录了歌德谈话的言语，还记录了谈话时的环境和情境；不仅记录了歌德的言行举止，还记录了歌德的风度气质；不仅记录了他的事业，还记录了他的私生活；不仅记录了他的生活习俗，还记录了他不同于一般人的个性……就是这样一个多方面的辑录，才在读者面前展示出了一个完整的歌德形象。

[俄国] 契诃夫

《契诃夫短篇小说精选》

作者简介

契诃夫(1860—1904)是19世纪末俄国伟大的批判现实主义作家,情趣隽永、文笔犀利的幽默讽刺大师,短篇小说的巨匠,著名剧作家。契诃夫出身于小市民家庭,父亲的杂货铺破产后,他靠当家庭教师读完中学,1879年进入莫斯科大学学医,1884年毕业后从医并开始文学创作。他的早期作品多是短篇小说,如《胖子和瘦子》(1883)、《小公务员之死》(1883)、《苦恼》(1886)、《万卡》(1886)等,再现了"小人物"的不幸和软弱、劳动人民的悲惨生活和小市民的庸俗猥琐。而在《变色龙》及《普里希别叶夫中士》(1885)中,作者鞭挞了忠实维护专制暴政的奴才及其专横跋扈、暴戾恣睢的丑恶嘴脸,揭示出黑暗时代的反动精神特征。1890年,他到政治犯人流放地库页岛考察后,创作出表现重大社会课题的作品,如《第六病室》(1892),就是猛烈抨击沙皇专制暴政的作品,该小说使列宁阅读后都受到很大震动。《带阁楼的房子》(1896),揭露了沙俄社会对人的青春、才能、幸福的毁灭,讽刺了自由派地方自治会改良主义活动的于事无补。《农民》(1897)极其真实地描述了农民在19世纪八九十年代极度贫困的生活现状,表现了他对农民悲惨命运的关心同情,而《在峡谷里》则揭露富农穷凶极恶的剥削,反映了资本主义渗透农村的情况,说明作者已把表现俄国社会阶级斗争的内容列入其创作主题,如在《新娘》(1903)中,他相信旧制度一定灭亡,新生活早晚会来!

契诃夫后期转向戏剧创作,主要作品有《伊凡诺夫》(1887)、《海鸥》(1896)、《万尼亚舅舅》(1896)、《三姊妹》(1901)、《樱桃园》(1903),都曲折反映了俄国1905年大革命前夕一部分小资产阶级知识分子的苦闷和追求。其剧作含有浓郁的抒情味和丰富的潜台词,令人回味无穷,剧本故事虽取材于日常生活,情节朴素,进展平稳,但却富有深刻象征意义。他的小说短小精悍,简练朴素,结构紧凑,情节生动,笔调幽默,语言明快,富于音乐节奏感,寓意深刻。他善于从日常生活中发现具有典型意义的人和事,通过幽默可笑的情节进行艺术概括,塑造出完整的典型形象,以此来反映当时的俄国社会。其代表作《变色龙》《套中人》堪称俄国文学史上精湛而完美的艺术珍品，前者成为见风使舵、善于变相、投机钻营者的代名词；后者成为因循守旧、畏首畏尾、害怕变革者的符号象征。

契诃夫以卓越的讽刺幽默才华为世界文学人物画廊增添了不朽的艺术形象。他的名言“简洁是天才的姊妹”也成为后世作家孜孜追求的座右铭。契诃夫对中国人民怀有美好的感情，曾约高尔基一同访问中国，但因久病不治而未遂心愿。1904 年 7 月 15 日因肺病恶化而辞世。

作品提要

这部短篇小说集搜集了包括《一个官员的死》《套中人》《变色龙》《苦恼》《第六病室》《姚尼奇》《新娘》等中短篇小说，以创作时间为序，全面展现了契诃夫不同时期的艺术成就。

《一个官员的死》：某晚，庶务官切尔维亚科夫坐在戏院看戏，忽然打了个喷嚏。他不慌不忙地擦自己嘴的时候，发现前排一个秃头也正用手帕猛擦秃顶和脖子，那是一位老将军。切尔维亚科夫吓坏了，连忙赔礼道歉。可是将军有点生气了。

切尔维亚科夫开始惶惶不安，老担心将军要惩罚自己。接连几天，他都去将军家赔不是。最后，将军被折腾烦了，冲着前来道歉的他说：“滚出去！”

切尔维亚科夫的肚子里好像有个什么东西掉了下去。他什么也看不见，什么也听不见，退到门口，走出去，到了街上，一路磨磨蹭蹭地走着……他信步走到家里，没有脱掉制服，往长沙发上一躺，就此……死了。

《套中人》：小说的主人公是一位在中学里教希腊语的中年教师，名叫别里科夫。现实生活让他总是感到心神不安，让他害怕，为了同世人隔绝，不致受到外界的影响，他总想给自己包上一层外壳，给自己制造一个所谓安全的套子：哪怕在艳阳天出门他也总是穿着套鞋，带着雨伞，他的雨伞、怀表、削铅笔的小折刀等一切能包裹起来的东西都总是装在套子里，就连他的脸也好像装在套子里，因为他总是把脸藏在竖起的衣领里面，戴着黑眼镜，耳朵里塞上棉花，坐出租马车的时候也要车夫马上把车篷支起来。这仅仅是他抵挡恐惧的外在表现。另一方面，一切被禁止的东西都让他感到心里踏实、清楚明了，而对一切没有被政府明令禁止的事物他都觉得可疑、害怕。他的一句时时挂在嘴边的口头禅是：“千万别闹出什么乱子来。”特别让人无法容忍的是，他总是像一个幽灵一样不请自到地造访每个教师的住所，一句话不说地坐上一两个钟头，然后又像幽灵一样地消失了。他的恐惧像毒瘤一样一点一点地蔓延，传染给他周围的每一个人。他在学校里待了 15 年，整个学校乃至全城被他这样的情绪控制了 15 年。在这样漫长的时间里竟然没有一个人想要反抗，想要对他说一个“不”字。那是怎样的15年啊!全城的人什么都怕:不敢大声说话,不敢寄信、交朋友、读书,不敢周济穷人、教人识字,不敢吃荤、打牌,不敢搞任何娱乐活动,人们都像他一样蜷缩在自己的套子里苟且偷生。而最可怕的是,渐渐地,这一切都成为了习惯,成为了再自然不过的事情。

江苏译林出版社2003年版封面

学校里新来了一位史地教师,从乌克兰来的,与他一起来的还有他的姐姐华连卡,他们的到来如同一块石子一样把死水一潭的沉闷生活搅起了涟漪。乌克兰地处俄国的南方,那里气候宜人,总是阳光灿烂,那里的人的性格也受了那种地理环境的影响,豪爽,快乐,活泼,这一点非常鲜明地体现在华连卡身上。小说中是这样形容她的:她简直就像蜜饯水果,活泼极了,很爱热闹,老是唱小俄罗斯的抒情歌曲,扬声大笑;她就像一个希腊神话中的爱神、美神一样从浪花里钻出来了;小俄罗斯女人只会哭或者笑,对她们来说不哭不笑的心情是没有的……这样的快乐甚至也感染了“套中人”别里科夫,在众人的怂恿下他甚至打算向华连卡求婚了,不过也仅仅是打算罢了:结婚以后要承担的义务和责任把他给吓住了,尤其让他害怕的是华连卡姐弟两人的思想方式和行为方式,他认为应当为人师表的他们竟然骑着自行车穿街而过,简直不成体统,以华连卡这样的活泼性情,说不定以后就会惹出什么麻烦来。于是他来到华连卡弟弟那里,告诉他这不应该那不应该,这不对那不对,最后被这个火暴脾气的弟弟揪着脖领子从楼梯上推了下去,而这恰巧被华连卡看到了。别里科夫又怕又羞,过了一个月就一命呜呼了。别里科夫就这样极具戏剧性地死去了。学校以及城里的人以为就此可以享受解脱的自由了,而悲哀的是,这种恐惧的情绪已经渗透到每一个人的血液中去了,好心情持续了还不到一个星期,生活又恢复了老样子,照先前一样,仍旧那么压抑、沉闷。

这样的生活什么时候才是头呢?它的根源究竟是什么呢?在小说的结尾处兽医伊万·伊万内奇分析得很有道理,他认为,自己受到委屈和侮辱而隐忍不发,不敢公开声明站在正直自由的人一边,反而自己也弄虚作假,面带微笑,而这样做无非是为了混一口饭吃,为了有一个温暖的小窝,为了做个不值钱的小官罢了。这就是根源所在,为了保全自己、为了一己私利,人人如虫豸一般苟延残喘。

《变色龙》:契诃夫的短篇小说《变色龙》,写的是金饰匠赫留金被一条小狗咬了一口,要求刚好路过那儿的巡官奥楚蔑洛夫主持公道,惩处凶手并让狗主人赔偿损失的故事。开头，奥楚蔑洛夫也声称绝不轻易放过这件事；但是随着狗主人究竟是不是将军翻来覆去的变化，奥楚蔑洛夫的态度也跟着转来转去，最后不了了之。这一切，活现出这位巡官只不过是一个随着对方权势大小极善于迅速改变态度的小丑，就如善于很快改变皮肤颜色以适应四周物体颜色的变色龙。

《苦恼》：小说写的是一个孤苦伶仃的老马车夫，在儿子死后整整一个星期，几次想找人倾吐一下他内心的痛苦，但是谁也不理睬他，他只好向他的老马去倾诉。作者通过这个故事控诉了社会的冷漠无情，描述了劳动人民孤苦无告的悲惨遭遇。

《第六病室》：《第六病室》是契诃夫库页岛之行的产物。它描写了一个发生在外省小城医院里的故事。这所医院里的第六病室是专住“精神病患者”的。病室阴暗潮湿、臭气熏天、拥挤混乱不堪，看门人像狱吏一样肆意殴打病人、克扣病人的食品。患者到了这里不是得到治疗，而是遭到非人的虐待。医生拉京曾经对这种状况不满，但他信奉的是托尔斯泰“不以暴力抗恶”的理论，一点也不进行斗争，只是采取不闻不问的态度。一次，他值班巡视病室，结识了因反抗专制压迫而被关进来的“病人”格罗莫夫，两人谈得很投机。此后不久，拉京也被诬告为精神病人关进了第六病室，照例遭到看门人的毒打。这时拉京才醒悟过来，认识到不抗恶是错误的，但是为时已晚。他在被打后的第二天就死了。小说成功的描写，使人看到那间阴森恐怖的第六病室活像一座牢狱，仿佛是专制俄国的缩影。

《姚尼奇》：德米特里·姚尼奇·斯达尔采夫被派到C城当地方医生。他结识了当地最有教养、最有才气的屠尔金一家。这个家里的每个人都有艺术才能。老屠尔金知道许多轶闻、字谜、俗语，会讲俏皮话。他的妻子长于写小说，总给客人们念那些十分动人但现实生活中绝不会有的故事。女儿叶卡捷琳娜则为客人演奏钢琴，弹的曲子又长又难，听上去像是有许多石头从高山上没完没了地落下来。这家的小男仆巴瓦也会用悲惨的声调表演一句：“苦命的女人，死吧！”斯达尔采夫对屠尔金家很感兴趣并爱上了叶卡捷琳娜。但是，他的求婚遭到了拒绝，因为她决心献身音乐。

四年过去了。斯达尔采夫现在地方医院的工作，并私人行医。他发福得又圆又胖，害上了气喘病，早已不再步行。他的马车也已由两匹马拉的改为三匹带小铃铛的马拉了。他落落寡合。C城人的谈吐、人生观，甚至仪容都使他不愉快，他们只要一离开关于吃的话题，不是茫然不知所措，便是发一通愚蠢的恶毒言论。他逐渐养成了每晚清点他看病得来的散发着各种气味的钞票和玩牌的嗜好。这时的叶卡捷琳娜回到了C城，对他表示明显的好感。他心里燃起一点火花，开始向她诉说他没有光彩、没有思想的生活。但当她说起他有工作和崇高的生活目标时，他想起自己清点钞票的癖好，心里的火花顿时熄灭了。从此，他不再上屠尔金家。

又过了好几年。斯达尔采夫更加发福了。他坐在马车上活像一尊异教的神。他置了许多的房地产。人们已简单地称他为“姚尼奇”。他变得十分暴躁，常对病人发脾气。他独自一人，对什么也不感兴趣。当他偶尔听到人们谈起屠尔金家时便问道:“你们说的是哪个屠尔金家？是有个女儿会弹钢琴的那个屠尔金家吗？”而屠尔金家依然以艺术招待客人，只是巴瓦已不再是小孩，而是青年了。

哈尔滨出版社 2003 年版封面

《新娘》:娜嘉从 16 岁起就盼着结婚，到 23 岁时成了安德烈的未婚妻。现在距婚期只有一个月了，可不知什么缘故她开始感到不安，每夜都睡不着觉。她不知道自己为什么这么苦恼。她想，也许每个少女婚前都有这种苦恼，也许，这是受了沙夏的影响。沙夏是她家一个穷远亲，在莫斯科一个绘画学校差不多读了 15 年书，毕业后在一个石印局做事，每年夏天都要到她家来养病。近几年来，沙夏总向她讲他看不惯她家游手好闲的生活。娜嘉、她的母亲、祖母全都什么事也不做。她们过着舒服的日子，却让四个女仆挤着睡在满是臭虫、蟑螂的厨房的地板上，被褥破破烂烂、臭烘烘。沙夏说，娜嘉她们的生活是不干净、不道德的，因为她们是在吞食别人的生命。这一次，沙夏还怂恿娜嘉出去求学。他说，只有受过教育的、神圣的人才是社会所需要的。这样的人越多，美好的生活才会更快地到来。

这些话使娜嘉心烦，但她不能不承认沙夏是对的。同时，她发现安德烈是一个极庸俗愚蠢的人，她并不爱他，而且可能从未爱过他。她把自己的苦闷向母亲诉说，却得不到母亲的理解。于是她毅然离家去彼得堡求学。

一年后，娜嘉回家度假，路过莫斯科时下车去看沙夏。他病得很重。但娜嘉感到难受的是，她觉得沙夏不再像去年那样新奇、聪明、有趣了。他的谈话、微笑乃至整个身体都有一种过时的、旧式的味道。她回到家后，感到那里的一切也早已过时了，只不过在等待着结束，或者等待着一种年轻的、新鲜的东西开始生出来。在她返回学校以前，家里收到一封关于沙夏患肺病死去的电报。

娜嘉知道，她的生活已按沙夏所希望的那样翻了个身。现在她在家里已变得孤单。整个过去与她已毫无联系了，而辽阔的新生活，虽然朦胧，却在吸引她。她告别了家人和沙夏的房间就愉快地离开了家乡，可能永远不再回来了。

重点提示

这部短篇小说集跨越了契诃夫创作的各个时期，代表了作者小说创作的巨大成就，所选作品展示了其文学风格形成变化的整个过程，同时也全面体现出了他艺术创作上的特色。

小说家契诃夫的创作经历了三个阶段。第一个阶段始于 1880 年，终止于 1886 年。这个阶段的多数好作品是以契洪特署名的，可以说，这是“契洪特阶段”。第二个阶段自 1886 年起，到 1892 年发表《第六病室》为止，《第六病室》是契诃夫创作发展进程中的重大转折点。从 1892 年起，一直到 1903 年发表辞世短篇小说《新娘》止，是契诃夫小说发展的第三阶段，也是他艺术创作活动的顶峰时期。契诃夫在文学上的探索与自己在思想上的探索是同步的。结合契诃夫的思想发展情况来看，其文学风格确有一个由单纯的滑稽向坚决控诉的转变。但纵贯其小说创作的一个不变的基本点是幽默和讽刺。

从深层讲，幽默是一种天生的艺术才能，人正是靠着幽默获得对庸俗的精神超越的。而讽刺则是道德批判的利刃，能够迅速解除一切丑恶的伪装，直接深入人物事件的本质。在俄罗斯文学史上，幽默大师可上溯至果戈理，他的风格影响了后来的契诃夫。但两者存在着差别。契诃夫出身低微因而性格中自强、自尊、自重占了主导因素，他的幽默、滑稽和讽刺，来源于对周围的小市民环境的反映和批判。生活环境决定了他关注的重点是一些小人物的鄙俗，而不是果戈理笔下的地主、贵族、官吏的庸俗腐败。如《变色龙》嘲讽、挖苦一些小人物身上的十足奴性，《跳来跳去的女人》讽刺市侩女性身上虚假的浪漫主义，等等。高尔基说：“我在他的每一个幽默短篇小说中都听见一颗纯真的心所发出的平静而深沉的叹息，这是一个对那些不善于尊重自己人格的人们寄于满怀同情的人所表露的失望和叹息。”这些对庸俗的嘲讽、批判，即使在今天仍然具有现实意义。

上海人民美术出版社 2004 年版封面

夸张、漫画化是契诃夫小说取得幽默讽刺效果的主要艺术手段。夸张包括言语夸张，情节夸张；漫画化则通过肖像描写、道具配置、典型场景和特色言行来实现。因为一个喷嚏惊恐而死的事情（《一个官员的死》）也许不会有，但官僚制度的阴森恐怖却因这种夸张而得以凸显；见风使舵，看人下菜的人到处都有，《变色龙》则为我们夸张地勾勒出了一个典型；思想保守、顽固者大有人在，契诃夫却让他晴天雨天都打上雨伞，戴着眼镜，竖起领子，带上套子，钻进帐子，成为一个漫画式的“套中人”。

形成于《苦恼》《万卡》等早期作品中的抒情心理短篇小说是契诃夫独创的一种体裁。它们不仅蕴含丰富的思想内容，而且具有独特的艺术形式。最醒目的特色是情节淡化，作家着重于日常生活中普通现象的描绘，从中展示人物的思想变化和性格发展，或觉醒，或矛盾，或堕落。契诃夫笔下人物的精神面貌的变化，诸如《公差》中鲁仁的觉醒、《姚尼奇》中的主人公的堕落、《醋栗》和《套中人》里的兽医的思想转折和《新娘》中娜嘉的出走等，都有其生活基础，因而都具有浓厚的生活气息。

在展现人物内心世界方面，契诃夫的独到之处在于他不侧重细致和全面地描绘、刻画人物的心理活动，只求读者从人物的言行举止中看出其内心活动和精神状态。

浓郁的抒情意味是契诃夫中短篇小说的又一重要特色。作家不仅真实地反映现实生活和社会情绪，描写人物的觉醒和堕落，而且巧妙和多样地流露了他对觉醒者的同情及赞扬，对堕落者的厌恶和否定，对美好未来的向往以及对丑恶现实的抨击。契诃夫高超的抒情艺术，表现在他善于找到适当的时机和场合，把抒情流露巧妙地安排在作品中所描写的生活或人物性格已为它准备了成熟条件的地方。例如，《醋栗》中兽医对丑恶现实的激昂抨击。契诃夫还善于把自己的思想和感情藏匿于景物描写之中，巧妙地借景抒情。例如，《套中人》的结尾是一段乡村月夜景色的描写，它突出了自然界的广阔，作家借此表达对那个只是在棺材中才找到了自己的"理想"的套中人的厌恶和谴责。

契诃夫短篇小说作品还有一个公认的重要特点，那就是紧凑精练，言简意赅。他认为，越是严密，越是紧凑，就越富有表现力，就越鲜明。为了使作品严密和紧凑，他主张"用刀子把一切多余的东西都剔掉"。契诃夫在写作实践中认真贯彻了这些主张，因而他的中短篇小说总是紧凑和简练的，而形象又总是鲜明的。读他的作品，读者总有独立思考的余地，总会感到回味无穷。

[印度] 泰戈尔

《泰戈尔诗选》

作者简介

罗宾德拉纳特·泰戈尔(1861—1941)是印度著名诗人、作家、艺术家和社会活动家。1913年获诺贝尔文学奖。

罗宾德拉纳特·泰戈尔1861年5月7日出生在加尔各答市的一个富有哲学和文学艺术修养的地主资产阶级家庭。他父亲是一位哲学家、诗人和宗教改革者,兄姊等也多热心于社会改革和文学事业。他的家是加尔各答许多知识分子的聚集地,经常高朋满座,讨论国家大事,并举行朗读会,演出戏剧等。这种环境对泰戈尔的世界观、文艺观的形成产生了积极的影响。

1878年,他遵从家训到英国学习法律,但到伦敦后,他便按照自己的志趣学习起英国文学和西方音乐来。由于对混乱、黑暗的英国社会感到失望,便于1880年提前回国。

从1884年到1901年,泰戈尔大部分时间住在他父亲的庄园里。这段生活经历对他有着重要的意义。在这里他耳闻目睹了农民的苦难生活处境,妇女地位的低下和婚姻的不幸,对殖民统治下的黑暗现实有了进一步了解。同时,他还搜集了不少民歌民谣,对人民口头创作产生了浓厚的兴趣。因此,他的早期创作多取材于这一时期的生活。1884年至1911年,泰戈尔担任梵社秘书。

泰戈尔于1924年访问清华大学

1901年,他怀着改造社会的愿望在圣地尼克坦创办了一所与劳动结合的新型学校(以后发展成为著名的国际大学)。1905年,英国驻印总督寇松实行分割孟加拉的反动政策,激起了广大人民群众的愤怒,由此掀起了民族解放运动的高潮。这时,泰戈尔来到加尔各答,积极投身于反英斗争，他参加游行，发表演讲，并写了不少歌曲激发人们的爱国热情。

泰戈尔于1883年和妻子的合影

泰戈尔在政治上带有改良主义倾向，他既主张与殖民主义者进行斗争，又害怕暴力革命，幻想通过温和的宗教、哲学、教育和道德等手段来改造国民性，改造社会，从而实现民族自治。正因为如此，当第一次民族解放运动转入低潮时，他思想中的矛盾便暴露出来了。他在尼克坦一直呆了十几年。

20世纪20至30年代，正是印度国内外政治形势发生急剧变化的时期，也是泰戈尔创作的一个转折时期。1917年，十月革命的胜利给殖民地半殖民地人民以巨大的鼓舞。在大好革命形势的影响下，印度国内的民族解放运动又掀起新的高潮。时代的召唤使泰戈尔重新燃起炽热的爱国激情。他结束了半退隐的生活，以崭新的姿态再次投入民族解放运动的巨流中去。1919年，面对英国殖民主义者镇压爱国群众的野蛮暴行，泰戈尔拍案而起，他愤怒地写信给英国总督表示强烈抗议，并庄严声明，放弃1915年英国政府授予他的男爵爵位和特权。与此同时，泰戈尔还加强了对国际问题的关注。他为了寻求民族自强、自立的道路，曾多次出国访问，先后到过英、法、美、荷、日和中国。1916年，他在访问日本、美国以后，发表了讲演集《民族主义》，其中充满了爱国主义热情，洋溢着为振兴亚洲而献身的精神。1924年，泰戈尔访问了中国，回国后发表了《在中国的谈话》，对中国人民的反帝反封建斗争以及苦难处境深表关切和同情。1930年，泰戈尔访问了正在进行社会主义建设的苏联，他在后来发表的《俄罗斯书简》中指出："我所看到的一切都是奇迹，没有一个国家可以和它相比，从根本上就不相同。"泰戈尔通过参加民族解放运动和出国访问，思想上发生了巨大变化。这种变化反映在创作上便是：鲜明的进步政治倾向，愈加强烈的爱国主义精神和深刻的人民性。

1941年8月7日，泰戈尔在加尔各答逝世，终年80岁。

作品提要

在泰戈尔众多文学创作中，他以"诗圣"而名冠天下。走进泰戈尔的诗中，马上就会发现，这里的世界是何等的丰富而又单纯。这里，既有执着的追求，又有对纯真的爱的歌颂；既有人生的体验，又有对未来的憧憬。他的诗如同一条清澈恬静的小溪，静寂而美丽地流过眼前，流进我们生命的深处，沁人心肺，令人微微醇醉。

泰戈尔诗歌的内容是极其丰富的，在以下四个方面尤为突出：

第一，对人民的同情、爱国主义和国际主义思想的表达。

诗人在早年就开始抒写爱国诗篇，人道主义、爱国主义和国际主义成为诗人一生诗歌创作的灵魂。《故事诗》(1900)是一部重要的孟加拉文叙事诗集。诗人为了接通印度优秀的传统精神与现代印度人的思想，着力挖掘印度传统文化的宝库并进行新的阐释，于是，故事诗，一种新的文体，载着古老的故事，从诗人的头脑流到心田，从心田流到笔尖。1900年出版的《故事诗》便是这种创作的结晶。故事诗大多篇幅短小，取材于民间故事和宗教历史传说，经过诗人的艺术加工，借古喻今，反映了印度人民的民族自豪感和与殖民统治者斗争到底的决心，表达了印度人民要求改变不合理的种姓制度和反对压迫者的强烈愿望。诗集中《被俘的英雄》《更多的给予》等歌颂了英勇不屈的民族英雄和人民反抗外族侵略的斗争；《婆罗门》《丈夫的重获》等揭露了印度封建种姓制度的不公平。一部分诗篇反映了农民生活的贫苦和地主、商人的虚伪、贪婪及巧取豪夺，其中取材于佛典和印度教经典的故事，表现了诗人对仁爱、诚实、慷慨的民族传统精神的礼赞。故事诗既有诗的简练优美，又有故事的生动有趣，诗人善于抓住故事中最动人心弦的一幕来描述，着墨不多却韵味无穷。

《诗选》是泰戈尔逝世以后他的朋友替他编选的诗集，集中共130首，诗按创作年代分为四个部分。这部诗集最突出的一点，是编入了许多泰戈尔的表达国际主义和爱国主义思想的抒情诗篇，“这些诗显示了泰戈尔的最伟大最受人民喜爱的一面”(冰心语)。孟加拉是印度民主运动和文艺复兴的中心，泰戈尔在民族争取自由的热潮中写出了热情澎湃的歌颂祖国、鼓舞人民的诗。集中第38~44首就是他在1905年孟加拉自治运动期间写的，例如第38首中“我能生在这一片土地上……即使她不曾拥有王室的珍宝，但她的爱的活财富对我就够宝贵的了”就表达了对祖国的深厚感情；又如第26首中“因此我还有希望——不是破碎被修补，而是一个新的世界要涌现”，表达了诗人必胜的信念。此外，第102首关于非洲的、第110首关于慕尼黑会议的，都是诗人对于殖民主义和法西斯主义最严厉尖锐的谴责。

上海译文出版社 2006 年版封面

《1921—1941年诗选》中，泰戈尔的诗歌创作的视野进一步拓展，关心世界人民的反帝斗争，更富于人民性。在《敬礼》(1937)一诗中，诗人辛辣地讽刺、揭露了日本侵略军在佛寺祈祷侵华战争胜利的丑恶嘴脸。在《边沿集》第18首中发出了战斗的号召：“准备战斗吧，反抗那披着人皮的野兽！”而《生辰集》第10

首则热情歌颂了农民、工人、渔民的劳动，表明泰戈尔晚年与人民的关系更加紧密。

第二，对人生的思索与热爱。

《飞鸟集》(1916)是一部富于哲理的英文格言诗集，共收入诗歌325首，除一部分由诗人译自自己的孟加拉文格言诗集《碎玉集》外，另一部分是1916年泰戈尔造访日本期间的即兴英文诗作。《飞鸟集》以深刻的智慧和简短的篇幅构成其鲜明的特色。例如第6首："如果你因失去了太阳而流泪，那么你也将失去群星了。"第36首："瀑布歌道：'我得到自由时便有歌声了。'"第68首："错误经不起失败，但是真理却不怕失败。"这些短小的诗句，融铸着作者对人生的严肃思考，其内涵丰富、深刻，给人以很深的启迪。

泰戈尔关于人生的诗歌，远非一部《飞鸟集》可以概括。《新月集》《园丁集》中也有部分对人生和生命进行赞美的诗篇。可以说，泰戈尔各个时期的诗歌，对人生的探索都是重要主题；泰戈尔各种题材的诗歌，往往都富于哲理性，这种哲理性正是对人生与世界进行思考的结果。

《吉檀迦利》正是泰戈尔运用艺术手法进行人生宗教哲学探索的一部最著名的诗集。泰戈尔出身名门望族，印度传统文化对他的影响是根深蒂固的。印度古代《奥义书》提出"梵我同一"的思想，"梵"是宇宙本源、最高存在，"我"是个体存在，两者是同一的。中世纪印度教毗湿奴教派提出"神人合一"的宗教思想，都深深影响着泰戈尔。泰戈尔崇拜具有人性的神或具有神性的人，认为只有神人合一的境界才是人生旅途的终点。而如何达到神人合一呢?那就是依靠无限虔诚的对神的爱。他感到，他在生生世世所爱的一切事物，都是通向一个真正的伟大之爱的中介，在现世生活中所有虔诚的崇敬和真挚的爱，都汇集到对神的爱中，他为自己能够成为神的歌手而感到快乐："当你命令我歌唱的时候，我的心似乎要因着骄傲而炸裂；我仰望着你的脸，眼泪涌上我的眶里。"(第2首)当然，泰戈尔的思想毕竟不同于中世纪的宗教诗人，他的思想和创作中更具有现实性和人性的内容。他追求与神的结合不是为了解脱，而是为了要实现人格的升华，因为在他的心目中，神是最上的人，是真善美的象征，人要与神结合，必须先净化自己："我要保持我的躯体永远纯洁……我要永远从我的思想中屏除虚伪……我要从我心中驱走一切的丑恶……我要努力在我的行为上表现你……"(第4首)同时，他的神又是最具人性的，神不是仅仅高居庙堂接受朝拜，而是在人群中，同劳动者同体共存的："他是在锄着枯地的农夫那里，在敲石的造路工人那里。太阳下，阴雨里，他和他们同在，衣袍上蒙着尘土。"(第11首)既然他的神不在人群之外，泰戈尔对神的皈依就不是出世离欲。相反，他热爱生活、国家和人民，他是把对神的虔诚和对自然、对人生的赞颂紧紧融合在一起进行抒写的："我想向你鞠躬……你穿着破敝的衣服，在最贫最贱最失所的人群中行走。”(第 10 首)所以,诗人追求的理想,不只是个人的自我完成,而是国家、民族、人民的自由发展:“进入那自由的天国,我的父呵,让我的国家觉醒起来吧。”(第 35 首)这种对理想的追求,对于处在殖民统治和封建压迫下的印度现实来说无疑是有积极意义的。当然,以宗教和爱为出路是不现实的,诗歌的音调是低沉的,但诗人的执着求索和诚挚情感却打动了千万读者的心灵。

第三,对童真童趣的描绘。

《新月集》(1913)共有 32 首诗,译自孟加拉文诗集《儿童集》。诗人生动描绘了儿童们的游戏,巧妙地展示了孩子们的心理以及他们活泼的想象,把读者带到了一个纯洁的儿童世界,勾起了美好的回忆。郑振铎认为《新月集》如同安徒生的童话一样,有一种“不可测的魔力”“只要一翻开它来,便立刻如得到两只有魔术的翼翅,可以使自己飞翔到美静天真的儿童国里去”。这“魔力”便是童真美所产生的魅力。

孩子们在海边游戏,他们不撒网,只寻觅游戏用的空贝壳;他们不搜求珍宝,只收集石子又把它们丢弃(《海边》)。孩子看到妈妈闷闷不乐,猜想是因为没有收到爸爸的信,便要每天写爸爸那样的信来使妈妈高兴(《恶邮差》)。孩子看到飘动的云朵,幻想天上有人要与他赛船(《纸船》)。诗人用儿童的眼睛去观察,用儿童的心理去想象,用儿童的心灵去感受,由此勾起了对童年生活的回忆,重温了儿时的生活体验。他仿佛又看到了儿时遥望的那株榕树,沉浸着那静寂的水池边的遐思(《榕树》);仿佛又听到了小贩的吆喝声,心里又升起对那种自由自在到处走动的人生的羡慕(《职业》)。

诗人调动了所有现实的和回忆中的情感和体验,揭示和创造了一个童心世界,歌颂了孩子对母亲的爱、对大自然的爱和儿童天真无邪、善良纯净的心灵。这些诗创作的动因是诗人与孩子的共同生活,但创作的目的却不是为了取悦儿童。可以说他是为自己、为成人创作的,因为此时他正处在对外部世界的沮丧之中,他用童心世界的自然、自由、善良、美好与现实世界的矫饰、拘束、邪恶、丑陋相对照,他把童心的世界作为一个理想的世界,通过对这个理想世界的向往来表现对现实世俗世界的厌恶,同时他希望用童心世界净化成人世界,用理想世界改造现实世界。

人民文学出版社 2006 年版封面

第四,对爱情的追求和礼赞。

《园丁集》(1913)是一部“关于爱情和人生的”英文抒情诗集,共收入诗歌 85 首,选自《刚与柔》《心灵集》《梦幻集》《刹那集》等孟加拉文诗集。书中描写爱情的诗篇比较集中，诗人自愿做一个为爱情、为人生培植美丽繁花的园丁，以优美而富于哲理的诗句，歌颂了纯真的爱情，抒写了自己的人生理想。

长江文艺出版社 2007 年版封面

这些诗歌多创作于 1886—1900 年间，此时是泰戈尔诗歌创作进入成熟期之后的第一个高峰，因此这些诗格调欢快而明朗，洋溢着青春的动人朝气，其中跳动着一颗年轻而热情的心。泰戈尔描写了对爱情的渴望、期待和寻求："我的心，这只野鸟，在你的双眼中找到了天空。"（第 31 首）诗人尤其细腻地描写了恋爱中的奇妙表现，含蓄地表达了恋爱中丰富而又复杂的情感："只恐我不珍爱你，你千方百计地闪避我。只恐我把你和大家混在一起，你独自站在一边。我知道，我知道你的妙计，你从来不走你要走的路。"（第 35 首）又如第 41 首："我想对你说出我要说的最真的话语，我不敢，我怕你不信。因此我弄假成真，说出和我的真心相反的话……我渴望静默地坐在你的身旁，我不敢，怕我的心会跳到我的唇上。因此我轻松地说东道西，把我的心藏在语言的背后。"大胆地描写男女青年对自由爱情的追求，是对压抑人性的封建婚姻的一次冲击。同时，诗人还善于把爱情和人生融合起来进行描写，在第 37 首诗中，泰戈尔以"佳人"自喻，通过"佳人"的表白，反映了自己对待生活的良好愿望，诗末更是进一步宣称："我的心不容我只给一个人，它是要给予许多人的。"显然，爱情作为人类生活的一个重要组成部分，泰戈尔对爱情的热烈追求与赞美，是与他的人生基本态度相一致的。

重点提示

泰戈尔的诗歌之所以获得如此巨大的成功，决非偶然。它借以征服我们的，是一种独特的气质和风韵，具有仅仅属于泰戈尔的美学特征。

首先，爱国主义、民主主义是泰戈尔诗歌创作的灵魂，而"泛神"与"泛爱"的哲学思想则是其诗歌创作的基石。这是泰戈尔诗歌在思想内涵上的一个根本特点。

泰戈尔生活和创作的时代是印度民族灾难深重的时代，也是印度民族解放运动日益高涨的时代。时代精神的洗礼和西方民主思潮的影响，令他形成了强烈的爱国主义和民主主义思想。他热情地追求祖国的独立和自由，探索民族的出路。无论在何种题材的诗歌中，都跃动着诗人热爱祖国和人民的赤子之心。通过描写男女青年对自由爱情的大胆追求，诗人抨击了封建主义的包办婚姻。诗人对童心的称赞，实际是对真、善、美的颂扬，其讴歌的儿童世界就是作者自由、平等、博爱的社会理想。诗人创作的宗教抒情诗也不是超脱尘世的颂神诗，他的神亦是诗人追求的真理的象征，诗歌的内容与现实是紧密结合的，寄托了诗人对祖国和人民的挚爱和对崇高理想的热烈向往。而诗人描写自然的诗歌也往往与对黑暗现实的揭露、爱国热情的直抒相结合。诗人更有许多直接抨击封建主义、反映农民苦难、歌颂民族英雄的诗篇。总之，诗人诗歌的艺术美来自于他对孟加拉及印度这片土地的热爱。

同时，泰戈尔吸收了印度传统文化中“梵我合一”的基本思想观念，追求人与神的和谐融合，形成“泛神论”的宗教哲学观。另一方面，他又吸收了西方近代的人道主义思想和博爱的主张，形成了“泛爱”的思想，在承认神存在的前提下，希望建立一个自由、平等、博爱的社会，主张爱的哲学。泰戈尔的这种哲学思想，造成了他诗歌形式上的一个显著而普遍的特点，即“神”介入他各种题材的不少诗中，同时也带来了诗歌风格上的神秘性及隐喻、象征手法的使用。泰戈尔曾写过一些颂神的宗教诗。除此而外，他的不少诗歌中也经常出现“神”或“上帝”。然而大多数时候，泰戈尔只是以“上帝”或“神”的名义及形式，来抒写有血有肉的世俗生活，表达的是他对丰富多彩的现实人生的思考和感情，而并非宗教的内容。“神”在《吉檀迦利》里出现比较频繁，以它为例可见，泰戈尔的“神”是可触可感的，而且是与普通大众在一起的，是诗人追求的最高理想和真理的象征。泰戈尔诗歌中的“神”大致如此，神并不是主宰一切的力量，而人的思想、智慧则受到了肯定和礼赞。泰戈尔选择这一独特的形式，一方面是与他的泛神论思想有关，另一方面，泰戈尔也是从印度人民普遍信神的特点出发，采用了他们所乐于接受的形式。同时，这一形式的采用也带来了诗歌表意的神秘与模糊，使之具有了耐人寻味的魅力。由于诗中“神”的介入，许多内容无法直接描写，于是借助了隐喻、象征等文学手法来加以表现。

花城出版社 2007 年版封面

总之，民主与爱国、“泛神”与“泛爱”结合造成了泰戈尔世界观的丰富性和矛盾性，使其诗歌作品呈现出纷纭复杂的面貌，在呈现其进步性的同时又具有唯心的色彩。

其次，泰戈尔的诗歌在艺术上还具有以下几个特点：

其一，浓郁的抒情气氛与深刻的哲理意味的高度融合。泰戈尔是位抒情大师，他的几乎所有诗集都有浓浓的抒情成分，即使是叙事诗也不例外。这种抒情的特色在《吉檀迦利》中更是用得炉火纯青。同时，泰戈尔又是一位哲人，他总是把那富有哲理意味的思想融化到他的诗作里面去，用诗的激情去蕴含哲理的意味。所以，在《吉檀迦利》中，处处充满人生哲理的深思，又时时流露出丰富而真挚情感的抒发。在蕴含哲理的抒情气氛中，抒发了诗人对人生理想的追求和渴望。如《吉檀迦利》第12首和第70首。

其二，优美而富于变化的诗歌韵律。泰戈尔极重视诗歌的韵律之美。他的孟加拉文诗集《吉檀迦利》和《渡口集》以及其他诗集都是有韵的格律诗。即使是诗人选译成英文的《吉檀迦利》，虽然采用了散文的形式，但其韵律依旧是优美而富于变化的。这是因为他吸收了韵律诗所特有的重复和音节相同的原则，结合散文诗千变万化的特点，创造了富有特别的节奏感的诗歌韵律。从内在的节奏来说，诗人的创作饱含情感，情感的变化起伏也同样构成了诗的节律，达到形散而神不散的高度。泰戈尔的诗歌语言简洁隽永，诗句回环往复，给人以韵律无穷的感受。

其三，朴实自然而又超逸朦胧的诗歌风格。泰戈尔诗歌的朴实，首先来源于作品的现实感。诗人总是以日常生活中随处可见可闻可感之物入诗，揭示出平常中的不平常，那么诗人笔端所流溢出的就是纯朴的印度人民的生活和秀丽的印度自然风光，是一个真实的世界。其次是基于作者表达情感的真切性，无论诗人表露心迹，还是表现人物心理，都是率直而自然的，所以就产生了一种率真自然的美。同时，由于诗歌中大量比喻、象征手法的运用，也给诗歌带来了神秘性和朦胧美。

泰戈尔的许多重要诗篇，距今差不多已有一个世纪了。然而直到今天，我们仍能强烈地感受到诗人笔下大自然的勃勃生机，他对人生的严肃思考、爱心与同情心，抑制不住的激情与快乐！这些富于智慧的思想和美好的感情，就像作者所说的："把它欢乐的声音，传过一百年的时间"(《园丁集》第85首)，给予新世纪的我们以信心、力量和深深的启迪。

以上引文均引自《泰戈尔诗选》(人民文学出版社1958年版)。

[美国] 欧·亨利

《欧·亨利短篇小说精选》

作者简介

欧·亨利(1862—1910),原名威廉·西德尼·波特,1862年9月11日出生于美国北卡罗来纳州一个小镇。父亲是医生。15岁在叔父的药房里当学徒。五年后去得克萨斯州一个牧场放牛。1884年后做过会计员、土地局办事员和银行出纳员。1896年,银行发现缺少一小笔款子,欧·亨利因涉嫌被传讯,他却取道新奥尔良去拉丁美洲避难。1897年,他回国探望妻子,因而被捕,判处5年徒刑。在狱中曾担任药剂师,并开始以欧·亨利为笔名写作短篇小说,于《麦克吕尔》杂志发表。1901年,因"行为良好"提前获释,来到纽约专事写作。欧·亨利创作的短篇小说共有300多篇,收入《白菜与国王》(1904)、《四百万》(1906)、《西部之心》(1907)、《市声》(1908)、《滚石》(1913)等集子,其中以描写纽约曼哈顿市民生活的作品为最著名。他把那儿的街道、小饭馆、破旧的公寓的气氛渲染得十分逼真,故有"曼哈顿的桂冠诗人"之称。他曾以骗子的生活为题材,写了不少短篇小说。作者企图表明道貌岸然的上流社会里,有不少人就是高级的骗子、成功的骗子。当然,需要指出的是,欧·亨利对社会与人生的观察和分析并不深刻,有些作品比较浅薄,因此如果想在他的作品中寻找过多的主题、精神追求、永恒的美德等,那是很困难的。但他一生困顿,常与失意落魄的小人物同甘共苦,对于他们的生活、感情都观察得细致入微,而且又能以别出心裁的艺术手法表现他们复杂的感情,特别是运用他招牌式的巧妙结尾手法给读者以阅读的快感。因此,他最出色的短篇小说如《爱的牺牲》《警察与赞美诗》《带家具出租的房间》《麦琪的礼物》《最后一片藤叶》等都可列入世界优秀短篇小说之中。

作品提要

《财神和爱神》是欧·亨利代表作之一,因为他在作品中巧妙地描写了一位年轻人的爱情故事,特别是在爱情故事背后发生的故事。老安东尼·罗克韦尔是一个大富翁,依靠肥皂厂起家,拥有巨额财富,而他的儿子理查德是一个离开学校才仅仅六个月的年轻人,当然,对于理查德来说，他拥有年轻人的一切特征，包括对爱情的渴望，也包括了理想主义者对于金钱的不屑，有些事情即使有了钱也办不到，理查德就是这么认为的，这显然和他的父亲的观念背道而驰，老安东尼·罗克韦尔绝对相信金钱能对付世上的一切。更妙的是，这两个对象——财神和爱神——同时眷顾了理查德，作为富家子弟的理查德陷入了爱河，不幸的是，他狂热喜爱的对象是很难追求到的。不过有一个看上去很好的机会出现了，理查德喜爱的那位姑娘——兰特里小姐——虽然日程繁忙，不过最近将要经过理查德所在的城市，这显然是一个表白的好机会。当然，美中不足的是兰特里小姐停留的时间太短，而且又安排了许多预定的活动，所以，理查德算来算去，自己能和兰特里小姐单独相处的时间只有七八分钟而已，这显然太短了。埃伦姑妈是一位关心理查德的好亲戚，而且带来了一件好礼物：充满着神秘色彩的古雅的金戒指，据说这枚戒指能给情人带来好运。姑娘大驾光临的日子终于到了，理查德按照预定的行程去接她，在坐着马车赶往百老汇街的路上，理查德出了一点小意外，他把戒指弄丢。于是他请求姑娘给他一分钟的时间去寻找。一分钟之内，理查德就找到了戒指并回到了马车上。可是，就在这一分钟的时间里，事情起了意想不到的变化，一场意料之外的交通阻塞发生了，而且是巨大的混乱的交通阻塞，曼哈顿的全部车辆似乎都挤压在这儿了。人行道上挤满了看热闹的纽约人，成千上万，其中资格最老的人也记不清哪次的阻塞规模能与之媲美。可怜的理查德只好和姑娘呆在车上了，整整两个小时之后他们才脱困。傍晚的时候，埃伦姑妈敲响了老安东尼·罗克韦尔的房门，告诉他关于年轻人的消息：他们订婚了。显然，理查德没有浪费宝贵的时间。一件表示真诚爱情的信物——一枚小戒指象征着海枯石烂心不变、金钱买不到的一往深情，这才是我们的理查德获得幸福的根由。他在街上把戒指弄丢了，便下车去找。他们重新上路之前，街道给堵住了。就在堵车的时间，他向她表白了爱情，最后赢得了她。比起真正的爱情来，金钱成了粪土。看上去故事到此已经可以结束了，而且是一种皆大欢喜的结局：渴望爱情的年轻人获得了爱神的垂青、埃伦姑妈证明了爱神的灵验、读者也可以感叹爱情的魔力和命运的垂青了。不过我们还是继续看下去吧，老安东尼·罗克韦尔并没有对埃伦姑妈的话提出疑义，他只是表示埃伦姑妈不该打断他欣赏精彩的小说。第二天，两个人走进了老安东尼·罗克韦的办公室，领取了他们应得的报酬——制造大规模交通堵塞的报酬……

大连理工大学出版社 2005 年版封面

如果故事在当天晚上就结束的话，充其量不过是一篇三流的蹩脚作者写下的不入流的爱情故事而已。虽然可能会满足一些读者喜欢看到完满结局和对爱神歌颂的阅读偏好，可是也就没有多少深层次的意义在里面了。欧·亨利的伟大之处就在于他的结尾：原来，被读者当作是爱神垂青的交通堵塞——给理查德创造时间并使得他终于赢得姑娘芳心的必要条件——并不是爱神的创造，却是老安东尼·罗克韦尔凭借了财神那无与伦比的财富摆弄出来的，为此，他收买了大批的邮车、马车、卡车、双马马车、汽车和载满货的汽车……完美地上演了一出交通堵塞的好戏。

到底是爱神的力量还是财神的力量呢？虽然对于小说中的每个字我们都能认得明白看得清楚，可是我们却很难回答这样的一个问题。有的人可能会认为是爱神的力量，可是明明是财神创造出了那场交通堵塞。有的人可能会认为是财神的力量，可是仔细查看关于那场交通堵塞的描述，如果不是理查德弄丢了那只象征着爱神力量的小戒指，那么他们就不需要耽搁那一分钟，那么他们很可能赶在交通堵塞之前就已经离开那个区域了，如果这样的话，即使交通堵塞的规模再庞大再混乱一些，也没有办法为理查德创造那必不可少的时间了，甚至还可以说，如果理查德自己没有足够的勇气、智慧和魅力，他也不可能在短短两个小时之内就和姑娘确定了恋爱关系。换句话说，如果理查德本人没有足以打动姑娘心灵的地方，即使是和姑娘在一起四个小时、八个小时，也不可能赢得爱情。又或者有人会为了彰显自身的公正，会提出这样的观点：财神不可少，爱神更重要。又或者是这样的观点：在老安东尼·罗克韦尔和埃伦姑妈的对比中，财神胜利了；而在小伙子和姑娘之间，爱神胜利了。究竟哪种看法正确呢？欧·亨利并没有做出回答，甚至连老安东尼·罗克韦尔都没有正面回答埃伦姑妈的话，只能是在每个读者的心里留下一个谜，然后任凭每个读者依照自己的眼光和喜爱去作出各自的评判了。

对于我们每个人来说，在正常的成长过程中，经常会碰到类似的问题，而且可能还并不限于财神和爱神范围内，不过我们不妨就用这样的例子来分析一下。对于埃伦姑妈及其戒指而言，象征着爱神的力量，也许，就像歌德所吟颂过的那样：“谁家少女不怀春?哪个少年不钟情？”爱神的光辉闪耀在每个年轻人的眼中、眉尖、心上，而且是一种最纯洁的爱情，就如同书中的理查德一样，厌恶弥漫着铜臭气味的财神干涉，生怕会玷污了心目中至纯至洁的爱情，甚至是连想都不愿意去想，更别说是利用铜臭来达到完美爱情的目的了。相信对于绝大多数的年轻读者来说，都宁愿相信这一切都是爱神魔力的作用。不过，老安东尼·罗克韦用他那一贯的观点告诉我们：金钱能对付世上的一切。这么说当然是绝对了，因而是错误的。但是，如果说财神所代表的物质力量是我们所不能忽视的，那么这个说法应该能得到同意了。作为一种梦幻色彩的代表，爱神的光洁是闪现在人们心中的纯洁对象，但是不得不指出的是，这种寄托了高度理想性的形象也只能存在于梦幻之中，而不可能出现在现实世界中，至少是不可能完美地一如梦想中的那样。如果按照梦想中的形象在现实生活中追寻，结果只能是大失所望。财神所代表的物质力量是现实世界中的力量，而我们就生活在现实而非梦想中。作为一种理想和向往，我们可以也应该对爱神保持足够的敬意，但这种敬意并不是盲目的崇拜、无原则的追随。或者我们可以看一看身边的例子，没有谁可以只依靠爱情活下去，这么说可能对年轻的读者来说过于残酷了，不过，及早地认识到生活的本来面目，才可以帮助一个人真正地成熟。或许我们真正应该做到的是像文中的老安东尼·罗克韦尔那样，并不和理想主义者的埃伦姑妈争论个面红耳赤，而只是真正地运用正确的生活原则来办事。幸好，结果是美满的，虽然我们可以保留各自的疑问，仁慈的作者毕竟还是让两位年轻人完美地结合了。

《证券经纪人的浪漫故事》是另一篇谈论爱情的故事，不过其搞笑的工夫似乎更胜《财神与爱神》一筹，也因此，一种浪漫的色彩也就弥漫了读者的心灵。故事的开端，证券经纪人哈维·马克斯韦尔开始上班，与他一起进入办公室的是他的年轻的女速记员，然后是紧张的一天的忙碌。行情收录器的滚轴开始瑟瑟卷动，忽停忽动地吐出卷纸，桌上的电话像害了慢性病似的响个不停。人们开始涌入办公室，隔着扶手栏杆朝他大喊大叫，有的欣喜若狂，有的横眉竖眼，有的恶意满怀，有的激动不已。信童拿着信件和电报跑进跑出。办公室的职员们忙得跳来跳去，就像与风暴搏斗的水手。证券交易所里风云变幻，飓风、山崩、雪暴、冰川、火山瞬息交替；这些自然力的剧动以微观形式在经纪人办公室中再现。马克斯韦尔把椅子掀到墙边，如踢踏舞演员般敏捷地处理业务，时而从自动收录器跳向电话，时而从桌前跳到门口，其灵活不亚于受过专门训练的滑稽丑角。作者优美的笔调、调侃般的描写，形象的比喻，让我们领略了他行文技巧的高超。不过就剧情的发展来说，似乎完全局限在了对一个证券经纪人日常工作的描述，除了一个例外：不知道是哪里出的问题，有人来应征速记员的职位，正困扰在日常工作中的马克斯韦尔大发雷霆，不过这似乎也很正常。毕竟，工作中出现失误是正常的，而被打搅了工作的人大发雷霆也是很正常的，正常得没几个读者会过多地关注这件事。读者一心想要知道的是：既然题目是证券经纪人的浪漫故事，那么，在这个经纪人身上，除了那厚重的金钱味道、忙碌的工作之外，浪漫，躲在哪里呢？故事又在哪里？当马克斯韦尔一天的工作告一段落的时候，当莱丝丽小姐——

中国戏剧出版社 2005 年版封面

那位故事开篇就提到的年轻的女速记员——的芳香在他心中唤出她的容貌，栩栩如生，几乎伸手可及时，读者的疑问似乎得到了解答。看来，浪漫就要出现了。不过一个忙于工作的人究竟会怎么样来表达他的独有的浪漫情节呢？关于这个问题，看上去似乎一点也不浪漫：马克斯韦尔一只胳膊撑在桌上，手上依然握满了文件，耳朵上还夹着那支钢笔，就这么一幅随时准备从爱情阵地上转身跑回工作岗位的模样，却大言不惭地声称："我只能呆一小会儿，趁这个时候给你说件事。你愿意做我的妻子吗？我没时间以常人的方式向你求爱，但我确确实实爱你。请快回答我。那些人又在抢购太平洋联合公司的股票啰。"

天呐，难道求婚的过程居然可以这个样子吗？浪漫到底跑到了哪里？可怜的莱丝丽小姐的反应只能是和我们读者一样，惊诧不已。她站起身，直愣愣地看着他，眼睛瞪得圆圆的。换了谁都只能是目瞪口呆了。行文至此，几乎已经要结束了，可是浪漫怎么还没出现呢？大概所有受困于题目的读者心中都要开始着急了，可是更令人着急的是莱丝丽小姐的反应，她的神态叫人莫名其妙。起初，她好像惊愕万分；继而，泪水又涌出她迷惘的眼睛；其后，泪眼又发出欢笑的光芒；最后，她又柔情地搂住经纪人的脖子。到底是怎么回事？答案就在莱丝丽小姐最后的那一句话："哈维，不记得了吗？昨天晚上8点，我们已经在街上拐角处的小教堂结过婚了。"谜底揭晓了，居然就这么短短的一句话，可以交代过去吗？难道就凭着一句话就可以把文章的题目定名为"浪漫故事"吗？答案是每个读者都可以准确无误地作出的。仅仅是一句话，却使得整篇文章都发出了耀眼光芒，前面那些看似平淡、累赘的描写，现在回头一看，居然可以都是如此的匠心独运，刚才以为和浪漫绝缘的叙述，现在居然可以都与浪漫挂上了钩，这难道还不足以让我们对作者感到敬佩吗？

在文学创作上有句老话，"文似看山不喜平"。平铺直叙的描写会让人感觉疲惫，就好像沿着一条毫无变化的道路开车会使得司机疲惫一样的道理，所以，就像高速公路必须要在明明是直线的道路上也要人为设置转弯的地方一样，写文章也必须要懂得使用"不平"的技巧。但是，戏法人人会变，各自巧妙不同，道理是大家都懂的，可是又有几个人能做到欧·亨利这样的水平呢？短短的一篇文章，居然可以是绝大部分的篇幅都是暗下伏笔，如果用"开端、发展、高潮、结束"这样的结构来分析，整篇文章除了最后一句之外，都是开端，所有的"发展、高潮、结束"的功能和职责都交给了莱丝丽小姐的一句话："哈维，不记得了吗？昨天晚上8点，我们已经在街上拐角处的小教堂结过婚了。"难怪开篇写到两个人一起进来的时候职员们感到了变化的气息、难怪会有人来应聘速记员的职位、难怪马克斯韦尔会大发雷霆把应聘者赶走、难怪……所有的曾经的描述，原本都是这么的平淡。可是，当我们知道了谜底之后，才发现那些平淡的描述居然是一个一个的谜面。设置赤裸裸的谜语让读者来猜测，这本身已经是一种比较灵巧的写作手法，而欧·亨利居然可以高明到这种地步：把谜底揭穿之后，大家才发现谜语的存在。可以说，这样的写作技巧已经达到了炉火纯青的地步了。

《爱的牺牲》和《麦琪的礼物》是两篇可以放在一起欣赏的姊妹篇，当然，如果可以的话，事实上还有许多篇目可以放在同一个主题下欣赏，不过，从写作手法和技巧，以及所达到的成就和水平来看，这两篇无疑是最为杰出的。为什么两篇短短的文章可以引起无数人的共鸣呢？是因为它们真实描绘下的生活场景、小人物生活的辛酸、爱情和理想的冲突、互相关爱互相付出而又不搀杂庸俗功利思想的人际关系等，无一不是深深感染我们的因素。在我国唐朝时，著名诗人元稹曾经写下一句千古绝唱："诚知此恨人人有，贫贱夫妻百事哀。"可以说，这种生活的辛酸与爱情的高贵之间的冲突，以及作为活生生的人的存在的我们，对此百般的无奈和委屈困苦，已经超越了时代、超越了国界、超越了肤色，才会在我们的心灵深处激荡起巨大的回响。就故事情节来说，这两篇文章所叙述的故事并不是多么的出人意料，但是作者所擅长的结尾手法却使得这一切具有了升华的意义，也因此而蒙上了感动的色彩。在《爱的牺牲》中，同样热爱艺术的夫妻两个人陷入了生活的困境，他们已经支付不起学费，甚至连生活费用都出现了困境。俗话说靠山吃山、靠水吃水，夫妻两个决定通过艺术的方式来赚取一定的费用——教授初级的音乐课程、出售自己的画作——看上去他们进行得非常顺利，但是一次意外事件使得双方真正知道了对方在做的工作究竟是什么：命运的安排使得他们没有办法按照预想的轨道前进，虽然他们宣称自己是在从事艺术活动，但是事实上，他们所从事的是烫衬衣、烧火之类的粗活而已。对于一直梦想着成为艺术家的夫妻两人来说，他们都有着追求艺术的狂热爱好，但是，究竟是什么样的力量使得他们愿意去从事这些跟艺术毫不相关甚至会毁掉他们艺术追求的粗活呢？更关键的是，当他们彼此默默做出了如此巨大的牺牲时，他们甚至根本就不愿意让对方知道自己为此付出的代价，是什么样的力量促使他们这样去做呢？而在《麦琪的礼物》中，就像作者所感叹的那样：他们都为了对方而愚蠢地失去了自己的珍贵之物：德拉的长发、吉姆的金表。为了能送给对方一件圣诞礼物，德拉狠下心剪掉并卖出了自己一向引以为傲的长发，买到一件能配得上吉姆那璀璨金表的配件；可是吉姆也做出了同样的选择，他卖掉了自己的金表，换得一套足以配得上德拉那美丽长发的全套梳子——德拉曾经如此渴望得到的梳子。于是，我们看到了，两个人舍弃了自己最珍贵的物品，可是换来的却是已经没用的礼物：德拉的长发已经没了，吉姆的金表也卖掉了，梳子和金表配件等于是废物了。我们在感叹两个人的不聪明的行为时，却不得不发现，一种羡慕和渴望的情感却正在我们的心底深处浮

人民文学出版社 2008 年版封面

起，也许，一层雾气会在此时弥漫了我们的眼睛，这种为了爱而可以付出一切的真诚感情才是真正感动了我们的因素。虽然看上去主人公的做法都是如此的笨拙、愚蠢，在《爱的牺牲》里，也许理智的人会说：如果是让夫妻两个人中间的一个去努力打拼赚钱养家，而让另一个人继续完成事业上的追求，岂不是更加完美？而在《麦琪的礼物》中，如果双方能够互相沟通一下，至少不会将两件珍贵的物品同时失去，损失率可以降低 50%！试想一下，我们能够如此衡量吗？如果事情真的这么演变了，我们还会如此感动吗？在任何时候，我们都不得不注意到这样一个事实：我们是人，我们是感情动物！这一点事实非常明显，明显到了我们甚至已经看不到的地步。幸好，还有欧·亨利这样的大师，用他那优美的文笔、精心的构思，提醒我们：我们是人，我们是感情动物。在物欲横流的时代里，在很多人已经习惯于用物质条件来衡量我们的生存状态时，我们不得不感谢欧·亨利对我们做出的提醒。

前面所介绍的四篇文章，都描写了同一个主题：爱情。可是主人公的生存状态却不一样，或者说物质条件不一样，前两篇的主人公都是有着非常好的财富背景，特别是《财神和爱神》的主角，其财力足以制造大规模的交通混乱，任意调动所有可能的因素来实现愿望；相对地，后两篇的主人公则是处在社会底层的普通民众，物质极度的匮乏是他们生存的背景。如果说前两篇会给我们浪漫的感觉，赢得我们会心的微笑，那么后两篇会给我们辛酸与甜蜜的混合感受，赢得我们“含泪的微笑”。究竟哪一种状态更能打动我们?这个问题欧·亨利没有回答，而且每个读者大概也都有自己的判断，不过，他们所拥有的共同的主题：纯洁而高贵的爱情，却是我们都为之赞颂的。而通过精巧构思与行文告诉我们如此动人故事的欧·亨利，同样是我们应该为之赞颂的。

与前面几篇故事有所不同的是《警察与赞美诗》。对于主人公索比来说，他最大的愿望就是在寒冷的冬天能够有个躲避严寒的地方。整整三个月，有饭吃，有床睡，还有志趣相投的伙伴，而且不受“北风”和警察的侵扰。对索比而言，这就是日思夜想的最大愿望。即使这样的地方是监狱——常人避之惟恐不及的地方——也是可以接受的，不，应该说恰恰是索比渴望的。于是他用尽了种种方法去实现自己的这个微薄的、可怜的愿望。仅仅是这样的一个愿望，就已经足以让我们对其产生同情了。接下来，欧·亨利详细描述了索比种种犯罪的企图：到饭店白吃一顿、砸坏街边商店的橱窗、调戏妇女、疯狂吵闹扰乱秩序、偷盗物品……可是命运的安排使得索比的愿望一次次地落空。宗教信仰使得索比开始怀疑自己所做的一切是否违背了上帝对自己的怜悯。然而当他感动于遥远教堂传递的安详气息、当他正在打算重新开始做一个正当人的时候，警察抓住了他。索比的"愿望"实现了：他被关进了他曾经如此渴望去的监狱——一个可以躲避严寒、有饭吃、有床睡的地方。

已经没有办法再用"含泪的微笑"之类的说法来描述索比的遭遇，甚至是宗教信仰也没有办法拯救这个已经开始准备重新做人的可怜的索比。当索比渴望入狱的时候，他再怎么犯罪也进不去，可是当他放弃了这个念头的时候，警察抓住了他……还能找出更加令人辛酸的遭遇吗?欧·亨利不动声色地叙述着故事，浓重的悲哀却压抑在我们的心头。随着索比遭遇的变化，我们可能不得不产生一种愤怒：这个世界究竟怎么了？没人知道答案。

重点提示

从艺术手法上看，欧·亨利善于捕捉生活中令人啼笑皆非而富于哲理的戏剧性场景，用漫画般的笔触勾勒出人物的特点。作品情节的发展较快，往往在结尾时突然出现一个意料不到的结局，使读者惊愕之余，不能不承认故事合情合理，进而赞叹作者构思的巧妙。这种出人意料的结尾手法使得他的小说广为传诵，乃至于后世将这种写作手法命名为"欧·亨利式"，但是他在写作中过多地运用这种手法，有时候难免粗制滥造、为变化而变化。他的文字生动活泼，善于利用双关语、讹音、谐音和旧典新意，妙趣横生。不过，毕竟他是使用英语写作，我们现在能读到的是经过翻译之后的作品，所以对这一点恐怕是不大容易领略到了。他还能以准确的细节描写，制造与再现气氛，特别是大都会夜生活的气氛。欧·亨利长期生活在下层，形形色色的社会现象使他对这些矛盾感同身受。曲折的人生、丰富的经历、独特的视角和敏锐的观察，使他情不自禁地把社会的各种现象形象地概括在自己的作品中，如下层劳动群众生活的贫穷艰辛，道貌岸然的上流骗子，巧取豪夺的金融寡头，肆无忌惮的买卖官爵，小偷、强盗、流浪汉的生活，以及失业、犯罪，等等。对贫民他充满了同情，对资产阶级剥削者从不同角度予以批判与揭露，道出了下层劳动群众对剥削、压迫的愤怒反抗与心声。从总体上说，欧·亨利不愧为一位杰出的享有世界声誉的小说大师。

[法国] 罗曼·罗兰

《名人传》

作者简介

罗曼·罗兰(1869—1944),19世纪末20世纪初法国著名的批判现实主义作家、音乐史学家、社会活动家、著名小说家、剧作家和评论家。被《不列颠百科全书》称为“二十世纪法国文学中最伟大的神秘主义者之一”“人类深深爱戴的作家”。

罗曼·罗兰的创作大致可以20世纪30年代为界分为前后两个时期。前期作品,主要有取材于法国大革命的《革命戏剧集》,包括《群狼》(1898)、《丹东》(1900)、《七月十四日》(1902)、《圣路易》(1897)、《埃尔特》(1898)、《理性的胜利》(1899)、《爱与死的较量》(1925)、《罗伯斯庇尔》(1939)等剧本8部;3部英雄传记:《贝多芬传》(1903)、《米开朗琪罗传》(1906)、《托尔斯泰传》(1911);长篇巨著《约翰·克利斯朵夫》;中篇小说《哥拉·布勒尼翁》(1919),以及一系列反映其反对战争、反对一切暴力,担忧集体主义制度妨害个人“精神独立”等思想的论文。后期作品有长篇小说《母与子》(旧译《欣悦的灵魂》)4部:《阿耐蒂和西勒维》(1922)、《夏天》(1924)、《母与子》(1927)、《女预言家》(1933),以及一系列散文、回忆录、论文等。特别是1931年,他发表了《向过去告别》一文,批判了自己过去所走过的道路,从此积极参加反对帝国主义战争、保卫和平的活动,成为进步的反帝反法西斯的文艺战士。第一次世界大战期间,罗曼·罗兰发表反战散文《超越混战之上》(1915),1916年获诺贝尔文学奖。与此同时,他经过10年酝酿、10年写作,完成了杰出的代表作《约翰·克利斯朵夫》,被高尔基称为“长篇叙事诗”,被誉为20世纪最伟大的小说。这部小说创作于1904年至1912年间,共10卷,以主人公约翰·克利斯朵夫的生平为主线,描述了

1931年,罗兰和好友甘地在瑞士。

这位音乐天才的成长、奋斗和终告失败，同时对德国、法国、瑞士、意大利等国家的社会现实，作了不同程度的真实写照，控诉了资本主义社会对艺术的摧残。全书犹如一部庞大的交响乐，每卷都是一个有着不同乐思、情绪和节奏的乐章。由《约翰·克利斯朵夫》始，罗曼·罗兰开创了一种独特的小说风格。该巨著获得1913年法兰西学士院文学奖，1915年获该年度诺贝尔文学奖。罗曼·罗兰也因这部小说一举成名，受到了全世界人民的喜爱。

第二次世界大战期间，罗曼·罗兰在沦陷的法国闭门写作，表达他对侵略战争的抗议。他的书籍被纳粹分子焚毁，法国傀儡政府禁止学校用他的作品作为教材和读物，罗兰处在十分艰难的境遇中。1944年12月，罗曼·罗兰寂寞地辞别了人世。

作品提要

《名人传》是法国作家罗曼·罗兰教授艺术史和研究音乐期间所著《贝多芬传》(1903)、《米开朗琪罗传》(1906)和《托尔斯泰传》(1911)的合称。本书的三位传主都在人类历史上极富天才，罗曼·罗兰紧紧把握住这三位有着各自领域的艺术家的共同之处，着力刻画他们在忧患困顿的人生征途上历尽苦难与颠踬而不改初衷的心路历程，凸现他们崇高的人格、博爱的情感和广阔的胸襟，从而为我们谱写了另一阕"英雄交响曲"。

《贝多芬传》《米开朗琪罗传》《托尔斯泰传》三部传记着重记载伟大的天才在人生忧患困顿的征途上，为寻求真理和正义，为创造能表现真、善、美的不朽杰作，献出毕生精力的伟大精神。他们或由病痛的折磨，或由遭遇的悲惨，或由内心的惶惑矛盾，或三者交迭加于一身，深重的苦恼，几乎窒息了呼吸，毁灭了理智。他们所以能坚持自己艰苦的历程，全靠他们对人类的爱、对人类的信心。贝多芬供大家享乐的音乐，是他用痛苦换来的欢乐。米开朗琪罗留给后世的不朽杰作，是他一生血泪的凝聚。托尔斯泰在他的小说里，描述了万千生灵的渺小与伟大，描述了他们的痛苦和痛苦中得到的和谐，借以播送爱的种子，传达自己的信仰：一切不是为了自己，而是为了上帝生存的人；当一切人都实现了幸福的时候，尘世才能有幸福存在。罗曼·罗兰把这三位伟大的天才称为"英雄"。他所谓英雄，不是通常所称道的英雄人物，那种人凭借强力，在虚荣或个人野心的驱策下，能为人类酿造巨大的灾害。罗曼·罗兰所指的英雄，只不过是"人类的忠仆"，只因为具有伟大的品格；他们之所以伟大，是因为能倾心为公众服务。

《贝多芬传》使我们深入了解了这位举世闻名的音乐家的内心。这个表面如此狂傲的人，在世时却有着人所不知的一面。音乐家最重要的器官听觉损坏了，他不敢向人表现这一点，只好离群索居。他在给兄弟卡尔和约翰的信中写道："(我)生性热情，喜欢活动，甚至

人民文学出版社 2003 年版封面

也能适应社会消遣，但却很早被迫与人类分开，过着孤独的生活。有时我要克服它，哎！却总是被残废这个事实挡住去路！但我不能对人说：大点声，嚷嚷吧，因为我是聋子！啊！我怎能让人知道我感官有问题，而在这感官上我本应超过其他人的。我这感官从前在音乐界中比谁都完美。”1822 年演奏《菲德里奥》的惨痛经历更是痛彻心扉。贝多芬站在台上，乐队跟从他的节奏，而歌唱部分进行过快，造成一片混乱。音乐停下来，重新开始，同样的事又发生了。终于有人用笔告诉他，请他不要继续下去。贝多芬没有朋友。他的音乐与当时习尚格格不入。他独自同命运苦苦抗争，向上天发出凄厉的呼叫：“神哪！救救我！您看，我被人类抛弃……残忍的命运，无法更改的命运！不，不，我的苦难没有终止之日！万能的上帝，给我一天真正的快乐吧！我听不到深沉快乐的声音已经很久了！啊！什么时候？神明啊！什么时候我还能在自然和人类的殿堂中感觉快乐？他最后渴望死亡：它难道不是把我从无穷痛苦中解救出去吗？”但贝多芬最终超越了痛苦。这位伟大音乐家说：“除了仁慈，我不认为还有什么优越的标记。”罗曼·罗兰通过贝多芬昭示于人的，不是才华，而是患难，以及他患难的榜样给不幸者的鼓励。这是对那些崇尚力量与征服、蔑视弱者和失败者的人的迎头痛击。这世上再没有人比贝多芬更有力量，他的欢乐颂歌唱出的不是暴君的胜利，而是战胜痛苦的光芒。因为他毕生的使命，就是从悲惨命运的深处赞美欢乐。

另一位天才，意大利文艺复兴时期的雕塑家米开朗琪罗为另一些痛苦折磨。夜以继日的工作使这位追求完美的雕塑家筋疲力尽，而精神的软弱又带来屈辱和悔恨。他的工作是被迫的，别人把朝三暮四、反复不定的任务强加给他的经办人。其实假如他拒绝，提交任务的人并不能强迫他，而他不敢。米开朗琪罗在权贵面前十分胆小，而自己又偏偏瞧不起畏惧权贵的人。有时他服从，毕恭毕敬回复蛮横无礼的人的信，有时又奋起抗争，傲慢地讲话，然而最终的结果总是退让——这样直到生命终结，在痛苦中挣扎。比退让更可怕的是品格的失落。1529 年佛罗伦萨被围，负有守城责任的他竟逃离职守。更有甚者，他竟去恭维处死他朋友的法官。他为自己的胆怯感到羞耻，厌恶自己。他在《诗集》中说：“让我痛苦吧！痛苦！过去没有一天属于我。”心灵的折磨，加上奴隶般无休止的劳动，使生命成为真正的地狱。他走到自杀面前：假如可以自杀，那么，对心怀信仰而过着奴隶般悲惨生活的人，再没有更应给予这权利的了。死会成为真正的幸福。然而对不能死去的人，也许只有睡眠，在睡眠和梦幻中忘却一切才能带来片刻安宁。米开朗琪罗写道：“睡眠是甜蜜的。成为石头更幸福，只要世上还有罪恶和耻辱。看不见，听不闻，没有知觉，这对我是最大的快乐。”他经历了艺术、爱情、政治的幻灭，一生为许多人服务，虚掷了宝贵的时光。在 70 岁高龄上，他接受了宏大建筑圣彼得大教堂建筑师兼总监的职务。他接受这任务并非毫无困难，但他认为那是神的使命，是他应尽的义务，他甚至不肯接受应当享有的俸禄。他不停地雕塑，1564 年的一天，在站着雕刻了一整天《耶稣之死》后，他病倒了。2 月中一天的落日时分，他走到生命尽头，从可怕的暴风雨中回到了温柔和平的寂静。

俄罗斯作家托尔斯泰为更高的追求所苦。他很早便拥有了金钱、荣誉和地位。旷世天才使他成为文学这个宗教中的重要人物。他几乎拥有了人类企望的一切。然而这些并未满足他的心灵。尽管他生活极其简朴，他还是为不劳而获感到羞耻。然而现实不能由他做出选择。他为生命与信仰的不一陷入深深的痛苦。在社交界，他的禁欲思想与风雅和谐的气氛如此格格不入。而在家庭里，他的思想、宗教，以及他为人民所做的教育工作，与他家人，尤其是他夫人的生活方式发生冲突，后者不同意他放弃高贵的艺术创作去献身低微的民众教育事业，把时间用于极少有人感兴趣的宗教思索。他不能强迫她改变生活，相反，他受到的轻蔑使她痛苦难当。然而他不能离开自己所爱的人，更不忍放弃对自己尚年幼的孩子的影响。家庭、精神的归宿，却成了托尔斯泰的牢笼，托尔斯泰注定要陷入极度的矛盾和痛苦之中。疯狂的绝望驱使他走上真正离家的道路，在途中一病不起，死在陌生的小城里。伟大艺术家的事实，没有改变一件同样发生在平庸者身上的事，那就是：生命就是痛苦。然而这彻骨的疼痛未必使人洞悉一切。对不能跨越水流的灵魂，无法解脱的痛苦又何尝不是另一种生命的养料。只不过他们先要从这人世的快乐中死去。正如一句名言所说：痛苦是有益的，因为至少痛苦时我们没有作恶。在痛苦的烈焰中，他们失去人世，自身化为灰烬，同时也被烈焰锤炼，成为贵重的金属。

时代文艺出版社 2005 年版封面

在《托尔斯泰传》中我们看到更深刻自觉的信仰。这位伟大的俄罗斯作家对人民怀着深厚感情，在深入观察后他开始思考一件事：除了那些麻醉自己，走向绝路的学者、富人，还有成千上万生活在更悲惨境地的生命，他们为什么能避免绝望？他们靠的不是理智，而是毫无理智的信仰。那么这信仰究竟是什么？早年对宗教抱反感情绪的托尔斯泰重新思索，他认为，信仰是生命的力量。人没有信仰，就不能生存。宗教思想在人类最初的思想中就已成熟了。信仰给予人生之谜的答案里包含了人类最深刻的智能。然而托尔斯泰不能接受教会的宗教，他花费大量时间论证教会与宗教精神的抵触，毫不畏惧地向神学挑战。这些举动使他最终被开除教籍。然而思考并不意味着拥有信仰，因为信仰是行动而非学问，它只在实践中才有意义。怎样使自己成为人民群众，使自己也有他们那样的信心？一天，托尔斯泰独自在林中散步，想着自己多年的追求，突然，他发现自己只在信仰时才活着。为使所得的启示具体化，他开始在生活中实践戒律。1833年他在《我的信仰基础》中把这些戒律归纳为：“一、不嗔怒；二、不奸淫；三、不起誓；四、不以怨报怨；五、不与人为敌。”这是行动的消极部分，积极部分体现在一句话中：“爱神爱人如己。”面对不义，托尔斯泰提出了不抵抗的思想：不抵抗不是服从不义者意志，而是摒弃暴力。然而，不抵抗需要无辜者付出极大牺牲，承受极大的痛苦。托尔斯泰为实践信仰不惜放弃人世一切，直至生命。

《名人传》告诉我们：悲惨命运不只降临于普通人，它同样也降临在伟人身上，享有盛名并不能使他们免除痛苦的考验。然而，通过跟从他们忍受痛苦的完美榜样，我们可以自觉地承担属于自己的命运，无论这命运是无端加于我们，还是由我们自身的错误引起。我们可以时常去想，遭受磨难的不只是我们，还有许多杰出的灵魂与我们同在，与我们分享同样的苦难。我们还应当坚定自己的信仰，因为正是从信仰中才产生出承受痛苦的勇气和能力，它使我们在患难中保持纯正，使患难结出丰硕的果实——这是我们的希望所在。

重点提示

20世纪初，在物质利益决定一切，欺小凌弱和暴力成为国际秩序的时代，需要的是高贵的精神，甘愿自我牺牲、以痛苦为人类献祭的榜样。作者选择了19世纪德国音乐家贝多芬、文艺复兴时期的意大利雕塑家米开朗琪罗和19世纪俄国作家托尔斯泰。被罗曼·罗兰称之为英雄的，并非以思想或强力称雄的人，而只是靠心灵而伟大的人。罗曼·罗兰认为，人生是艰苦的，不甘于平庸凡俗的人经历的往往是悲惨的、没有光华的、没有幸福的、在孤独与静寂中展开的斗争。他是为了这样的受难者而写他的《名人传》的。

中国少年儿童出版社
2007年版封面

在这三部传记中，罗曼·罗兰没有拘泥于对传主的生平做琐屑的考述，也没有一般性地追溯他们的创作历程，而是紧紧把握住这三位拥有各自领域的艺术家的共同之处，着力刻画了他们为追求真善美而长期忍受苦难的心路历程。罗曼·罗兰称他们为“英雄”，以感人肺腑的笔墨，写出了他们与命运抗争的崇高勇气和担荷全人类苦难的伟大情怀，可以说是为我们谱写了另一阕“英雄交响曲”。

那么，对于今天的读者来说，《名人传》又能给予我们什么呢？在《米开朗琪罗传》的结尾，罗曼·罗兰说，伟大的灵魂有如崇山峻岭，“我不说普通的人类都能在高峰上生存，但一年一度他们应上去顶礼。在那里，他们可以变换一下肺中的呼吸与脉管中的血流。在那里，他们将感到更迫近永恒。以后，他们再回到人生的广原，心中充满了日常战斗的勇气”。对于我们的时代，这实在是金石之言。

译林出版社 2008 年版封面

另外，《名人传》非常好地印证了一句中国人的古训：古今之成大事业者，非惟有超世之才，亦必有坚韧不拔之志。贝多芬的“在伤心隐忍中找栖身”，米开朗琪罗的“愈受苦愈使我喜欢”，托尔斯泰的“我哭泣，我痛苦，我只是欲求真理”，无不表明伟大的人生就是一场无休无止的战斗。我们的时代千变万化，充满机遇，我们渴望成功。浮躁和急功近利或许会使我们取得昙花一现的成就，但绝不能让我们跻身人类中的不朽者之列。因此，读读《名人传》也许会让我们清醒一些。

罗曼·罗兰用自己独有的形式使他创作的传记兼具学术、政论、文学等风格。他使用了大量翔实的材料，即在书中的每一页几乎都有详细的脚注和引文资料，充分利用了作品中主人公的原话，与之同时代人的证明及确切的文献记录，实现了理解作品与人物时所需的直观性。同时，他极富文学色彩的语言也让传记中事实的叙述具有审美上的意义。他在情节发展中还经常插入鲜明的政治议论，弥补人物在表达思想方面的不足，直接实现其创作理念。他用奔放的笔调和大胆的手法描述自己心目中的英雄，以及与当时的环境格格不入的悲哀。《贝多芬传》洋溢着宏大的英雄主义气魄，字里行间都充满激情；《米开朗琪罗传》是天才的悲剧，在赞扬中隐含着同情；《托尔斯泰传》是低沉的哀歌，充满了孤独。而罗兰富有鲜明的诗意与亢奋的激情的语言则为英雄形象增添了力量和感人的情怀。

[苏联] 高尔基

《童　年》

作者简介

马克西姆·高尔基(1868—1936),苏联无产阶级作家,社会主义现实主义文学的奠基人。他出身贫苦,幼年丧父,11 岁即为生计在社会上奔波,当装卸工、面包房工人,贫民窟和码头成了他的"社会"大学的课堂。他与劳动人民同呼吸共命运,亲身经历了资本主义残酷的剥削与压迫。这对他的思想和创作发展具有重要影响。

1901 年他创作了著名的散文诗《海燕之歌》,塑造了象征大智大勇革命者搏风击浪的勇敢的海燕形象,预告革命风暴即将到来,鼓舞人们去迎接伟大的战斗,这是一篇无产阶级革命战斗的檄文与颂歌,受到列宁的热情称赞。1906 年高尔基写成长篇小说《母亲》和剧本《敌人》两部最重要的作品,标志着其创作达到了新的高峰。《母亲》塑造了世界文学史上第一批自觉为社会主义而斗争的无产阶级革命者的英雄形象,是社会主义现实主义文学的奠基之作。十月革命前,高尔基完成了《奥古洛夫镇》(1909)、《夏天》(1909)、《马特维·柯热米亚金的一生》(1910—1911)、《意大利童话》(1911—1913)、《俄罗斯童话》(1912—1917),以及稍后完成的自传体长篇小说三部曲的前两部《童年》和《在人间》(1913—1916)。十月革命之后的十年间,高尔基因健康欠佳,仅写了关于列宁及一些作家的独具艺术风格与重要文献价值的回忆录及自传体三部曲的最后一部《我的大学》(1922—1923)、《阿尔塔莫诺夫家的事业》(1924—1925)等几部作品。到 1936 年他去世前还写了《苏联游记》(1929)、《英雄的故事》和多部剧作《耶戈尔·布雷乔夫等人》(1932)、《托斯契加耶夫等人》(1933)、《瓦萨·日烈兹诺娃》(1935),以及大量的文艺理论、文学批评和政论文章,对马克思主义文艺理论和社会主义文化事业作出了重大贡献。

高尔基不仅是伟大的文学家,而且也是杰出的社会活动家。他组织成立了苏联作家协会,并主持召开了全苏第一次作家代表大会,培养文学新人,积极参加保卫世界和平的事业。高尔基的作品自 1907 年就开始介绍到中国。他的优秀文学作品和论著成为全世界无产阶级的共同财富。

作品提要

阿辽沙 4 岁的时候，父亲死了。母亲灰色的眼睛肿得仿佛要融化似的，大滴大滴的泪水直往下滚。他从未见过大人哭，也不明白外祖母让他跟父亲告别、再也见不到他了是什么意思。外祖母讲起话来，又亲切又快乐又流利，从见到她的第一天起，阿辽沙就和她亲热上了。由于过于伤心，母亲腹中的胎儿也死了。埋葬好了父亲和小弟弟，外祖母带着母亲和他乘船去尼日尼投奔外祖父家。

外祖父是个干瘪的小老头，穿着一身黑色的长衣服，长着个鸟嘴鼻子和一对绿莹莹的小眼睛。跟随外祖父一起来接他们的还有米哈伊尔舅舅、雅科夫舅舅以及几个穿着漂亮衣服的胖女人和 6 个孩子。随之，一种色彩斑驳的、离奇得难以形容的生活，以惊人的速度开始奔流。在阿辽沙的记忆中，那段生活仿佛是由一个善良而且极端诚实的天才美妙地讲出来的一个悲惨的童话。

外祖父家开着一个染坊，生活还算宽裕。但外祖父为人贪婪残暴，两个舅舅也极端自私自利，经常为争夺家产而吵嘴斗殴，甚至还要分掉母亲的嫁妆（当初母亲因为不听外祖父的话嫁给了父亲，惹恼了外祖父而扣下的嫁妆）。在这样的家庭中弥漫着人与人之间的炽热的仇恨之雾；大人都中了仇恨的毒，连小孩也热烈地参加一份。在这个充满敌意的家庭中，阿辽沙有时也成了他们发泄怒气的对象，甚至陷进恶毒的陷阱。

刚到外祖父家不久，阿辽沙发现染坊里真好玩：黄布浸到黑水里，就变成深蓝色的——宝蓝；灰布在红褐色的水里涮涮，就变成了红色的——樱桃红。他觉得奇妙极了，想亲自动手染一染。一天，在表兄萨莎的怂恿下，他把家里过节用的白布染成了黑色。外祖母跑来惊叫一声，甚至哭了起来。外祖母想帮阿辽沙隐瞒，谁知萨莎还是向外祖父告了密。外祖父大动肝火，把他绑起来一顿毒打，使他一连几天都下不了地。

从那时起，阿辽沙总是怀着不安的心情观察人们，仿佛心上的外皮给人撕掉了。于是，这颗心就变得对于一切屈辱和痛苦，不论是自己的或别人的，都难以忍受地敏感，对周围的人和事开始加倍小心。

最使阿辽沙难受的还不是他的挨打，而是感受到母亲的可悲处境，他记住了：母亲并不是强有力的，她也和大家一样怕外祖父。她在外祖父眼中似乎是一只害虫。对于家人的羞辱欺凌，母亲忍无可忍却又无可奈何。“若不是有你，我早就离开这个活地狱了！”她常说。阿辽沙感觉到妨碍母亲幸福的正是自己，这叫他难过。

终于有一天，母亲真的走了，不知去了哪里。外祖父从小受过穷，老来变得非常贪，把钱看得比亲骨肉的孩子还宝贵。这里的生活和他父母亲的生活完全两样。人们很少笑，即使笑，有时也会让人摸不清笑什么，常常互相大声嚷嚷，彼此威吓或者躲到墙角里偷偷私语。孩子们连大气都不敢出，谁也不睬他们。在这个家里，阿辽沙越来越感觉到自己是个外人。但在这个污浊的环境里，也还有另外一种人，另外一种生活。这里有乐观纯朴的茨冈人、正直的老工人葛利高里。每逢节日的晚上，雅科夫弹着吉他，奏出动人心弦的曲调，外祖母跳起民间舞来，好像奇迹一般恢复了青春。这一切都使阿辽沙感到，欢乐和忧愁令人难解地交织在一起。在那个冰冷残酷的世界里，给阿辽沙影响最深的是外祖母。她为人善良公正，热爱生活，相信善总会战胜恶。她知道很多优美的童话和民间故事。她讲的都是怜悯穷人和弱者、歌颂正义和光明的故事。她经常祷告，让阿辽沙相信有一个无限仁慈的上帝在关怀着人们的苦难。阿辽沙很早就明白：外祖父有一个上帝，外祖母另有一个。外祖母的祈祷从来都是赞美歌，都是诚恳而率直的颂扬。她的上帝是可亲、可爱、可理解、与人为善的。外祖父的上帝则相反。他祈祷像是在回答功课，字音咬得清楚而带恳求的调子，他的上帝是残忍的。两个上帝的区别曾不安地分裂着阿辽沙的心。外祖父的上帝使他恐惧和敌视："他"不爱任何人，用严厉的目光注视一切，"他"首先寻找和看见人的坏的恶的有罪的一面，"他"是不相信人的，总是相信着人们的忏悔，喜欢惩罚人们。

一天深夜，染坊突然起了大火。两个舅舅拼命争夺的核心财产——染坊化成了灰烬，外祖父的两个儿子分了家。雅科夫留在城里，米哈伊尔搬到河对岸。外祖父在田野街上买了一所挺漂亮的宅子自己搬了出去。阿辽沙仍和外祖父、外祖母住在一起。外祖父教他识字，外祖母还像往常一样呵护他。家里也有许多有趣的和好玩的事。但是，阿辽沙常感到一种无法排遣的愁苦压抑着他，好像长久地住在黑暗的深坑里。

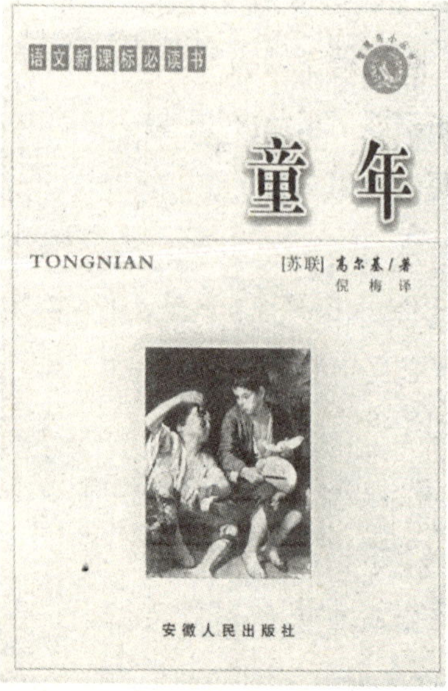

安徽人民出版社 2005 年版封面

后来，外祖父突然把房子卖给了酒馆的老板，又搬了一次家。不过这次不再是单独住了，院中的一些房子租给了别人。整所宅子住满了阿辽沙没有见过的人们。年幼的阿辽沙开始观察社会，他看到的多是人与人之间的争斗、伤害。房客中有个人称"好事情"的先生，衣裳褴褛，不修边幅，身上还有股化学试剂的怪味。他经常闷在屋中捣弄一些瓶瓶罐罐，少言寡语，不和人交往。他对阿辽沙却很和蔼，还劝阿辽沙要好好学习写字，长大了把外祖母的故事记下来。可不知为什么，外祖父和其他房客都不喜欢他，他们说他是魔鬼。外祖父骗他说房子要留给母亲住而把他撵走了。阿辽沙很气愤。他和祖国的无数优秀人物中的第一个人的友谊就这样结束了。小时候,阿辽沙想象自己是一个蜂窝,各式各样普通的粗人,全像蜜蜂似的把蜜——生活的知识和思想,送进蜂窝里。他们尽自己所能做到的慷慨大度地丰富他的心灵。这种蜂蜜常常是肮脏而味苦的,但只要是知识,就是蜜。"好事情"走后,阿辽沙又认识了彼德伯伯,而抢劫教堂后伪装成车夫的彼德的残忍和奴隶习气引起了阿辽沙的反感。

母亲也不知在哪里和哪个男子生了个孩子,外祖父气极了。母亲的变化使阿辽沙感到心情十分沉痛。她是在一天早晨突然回到外祖父家的。开始,她热心教阿辽沙认字读诗。阿辽沙觉得日子不好过,体验到一种近乎失望的感情,然而却想掩饰它,总是恶作剧。看到母亲在外祖父家生活那么难,他感到很难受。生活的折磨,使母亲渐渐漫不经心,爱发脾气,愁眉不展,用陌生人的眼光来看一切。她在开向花园的窗户旁长久地、默默无言地坐着,好像浑身上下都褪了色,和刚回来的时候已经判若两人。

不久,母亲就和一破落的贵族子弟结了婚,带着阿辽沙搬了过去。阿辽沙情愿自己养活母亲也不希望她再嫁。他感到将来的日子仿佛一架梯子一直伸到黑暗的地方,伸到孤独的地方,觉得心中就像有样东西严严地合上,紧紧地关闭了。他对周围的一切都失去了兴趣,竭力想避开大人,清除一切肮脏的不必要的东西,想一个人单独生活。他这样度过了一个夏天之后,增强了对自己力量的信心。

继父好赌,一场赌博中他竟把家产全输光了。就是此时,阿辽沙开始了小学生活。因为贫穷,衣服破旧,老师和同学常常嘲笑他,还送他一个"小偷"的外号,因此他十分憎恨这个学校。母亲婚后的生活是不幸的。贫困和疾病使她丧失了原来的美丽,他对阿辽沙也常常冷酷而不公平。阿辽沙在家中感受不到温暖,在学校也受尽歧视和刁难。于是,在阿辽沙的心灵中"爱"的情感渐渐凋谢了,愈来愈常常地爆发那种对一切都怨恨的带炭气味的青色火苗,那股沉重的不满的感情,那种在这灰色的死气沉沉的无聊气氛中孤独的感觉,死灰似的在他心中冒烟。一天,阿辽沙看见继父毒打母亲,他怒火中烧,忍无可忍,操起了一把水果刀拼命刺向继父。母亲及时推开了,刀子从腰间滑过仅仅划破了一点皮肉,暴怒的继父却狠狠地报复了他。

阿辽沙又被送回了外祖父家里。此时的外祖父生意失败了,仅靠手头上的一笔小额款项的利息过活,变得更加吝啬。他已经和外祖母完全各过各的了,一见到阿辽沙回来就敲着桌子,让外祖母来抚养外孙。家里一切都是严格分开的,即便放茶叶也要放在手掌上细细地数。家里越来越穷,狠心的外祖父竟然把外祖母赶出家门,让她自谋出路。为了帮助外祖母,阿辽沙也开始挣钱:每逢休息日,一大早就背着口袋走遍各家的院子,走遍大街小巷，去捡牛骨头、破布、碎纸、钉子。外祖母见到他挣来的钱，默默地哭了。比卖破烂更有出息的收入是到奥卡河岸上的木材栈或者到彼斯基岛去偷劈柴和木根。在那儿，阿辽沙结识了一批天真正直的穷孩子。生活虽苦，他却感受到了友谊和同情。阿辽沙很喜欢这种独立自主的街头生活，也喜欢那些同伴。他们在他心中唤起了一种伟大的感情。而在学校里，阿辽沙重新感到困难，同学们嘲笑他，叫他捡破烂的，要饭的，招致了学校的非难。他以优异的成绩读完了三年级，就永远地离开了学校课堂。

离开学校后，阿辽沙又到街头上找生活，和原来的伙伴们也彼此更加亲近了。但这种生活并没有持续多久。继父被解雇了，并且不知去向。母亲和小弟弟搬到外祖父家，阿辽沙担负起了保姆的职务。外祖母也到城里为一家富商绣棺罩。母亲开始变得干瘦，细长的身子，活像一棵折光了枝子的枞树。她完全变哑巴了，很少用那沸水般的声音说一句话，有时，整整一天都是默默地躺在角落里，半死不活的。受尽折磨的母亲大病一场后终于离开了人世。安葬完母亲，外祖父对阿辽沙说："喂，列克谢，你不是一枚奖章，我脖子上不是挂你的地方，你到人间混饭吃去吧……"于是，阿辽沙就到"人间"去了。

重点提示

《童年》是讲述阿辽沙个人的成长和生活经历的自传小说，也是反映广阔的社会生活的现实主义小说，因而它包含着社会批判和新人成长两个思想主题。高尔基通过一个孤独孩童的独特视角来审视整个世界及人生，主动地描摹出 19 世纪 70 年代俄国社会的生活，沙俄专制的黑暗，小市民的庸俗及下层人民水深火热的痛苦生活。此外，作者还着力表现了劳动人民的优秀品质和美好情操对一个新人的成长发挥的重大作用。

漓江出版社 2007 年版封面

自传体三部曲共同塑造出的主人公是阿辽沙。在《童年》中，他还是个不谙世事的、对生活怀着好奇与神秘感的稚童，是一个现实生活的目击者和被动的承受者。他天真、纯洁、善良、机智而又敏感，充满着对爱和美好生活的朦胧的憧憬。虽然他还不能明辨是非，但对生活中那些虚伪的、不公正的、残忍的、侮辱人的人和事，他本能地怀着强烈的厌恶和反感。

阿辽沙不仅在事件之间、人与人之间感到了不可理解的矛盾性，而且还在同一个人的性格中发现了互相矛盾的品质。外祖父一向是残暴、贪婪的，但在他生病时却来看望他，还向他讲述自己过去的生活，显得不那么凶恶。阿辽沙生来就觉得外祖母的一切都是亲切的、可以理解的和深信不疑的，但慢慢地感觉到外祖母对生活的赞美与他看到的并不一致。外祖母也有“软弱”的一面。显然，这一切都不能不激起他的好奇心，紧紧地吸引着他。这时，阿辽沙心理已有了一定的变化，但这种变化还是较低层次上的，他虽然感到了生活和人的复杂，却还不能解释这些现象。

译林出版社2008年版封面

生活知识的不断扩展丰富着阿辽沙的内心世界，促使他由目击者转向了参与者。他对人的认识由表层深入到内心。他发现了外祖母的“上帝”与外祖父的“上帝”的不同。而两个上帝的区别“曾不安地分裂着我的心”。心灵的分裂集中地反映出两种人生观、两种社会势力在他内心引起的矛盾斗争。外祖父那个上帝“不爱任何人”，他总是挑剔别人的罪恶，并惩罚人的生活，是残酷的，“只消上帝吹口气，一切都变成灰”。阿辽沙每天看到的现实生活也都在证实着外祖父的话，特别是母亲的悲惨遭遇更好地证实了外祖父的话。这一切都使阿辽沙感到生活本来就是丑恶的，他应该接受一切，像大家一样地生活。然而，外祖母那“对人间的一切都是同样慈祥，同样亲切”的上帝使他对生活又充满着童话般的美好憧憬。这一时期，阿辽沙的心灵经历着一个极其复杂的发展过程。然而，阿辽沙在心灵被留下了条条伤痕后，并没有被这个丑恶的现实所毒害。在外祖母的教导和优秀劳动群众的感染下，他茁壮成长起来，并在生活的推动下，逐渐开始努力去思考、判断周围的人和事件。他觉得自己是一个蜂窝，各式各样普通的粗人，全像蜜蜂将蜜送进蜂窝似的慷慨地丰富他的心灵，而这种蜂蜜常常是肮脏而味苦的，但只要是知识，就是蜜。他所遇到的人都向他展示出生活知识的行囊，丰富着他。这些知识，有的以生活的丑恶教会他学会憎恨，决心为消灭丑恶的生活而献身；有的则教育他热爱生活，自觉地为美好未来而奋斗。但要真正懂得爱什么，恨什么，对阿辽沙来说还有一个漫长的求索过程。《童年》正好刚刚揭开了这个斗争过程的序幕。

除了阿辽沙，高尔基还成功塑造了外祖母和外祖父的形象。外祖母热爱所有的人，教导阿辽沙善良、公正、富于同情心。她的优美故事不仅培养了阿辽沙对人民群众艺术创作的热爱，蕴藏于其中的人民的道德理想和对生活的热爱也陶冶着阿辽沙。然而，她在以“那对世界无私的爱丰富了我，使我充满了坚强的力量的同时，也教给了我软弱忍耐、宽恕、等待上帝的考验”。外祖父贪婪吝啬，是个恶人，同时又有对阿辽沙关怀的一面，以他特有的方式教导阿辽沙清醒而勇敢地面对生活。

《童年》是一部以现实主义手法创作而成的富于创新精神的自传体小说。高尔基不是像一般传记作家那样以个人的生活为中心，为了标榜自己而写作，而是通过回顾自己成长的历史表现一代新人的成长，反映俄国社会各阶层的状况。另外，高尔基又是一名擅长心理描写的艺术大师。此前的心理描写，人的心理往往被当作作家解剖的客体而加以描绘，在自传体小说中，高尔基不仅把阿辽沙的心灵作为一个客观存在的实体来加以描绘，而且还主要地通过主人公自身对环境的主动观察与反应来表现其心理活动的流程。阿辽沙不是被动、消极地接受生活，而是主动积极地参与一切，努力去摸索、思考、认识生活与社会。作家也不是用回忆往事的写法，而是把它们当作眼前正在发生、正在进行着的过程加以描绘，给人以身临其境之感。

[美国] 海明威

《老人与海》

作者简介

欧内斯特·米勒尔·海明威(1899—1961)是美国现代著名作家,“迷惘一代”的代表人物,被称为美国20世纪上半期最有才华的“天才小说家”。

海明威童年时受父亲影响,酷爱钓鱼、打猎等户外运动。母亲则让他喜欢上了音乐和绘画。中学毕业后,他没有上大学,当了记者。1918年,在第一次世界大战时任红十字会救护车司机,在意大利前线负过重伤。1921年去了多伦多,担任特写记者。数月后去欧洲担任《星报》驻欧记者,1924年至1927年担任赫斯特报社的驻欧记者。1922年,他开始在报刊上发表作品。1923年出版名为《三个短篇和十首诗》的第一个集子,1924年在巴黎出版了包括18个短篇小说的另一个集子《在我们的时代里》,次年又在美国出版了包括13个短篇幅小说的同名集子,开始表现出他对暴力世界中孤独的个人的探索和含蓄简约的艺术风格。20世纪20年代他侨居巴黎时,进入美国女作家斯泰因的艺术沙龙——“迷惘一代”艺术中心。他的第一部长篇小说《太阳照样升起》(1926)以及长篇小说《永别了,武器》(1929)便充分表现了历经战乱的美国青年的心灵创伤和幻灭以及他们的彷徨苦闷,显示了“迷惘一代”的反战情绪和绝望心态,被誉为“迷惘一代”的代表作,海明威也因此成为这一流派的代表作家。30年代上半期他发表的作品有写西班牙斗牛的专著《死在午后》(1932),短篇小说《胜者无所得》(1933),关于在非洲狩猎的札记《非洲的青山》(1935)。1927年和1933年发表的短篇小说集《没有女人的男人》和《胜者无所得》塑造了临危不惧、视死如归的“硬汉性格”,确立了他短篇小说大师的地位。

1936年,他又投入到西班牙的反法西斯内战。二次大战期间,他作为多伦多明星日报随军记者到欧洲,参加了法国的抵抗运动。1936年,他发表了著名的短篇小说《乞力马扎罗的雪》,以现实与幻想交织的意识流手法描写一个作家临死之前的反省。1938年发表剧本《第五纵队》。西班牙内战结束后,他回古巴,在哈瓦那郊区创作长篇小说《丧钟为谁而鸣》,于1940年发表。这部小说以反法西斯主义为主题,描写一名美国志愿兵在西班牙内

海明威曾经参加过二战

战中的英勇牺牲精神，被誉为现代世界文学名著。

1952 年他发表了中篇小说《老人与海》。其中桑提亚哥这个孤军奋战的形象是海明威二三十年代创作的“硬汉性格”的继续与发展。《老人与海》获得 1952 年度普利策奖。1954 年，海明威被瑞典皇家科学院授予诺贝尔文学奖，以表彰他“精通现代叙事艺术，突出表现在其近作《老人与海》之中，同时也因为他在当代风格中发挥的影响”。海明威晚年患有多种疾病，虽多次就医但都没有效果。1961 年 7 月 2 日早晨，海明威用猎枪自杀。他去世后，他的妻子发表了他的两部遗作《不散的筵席》和《海流中的岛屿》。

作品提要

老渔民桑提亚哥是个独自在墨西哥湾流里一只小船上打鱼的老头儿，他接连出海 84 天没有打到一条鱼。开始有个孩子跟老人一起出海，在第 40 天上，他的父母吩咐孩子上另一条船去了，因为他们觉得让孩子跟着这样一个倒霉的老头是不会有指望的。

孩子看见老头儿每天划着空荡荡的小船回来，心里很难过，他总要走下岸去，帮老人收拾钓丝、鱼钩、鱼叉以及绕在桅杆上的帆。原来是老人教会孩子捕鱼的，所以孩子很爱他。

老人又瘦又憔悴，他身上的每一部分都显出老迈，除了那一双眼睛，那双眼睛跟海水一样蓝，愉快、毫不沮丧。

老人请孩子去喝一瓶啤酒。他们坐在海滨酒馆里，很多打鱼的人拿老头开玩笑，老人一点也不生气。喝完啤酒，他俩回到老人呆的茅棚里，一边吃着船老板给的饭菜，一边闲谈着。

天黑了，孩子走后，老人摸黑上了床。他把裤子卷成枕头，然后用军毯裹住身子，躺在铺了报纸的破床上。他不久就睡去，梦见他儿童时代看到的非洲。

第二天他很早就醒来，早晨的寒气使他冷得发抖。他去叫醒了孩子，两人一起到早市上喝了咖啡。老人慢慢地享用它，这是他一整天的饮食。他在船头放一瓶水，这就够他一天所需了。他们沿着一条小路走到小船那边，把船轻轻推下水。他和孩子相互告别，然后弯下身子，把桨叶往水里一撑，在黑暗里划出了港口。这时，月亮刚落到山坡后。

老人在黑暗里可以感觉到早晨的到来。他一面摇桨，一面听见飞鱼跃出水面时的颤声，他非常喜欢飞鱼，因为它们是他在海上主要的朋友。

太阳快出来的时候，他把船划到了深海，在三个不同深度布下鱼钩，等待鱼来上钩。

太阳从海上升起，耀眼的光芒射在水面上，老人突然发现船梢的缆绳在他脚下绷紧了，于是他放下桨，把绳子拽回来，他从海里捕上一条金光灿灿的小金枪鱼。

他让船在海上自在地漂流，现在他看不见绿色的海岸了，他看见的只是青青的山和那仿佛白雪皑皑的山峰。

正当他注意望着钓丝时，他看见伸在水面上一根用新树枝做的木杆沉沉地弯了下去。有大鱼上钩了！他双手拼命收着钓丝，使出胳膊上的全副力气，两只胳膊轮流甩动着绳子。

大鱼慢慢地游开去，老头儿不能把它提上来一英寸。他的钓丝很结实，他把它放在脊背上拽，以抵抗鱼拉钓丝的拉力。小船被大鱼拖着缓缓地向西北方向漂去了。

老人回过头去看看，陆地已经从眼前消失了，他想他总可以凭着哈瓦那的灯光回去的，那条大鱼依然拖着他的小船不慌不忙地向着浩渺无边的海面上游去，老人也照旧毫不松劲地拉住背在脊梁上的钓丝。

太阳落下去，天气变冷了。老人汗干了以后，他的脊梁上、胳膊和腿上都是冷冰冰的。他敞开喉咙嚷起来，“要是孩子在这儿多好呀，好让他帮助我，让他瞧一瞧这种情况。”

他可怜起给他钓住的那条大鱼来，他想它真了不起，他从来没见过这么猛的鱼。这时那条鱼一下子掀起了一条大浪，把他冲得脸朝下跌倒在船里，眼皮下划破了一个口子，血从他的腮帮流了下来，“鱼啊，”他温和地、高声地说，“我到死也要跟你在一起。”

太阳升起来，他竭力把钓丝拉紧。他饿了，左手又忽然抽起筋来。他拿起金枪鱼放进嘴里，慢慢儿嚼下去，这样他手上的力气会大起来。

他看见钓丝斜斜地慢慢升上来，船前边海面上鼓出了一块，鱼露出来了。它没完没了往上冒，水从它的身边往四下里直涌。在阳光下，它浑身明亮耀眼，头、背都是深紫色的，身段两边的条纹给太阳照得现出了一片淡紫色，它的全身比小船还长两英尺。老人看见它那大尾巴没入水里，钓丝也飞快地滑下去了。

到了下午，船依旧慢慢地移动，他觉得非常疲劳。看见右手给钓丝勒出血来，他自言自语地说：“不坏，痛苦在一个男子汉不算一回事。”天快黑的时候，他用另一根小钓丝钓住了一条海豚，老人到船梢把海豚从鱼钩上取下来，在星光下吃了一块海豚肉。

于是他替那条没东西吃的大鱼伤心起来，他想：它的肉要给多少人吃啊，但是他们配吃它吗？不配，当然不配，照它的举止风度，照它那种有体面的样儿，谁也不配吃它。

他把钓丝紧紧攥在右手里，弓着腰，用大腿抵住右手，全身的重量都靠在船头的木板上，他疲劳地睡着了。他又梦见他躺在村子里他的床上。月亮上来很久，他还是睡不醒，那条大鱼平稳地把船拖进漩涡里面去了。

突然，大鱼跳起来。他的脊背被钓丝勒得很痛，他醒了。鱼开始打转儿，太阳正在升起，这是他出海以来第三次日出。两个钟头以后，他拽得浑身已给汗湿透，累得连骨头也酸了，他觉得眼前有黑点晃动，便用左手舀了些海水洒在头上。

鱼每转一次弯，他就收进一把钓丝。他早就准备好他的鱼叉，他深信鱼再转两个圈他就可以乘机把鱼叉扎进鱼身上了。

现在鱼一转就转到他面前来，它举止从容不迫，非常优美，只有那条大尾巴在水里摆动。老人觉得昏晕起来，可是他依然使出全身力气去拽住那条大鱼，他要把它拽得更近些。

鱼朝他身边游来，老人放下了钓丝，把它踩在脚下，他高高地举起鱼叉，使出全身的力气，把鱼叉正好扎进大胸鳍后面的鱼腰里，那个胸鳍高高地挺在空中。他靠在叉把上面，把鱼叉扎得更深一点，用全身的重量把它推进去。

鱼生气勃勃地作了最后一次挣扎，从水里一跳跳到天上去，把它的长、宽、威力和美全都显示出来。它仿佛悬在空中，悬在小船和老人的头上，然后轰隆一声落到水里。浪花溅了老人一身，溅满了整个船。

老人觉得头昏眼花，看不清东西了。他松开鱼叉上的绳子，让绳子从他皮开肉绽的手里慢慢滑下去。他看见那条鱼仰身朝天，银花花的肚皮翻到上面来，鱼叉的把子露在外面。海水被它心里流出的血染成了殷红的颜色，像云彩似的在海面上扩展开去，白色的大鱼一动也不动地随着海浪漂来漂去。

《老人与海》的电影剧照

老人伏在船头木板上说："我是个累坏了的老人，可是我杀死了这条鱼——我的亲兄弟。"他把鱼拖到船跟前，用一根绳子从鱼鳃里穿进去，再从鱼嘴里拉出来。他把绑鱼的绳子系在船头、船梢和中间的坐板上。那条鱼可真大，就像小船旁边绑着一只比它还大的船。

老人竖起桅杆挂起船帆，船开始返程，他半躺在船梢，向西南方驶去，他把手泡在咸咸的海水里，让脑子清醒下来。

一条巨大的鲸鲨出现了。它从下面水深的地方窜上来，游得那么快，什么也不放在眼里，一冲出蓝色的水面就涌现在太阳光下。然后它又钻进水里去，嗅出了鱼血的踪迹，顺着船和鱼走的航线游来。它周身的一切都美，只除了上下颚。在它紧闭的双唇里，它的八排牙齿全部向内倾斜着。

鲨鱼飞快地逼近船后边，去咬大鱼身上的肉。老人看见它的嘴大张着，看见它在猛力咬肉时那双令人惊奇的眼睛和咬得格嘣格嘣响的牙齿。鲨鱼的头伸在水面上，它的蓝蓝的脊背正在露出来。老人使劲用鱼叉扎向鲨鱼的头。

鲨鱼在海里翻滚过来，尾巴猛烈地扑打着水面，它挣断了鱼叉上的绳子，慢慢地沉了下去，老人的鱼叉被带走了，不过他杀死了那条鲨鱼。他大声说："一个人并不是生来要被打败的，你尽可以消灭他，可就是打不败他。"

这时风大了些，老人的船顺利往前驶去。他靠在船边上，从那条大鱼身上给鲨鱼咬过的地方撕下一块肉，他嚼了一嚼，觉得肉很好，味道也香，又紧凑又有水分。

在海里走了两个钟头之后，老人看见两条星鲨向他的船追来。他拿起绑着刀子的船桨，一条鲨鱼飞快地游到船跟前，张开半圆形的大嘴朝大鱼身上被咬过的地方咬去。老人用刀子扎向鲨鱼头顶和后颈交接处的要害。鲨鱼放开了它咬的鱼，从鱼身上滑落下去，死去的时候还吞着它咬下的鱼肉。

另一条鲨鱼钻在船底下蹂躏大鱼。它从船底露出头时，老人用刀子对准他脑顶中央扎了几次，才把它杀死了。

不久，又来了一条犁头鲨。老人先让它咬那条大鱼的肉，然后才把绑在桨上的刀扎进它的脑子里去，但是鲨鱼一打滚，向后猛的一挣，那把刀子喀嚓一声断了，鲨鱼慢慢地沉到水里去。这时天色渐黑，除了海和天以外，什么也看不出来。太阳快落下去的时候，又有两条鲨鱼向他扑来，老人高高举起他的短棍，使劲朝鲨鱼狠狠地劈去。鲨鱼慢慢吞吞地把一块鱼肉撕掉，然后从死鱼身上滑下去，它们终究给老人赶跑了。

在他跟鲨鱼格斗的时候，太阳已经落下去，他想快要接近港口了。大约在夜里十点钟，他看见了哈瓦那城里的灯火映在天上的红光。

可是到半夜的时候，鲨鱼又回来了。这一回他知道跟它们斗也不会赢了，它们是成群结队来的。他把舵拽下来，用舵去打、去砍，一次又一次地劈下去，但是鲨鱼群已经窜到船头去咬那条大鱼，有时一个接一个地扑上来，有时一拥而上，它们把水面下发亮的鱼肉一块一块地撕去了。

最后一条鲨鱼朝死鱼的头上扑来，老人知道一切都完了。他用舵把对准鲨鱼的头迎面劈去，一次、两次、又一次，他听到舵把折断的声音，又用裂开了的舵把往鲨鱼身上戳去。鲨鱼放开鱼头翻滚着沉下去了，那是一大群鲨鱼里的最后一条，大鱼肉全给它们吃光了。

老人简直喘不过气来了，而且嘴里有一股奇怪的味道，这味道带铜味，又甜。他走回船梢，把断了的舵把重新安上，凑合着掌舵，他又把麻袋围在肩上抵御寒风，然后按原来的路线把船开回去。夜里，又有鲨鱼来咬死鱼的残骸，像一个人从饭桌上捡面包皮似的。老人睬也不睬它们，除了掌舵，他什么事都不理睬。

他知道自己终于给打败了，他感觉到他已经驶进海流里面，看得见海滨居住区的灯光了。他知道他已走到什么地方，到家不费什么事了。

“风总算是我们的朋友，”他想，“还有大海，那儿有我们的朋友，也有我们的敌人，那么是什么把你打败的呢？”

“什么也不是，”他提高嗓子说，“只是我走得太远了。”

当他驶进小港的时候，海湾酒店的灯火也已熄灭了，港口静悄悄的。他尽力把船划到岸边，把船系在岩石旁边。他极端疲惫地下了船，跌跌撞撞地回到自己的茅屋，摸黑找到水瓶喝了一口，一头倒在床上便两臂伸开直挺挺地睡着了。

第二天早晨，老人睡得正沉的时候，孩子来到他的身边。看着老人正在呼呼地打鼾，又看见老人那双磨破的手，他大哭起来，出去给老人弄点咖啡，一路走着还一直在哭。

老人终于醒来了，他喝着孩子从海滨酒店要来的咖啡。

“现在起我要跟你一起去打鱼，”孩子说，“你一定得快点好起来，因为还有不少我可以向你学的，你又什么都能教给我，你到底吃了多少苦啊。”孩子出门又哭了起来。

许多渔人围在老人小船旁看绑在船边的东西，有人用一段绳子量那副鱼的骨架，它从鼻尖到尾巴有十八英尺长。

来海滨旅游的客人在望海水的时候，看到一根又粗又长的雪白的脊背，还有一条其大无比的尾巴随着海水不住地起伏摇摆。它现在已成了等着被潮水冲出港去的一堆垃圾了。

在路那边的茅棚里，老头儿又睡着了。他依旧脸朝下睡着，孩子坐在一旁守着他。老人正在梦见狮子。

重点提示

《老人与海》是海明威最成功的作品之一，同时也是他作品中意义最为丰厚的一部。这是一篇文理清澈的小说，读来富有诗意。

小说采用大量真实、具体的细节描写。写老人出海钓鱼的一整套行动、捕获大马林鱼的过程以及与鲨鱼搏斗的经历，都堪称像新闻报道一样精确。不过故事的价值并不在于它表面的意义，它无穷丰富的意义都隐藏在小说完美的象征构架之下。

整部作品可以说是个史诗式的譬喻，试图表明人生是一场斗争，对手是不可征服的自然力。骄傲的人挑战自然的伟大与神秘，就像普罗米修斯从天上盗火那样，必然遭到神的惩罚。在与强大的自然对抗中，人终究是失败者，他的力量是微不足道的。故事的模式又是希腊悲剧型的。根据亚里士多德的经典理论，老人之所以失败，是他犯了错误，做了劫数难逃的事情。他一个人出海太远，捕杀大海深处高贵的马林鱼，他注定无所收获地回来。这也是个基督受难的悲剧，作品中几次引用基督教的象征意义，例如老人回来后伸开双臂躺在床上的姿势，就使人想起耶稣被钉在十字架上的形象。

小说体现了海明威作品一贯的硬汉精神。主人公面临厄运的威胁，孤军奋战，明知其不可为而为之。他知道世界是残酷的，厄运无可避免，但他仍以勇气和行动与厄运进行拼搏。在主人公桑提亚哥身上，海明威把自己笔下的人物所具有的最好品质都赋予了他。老人有力量、技巧、经验、勇气和忍耐力。故事一开始他接连背运，但他从来不丧失对自己的信心。在他那种来自内心的执着之下，他不自量力，独自出海那么远，面对鲨鱼群，他明知无望，还是倔强地保卫他捕到的大鱼。虽然失败是令人痛苦的，他面对并忍受这种痛苦，正如他忍受他的孤独。在受苦和失望之上，老人看见希望，人的尊严正是存在于忍耐和希望之中。小说结尾写他梦见狮子，意在表现经过那么大的苦难，他仍然保持着对力的追求，对强者的向往。

如在《奥德赛》《白鲸》等文学名著中一样，大海被作为一种显示人和宇宙的深刻现实的东西。海对于老人来说，不仅是一个具体的捕鱼领域，更被认为是代表了一种人格。老人爱海的美、海的力和海那种神秘，他几乎像爱一个恋人一样爱着海。它的宽广使老人能了解和体验一个不可知的奥秘领域，它的浩大允许老人生活在永恒之中。当我们想到老人是孤单一人出海时，这样一种海的观念就显得格外分明。

马林鱼也不仅是老人捕获的一种物质对象，它更多地象征一种精神上的追求，象征一种属于不同存在领域的东西。老人从来没有看见过或听说过这样巨大而美丽的鱼，他感到照它的举止风度，照它那种很有体面的样儿，谁也不配吃它。他欣赏它那毫无畏惧，信心十足的风度，对他亲手捕杀的生命充满着一种奇异的爱，仿佛它是他海上的亲兄弟。但他仍然决心杀死它，因为他必须完成“他生来要干的”任务。作为一个渔夫，他的全部尊严和光荣就在于他能否完美地完成这个任务。

上海译文出版社 2006 年版封面

译林出版社2008年版封面

鲨鱼并不是自然力中简单的恶的代表，它的出现有更深的含义。老人独自一人在海上走得太远，从象征意义上理解，他已经超过了确定的和有限的人性界限，而进入不允许世俗之物进入的领域。不过他的行为不能归于罪孽，而是出于一种傲慢。从基督教意义上来说，罪孽涉及某种有意识的行为或动机，而傲慢是不自觉的，但傲慢者必须承担他的责任。在这儿，复仇女神对老人采取了鲨鱼的形式，对老人的渎神行为感到愤怒。这些鲨鱼决心阻止老人把他的战利品运出大海这个神圣的领域，因为老人企图向居住在日常有限经验范围内的人们揭示某种不可知的领域。

还有男孩，从故事结构看，只在开头和结尾时老人和孩子是在一起的，其余时候老人孤身一人面对大海和海里的生物。老人和孩子至为感人的关系主要通过对话展示出来，老人让孩子感到成熟并有责任感，另一方面，孩子既是老人的学生又是他的保护者，他带给老人消遣、陪伴以及希望。小说结尾孩子又回到老人身边，他们准备再次出海。总之，海明威塑造的老人、大海、鱼、鲨鱼、孩子，都是如此单纯而多义，真实而有意味。

海明威是按照冰山原则来写作的，那就是浮出水面的只有八分之一，还有八分之七藏在水下。他的作品给予人极端客观的印象，画面是清晰的，意义则含而不露。作者从不贸然在作品中解释或分析什么，读者要靠自己的分辨获得意义。海明威说，冰山在海面移动的庄严正是因为它的大部分都藏在水下。

《老人与海》是海明威个人化的散文风格发挥得最成熟的作品。他的行文简洁质朴，接近于美国口语，竭力简化词汇与语句的构造，排除了一切用以渲染故事中人物情绪与行动的华丽词藻。他对于使用形容词是最吝啬的，往往只用短而普通的字，用得极经济，又用得异样地新鲜，每一个字都打击你，仿佛它们是新从小河里捞出来的石子，效果是干脆、洁净、清晰与工整。福克纳曾批评海明威从未用过任何需要读者查字典看看是否恰当的字眼，正好从反面说明了海明威炼字功力之深。

[苏联]奥斯特洛夫斯基

《钢铁是怎样炼成的》

作者简介

尼古拉·阿里克谢耶维奇·奥斯特洛夫斯基(1904—1936),出身于乌克兰一个酿酒厂工人的家庭。奥斯特洛夫斯基从小就渴望学习,尽管接受学校教育的时间很短,但他在后来的童工生活中就已经读了《加里波第传》和《牛虻》,这为他后来钢铁般意志的形成打开了光明之门。十月革命之后,他积极投身于苏维埃政权的宣传工作。1919年,他参加了保卫新政权的斗争,并冒着生命危险救出了被捕的一名布尔什维克。同年7月,他加入乌克兰共青团,成为第一批共青团员之一。8月就参加了红军并奔赴前线,后来参加了著名的布琼尼第一骑兵团。他作战英勇,成为一名出色的侦察员,后因负重伤从军队转业。为了抢救被洪水冲走的木材,他的健康严重受损,不能继续工作。但他谢绝了一切残疾人待遇,坚持参加工作。1924年,加入布尔什维克党,他更加热情地投入工作,然而可怕的病魔却舔噬着他的身躯。1927年,他已全身瘫痪,却以惊人的毅力刻苦拼命地学习,在病床上修完了函授大学的课程,并系统学习了许多名著,为他的文学创作打下了基础。1928年底,他双目失明,但仍克服重重困难坚持创作,终于在1933年将他呕心沥血的奋斗变成了后世闻名的长篇小说《钢铁是怎样炼成的》。1934年,他又以超人的毅力开始重新写作《暴风雨所诞生的》,并于临终前完成。1935年,他被苏联政府授予作家最高奖赏——列宁勋章,并赠予他一套住宅。1936年12月22日,这位年仅32岁的钢铁战士在经历了与病魔的不屈搏斗之后,与世长辞。

作品提要

保尔·柯察金是个淘气又倔强的学生。学校的瓦西里神父憎恨他的行径,时常故意惩罚他。复活节前夕,保尔伺机把烟末撒到神父

电视剧《钢铁是怎样炼成的》剧照中的男主角保尔·柯察金

中央编译出版社 2005 年版封面

家的面团里，结果他被开除了。保尔呆坐在学校门口。他该怎么向辛苦操劳、待事认真的母亲说呢？哥哥会不会因为他让守寡的母亲伤心而挥起拳头呢？泪水蒙住了他的眼睛。

母亲带保尔去见车站食堂的老板。12 岁的他开始干活挣钱了。他除了烧开水外，还要做各种杂活。两年过去了，保尔长得又高又壮。一天晚上，保尔疲倦地睡了过去，他已经连续工作两天没有休息。结果水漫出水槽，流进了车站。被打得遍体鳞伤的保尔好不容易才一步一步挪回了家。

沙皇被推翻了。由于德军进犯，红军在解放谢佩托夫卡镇后很快撤退，仅留下少数布尔什维克党员做地下工作。保尔所在的电厂急需一名电工，党员朱赫来被介绍进来工作，保尔和他成了好朋友。

林务官的女儿冬妮亚正在看保尔钓鱼。这时公子哥儿维克多和苏哈里科来了。他们霸道地要保尔滚开，保尔一拳把苏哈里科打得跌进水里，赢得了姑娘的芳心。冬妮亚再次来到湖边读书时碰见了保尔，两人的距离拉近了。保尔已经一个星期没有见到冬妮亚，他来到冬妮亚屋前朝一个熟悉的身影投了颗松果。冬妮亚把他拉进家，他俩高兴地玩了好几个钟头。

德军由于国内发生了革命而被迫撤退。反对派的彼得留拉部队与游击队展开了拉锯战。彼得留拉匪军抢劫财物，屠杀犹太人以犒劳士兵。被保尔和同伴们事先掩藏起来的犹太人幸免于难。

由于白军的追捕，朱赫来暂时躲避在保尔家中。短短几天里，朱赫来的革命思想对保尔的一生产生了重大影响。朱赫来彻夜未归，保尔找出从德军那里偷来的手枪上街去了。一名匪军正押着朱赫来迎面走来，保尔乘其不备，猛地撞倒了士兵，把对方的枪死死地抱住。朱赫来在保尔的帮助下顺利逃脱。得知此事的维克多向匪军告密，保尔被投进了监狱。无论敌人怎样审问，他始终都说不知道。在狱中，保尔撒谎说他之所以被抓，是因为从哥萨克兵的马鞍上割了一块皮做靴子，这样他才被侥幸放了出来。保尔在冬妮亚家过了一晚。和恋人依依不舍地道别后，第二天他逃离了家乡。

保尔加入了红军的骑兵队。他驰骋在祖国的辽阔大地上，银色的军刀在阳光下闪闪发亮。夜幕降临，战友们围坐在篝火旁听保尔拉手风琴，或是讲《牛虻》的革命故事。一年过去了，在一次次血与火的洗礼下，保尔成长为优秀的战士。白军节节败退，红军捷报频传。可是就在最后胜利的前一刻，保尔被炸弹击中，昏倒在血泊中。经过竭力抢救，13 天后保尔醒了过来。青春终于战胜了死亡。他那惊人的毅力使所有的医生都吃惊。令人难过的是他的右眼瞎了。

保尔邀请来探望他的冬妮亚参加共青团大会，但是她漂亮的打扮引起保尔和同伴们的不满。思想观念上的差距使得两人一次又一次地争吵。他们的关系破裂了。

苏联与波兰签订了停战协定。被波兰霸占的谢佩托夫卡重新被划归苏联。保尔回到了久别的家乡。没和家人团聚几天，保尔就匆匆回到基辅，那里紧张的工作正在等着他。朱赫来领导下的肃反委员会任务繁重。保尔未痊愈的身体不堪重负，他不得不调任为铁路总工厂的共青团书记。

保尔从小就是个桀骜不驯的孩子。他还没有完全克服不守纪律的缺点，仅凭热情处理工作的方法使得他走了不少弯路。政治部的丽达接受了辅导保尔学习的任务，他们在工作学习中萌发了爱情。丽达的哥哥来探望她，保尔却误以为他是丽达的丈夫。天桥上，痛苦不堪的保尔思前想后，终于决心不让爱情妨碍工作。虽然事后丽达解释了真相，但他还是借口听不懂丽达的课，拒绝与她经常见面。

被红军赶到波兰的彼得留拉残余部下与华沙的外国使节密谋暴动。政府及时制止了这场动乱。保尔在这次事件中得到了锻炼。

新的敌人又将威胁着全城。由于敌人蓄意破坏，森林深处砍伐下来的木材无法运进城，这就是说，人们在即将到来的冬天要挨饿受冻。省委决定修建一条从火车站直达伐木场的窄轨铁路。保尔是参加这个突击队的骨干之一。秋雨下个不停。工人们每天一早起来，喝了茶就开工，午饭是硬邦邦的面包，城里能供应的就只有这些。工人们的衣服和靴子始终是湿的，但是他们一直干到很晚才收工。晚上就睡在铺了一层薄麦秸的水泥地上。在工作队忍饥挨冻的艰苦劳动下，铁路一天天向前延伸。细雨过后，纷纷扬扬的大雪接踵而至。工人们的双脚浸在很深的雪里，冻结了的土使挖掘工作更加困难。此外，残留在森林里的匪徒夜间不时袭击他们。但是这一切都没能阻止工程的进行。朱赫来在视察工地时见工人们拼了命似地劳动，禁不住感慨:“这些人都是无价之宝。钢铁就是这样炼成的。”

冬妮亚与丈夫乘坐的火车经过保尔他们的工地。她怎么也没想到保尔在干挖土这样的活。保尔见她连握手的勇气都没有，蔑视她的酸臭，大步离去。

丽达送来了短皮大衣。保尔冻得冰凉的身上立刻感到了温暖。朱赫来见他的鞋底都掉了，送给他一双靴子。工作条件如此恶劣，保尔得了肺炎和肠伤寒，一连五天他都挣扎着起来，和别人一道出工。后来他再也支持不住，一头栽倒在地上。重病的保尔被运回谢佩托夫卡。途中乘客误以为他已死亡。车站工作人员把保尔的死讯向上级报告，丽达知道消息后痛哭不已。

在母亲的细心照料下，保尔又一次不可思议地活了下来。冬天过去了，保尔正在花园里散步，脊椎上猛然一阵刺痛使得他跌倒在地。原来在一次战斗中，在身后爆炸的炸弹把他的脊背崩成一个深窝。

第二天保尔就要离开家乡。他来到烈士公墓前凭吊战友，一幕幕往事让他思绪如潮。人最宝贵的是生命，但生命属于人只有一次。人的一生应当这样度过：当他回首往事的时候，不会因为虚度年华而悔恨，也不会因为碌碌无为而羞愧；这样，在临死的时候，他就能够说："我的整个生命和全部精力，都已经献给了世界上最壮丽的事业——为人类的解放而斗争。"怀着这样的思想，保尔回到了家。

可怜的母亲偷偷掉泪。为什么只有在儿子受伤和生病的时候，她才能见到他们？熟悉而又陌生的琴声响起了，母亲惊奇地发现保尔现在奏出的琴声比过去深沉得多了。

回到城里的保尔发现，许多同事或调离或到外地上大学去了。他原先的职位由茨维塔耶夫继任。保尔请求领导只安排他到车间工作，以便多一些时间读书。虽然他没有正式参加团支部的领导工作，但是他对支部的影响还是很大的。在他的参与下，许多工作才得以顺利进行。区党委书记接过保尔递来的表格，在党员介绍人一栏郑重地签上名字。他相信这个年轻人永远不会让他失望。在去图书馆的路上，保尔被朋友拉去参加晚会。可是他对那些消遣深感无聊，提前离开了。

秋天泛滥的河水冲散了木筏，团员被派去打捞木材。患重感冒的保尔带病工作。在冰冷的河水和刺骨的寒风的双重打击下，他又得了急性风湿病。从医院出来后的保尔，只能趴在工作台上勉强干活。委员会判定他已没有工作能力，让他去领抚恤金。保尔愤然拒绝，回到了家乡。

长江文艺出版社 2007 年版封面

母亲每天给他按摩，用烟熏他的双腿，终于，他又可以丢掉拐杖走路了，于是他又回到了省城。组织部派他担任地方武装的政治工作。

别列兹多夫是个边境小镇，剿匪、打击走私等工作繁重。在保尔的带领下，共青团组织生机勃勃地发展起来，越来越多的青年加入了团的活动。匪帮、走私者的处境日益困难，他们所要提防的已不仅仅是当地的武装和国境的哨兵，还有苏维埃政府的许多年轻的朋友和真诚的助手。

十月革命节来了，保尔被选为边境上各村十月革命节纪念委员会主席。5 000 名男女农民列成长长的队伍沿国界游行，革命的歌声响彻云霄。保尔用乌克兰语发表的演说飘过河岸，传到对面波兰人的耳朵里。

地方部队军事演习开始了。保尔连步行一公里也做不到。但是为了服从指挥，他下马行走在队伍中。一个星期的演习结束后，大队带着极高的荣誉返回小镇。

第二届区苏维埃代表大会在别列兹多夫戏院开幕。一年里共青团壮大了十倍，彻底肃清了匪帮，打击了走私活动，本区的苏维埃政权得到了巩固。省委从区里调回了保尔，十几支手枪齐放，作为对他临别的敬礼。

光明日报出版社 2007 年版封面

全国共产主义青年团代表大会隆重召开。保尔从来没有这么显著、这么深刻地感受到革命的伟大和力量，他感到无法形容的骄傲和无可比拟的喜悦。在这次大会上，他和已结婚的丽达重逢。丽达问保尔当初为什么中断了学习和友谊。保尔承认他犯了错误，牛虻和他的革命浪漫主义影响了他的爱情观。但是保尔并没有感到后悔，因为个人的事情不能和全体事业相比。

两年过去了，人民群众正在为恢复国民经济而紧张地劳动。保尔永远是匆忙地生活着，工作与学习占据了他的身心。每到秋天与冬天，保尔就得忍受许多肉体上的痛苦。现在他又在焦急地等待着夏天。他不得不痛苦地承认，他的身体正在逐年衰弱，但是他决心把这个秘密隐藏到最后一刻。州党委终于知道了保尔的病情。保尔不得不按命令开始了一生中的第一次度假。医学教授反复研究了他那复杂而古怪的病症。保尔厌烦无止境的检查，提前返回了岗位。他的右膝在一次汽车事故中被压坏，他被推上了手术台。这是保尔悲剧的开始。专家认定保尔的病症无药可治，完全瘫痪的局面正在等着他。

保尔又一次住进了疗养院。乌克兰共青团中央委员会据疗养院的报告，通知他的假期延长两个月。但是保尔没有遵照吩咐，而是提前离开了疗养院。

出院后，保尔去探望母亲的朋友阿莉比娜·丘查姆，在那里他遇到了阿莉比娜的女儿，他未来的妻子达雅。丘查姆是个顽固不化的专制家长，保尔决心帮助家里的女性摆脱这个束缚。

在保尔的坚决要求下，组织分配他到书记处工作，但是可恶的病魔没有放过他。他时常手脚麻木，不能动弹。同事们试着让他从事文艺战线工作。编辑在考察保尔后肯定了他的才气，只是他们当前需要的不是作家，而是能修改别人文章的人。保尔的情形一天比一天坏，中央委员会解除了他的工作。在收到抚恤金的同时，他还收到了残废证。

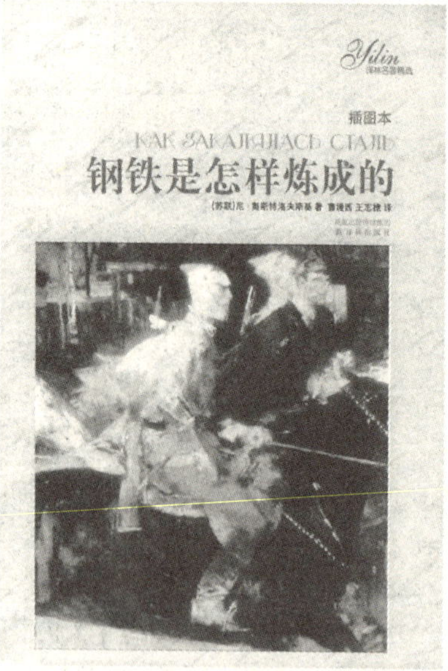

译林出版社 2008 年版封面

丘查姆家来信，请保尔回去帮助他们。他的到来使得丘查姆家的矛盾激化。女儿们和父亲断绝了关系。

海滨公园里静悄悄的，保尔有意挑了这个地方整理思绪，计划将来。回首过去的 24 年，结果令他非常满意。虽然他曾犯过不少错误，但那些是因为年少无知，缺乏经验。最主要的是，在火热战争的年代，他并没有睡着。在争夺政权的残酷斗争中，他找到了自己的岗位，而且在那革命的红旗上，也有他的几滴鲜血。可是现在他受了重伤，将成为一个无用的旁观者、他人的包袱。保尔缓缓举起了手枪，黑洞洞的枪口好像在蔑视着他。刹那间保尔醒悟过来：只有怯懦的人才会以死解脱。他决心勇敢地迎接生活的一切挑战，战斗到生命的最后一刻。

达雅接受了保尔的求婚。当地党委把工人积极分子的学习小组交给保尔，他的生活又扬起了风帆。正当保尔梦想着通过文学创作重返战斗行列的时候，残忍的病魔又来折磨他。保尔的手脚逐渐不能动弹，接着左眼也失明了。保尔终于明白，当一个人有健康和青春的时候，坚强是一件比较简单和容易的事；但是当生活用铁环紧紧把你箍住的时候，坚强才是艰难和光荣的事情。

保尔携妻子来到莫斯科。在知道自己的病无法医治之后，他在莫斯科定居下来。达雅在保尔的帮助下，也光荣地入了党，还被选为市苏维埃的委员。她的工作日益忙碌。不久以后，保尔的母亲也过来和他们一起生活。

保尔开始全身心地投入创作。他请人特制了有凹槽的硬纸板。他在上面摸索着写作《暴风雨所诞生的》。这是一篇关于柯托夫斯基的英勇骑兵师的小说。在写完三章之后，他把稿子寄给一些战友看，深受赞赏。可是唯一的手稿在寄回来时被丢失了。保尔强忍着痛苦，重头写起。邻居的女儿过来帮他抄写稿子，写作的速度加快了。

日子一天天过去，小说终于完成了。保尔焦急地等待着州委会文化宣传部的回音。州委会发来了贺电：小说大受赞赏，即将出版。

保尔开始了崭新的生活。

重点提示

长篇小说《钢铁是怎样炼成的》展现了一幅从十月革命前到苏联社会主义建设初期的广阔画卷，描写了主人公保尔·柯察金这个出身于贫穷人家的孩子如何战胜重重困难，走上革命与建设国家的道路,成长为钢铁战士的过程。《钢铁是怎样炼成的》自20世纪30年代问世以来,曾经感动过一代又一代的青年。这部小说之所以能有较大的影响,既不在于优美的文笔,也不在于引人入胜的情节,而是在于主人公伟大的精神力量。

保尔15岁就参加红军,南征北战,在战场上身受重伤。刚离开医院,他就投入后方艰苦卓绝的经济建设。在恶劣的工作条件下,他旧伤未愈,又添新病,他的健康受到了严重的摧残。22岁时,他就已经瘫痪在床,不久后又双目失明。在巨大的打击面前,保尔并没有屈服,而是以钢铁般的意志战胜了精神和肉体的痛苦。他用手中的笔为文学事业作出了自己的贡献。

《钢铁是怎样炼成的》告诉读者,没有生活目的的人,就像迷失了航向的船,永远到达不了彼岸。保尔把一生献给了革命事业,他的一生是奉献的一生。不同时代的人有不同的奋斗目标,但是保尔永远活在人们心中,因为归根结底他是在做他认为有意义的事情。只要你在做着有意义的工作,在老之将至、回首往事时,你就能够问心无愧,不会因为随波逐流、虚度光阴而后悔。生命不息,奋斗不已,在任何困难面前都不言放弃。心中只有自己的人是渺小的,为他人、为社会而生活才是有价值的。

虽然保尔有着崇高的品质,但是他并非完美无缺。作为一个革命时代的文学形象,作者在塑造他时强调了高于一切的革命性。普通人的情感服从了革命的需要。美丽善良的冬妮亚在今天的读者眼里,当然是一个优秀的女性形象,但是在讲革命、讲阶级斗争的年代,保尔与冬妮亚的爱情只能是分手的结局,两人最后不得不以遗憾而终止彼此的关系。保尔不是没有正确地对待爱情,而是在当时的情况下不可能很好地处理爱情问题。这样的描写,可以使今天的读者借以了解和认识那个业已远去的时代,并获得关于理想、关于爱情、关于生命的真正价值的诸多启示。